서비스 리더십

박재완 저

보무각

박재완

청주대학교 경상대학 관광경영학과 졸업(경영학사)
경기대학교 대학원 관광경영학과 졸업(경영학석사)
경기대학교 대학원 관광경영학과 졸업(관광학박사)
송호대학 관광리조트경영과 조교수
현, 남서울대학교 호텔경영학과 조교수

• 저서
매너학(2001)/관광축제 · 이벤트론(2001), 현대리조트개발론(2002)외 다수

• 보고서
천안흥타령 춤축제(2011)
세계민족음식테마관 관리운영방안(2014)외 다수

• 논문
호텔기업 아웃소싱의 단계별 접근방안에 관한 연구 외 다수

서비스 리더십

초판발행 2019년 3월 20일
초판인쇄 2019년 3월 15일

지은이 박재완
펴낸이 이호동
발행처 보문각
블로그 http://bomungak.blog.me/
e-mail bomungak@naver.com
주소 서울시 서초구 바우뫼로7길 8
등록번호 302-2003-00085
전화 02)468-0457
팩스 02)468-0458

값 22,000원

ISBN 978-89-6220-377-6 93320

머리말

알리바바그룹의 마윈 회장은 2017년 정저우(鄭州) 컨퍼런스에서 "향후 30년간 사회적 갈등은 모든 종류의 산업과 삶의 양태에 충격을 몰고 올 것이다. 그 중심에 공룡 인터넷기업이 유통, 금융, 여행, 영화 등 구경제영역에 전방위적 폭격을 가하며, 변화에 저항하는 구성원들을 고통에 빠뜨릴 것"이라고 하였다. 우리는 이미 지금까지 한 번도 경험하지 못한 변혁의 시대를 살아가고 있는 중이다.

변화와 혁신이라는 키워드 대변되는 21세기의 바다에 4차 산업혁명이라는 거대한 바위산이 솟아올라 모든 산업의 혁신적 변화를 유도하고 있다.

그동안의 변화속도와는 비교할 수 없는 변화가 오늘 이 순간에도 이루어지고 있다. 이로 인하여 산업의 구조와 경영현상은 과거의 지식과 대응으로는 생존이 어려운 여건에 놓이게 되었다. 따라서 4차 산업혁명이라는 큰 변화에 지혜롭게 대응하기 위해서는 관련분야에 대한 학습이 필요하다.

4차 산업혁명의 핵심 키워드는 초연결(Hyper Connectivity), 초지능(Super Intelligence), 결합과 융합으로 정리된다. 관련된 기술로는 AI(인공지능), IoT(사물인터넷), 빅데이터, 클라우드컴퓨팅과, 로봇공학, 3D 프린팅 등이 핵심기술로 부각되었고 모든 것은 이들 기술과 융합이 필요한 시점에 와있다.

관광산업 또한 4차 산업혁명의 변화와 융합이 필요함은 주지의 사실이다. 많은 미래학자들이 문화관광산업이 미래산업 사회를 견인할 중요산업임을 강조하였고, 관광문화 선진국으로 성장해 가는데 필수불가결한 요소로 리더십과 서비스에 대한 연구가 필요하여 이들 주제를 연구대상으로 선정하였다. "관광산업을 이끌어가는 중추신경과 주요엔진은 무엇일까?", "21세기 한국 관광산업의 유일성을 강조할 수 있는 독특한 색깔과 끼 그리고 이미지를 새롭게 디자인 할 수 있는 바탕이 무엇일까?"를 생각해오면서, 사람이 그 중심에 있다는 사실에 입각하여 인간의 행태와 서비스산업의 연관관계를 리더십이라는 요소로 접목시켜 서비스 종사자의 직무완성도를 높일 수 있는 비전을 제시하는데 그 목적이 있다.

관광산업의 외연의 크기만을 강조하는 하드웨어전략보다는 관광의 기본과 내실을 높일 수 있는 실천적인 소프트웨어 전략이 필요한 시점이며, 이는 아무리 강조해도 지나치지 않은 과제이다.

"과학은 지식을 조직화한 것이요. 지혜는 삶을 조직화 것이다"라고 독일 철학자 칸트는 말했다. 본서의 접근방법은 이론연구보다는 자기계발과 스스로의 내면을 성찰함으로써 삶의 지혜를 알아가고 나아가 삶의 목적을 이뤄가는 데 초점을 맞추었다. 그 과정을 서비스라는 통로를 이용하여 개인의 삶과 직업관 그리고 관계와 행복에 대한 내용을 사회과학에 자연과학과 공학적인 측면에서의 접근을 시도하여 독자에 대한 설득력을 갖고자 노력하면서 집필되었다.

2018년 봄의 시작과 함께 시작된 교재수정이 2018년 겨울에야 마무리되었다. 지금 이 시간에도 현재진행형인 4차 산업혁명의 빠른 흐름 속에서 변화와 개혁 그리고 창조적 자기계발의 방향을 고민하며 많은 번민에 빠져들기도 했다. 무술년은 어제보다 더 나은 내가, 대한민국이 되기를 희망하며 부족한 원고를 탈고하였다.

세계경제포럼의 클라우스 슈밥 회장은 그의 저서에서 "큰 물고기가 작은 물고기를 잡아먹는 시대에서 빠른 물고기가 느린 물고기를 잡아먹는 시대로 바뀐다"라고 하였다. 조직변화의 중요성을 강조하는 말이다. 본 서가 서비스맨으로서의 삶과 인생을 디자인하는 이들에게 미래를 준비하는 좋은 방향타가 될 수 있기를 고대한다.

마지막으로 본서가 세상에 나오기까지 기회와 배려를 주신 보문각 대표님과 편집 및 원고 교정 작업에 촌음을 아껴 쓰신 직원 선생님들께 진심으로 감사함을 전합니다.

저자 드림

목 차

제1장 21C 환경변화와 기업경영

1. 변화의 속도 10
2. 4차 산업혁명 14
3. 산업구조의 변화 24
4. 기업경영의 변화 38
5. 관광산업의 변화 56
6. 자발적(Self) 변화(Change) 63
참고문헌 72

제2장 서비스

1. 서비스의 개념 74
2. 서비스의 특성 76
3. 서비스의 분류 80
4. 서비스 패러다임의 변화 89
5. 서비스와 서비스맨 94
참고문헌 105

Contents

제3장 삶의 목적과 행복

1. 삶의 목적 ····· 107
2. 행복의 개념 ····· 114
3. 행복의 요건 ····· 119
4. 뇌과학 차원의 행복 ····· 141
참고문헌 ····· 152

제4장 Self-Esteem

1. 자존감의 개념 ····· 153
2. 자존감의 영향과 반응원리 ····· 156
3. 자존감의 형성과 유형 ····· 160
4. 자존감 평가 ····· 164
5. 자존감 높이는 법 ····· 166
6. 셀프 동기부여 ····· 172
참고문헌 ····· 174

제5장 비전 만들기와 의식개혁

1. 비전 ····· 175
2. 비전 만들기(Vision Making)와 공유(Co-Ownership) ····· 178

3. 비전 현실화 196
4. 의식개혁과 긍정의 위력 199
참고문헌 211

제6장 리더십과 리더

1. 리더십 212
2. 리더십의 영향력과 중요성 216
3. 리더(Leader) 218
4. 리더십 패러다임의 변화 226
5. 리더의 시간관리 228
참고문헌 234

제7장 커뮤니케이션(Communication)

1. 커뮤니케이션의 개념 236
2. 커뮤니케이션 유형과 네트워크 242
3. 좋은 커뮤니케이션을 위한 방법 244
참고문헌 268

Contents

제8장 고객만족

1. 고객만족 ··· 270
2. 고객만족경영 ··· 275
3. 고객만족과 사고의 전환 ··· 277
4. 내부고객 만족과 외부고객 만족 ··· 284
참고문헌 ··· 295

제9장 서비스리더십

1. 서비스 리더십의 등장 ··· 296
2. 파트너 십 ··· 303
3. 서비스 리더십 모델 ··· 304
4. 서비스 리더의 능력 ··· 306
참고문헌 ··· 313

제10장 전통적 리더십이론

1. 리더십 특성이론 ··· 315
2. 리더십 행동이론 ··· 318
3. 상황이론 ··· 323
참고문헌 ··· 334

제11장 현대적 리더십 이론

1. 미래 경영자의 요건 슈퍼 리더십 335
2. 셀프 리더십(Self-Leadership) 340
3. 변혁적 리더십과 리더십 카리스마 349
4. 감성리더십 370
5. 코칭 리더십 377
6. 서번트 리더십 388
7. 리더-구성원 교환이론 398
참고문헌 405

제1장 21C 환경변화와 기업경영

1 변화의 속도

〈알파고, 알파고 플러스 그리고 알파 제로의 등장〉

- 1996년 컴퓨터와 인간 체스 챔피언 카스파로프와의 체스대결은 인간이 승리하였다. 1년 후,16년 동안 세계 체스챔피언 자리를 지켰던 전설적인 체스 그랜드마스터 가리 카스파로프는 1997년 아이비엠(IBM)의 체스용 슈퍼컴퓨터 딥블루와의 대결에서 패했다.
- 2016년 3월 알파고가 이세돌 9단을 4-1로 꺾으며 바둑의 최강자가 되는 것을 보면서 소프트웨어 개발자들은 사람이 수행해오던 많은 영역의 일이 기계로 대체될 것이라고 비관하며, 예측했다. 1년 뒤 2017년 5월 알파고(알파고 마스터)와 세계바둑랭킹 1위 커제가 대결에 대해 전문가들은 커제의 승률을 0%로 보았고 실제 커제는 3전 전패하며 마지막 대국에서 불계패한 뒤 기자회견에서 "알파고가 지나치게 냉정해 그와 바둑을 두는 것은 고통 그 자체였으며, 알파고와 바둑을 둘 때는 이길 수 있는 한 톨의 희망도 갖기 어려웠다"고 털어놓으며 눈물을 흘렸다.
- 2017년 등장한, 알파고 제로는 바둑을 독학하기 시작한 지 36시간 만에 (한 수에 0.4초 걸리는 '초속기' 바둑으로 혼자 490만판을 혼자 둔 결과) 이세돌 9단을 4 대 1로 이긴 버전(알파고 리)의 실력을 넘어섰으며, 알파고 제로가 72시간 독학 뒤에는 알파고 리와 대결한 결과, 100전 100승, 40일에 걸쳐 2900만 판을 둔 뒤에는 2017년 5월 세계 랭킹 1위 커제 9단을 3 대 0으로 꺾은 알파고 마스터를 넘어 었으며, 알파고 마스터와는 100전 89승 11패를 기록했고, 알파고 제로는 딥 러닝 방식과 함께 어떤 수가 승률을 높이는 좋은 수인지 피드백을 통해 스스로 바둑을 이해하는 강화 학습 전략을 택해 효과를 극대화했다.[1)2)]

---

1) 한겨레, 2017.10.23., 인간 도움 없이 독학한 알파고 제로, 범용AI 나오나(http://www.hani.co.kr)

2) 알파고 개발책임자인 데이비드 실버(유니버시티칼리지런던 교수)는 알파고 제로가 기존 버전들보다 오히려 강한 이유에 대해 "인간 지식의 한계에 얽매이지 않기 때문"이라고 설명했다.

- 알파고의 승리에 대해 세계가 관심을 가지는 이유는 바둑의 경우의 수가 너무 많아(약 10^{360}가지) 프로그램이 정복하지 못했던 분야이기 때문이며, 일반적으로 바둑기사가 1년에 1,000번정도 대국을 할 수 있는데 알파고는 16만개의 기보를 5주만에 학습했다. 사람으로 계산하면 1,000년 동안 학습해야할 분량이다.[3]
- 2018년 11월 중국 신화통신은 AI아나운서가 뉴스를 진행하는 서비스를 시작하였고, 스촨성에서는 2018년 9월부터 영어와 중국어교육[4]에 이용되고 있다.

격변의 시대가 사람들에게 주는 감정은 불안이다. 그리고 불안은 주로 미래에 관한 것들이다. '직장을 잃지 않을까, 노후에 곤경에 빠지지 않을까, 회사가 도태되지 않을까?, 산업자체가 완전히 재편되지 않을까'등 조직이나 사회적 차원의 불안까지 다양하게 나타난다.

불안은 건강하지 못한 감정이다. 사람의 정신과 감정, 육체를 소진시키기 때문이다. 인간은 자기 존재의 이유가 설명되지 않을 때 불안을 느낀다. 과거, 현재, 미래를 구분하여 인식하는 능력 때문에 미래의 나, 미래의 가족, 미래의 사회에 대한 걱정까지 앞당겨서 하고 불안이 증폭된다. 4차 산업혁명의 등장은 이 불안감을 증폭시키는 큰 화두가 되었다.[5]

많은 미래학자들이 21C 경영환경은 현재의 잣대로는 예측 불가능한 경영환경이 조성된다고 제시하고 있다. 변화의 양상도 과거와는 근본적으로 다르게 묘사되고 있다. 과거의 변화양상은 주로 불안정적 이었지만 어느 정도의 연속성은 보장되어 있었으므로 과거와의 연속선상에서 미래를 예측하는 것이 가능했다.[6]

---

3) 카이스트 기술경영전문대학원, 스마트 테크놀로지의 미래, 율곡출판사, 2017, pp.11-12.

4) 연합뉴스, 2018. 11. 9.

5) 김성남, 미래조직 4.0, 더 퀘스트, 2018, p.6.

6) 안상준 · 박경록 · 서규훈, 리더십 핵심이론과 실무, 동방의 빛, 2013, p.17.

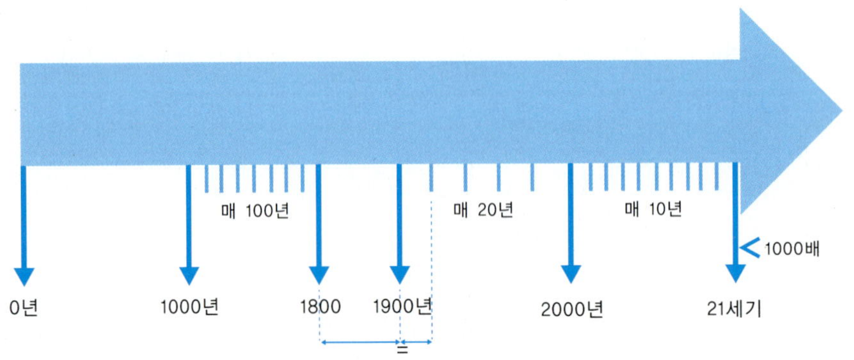

그림 1-1 ▶ Ray Kurzweil 패러다임 변화예측

구글 엔지니어링 이사이며 미래학자인 레이 쿠르츠바일(Ray Kurzweil)은 1990년 컴퓨터가 인간의 지능을 능가할 것이며, 적어도 2010년에는 컴퓨터가 인터넷을 통해 무선으로 정보를 주고받을 것이라 예측하였다.

쿠르츠바일은 인간 역사에 수학적 모델링 기법을 적용한 결과 근본적인 전환(패러다임의 전환)은 보통 수천에 걸쳐 일어났다고 주장하였다.

서기 1000년 이후부터 매 100년마다 패러다임이 바뀌었고, 변화의 속도는 점점 빨라져 1800년대에는 그 이전의 900년 동안 이루어진 것 이상으로 변화가 한꺼번에 이루어졌으며, 20세기에 와서는 처음 20년 동안에만'미친'1800년대보다 훨씬 더 많은 변화가 일어났다.

2000년에는 매 10년마다 패러다임이 바뀌었고 21세기에는 20세기보다 1,000배나 많은 기술 변화가 일어나리라 전망[7]했다.

7) 톰피터스 지음, 정성묵 옮김, 톰피터스의 미래를 경영하라, 21세기북스, 2006, p.23.

표 1-1 경제 패러다임의 발전

구분	농업경제	산업경제	디지털경제	초 연결 경제
발전의 동인	농업혁명 (제1의 물결)	산업혁명 (제2의 물결)	정보혁명 (제3의 물결)	초 연결혁명 (제4의 물결)
시대	18세기 이전	18세기	20세기 후반	21세기 이후
가치	공동화	표준화	시스템화	신뢰(Trust) 경험(Experience)
인간 활동도구	철, 연장	기계	컴퓨터	커넥터 (Connecter)
사회척도	곡물 수확량	칼로리	비트	연결강도 품질신뢰성 네트워크 접근성
격치의 원인	물질적 격차 (Material Devide)	물질적 격차 (Material Devide)	디지털 격차 (Digital Devide)	연결 격차 (Connection Devide)
국력척도	군사력	정치력	경제력	접근성

※자료: 차두원 · 진영현, 초연결시대, 공유경제와 사물인터넷의 미래, 한스미디어, 2015, pp.210.

쿠르츠바일은 2015년 우리가 인류 역사상 가장 흥미로운 시간대에 살고 있다고 하면서 30년 후의 미래를 예측하였는데 2045년이 되면 인간의 뇌가 클라우드에 연결되어 뇌로 이메일과 사진을 바로 보낼 수 있고, 우리의 생각과 기억을 백업할 수 있을 거라고 예측했다. 뇌의 모세혈관 속을 헤엄쳐 다니는 나노봇(DNA 사슬로 만든 로봇)으로 인간의 뇌가 비생물학적 사고로 확장되어[8] 인간은 점점 기계처럼 될 것이고, 기계는 점점 인간처럼 되어 궁극적으로 "인공지능과 인간의 두뇌가 자연스럽게 하나가 될 것이라고 본다"는 것이 많은 미래학자들의 공통된 예측이다. 우리는 이미 제4의 물결시대에 도달해 있다. 이제 변화의 속도에 살아남는 국가와 기업만이 경쟁력을 갖게 될 것이라고 예견되고 있다.

8) Kathleen Miles, "Ray Kurzweil: In The 2030s, Nanobots In Our Brains Will Make Us 'Godlike'", The Huffington Post, 2015.10.01.

2 4차 산업혁명

1) 4차 산업혁명의 개념

이제 모든 것은 '2016년 다보스포럼'을 기점으로 새롭게 기록되고 시작되어야 한다. 다보스 포럼은 '세계경제에 대한 진단'으로 시작되었다.

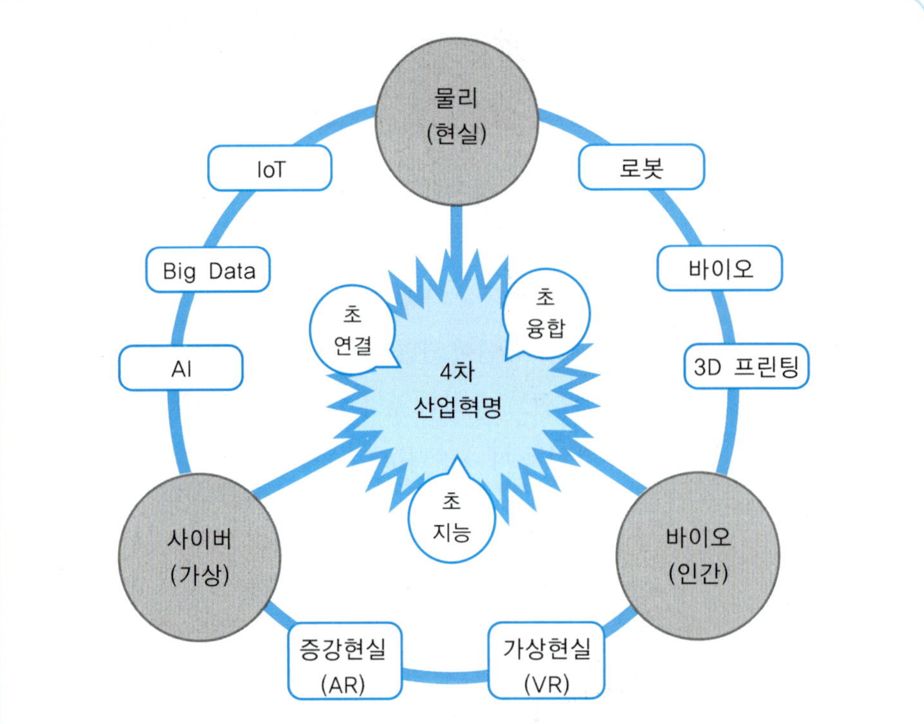

그림 1-2 ▶ 4차 산업혁명

※자료: 유은숙외 9인, 4차 산업혁명 Why?, 한국경제신문, 2018, p.78.

Slow-Growth World, Choppy Market(저성장, 변동성 확대), 중국경제의 리스크 확대, 저유가 시대, 글로벌 생산성 저하, 산업 경쟁 구도 심화라는 5가지 경제위험 요소를 진단하면서 이를 극복하기 위한 수단을 찾는 과정에서 '4차 산업혁명'이 등장하였다.

2016 다보스포럼에서는 4차 산업혁명을 다음과 같이 정의내리고 있다. '디지털기기

와 인간, 물리적 환경의 융합', 3세계(현실+가상+인간)의 융합'이 만드는 산업혁명으로 이런 산업혁명의 바탕에는 사물인터넷(IoT), 빅데이터, 인공지능(AI), 가상/증강현실(AR/VR), 로봇, 바이오, 3D 프린팅 등의 혁신적인 기술의 진보가 필수적[9]이라고 하고 있다. 이 개념을 도식화 하면 〈그림 1-2〉과 같이 나타낼 수 있다.

4차 산업혁명은 2012년에 독일의 '인더스트리 4.0' 정책에서 시작되었다. 인더스트리 4.0은 사이버 세계와 현실 세계를 연결하는 '사이버물리시스템(CPS · Cyber-Physical System)'을 강조하여, 다양한 물리, 화학 및 기계공학적 시스템(물리 시스템 · physical systems)을 컴퓨터와 네트워크 시스템(사이버 시스템 · cyber systems)에 연결해 공장이 자율적, 지능적으로 제어되는 것으로 설명할 수 있다.

독일정부는 4차 산업혁명 기반기술의 혁신적 발전에 대응하기 위하여 기술발전-목표-정책을 연착륙시키기 위하여 단계 분업모델을 제시하여 기업과 개인, 정부가 변화를 유연하게 받아들일 수 있도록 하고 있다.

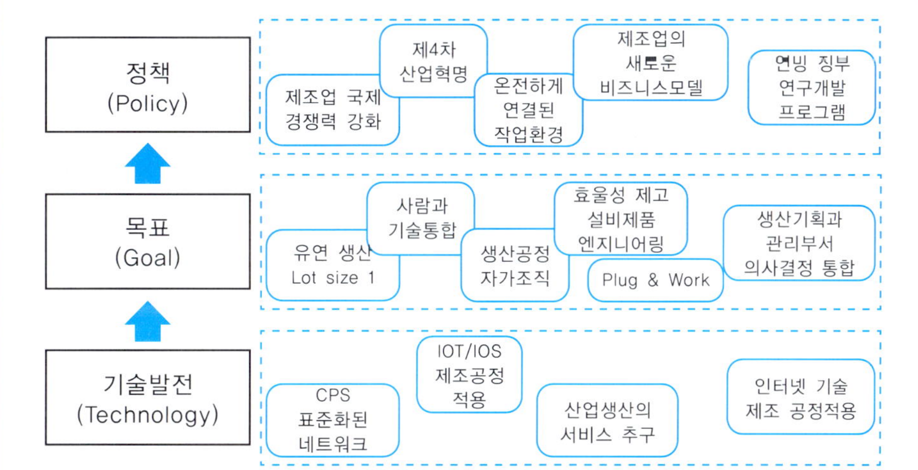

그림 1-3 ▶ 독일의 4차 산업혁명 적응을 위한 단계적 분업모델

※자료: Schleipen, M. Workshop발표자료, 프라운호퍼 IOSB, 2015. 09.22., 김인숙 · 남유선, 4차 산업혁명, 새로운 미래의 물결, 호이테북스, 2016, p.29. 수정

클라우스 슈밥회장은 다보스 포럼에서 이 인더스트리 4.0을 제4차 산업혁명으로 확대 해석하며 격변의 시대가 도래 할 것을 예고하면서, 인공지능(AI) · 로봇 등 첨단 기

9) 유은숙외 9인, 4차 산업혁명 Why?, 한국경제신문, 2018, p.78.

술이 융합하면 그 여파가 제조업의 효율화에 그치지 않고 일자리 감소 등 현대인의 생활 전반을 뒤바꿀 것이라고 주장했다.

그동안 1, 2, 3차 산업혁명을 거쳐 오면서 기계가 인간의 '손'과 '발'을 대체했다면, 4차 산업혁명은 인간의 '두뇌'를 기계가 대체해 인간의 일자리도 위협할 수 있다는 게 그의 주장이다.

슈밥회장은 포럼에서 "4차 산업혁명은 우리가 '하는 일'을 바꾸는 것이 아니라 '우리 자체'를 바꿀 것" 이라고 단언하며 "4차 산업혁명 시대를 맞아 향후 5년간 전 세계 710만개의 일자리가 사라질 것"이라고 밝혔다.[10)]

표 1-2 3차 산업혁명과 4차 산업혁명의 주요특징 비교

구분	3차 산업혁명	4차 산업혁명
공장 자동화	- 대규모 로봇 중심 자동화 - 근로자와 로봇 격리	- 소형 로봇과 인간의 협업 - 동일 공간 작업
생산단위	- 대량생산 위주 - 고가격 제품의 주문생산	- 저가격 주문생산 가능 - 단품생산(Lot size 1) 가능
가치창출 범위	- 사업장 및 기업단위 - 제품의 제조단계 중심 - 사업장과 기업의 경쟁	- 기업과 기업을 연결 - 제품의 전과정(Life Cycle) - 기업 생태계의 경쟁
정보통신 기술	- 컴퓨터, ERP EMD	- 사물인터넷, 사이버 물리시스템(CPS) 등
의사결정 방식	- 중앙집중(Top Down)	- 분산형(Bottom Up) + 중앙집중형 - 실시간(Real Time) 최적화

※자료: 김인숙 · 남유선, 4차 산업혁명 새로운 미래의 물결, 호이테북스, 2016, p.51.

※ERP: 전사적자원관리프로그램(Enterprise Resource Planning)에서 한 화면에서 다양한 정보를 중앙 집중적으로 관리하고 찾을 수 있도록 하는 사용자 인터페이스 관리기능(EMD:Enterprise Management Dashboard)

이런 4차 산업혁명의 변화와 도래는 기업경영환경을 크게 변화시키고 있으며 기업과 관련하여 패러다임 시프트가 일어나고 있다. 점진적인 진보가 아닌 일대 혁명이 일어나고 있어 경영환경과 패러다임을 이야기하는데 있어 2016년 이전과 이후로 경계를 구분할 필요성이 있다.

스탠 데이비스(Stan Davis)와 크리스토퍼 메이어(Christopher Meyer)는 인간의 욕구를 충족시키는 경제시스템의 변화 동인을 '연결성, 속도, 무형적 가치의 성장'으로 인하여 모든 것의 경계가 모호해(blur)지고 있으며 향후, 무형적 가치가 더욱 빠르

10) http://biz.chosun.com/site/data/html_dir/2017/01/26/

게 증가[11]할 것이라고 주장하였다. 이로 인하여 〈표 1-3〉과 같이 경영과 관련된 사고의 변화가 일어나고 있고, 전통적 상거래와 연결시대의 상거래는 근본적인 개념부터 바뀌고 있다. 전통적 상거래에 있어 가치역할은 공급자가-생산, 소비자가-소비하는 시대에서 생산과 소비가 동시에 발생하고, 가치획득에 있어 화폐와 상품/서비스에서 경제적, 정보적, 감성적, 경험적 가치의 획득으로 변화하고 있다.

표 1-3 경영과 관련된 사고변화

구분	상품	서비스	블러화 된 사물들
시간적 관점	판매시간	계약기간	고객욕구 수명
구매자 관심사	가격, 배달, 편리성	지속적 지원	업그레이드 가능성
비용의 주 용도	직접경비	간접경비	설계 정비
가치 원천	제조과정	교육, 유지	플랫폼
설계	고정성, 일관성	맞춤생산	학습 가능성
수익모델	정가	계약기간	가입과 이용자 요금
마케팅 목표	브랜드 신뢰도	관계형성	공동체 구축

※자료: 차두원 · 진영현, 초연결시대, 공유경제와 사물인터넷의 미래, 한스미디어, 2015, p.203.

또한 의사소통에 있어서는 상호작용하는 주체로서 공동으로 참여하고 있고, 정보와 관련해서도 접근과 생산이 공유되는 형태로 변화하고 있으며, 시간적으로 24시간 지속적으로 연결된 상태로 유지되며, 특정 매장이나 시장에서 연결된 모든 장소로 확대되고 있다.

글로벌 신용평가기관 S&P(스탠다드앤푸어스)의 분석결과 2015년 기준으로 기업의 평균 수명이 15년에 불과한 것으로 나타났다. 국내 기업 중 자산 규모가 100억 원을 넘긴 3만여 개를 대상으로 분석한 결과 평균 수명은 17년이 안 되는 것으로 나타났다. 기업의 수명이 짧아진다는 것은 그만큼 세상이 빨리 바뀌고 예측하기 힘들다는 것을 반증한다.

11) Stan Davis, Christopher Meyer, Blur: The Speed pf Change in the Connected Economy, Warner Books, 1998.

표 1-4 연결시대의 교환 특성

구분	전통적 상거래		연결시대 상거래
	공급자	소비사	교환
가치역할	생산	소비	생산과 소비
가치획득	화폐	상품/서비스	경제적/정보적 가치 감성적/경험적 가치
의사소통 역할	발송인	수취인	상호작용 주체
정보 역할	통제자	제한적 접근	접근과 생산 공유
관련 시간	영업시간	영업시간	지속성과 연결성 유지
관련 공간	판매지점	시장	연결된 모든 장소

※자료: 차두원 · 진영현, 초연결시대, 공유경제와 사물인터넷의 미래, 한스미디어, 2015, pp.203.

지난 30년간 예측하기 어려워진 시대의 특징을 잘 설명하는 개념이 바로 '뷰카(VUCA)'다. 변동성(Volatility), 불확실성(Uncertainty), 복잡성(Complexity), 모호함(Ambiguity)로 과거 공산권이 몰락하고 냉전이 끝나면서 과거의 흑백논리적 세계관으로 더 이상 해석되지 않는 복잡한 시대라는 의미를 가진 용어로 군사전문가들이 만들어낸 말이다. 이 개념이 확장되어 정치, 국제관계에 적용되었고 4차 산업혁명을 대표하는 세계관으로 자리 잡았다.

변동성은 기업경영환경이 예상하기 어렵게 바뀌는 것을 말한다. 통상 1년 단위로 경영계획을 수립하고 추진하는 기업에서 자주 바뀌는 환경은 바람직하지 않다. 많은 비용과 시간을 투입하여 수립한 계획이 새로운 트렌드, 경쟁사의 등장, 표준의 변경 등으로 물거품이 될 수 있기 때문이다. 그러나 예상 못한 변화는 모든 기업에게 공통의 도전과제를 던져주기 때문에 이를 잘 극복한다면 뜻밖의 경쟁우위를 선점할 수도 있게 된다.

이에 대응하기 위해서 요구되는 대응 방향은 '회복탄력성'또는 '복원력'이라고 하는데, 이것은 외부 충격이나 예상치 못한 상황에서도 당황하지 않고 대응하는 능력을 의미한다.

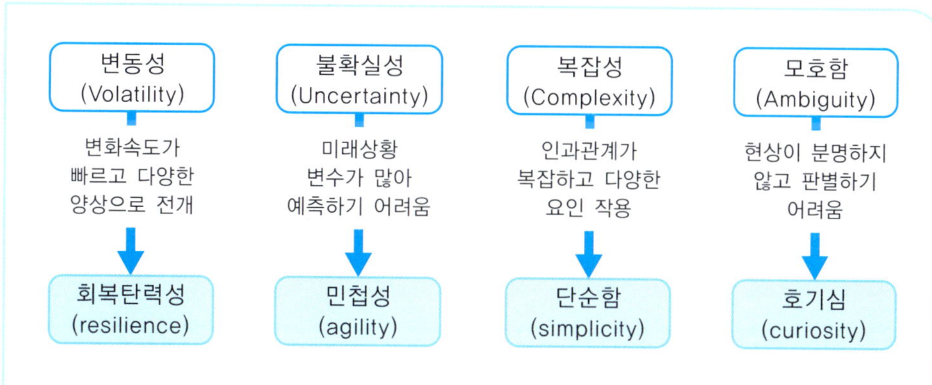

그림 1-4 ▶ VUCA세상에 요구되는 능력

※자료: 김성남, 미래조직 4.0, 더 퀘스트, 2018, p.21.

이를 위해서는 빠르게 방향을 바꾸는 민첩성이 필요하다. 세계경제포럼의 크라우스 슈밥회장은 "큰 물고기가 작은 물고기를 잡아먹는 시대에서 빠른 물고기가 느린 물고기를 잡아먹는 시대로 바뀐다"고 하였다. 기업 차원에서 방향을 바꾸는 속도가 빨라야 한다. 변혁의 시대에 살아남는 기업들은 짧은 시간내에 정해진 일을 완수하는 '속도'가 아니라 '방향을 바꾸는 속도'가 빨라야 한다는 의미의 민첩성이 필요하다.[12)]

휴대폰 시장의 절대강자였던 노키아는 몰락했다. 흥미로운 사실은 노키아가 애플보다 훨씬 많은 돈을 연구개발에 투자하고도 실패했다는 점이다.

문제는 점진적 혁신이었다.

노키아는 점진적 혁신을 애플은 파괴적 혁신을 추구했다는 것이다. 이 둘이 시장에서 만났고 결국 시장 자체를 바꾸어버린 파괴적 혁신기업인 애플이 승리하였다.

12) 김성남, 미래조직 4.0, 더 퀘스트, 2018, pp.20-29.

민첩성(방향 바꾸는 속도)사례

네슬레(Nestle)의 네스프레소(Nespresso)는 민첩성으로 성공한 사례중 하나이다. 네슬레는 전통적으로 소비재를 생산하는 기업이었지만 가정용 커피머신 시장이 존재한다는 확신을 가지고 1980년대 중반에 네스프레소를 개발했다. 그러나 처음에는 고전을 면치 못했다. 그러나 1990년대 들어 고급 백화점 등에 숍인숍형태의 매정을 진출시켜 성공하였고, 2000년대 초반 미국와 유럽시장에서의 성장 한계를 아시아시장 진출이라는 방향전환으로 다시한번 성장하였다.

YouTube는 처음 개발할 때 온라인 데이트 매칭 사업을 목적으로 개발되었다. 초창기 시장반응이 좋지 않았지만 경쟁 사이트와 달리 동영상을 공유할 수 있는 기능이 차별화 포인드였다. 그래서 방향을 전환하여 동영상 공유를 핵심 서비스로 바꿔 다시 출시하여 대성공을 거뒀다.

스타벅스는 세계 최고의 커피 체인이다. 처음에 스타벅스는 10년동안 에스프레소 머신과 커피원두 사업을 주업으로 하였다. 슐츠회장이 1983년 이탈리아에서 유럽식 커피와 카페문화를 접하고 미국에 없던 커피하우스 컨셉을 도입하여 대성공을 하였다. 국내에도 신세계가 스타벅스를 도입하여 국내 대표 커피전문점이 되었다. 스타벅스는 최근 커피보다 ICT(Information & Communication Technology) 기술 능력을 바탕으로 경쟁사와 차별화를 시도하고 있다.

2) 4차 산업혁명의 주요기술

물리학(Physical)기술 분야의 3D 프린팅, 로봇공학, 무인 운송수단 기술과디지털(Digital)기술 분야의 사물인터넷, 빅데이터, 블록체인기술, 인공지능 기술이 있으며, 생물학(Biological)기술 분야의 유전학, 합성생물학, 유전자편집기술 등이 있다.

이 기술 중 사물인터넷, 로봇공학, 3D 프린팅, 빅데이터, 인공지능 등 5대 기술로 받아들여지고 있고, 주로 ICT관련 기술이나 물리학, 생물학과 융합되어 스마트공장, 무인자율주행자동차, 등 새로운 제품과 서비스를 창출해 낼 수 있게 된다.

표 1-5 4차 산업혁명을 이끄는 기술

메가 트렌드	기 술	내 용
물리학(Physical) 기술	3D 프린팅	– 입체적으로 형성된 3D 디지털설계도나 모델에 원료를 층층이 겹쳐 쌓아 유형의 물체를 만드는 기술 – 소형 의료 임플란트에서 대형 풍력발전기, 주택까지 광범위 (예: 3D 프린팅+바이오기술 = 인공장기)
	로봇공학	– 로봇공학에 생물학적 주고를 적용하여 더욱 뛰어난 적응성과 유연성을 갖추고 정밀농업에서 간호까지 다양한 분야에 광범위한 업무를 처리할 수 있을 만큼 활용도가 다양함.
	무인 운송수단	– 센서와 인공지능을 기반으로 드론, 자율주행자동차, 트럭, 항공기, 보트 등 다양한 무인운송수단 등장 – 현재 드론은 주변환경변화를 감지하여 충돌을 피하는 항로변경이 가능한 상태임
디지털(Digital) 기술	사물인터넷(IoT)	– 사물에 센서를 부착하여 실시간으로 데이터를 네트워킹 시켜 정부를 주고받는 기술 – 인간의 개입 없이 사물 상호간 정보를 직접 교환하며 필요시 정보를 분석하고 스스로 작동하는 자동화가 가능 (예: Iot + AI + 빅데이터 + 로봇공학 = 스마트 공장)
	빅데이터	– 지지털 환경에서 생성되는 방대한 데이터로 인간의 행동패턴 등을 분석, 예측하여 산업현장에서 활용 ⟹ 최적화 및 효율화 도모 (예: 빅데이터 + AI + 금융정보 = 투자 로봇어드바이저, 빅데이터 + AI + 의학정보 = 개인 맞춤형 헬스케어)
	블록체인 시스템	– 서로 모르는 사용자들이 공동으로 만들어가는 시스템으로 암호화되어 모두에게 공유되어 특정사용자가 시스템을 통재할 수 없는 시스템 – 비트코인이 블록체인 기술을 이용하고 있고, 향후 각종 국가발급 증명서, 보험청구, 의료기록, 투표 등이 구현될 전망
	인공지능(AI)	– 컴퓨터가 사고, 학습, 자기계발 등 인간의 지능적인 행동을 모방할 수 있도록 하는 컴퓨터공학과 정보기술 – 다양한 분야와 융합하여 인간의 역할을 대체하고 높은 효율성을 가져올 것으로 예상(예: AI + IoT + 자동차 = 무인자율주행자동차)
생물학(Biological) 기술	유전학	– 유전학의 발달로 유전자 염기서열분석 비용이 감소하고 절차가 간단해져 빠르게 활성화되고 있음.
	합성 생물학	– DNA데이터를 기록하여 유기체를 제작하여 심장병, 암 등 난치병 치료에 직접적인 영향을 주는 기술 – 데이터 축적을 통해 개인별 맞춤의료서비스 및 표적치료 가능 – 농업과 바이오 연료생산 등에 대한 대안제시 가능
	유전자 편집	– 유전자 편집기술을 통해 인간의 성체세포를 변형할 수 있고 유전자 변형 동식물도 만들 수 있음.

※자료: 클라우스 슈밥(2016), pp.36-50참조.

3) 4차 산업혁명에 대한 국가별 대응

미국은 첨단기술과 자금력을 보유한 민간주도로 4차 산업혁명을 선도하는 가운데 정부도 다양한 지원책을 적극적으로 추진하고 있다. 미국의 민간기업들은 독자적으로 사물인터넷, 인공지능(AI), 무인자동차분야 등에서 최첨단의 기술력을 보유하여 4차 산업혁명을 주도하고 있다.

Google은 2001년부터 인공지능 기업 인수 및 개발에 280억 달러를 투자하여 독자적 플랫폼을 개발하는 등 AI분야를 주도하고 있고, 무인자동차 분야에서도업계에서 유일하게 완전자율화 단계에 이르렀으며 Tesla, Ford, GM 등도 부분 자율주행에 성공하였다.[13] 3D 프린팅 분야에서도 3D Systems가 3차원 프린터 기술을 세계최초로 개발하였으며, Stratasys는 전세계 3D 프린터시장의 절반을 점유하고 있다. 민간 기업들은 자율적으로 컨소시움을 구축하여 산업인터넷 등의 주도권 확보에 노력을 기울이고 있는데 우리기업은 삼성이 참여하고 있다.

다양한 사물인터넷 기기의 상호 접속성표준을 책정할 목적으로 Cisco, Intel 등 미국기업이 주도하는 OIC(Open Interconnect Consortium)에 삼성, 서울대, KAIST 등이 참여하고 있다.

일본은 4차 산업혁명에 대한 국가 총체적 대응을 통해 변화를 선도하기 위하여 정부차원에서 IT기술 육성에 관한 다양한 정책을 지속적으로 추진하고 있다. '과학기술 이노베이션 종합전략 2015'에서 IoT, 빅데이터, 인공지능, 로봇 등을 활용한 새로운 제조시스템 구축을 언급하고 2015년부터 추진하고있으며, IoT 추진 컨소시엄을 구성하여 IoT, 빅데이터, 인공지능 관련 기술 개발 및 사업화 등을 추진하고 있다.

2016년 「4차 산업혁명 선도전략」을 발표하고 4차 산업혁명을 통해 국가경제 및 사회전반을 변화시키는 국가혁신 프로젝트 차원으로 확대추진하고 있다.

중국은 중국판 Industry 4.0 추진을 통해 제조업 혁신능력 제고에 주력하고 있다. 중국은 양적 성장의 「제조대국」에서 질적 성장의 「제조강국」 도약을 목표로 독일의 「Industry 4.0」을 벤치마킹한 '중국제조 2025' 전략과 '인터넷 플러스' 전략을 추진하고 있다.

2025년까지 글로벌 제조강국 대열에 진입한다는 전략목표를 실현하기 위해 5대 중점

---

13) MBC 뉴스데스크, 2018.12.06. '구글 웨이모, 자율주행택시 애리조나 피닉스에서 2019년 1월부터 상용화

프로젝트(제조혁신센터 건설, 스마트 제조, 공업기반 강화, 녹색 친환경 제조, 첨단 설비) 계획과 10대 육성산업(차세대 정보기술, 디지털 공작기계 및 로봇, 항공 · 우주 장비, 해양엔지니어링, 선진철도설비, 신에너지 자동차, 전력설비, 농업기계, 신소재, 바이오의료기기)을 명시하고 중점 육성하여 2025년 제조강국 국가 진입 ⇨ 2035년 세계 제조강국 중 중간수준 도달 ⇨ 2049년 세계 제조강국 중 최상위 수준달성의 장기 로드맵을 추진하고 있다.

우리정부는 산업혁명의 주기가 점점 빨라지고 있고 4차 산업혁명의 개념과 변화에 있어 다른 나라에 비해 우리나라가 경쟁력을 가지고 있다고 분석하고 있다. 각계의 전문가로 4차 산업혁명위원회를 구성하여 국가차원의 대응과 산업계, 개별기업의 대응에 대한 지원과 방안을 모색하고 있다. 아래 그림은 4차산업 혁명위원회에서 제시하고 있는 4차산업혁명 개념도이다.

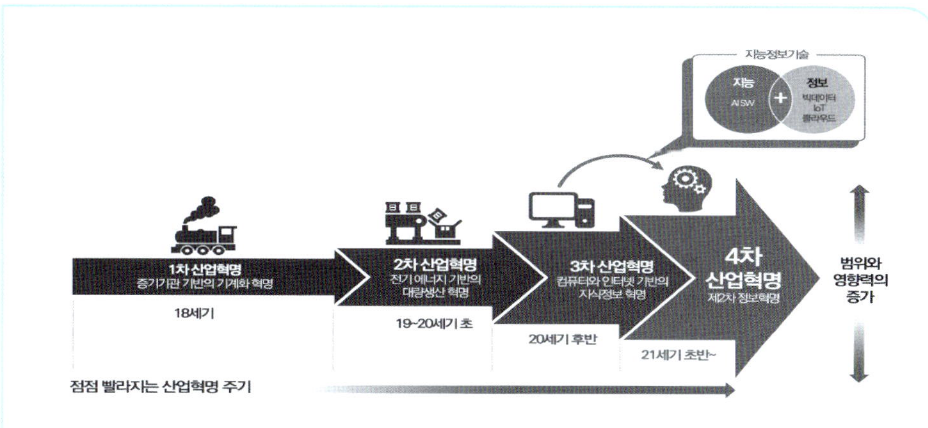

그림 1-5 ▶ 우리정부의 4차 산업혁명 개념도

※자료: 장병규, 사람중심의 대한민국 4차 산업혁명 추진방안, KRnet Conference 2018, p.2.

우리정부에서는 4차 산업혁명위원회를 구성하여 대응책을 마련하고 있으며 2017년 11월 21개 중앙부처가 합동으로 〈그림 1-6〉과 같이 모두가 참여하고 모두가 누리는'사람 중심의 4차 산업혁명'이란 비전을 가진 1차 계획을 발표하였으며 - 2018년 11월 30일에 모두가 참여하고 모두가 누리는 『사람 중심의 4차 산업혁명』구현을 위한 'I-코리아(KOREA) 4.0'으로 명명된 계획을 발표하였다. 여기에서 I는 4대 전략으로 지능(Intelligence), 혁신(Innovation), 포용 · 통합(Inclusiveness), 소통(Interaction)을 의미한다.

그림 1-6 ▶ 4차 산업혁명 대응계획 주요과제

※자료: 4차 산업혁명위원회, 4차 산업혁명 대응계획, 2017.11.30.

3 산업구조의 변화

미국과 유럽 등 선진국의 경제구조는 총생산액에서 제조업 비중이 감소하는 탈공업화가 진행되고 SW나 서비스의 비중이 높은 것이 보편적이다. 그러나 우리나라는 여전히 제조업이 GDP에서 차지하는 비중이 매우 높은 수준이고 SW나 서비스 부문의 글로벌 경쟁력은 취약한 실정이다.

4차 산업혁명은 ICT기반의 융복합 기술의 발달로 제조업 부문의 혁신적인 산업구조적 변화, 플랫폼 비즈니스 등 파괴적이고 혁신적인 패러다임 변화를 야기하고 있어 혁명적 변화가 이루어질 것으로 예견되고 있다. 물리학, 생물학을 비롯한 다양한 영역의 기술들이 IoT, 클라우드컴퓨팅, 빅데이터, AI 등 디지털기술과 융합하여 지능적인이고 혁신적인 상용화기술이 개발되고 있다.

3D프린팅 기술을 활용하는 디지털기반 1인제조방식이 확산되고, 제조업이 서비스나 SW와 결합되는 등 새로운 부가가치를 생성해 내고 있고, 공유경제[14], 블록체인시스템

14) 미국의 경제학자이며 사회학자인 제레미 리프킨이 2000년 그의 저서를 통해 소유경제(Ownership Economy)가 끝나고 인터넷 등을 활용한 공유경제 시대가 시작된다고 하였고, 2010년에 레이첼 보츠만(Rachel Botsman)과 루 로저스(Roo Rogers)가 『What's the Mine is Yours: The Rise of Collaborative Consumption』이란 저서에서 제시한 개념으로 특정 자원을 가진 사람들과 그 자원이 필요한 사람들을 연결하는 협력적소비(Collaborative Consumption)가 공유경제의 작동원리이자, 핵심가치이다. 이는 자신이 소유한 재화에 대한 접근권과 사용권을 타인과 공유, 교환, 대여함으로써 새로운 가치를 창출해내는 경제시스템이다.'

등 온디맨드 기반의 플랫폼 비즈니스는 수요자와 공급자가 필요시에 즉각 거래가 이루어지고 있어 고용변화도 초래될 것이다. 제조와 서비스를 하나의 가치사슬 내에서 파악하는 융합적 사고로의 전환이 필요한데 기존방식의 제품을 판매하면서 서비스가 덧붙는 경우에서부터 제품이 플랫폼화되어 서비스가 주력 비즈니스가 되는 모델까지, 산업구조가 매우 빠르게 변화하고 있다.[15)]

〈농업생산의 변화〉

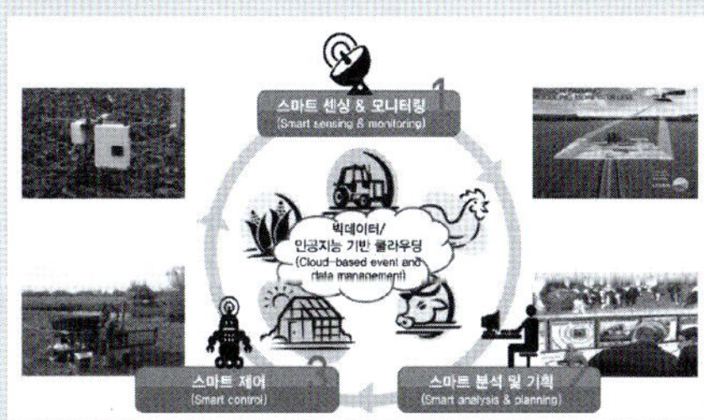

- 스마트 센싱과 모니터링: 기후, 환경, 생육정보를 정밀 · 자동화된 방법으로 측정, 수집, 기록하여 활용
- 프랑스 에어리노브: 광학탐지장비 장착 드론과 센서 활용 대규모 경작지를 매우 촘촘하게 세분하여 정밀관리(최적 시비량과 농약살포 결정)
- 스마트분석 및 기획: 빅데이터 기반 지능형 최적호 솔루션– 기후정보 분석 의사결정 정확도 향상(미국 클라이밋사 기후예측모델 몬산토에 11억달러에 매각
- 스마트 농기계 도입: 네델란드–파프리카 수확로봇, 일본–딸기 수확 로봇, 뉴질랜드–키위수확로봇 등

〈딸기 수확기계〉

〈파프리카 수확기계〉

그림 1-7 ▶ 4차 산업혁명과 농업생산–유통–소비의 변화

15) 이은민, "4차 산업혁명과 산업구조의 변화", 정보통신정책연구원, 제28권 제15호, 2016, p.21.

1) 1차 산업과 4차 산업혁명

1차 산업혁명은 동력혁명으로 제조업을 탄생시켰고, 2차 산업혁명은 기계혁명으로 제조업을 성숙시켰다. 1-2차 산업혁명은 생산의 기계화와 대량화를 통해 의식주와 관련된 모든 상품의 제조원가를 획기적으로 낮춰 인류는 풍요로운 의식주를 누릴 수 있게 되었다.[16)]

이런 기술의 발달이 농업현장에 새로운 기술로 접목되어 1800년대 후반까지 세계생산인구의 90%가 종사하던 농업인구가 현재는 5% 수준으로 낮아졌지만 생산량은 수백배 증가하였다.

〈농산물 유통의 변화〉

- 농식품 유통정보의 실시간 공유로 즉시 대응이 가능
- 네델란드 'The Smart Food Grid': 암스테르담과 주변지역 대상 농산물생산자와 소비자간 미스링크를 없애고 생산-소비 정보를 실시간으로 연결하여 최소 30%이상의 부가가치 창출기대
- 이탈리아 체인형 슈퍼 COOP: 상품진열대 마다 디스플레이로 상품관련 정보(생산자, 요리법, 영양, 가격 등)제공, 매대를 정리하는 로봇점원과 로봇 팔이 서비스 제공
- 전세계 1일 유통실현(1day in whole globe)

〈농업생산물 소비행태의 변화〉	내용
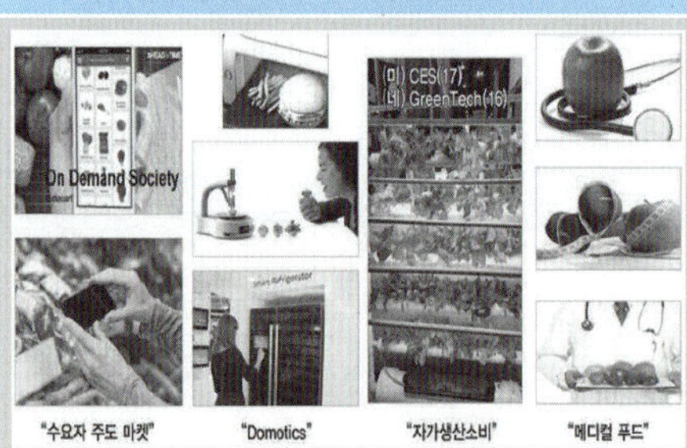	- 수요자 주도마켓인On Demand 마켓확장 - 지능형 냉장고가 식품재고와 소비상황을 실시간으로 파악하여 자동주문 가능 - 가족구성원의 영양섭취정보와 건강정보관리 - 생육관리가 간단한 엽채류와 쌈채소는 완전자동화된 생산 키트 보급으로 자가생산-자가소비

※자료: 이주량, "4차 산업혁명과 미래농업", 해외농업 · 농정 포커스, 2017.7, pp.6-9., 송종국, "4차 산업혁명 농업농촌", 2017 삼락농정포럼, pp.25-29. 참조

16) 이주량, "4차 산업혁명과 미래농업", 해외농업 · 농정 포커스, 2017.07, p.4.

감소하고 있는 농업인구와 농촌의 고령화를 로봇화 자동화를 통해 극복하고, 기존농가의 노하우를 단기간에 학습할 수 있는 시스템이 구축되어 누구나 하기 쉬운 농업으로 전환된다. 그동안 투기성을 가지고 있던 수익성을 적정수준으로 유지할 수 있게 되는데 여기에는 빅데이터와 과학을 활용하여 생산성은 높이고, 최적의 생육관리가 이루어지는데 여기에 AI가 활용된다.

기후변화에 대한 대응으로 품종별 재배적지를 예측하여 리스크를 최소화 할 수 있게 되며, 소비자 주문형 농산물 생산과 유통이 이루어지는 수익성과 비용관리가 이루어지는 스마트 팜 시대로 변화하고 있다. 각종 자동화 기기와 로봇에 사물인터넷(IoT)과 ICT 기술이 접목되고, 빅데이터와 인공지능 기술이 접목되면서 상상 속에서나 가능했던 것들이 가능해지고 있다. 예상수요에 대한 정확한 분석을 수행되고, 필요한 수량만큼을 필요한 시점에 수확하고, 적정가격에 공급하는 것이 현실화 되고 있다.

특히, 시설농업을 중심으로 스마트 팜이 새로운 혁신을 불러일으키고 있고, 인구감소로 인한 유휴빌딩을 이용한 식물공장 등을 통해 농업이 미래산업으로 도약하고 있다. 월가의 투자귀재인 짐 로저스(Jim Rogers)[17]는 농업이 미래산업이며 향후 크게 성장할 수 있는 투자가치가 있는 분야라고 언급한 것이 선견지명이라고 할 수 있다.

미래의 농업은 기술과 시장중심으로 변화할 것이다. 글로벌 생산정보와 국가별 소비자의 기호와 수요분석을 통해 시설투자와 농업경영이 이루어지고 작게는 지역시장을 대상으로, 크게는 글로벌시장을 대상으로 실시간 마케팅이 이루어지는 스마트 농업경영시대가 열리고 있다.

---

17) 투자 대가 짐 로저스는 10년 동안 4800%의 수익률을 기록하여 세계적인 주식투자의 귀재로 불리는 인물임. 2019년 1월 23일 중앙일보와의 인터뷰에서 한국 청년들에게 "한반도에 많은 기회가 생길 것이다. 공무원이 되려고 하지 마라. 빚을 만들지 말고, 자신이 좋아하는 것을 하라"고 당부하였으며, 외국보다 한국에서 기회를 찾으라 조언하였는데 그 이유를 "한국은 굉장히 역동적으로 변할 것이기 때문"이라고 설명했다. 같은 날 KBS의 한 프로그램에 나와 "남한과 북한에 아주 엄청난 기회가 오고 있다"며 "한반도가 통일되고 개방되면 20년간 한반도가 세상에서 제일 주목받는 나라가 될 것"이라고 하였으며, 자기는 "북한에 정말 투자하고 싶다"고 하였다.
로저스는 북한을 제외한 투자에 대해 "전 세계적으로 농업에 관심을 갖고 있으며 아시아 관광산업에도 주목한다."고 하였다.

2) 2차 산업과 4차 산업혁명

4차 산업혁명을 설명할 때 제조업이 가장 많이 언급되는 이유는 개념적인 부분이나 구체성 면에서 가시적인 접근을 할 수 있어서이다.

4차 산업혁명으로 제조업의 서비스 중요성이 더욱 증대되고 있어, 서비스업의 정책 지체는 서비스업에 그치지 않고 제조업의 경쟁 기반 구축 및 비즈니스 모델 재편에 크게 영향을 끼치고 있다.

제조업은 유형제품과 서비스가 융합한 솔루션 제품을 제공해 상품 판매에 그치지 않고, 폐기될 때까지 이용 서비스를 통해 지속적인 수익창출이 가능한 비즈니스 모델로 변화한다. 4차 산업 혁명 시대에는 제품이 사람뿐만 아니라 제품, 기기 등 모든 실체들과 연결 가능해지며, 자율적인 판단과 전송, 저장 행위가 가능해 지면서 판매 제품은 마치 '살아있는 제품'으로 변모하여 기존의 한번 생산되면 기능이 고정된 '독립 제품'에서 벗어나, 외부(사람, 기기)와 연결해 다양한 서비스를 제공하는 '유형제품과 서비스가융합된 솔루션 제품'이 되어, 판매후에도 지속적인 수익 창출이 가능해지고 있다.

유형 제품이 IoT(사물인터넷), 빅데이터, AI 활용으로 '스마트 제품'으로 변모하면서 지금까지 없었던 새로운 유형의 서비스 개발도 기대 · 따라서 제조업은 제공하는 제품에 집어넣을 ICT, 통신 서비스 기술력과 이를 기반으로 한 서비스 개발 역량이 필요. 궁극적으로 제조업은 유형제품보다 다양한 서비스 개발에 주력하는 '서비스 중심의 제조 모델'로 변화를 시도하고 있다.

IoT(사물인터넷), 빅데이터, AI(인공지능) 등 핵심 기술을 활용해 서비스업은 물론 전통 제조업의 지원 서비스를 발굴하여 산업 경쟁 기반(base of competition)을 강화하면서 고부가 제품(유형제품 + 서비스)을 개발하려는 움직임이 빠르게 확산되고[18] 있으며, 단순하게 인간 vs 기계(인공지능)가 아닌 인간 + 기계(인공지능)의 현태로 진화를 시도[19]하고 있는 실정이다.

제품 기반의 데이터를 활용한 새로운 서비스 사업이 창출 · 지금까지는 가상공간(인

18) 현대경제연구원 VIP리포트, 17-33(통권 706호), 2017.10.16. pp.11-12.

19) 박영숙 · 벤 고르첼, 인공지능 혁명 2030, 더블북, 2016, p.55.

터넷)을 기반으로 생성, 수집된 가상데이터(Virtual Data)가 중심이었다면, 4차 산업혁명에서는 사람과 기기 등에 의해 실시간으로 생성된 현실데이터(Real Data)가 급증하고, 현실 데이터는 실시간으로 생성되면서 가상 데이터보다 더 짧은 순간에 더 많은 대량의 데이터를 수집, 분석하는 데 활용되는 빅 데이터 기반으로 진화하고 있다.

EU는 데이터 기반 경제(Data-Driven Economy) 활성화를 목적으로 조사한 결과, 2015년 제품 · 서비스 형태로 데이터를 교환하는 시장 가치는 545억 유로, 데이터 경제 규모는 2,720억 유로이며, 이는 2020년에 각각 5.8%~15.5% 증가, 연평균 8.3%~31.7% 증가할 것으로 전망하고 있다.

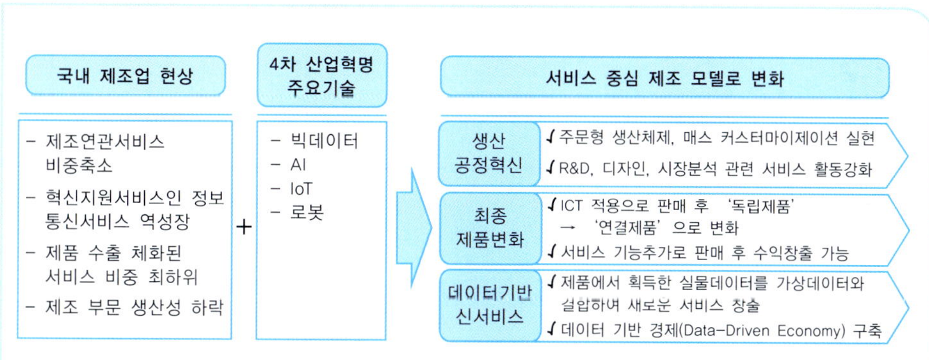

그림 1-8 ▶ 서비스 중심 제조모델로 변화

※ 자료 : 현대경제연구원 VIP리포트, 17-33(통권 706호), 2017.10.16. p.3. 참조

산업과 기업 간의 체계가 붕괴하고 제조업과 서비스업 의 구분이 모호해짐에 따라 새로운 변화에 빠르게 적응하는 기업과 그렇지 못한 기업 사이에 성패가 갈릴 수 있다.

명문화 된 규정이 있는 것은 아니지만 굴뚝산업 , IT산업 , 서비스업 , 콘텐츠산업 등 업종 특성에 따라 조직 형태와 의사결정 구조 , 인력 배치 등 경영방식의 차이가 엄연히 존재한다.

만약 기업 이 제공하는 재화(유무형 모두 포함)의 성격이 바뀌었음에도 기존의 경영방식을 고수한다면 그 기업의 성공 가능성은 당연 히 낮다.

따라서 기업의 경영자들은 Industry 4.0 시대의 특성을 파악하고 새로운 비즈니스 모델을 찾아야 하며 새로운 비즈니스 모델에 적합한 조직문화와 경영방식을 도입해야 할 것이다.

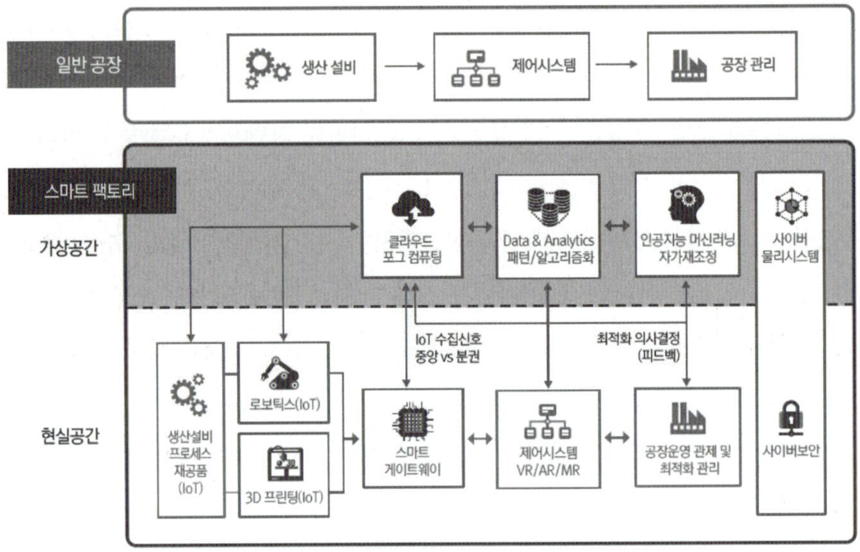

그림 1-9 ▶ 스마트 팩토리 개념도

※자료: 삼정 KPMG경제연구원, "4차 산업혁명과 제조업의 스마트 팩토리 도입", Samjong INSIGHT ISSUE 55 · 2018, p. 6.

스마트 팩토리 완성을 위해서는 4차 산업혁명의 기반이 되는 여러 디지털 신기술들이 활용되는바, ①사이버물리시스템(CPS)[20], ②로보틱스, ③3D 프린팅, ④IoT 기반 포그 컴퓨팅(Fog Computing), ⑤사이버 보안 등이 대표적이다.

실시간으로 제조현장의 데이터를 수집할 사물인터넷, 수집된 데이터를 실시간으로 의미 있는 결과로 만들고 의사결정을 지원할 애널리틱 및 인공지능 기술은 사이버물리시스템(CPS)의 핵심 요소가 된다.

제조 설비로부터 현장 데이터를 수집해 실시간으로 제어하기 위해서는 기존 클라우드보다는 제조현장 가까이서 활용될 수 있는 포그 컴퓨팅이 대두되고 있다.

생산 현장에서의 3D프린터 도입은 설계 단계부터 적은 비용으로 시제품을 제작할 수 있도록 지원하며, 양팔 및 협동 로봇은 생산라인에 큰 변화를 가져올 것이다.[21]

20) 사이버물리시스템(CPS)는 디지털 기술을 활용해 사이버시스템(가상)과 물리적 시스템(현실)을 결합하는 것으로 사람, 로봇, 의료기기, 산업장비 등 물리적인 현실세계와 인터넷 가상공간을 하나의 네트워크로 연결하여 데이터를 분석하고 활용해 사물을 자동으로 제어할 수 있다.

21) 삼정KPMG경제연구원,Samjong INSIGHT ISSUE 55 · 2018, p. 6.

22) PLM은 Product Lifecycle Management, MES는 Manufacturing Execution System, PLC는 Programmable Logic Controller를 뜻함.

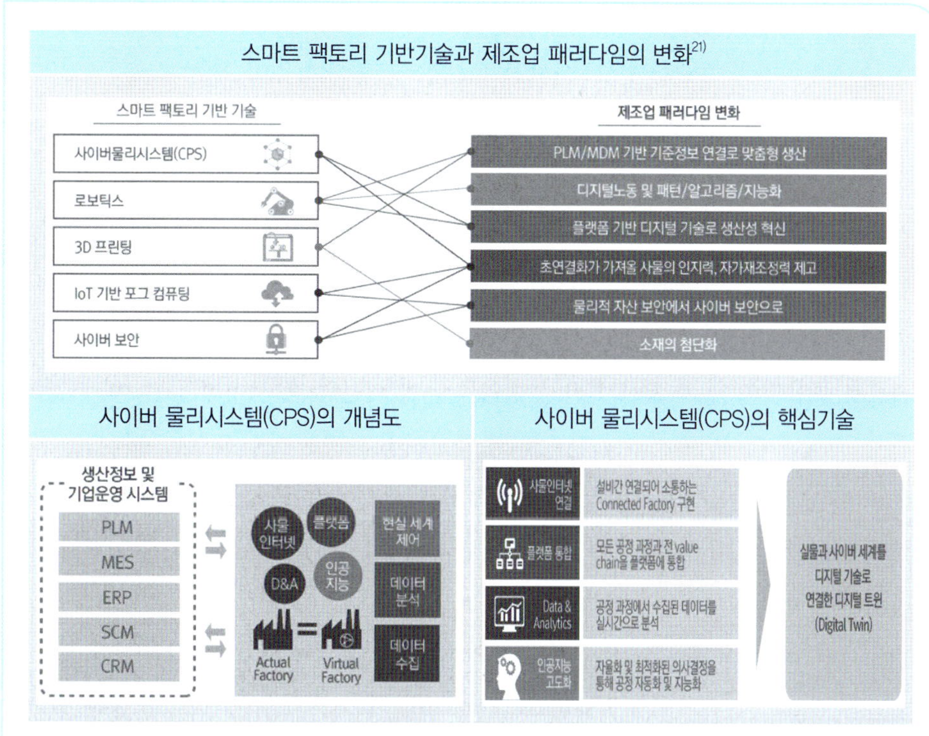

그림 1-10 ▶ 스마트 팩토리와 사이버 물리시스템

※자료: 삼정 KPMG경제연구원, "스마트 팩토리 기반 기술과 제조업 패러다임 변화", Samjong INSIGHT ISSUE 55 · 2018, pp. 8-9.

마지막으로 ICT와 데이터 그리고 하드웨어가 결합되는 스마트 팩토리 도입에 사이버 보안은 선택이 아닌 필수가 될 것이다.

기업들이 기존 제조공정에 스마트 팩토리를 도입하면서 제조업의 혁신이 일어 나고 있다. 스마트 팩토리의 주요 기반 기술들로는 사이버물리시스템(CPS), 로보틱스, 3D 프린팅, IoT 기반 포그 컴퓨팅, 사이버 보안 기술 등이 있다. 화학, 자동차, 철강, 항공, 식료품, 섬유 등 다양한 제조 산업에 걸쳐 스마트 팩토리를 도입하게 되면서, 디지털 신기술에 의해 생산성이 증폭되고 기존에 소비자에게 제공하지 못하던 다양한 서비스 제공이 가능해 지고 있다.

이에 따라 제조업의 패러다임 또한 변화하고 있다. 실시간 주문형 맞춤형 생산이 가능해지고, 제조공정의 디지털화(Digitalization)가 가속화 되고 있다. 재고량을 전에 없이 최소화하고, 제품 불량률을 낮추며, 인건비가 절감되면서 생산성 혁신이 나타나고 있다. 생산라인뿐만 아니라 공급사슬 전 공정에 걸쳐 사물인터넷, 센서, 클라우드 기반의 초연결화가 가능해 지면서, 제조사와 부품 공급업자간의 유기적인 연결성이 강화되고 있다. 3D 프린팅 활용을 위한 소재의 첨단화가 진행되고 있고, 내구성 · 내열성이 요구되는 로봇을 위한 첨단 소재나, 초정밀 공정을 위한 첨단 신소재 등에 관한 관심이 높아지고 있다.

제조분야의 사이버물리시스템(CPS)은 Operation Technology(OT) 시스템, 즉 생산정보시스템(PLM, MES 등) 및 기업운영시스템(ERP, SCM, CRM 등)과 같이 정형화된 디지털 데이터로 구성된 IT시스템과 공정, 제조 설비와 같은 물리적 세계가 네트워크로 통합되어, 실제 제품 혹은 설비의 작동이 디지털 계(사이버 공간)에서도 동기화되고, 축적된 데이터에서 도출된 패턴과 알고리즘에 의해 지능적으로 제어되는 시스템을 의미한다. 사이버물리시스템을 구현하기 위해서는 모든 사물들을 연결시키는 사물인터넷과 데이터를 통합적으로 수집하는 플랫폼, 자율적으로 의사결정을 지원하는 빅데이터 분석력과 인공지능 기술 등 다양한 기술이 요구된다.

현실에서 존재하는 실물과 사이버 세계가 연결된 사이버물리시스템을 구현하려면 기본적으로 사물인터넷을 통해 기계와 공구 및 작업자가 연결되어 기기들간 서로 피드백을 주고받을 수 있는 네트워크가 구성되어야 한다. 생산 프로세스에서 실시간으로 발생하는 데이터를 플랫폼으로 수집하여 기존에는 각 기계, 작업자, 공정, 부서 등 칸막이(Silo)별로 데이터를 관리하던 차원을 넘어서 Cross-Silo 혹은 Unsiloed된 데이터 관리 체계 및 전사최적화(Enterprise-Wide Optimization, EWO)가 이뤄져야 한다. 사이버물리시스템 기술이 활용된 스마트 팩토리의 궁극적인 모습은 디지털 트윈(Digital Twin)으로 가상의 공간과 현실 공간의 생산활동이 완벽하게 동기화되는 것을 목표로 한다. 이는 현실공간의 생산활동이 디지털 데이터로 축적됨을 의미하고, 여기에 AI 분석기술이 접목되면 지능화된 자율 생산활동, 즉 머신러닝 등을 통해 스스로 학습하고 최적의 방법을 찾아 제조하는 공장이 조만간 현실화될 것이다.

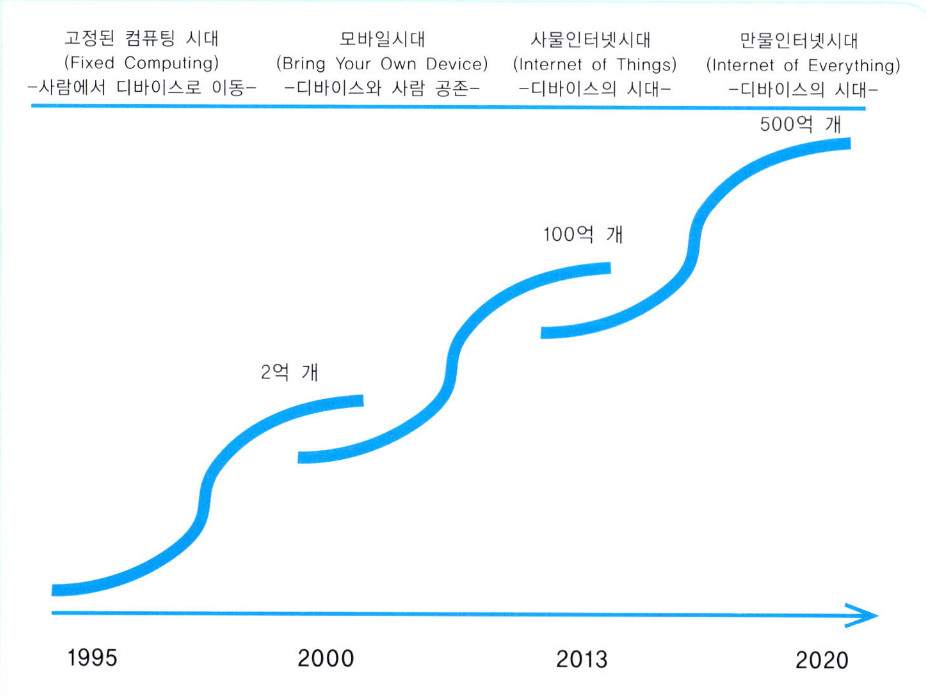

그림 1-11 ▶ 인터넷에 연결되는 사물의 증가

※ 자료: Joseph Bradley, Joel Barbier, Doug Handler, Embracing the Internet of Everything to Capture Your Share of 14.4 Trillion, CISCO White Paper, 2013.

사물인터넷은 스마트 팩토리 구축의 필수 요소라 할 수 있다. IoT는 제조업 데이터를 기반으로 하는 4차 산업혁명의 핵심인 사이버물리시스템의 기반 기술 중 하나로서 데이터를 모으는 감각기관, 즉 물리적으로 존재하는 생산 활동을 사이버 세상으로 재현하고 동기화하기 위해 필요한 피부와 신경조직 역할을 하기 때문이다.

지금까지 인터넷은 사람과 사람을 연결시키고 각 연결고리에서 사람의 지능적 판단을 했지만, 앞으로는 사물이 인터넷에 직접 연결되어 작동하며 각 연결고리(게이트웨이, 엣지, 반도체 등)에서 사람의 판단을 대체하는 인지적, 판단 기능을 갖추게 된다.

즉, 과거에는 중앙집권적 룰에 기반 해 판단을 했다면, 앞으로는 분권적 네트워크상에서 권한과 책임을 나누게 되며 심지어는 룰을 넘어서 자가 재조정 기능을 더하게 될 것이다.

다양한 센서가 부착된 기기들에서 발생하는 데이터들은 IoT를 통해 집적되고, 이는 종국적으로 사이버물리시스템이 원활히 작동하도록 지원한다. 사물이 사람의 개입 없이 연결되어 데이터가 부가가치 창출의 핵심이 되고, 실제 물리적 세계와 사이버 공간의 융합이 이루어져 초연결화가 실현되는 것이다.

초연결화는 하나의 공장 내에서만 이루어지는 수준에 머무는 것이 아니라, 원자재 및 부품 공급업자들과 제조사 간의 연결성을 강화하여 공급사슬관리의 효율성을 증대시켜 주는 방향으로 진화해 나가고 있다.

IoT 인프라는 분야 및 시스템 별로 폐쇄된 형태에서 클라우드 컴퓨팅을 활용한 오픈 시스템으로 변화한 후, 포그 컴퓨팅(혹은 엣지 컴퓨팅)을 통해 작동하는 오픈 네트워크로 발전할 전망이다.

가트너는 2018년 전 세계 IoT 기기가 전년대비 31% 증가한 84억 대를 기록하고, 2020년에는 204억 대의 기기가 IoT로 연결될 것으로 예상하였고[23], 시스코는 2020년에 전 세계인구의 6배인 500억개의 사물들이 인터넷에 연결될 것으로 예측하였다. 시스코는 100억개의 사물이 연결되어 있는 현재를 사물인터넷의 시대로 규정하고, 앞으로는 사물을 비롯해, 사람, 업무 혹은 공정 프로세스, 데이터 간의 통합적 연결을 통해 만물인터넷이 실현될 것으로 예측하고[24] 있다.

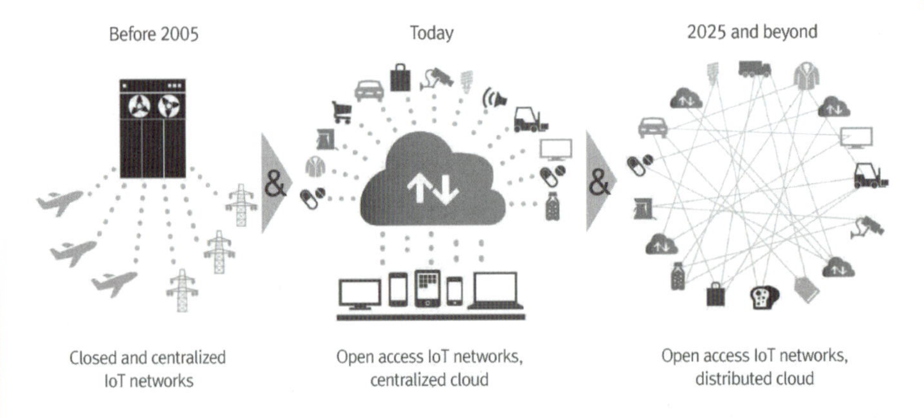

그림 1-12 ▶ 사물인터넷의 변화와 향후 발전방향

※자료: 한국정보화진흥원(2015), 삼정 KPMG경제연구원, "스마트 팩토리 기반 기술과 제조업 패러다임 변화", Samjong INSIGHT ISSUE 55 · 2018, p. 24. 재인용.

23) 삼정 KPMG경제연구원, "스마트 팩토리 기반 기술과 제조업 패러다임 변화", Samjong INSIGHT ISSUE 55 · 2018, p.24.

24) 패트릭 터커, 이은경 옮김, 네이키드 퓨처, 와이즈 베리, 2014, p.29.

이러한 IoT 확산으로 인해 사물의 디지털화와 네트워크화는 급속하게 확대될 것이다. 또한 지멘스와 GE 등 전통적 제조 분야 강자들이 산업용 IoT 플랫폼까지 선점하기 위해 노력하고 있는 것과 같이, 제조현장 기기 등 산업 분야의 IoT 기기 도입은 스마트 팩토리의 확산과 더불어 점차 확대될 것으로 보인다.

3) 3차 산업과 4차 산업혁명

우리 정부는 2000년대 중반 이후 범부처 차원의 종합적인 서비스산업 경쟁력 강화 정책을 발표해왔는데, 특히 제조업과 서비스업의 동반성장, 서비스업과 제조업의 융합을 통한 고부가가치 신서비스 창출을 통해 궁극적으로 국가경쟁력을 강화하기 위한 전략을 제시해왔다.

표 1-6 서비스경제 발전전략의 추진 전략

추진전략	세부 내용	
서비스 · 제조업 융합발전	서비스 · 제조업 차별 해소	
	서비스업 통한 제조업 고부가가치화	
	산업간 융복합 촉진	
서비스경제 인프라 혁신	서비스 R&D 컨트롤타워 구축	
	규제 개선 및 서비스 다양화	
	서비스업 인력 양성	
	해외진출 지원	
7대 유망 서비스업 육성	의료서비스	스마트헬스케어, 정밀 · 재생의료, 해외진출 · 해외 환자 유치
	관광서비스	ICT 기반 관광서비스, 융복합관광
	콘텐츠서비스	애니메이션 · 캐릭터, 영화 · 웹툰 · 음악, 기능성(교육 · 치료)게임
	교육서비스	이러닝
	금융서비스	핀테크
	SW서비스	사물인터넷, 클라우드, 빅데이터, 모바일
	물류서비스	물류신기술, 신운송수단

※자료: 대한민국정부, 2016년 서비스경제 발전전략, 2016. 7.

2016년 「서비스 경제 발전전략」은 제조업과 서비스업 간 융합을 통한 고부가가치화, 새로운 고부가가치 서비스업 육성에 초점을 맞춰 서비스산업 경쟁력 강화를 통하여 국가경제 발전의 새로운 성장 동력으로 활용하고자 하였으며, 이를 위하여 7대 유망 서비스산업[25]을 선정해 세제 · 금융 · 인력양성 · 해외진출 등을 집중 지원하여 부가가치 서비스를 창출[26]를 도모하였다.

3대 추진전략은 ① 서비스 · 제조업 융합발전 ② 서비스 경제 인프라 혁신 ③ 성장가능성 높은 7대 유망서비스업의 맞춤형 육성을 통하여 세부 분야의 목표를 달성하고자 시도하였다.

4차 산업혁명은 '자동화', '노동대체 기술의 발전', 그리고 '온디맨드 플랫폼 비즈니스 확대' 등의 산업구조적인 패러다임 변화를 가속시키고 있어 온디맨드 경제하에서 고용구조 변화를 유발할 것으로 예상된다.

기존 산업구조에서 시장의 원리는 사람, 유휴자산(재화)과 정보를 유통 플랫폼에 등록하고, 수요와 공급자가 모두 그 안에서 거래를 하는 방식이다. 온디맨드경제는 거래에 당사자들이 제품과 서비스를 소유하지 않고 이용할 수 있으며, 디지털플랫폼이 거래의 중개인 역할을 담당한다. 디지털 플랫폼은 충분히 활용되지 못한 자산들(자동차의 빈자리, 집의 남는 방, 거래 중개자, 배달이나 집수리를 위한 기술 등)을 효율적으로 사용하도록 만들어, 서비스를 추가로 제공할 때 발생하는 한계비용이 거의 제로에 가깝다는 특징이 있다.

세계에서 가장 큰 택시기업인 우버는 소유하고 있는 자동차가 없고, 세계에서 가장 큰 숙박 제공업체 에어비앤비가 소유한 부동산이 없다는 사실은 디지털 플랫폼 비즈니스가 기존의 비즈니스와는 완전히 다른 형태임을 보여준다.

온디맨드경제는 차량, 숙박 뿐 아니라 배달, 청소 등 단순노동 서비스로 확장되어 진행되고 있으며, 최근에는 법무 및 컨설팅 등 전문인력 서비스 분야에도 적용되고 있다.

온디맨드 경제의 활성화는 고용구조를 현재의 상용근로직에서 임시계약직으로 변화할 수 있는 가능성도 높아진다. 기업들이 필요한 시점과 기간에 따라 정규직이 아닌 계약직이나 임시직으로 인력을 활용하고 대가를 지불하는 시장을 긱 이코노미(Gig

---

25) 7대 유망 서비스산업은 의료(스마트 헬스케어, 정밀재생의료, 해외진출 · 해외환자 유치), 관광(ICT 기반 관광서비스, MICE), 콘텐츠(영화, 음악, 기능성 게임), 교육(이러닝), 금융(핀테크), 소프트웨어(사물인터넷, 클라우드, 빅데이터, 모바일), 물류(드론, 자율주행트럭)

26) 방호경 · 이서영, "한중일 부가가치 서비스무역 현황 및 최근 정책 비교", KIEP 오늘의 세계경제 Vol.17, No.20, 2017.5.29., pp.8-9.

Economy)라고 부른다. 미국 상무성은 2016년 6월 긱 이코노미와 관련된 통계자료를 만들기 위해 이 용어의 범주를 명확히 정의하였다. 우버가 전 세계 자사 디지털플랫폼을 이용하는 기사들과 직접적인 고용을 맺는 대신 '드라이브 파트너'라는 임시계약구조를 가져가는 것이 바로 긱 이코노미의 대표적인 예이다.[27]

표 1-7 서비스산업 온디맨드비즈니스 사례

업 체	구 분	내 용
Lyft	택시	우버와 유사한 카 쉐어링 업체로 택시 서비스 제공
InstaCart	가사노동	코스트코, 홀푸드 마트 등에서 고객요구시 신선식품 등을 1시간 이내에 배달하는 쇼핑대행 서비스 제공
Handy	가사노동	집안청조부터 가구조립, 실내 페인팅, TV설치, 에어컨 설치, 전구교체 등 각종 가사노동 및 수리서비스 제공
TaskRabbit	심부름	지역 내 인력 매칭 플랫폼으로 청소, 이사, 배달, 출시일 맞춰 매장 줄서기 등 서비스 제공
DoorDash	음식배달	자체 배달 서비스를 제공하지 않는 지역 내 유명 레스토랑 음식 가정으로 배달하는 서비스 제공
Luxe	발레파킹	주차공간을 찾는데 오랜 시간이 걸린다는 점에서 착안, 모바일 앱을 통해 주차대행 서비스 제공
DogVacay	펫시터	반려동물을 돌봐주는 펫시터를 연결해주는 플랫폼
Fiverr	전문가	음악, 그래픽, 번역, 비디오편집, 디자인, 이력서 첨삭, 웹분석 등 각종 전문가 서비스 제공
Quicklegal	법무	법률적 조언이 필요한 사람과 변호사를 연결
HourlyNerd	컨설팅	1-2인 회사부터 대기업까지 17,000명의 각 분야 독립 컨설턴트를 연결하고 컨설팅 서비스를 제공

※자료: 이은민, "4차 산업혁명과 산업구조의 변화", 정보통신정책연구원, 제28권 제15호, 2016, p.19.(http://policy.nl.go.kr/)

27) 이은민, "4차 산업혁명과 산업구조의 변화", 정보통신정책연구원, 제28권 제15호, 2016, pp.18-20.

4 기업경영의 변화

1) 경영패러다임 변화와 공유경제

가) 경영패러다임 변화

4차 산업혁명으로 인한 정보기술 발달은 기업경영의 모든 것을 변화시키고 있다. 과거 조직중심의 문화와 자본과 노동을 중심으로 수행되어온 기업운영은 저비용과 효율성을 지향하였으며, 규모의 경제를 기반으로 하는 안정적 성장 패러다임을 가지고 있었다.

이후 글로벌화된 경제시스템의 정착과 인터넷환경의 발달은 소프트웨어 산업을 발전시켰으며, 경쟁의 범위를 세계로 확장 시켰으며, 정보화로 인하여 소비자들의 욕구와 요구는 보다 다양해졌다.

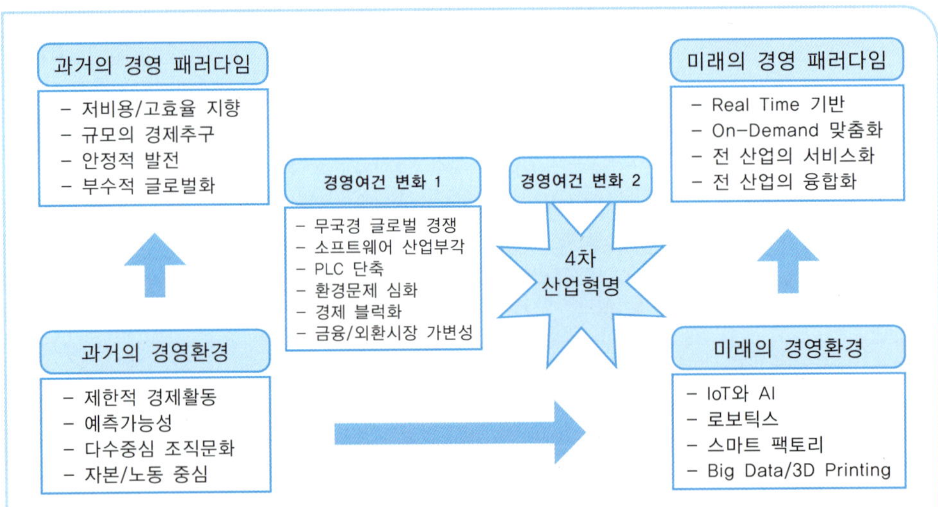

그림 1-13 ▶ 경영패러다임의 변화

2016년 이후 4차 산업혁명시대에 진입하여 기업의 경영은 사물인터넷과 인공지능, 로보틱스 기술과 스마트 팩토리 개념의 등장, 빅데이터 기술을 이용한 소비자 분석과 대응을 가능하게 하였고 3D 프린팅 기술은 누구나 생산 공장을 가질 수 있는 환경을 제공하였다.

이런 변화는 모든 산업이 융합될 수 있는 초융합을 가능하게하고 있고, 모든 산업을 서비스화 시키고 있으며, 실시간을 바탕으로 개별화된 맞춤서비스를 가능케 하고 있고, 그 확장 가능성에 대한서는 한계를 확인할 수가 없는 실정이다.

이런 패러다임의 변화로 기술간, 산업간 융합이 가속화되면서 산업의 경계가 붕괴되고 있으며, 이로 인하여 모든 영역이 지능화되고 있고, 전통적인 산업경계는 사라지고 있다. 실제로 구글(Google)이 완전자율 주행차 웨이모(WAYMO) 택시를 시범 서비스하고 있어 자동차제조사의 경쟁자로서의 구글, 택시회사의 경쟁자로서 구글이 부상하고 있고, 금융서비스를 IT업체가 (중국의 텐센트는 결재와 투자, 신용평가까지 수행하고 있으며, 우리나라의 경우 K뱅크, 카카오뱅크가 2017년 허가를 받아 운영되고 있음)제공하고 있어 은행의 경쟁자가 동종업계인 은행이 아니라 IT업체까지로 범위가 확장되고 있다.

미국의 국제 경영전략 컨설팅 기업 베인앤컴퍼니(bain)에 따르면 18~24세 청년층의 약 74%가 IT기업이 제공하는 금융상품 이용에 대해 호의적인 것으로 조사[28]되어 심각한 경쟁자로 부상할 것으로 예상되고 있다.

나) 공유경제

최근 정부에서부터 기업, 개인에 이르기까지 모든 주체들이 공유경제에 대해 큰 관심을 가지기 시작하였으며, 다양한 기업들이 비즈니스화를 시도하고 있다.

온라인을 통해 여행정보, 차량, 집, 취미생활, 지식을 공유하는 인터넷 플랫폼들이 빠르게 등장하고 있고, CD나 DVD를 구매하지 않고도 음악과 영상을 즐길 수 있는 서비스가 무궁무진하다.

공유경제는 미국의 경제학자이며 사회학자인 제레미 리프킨[29]이 2000년 그의 저서를 통해 소유경제(Ownership Economy)가 끝나고 인터넷 등을 활용한 공유경제 시대

---

28) http://www.dailian.co.kr, "변화하는 금융지형…청년층 "은행보다 IT기업 금융서비스 더 좋아", 2018. 7.22.

29) 『엔트로피』, 『육식의 종말』, 『노동의 종말』, 『소유의 종말』, 『공감의 시대』, 『유러피언 드림』, 『바이오 테크 시대』, 『수소 혁명』, 『생명권 정치학』이라는 명저서를 남긴 미국덴버출신의 경제학자이자 사회학자

가 시작[30]된다고 한 이후 레이첼 보츠만(Rachel Botsman)과 루 로저스(Roo Rogers)가 2010년 『What's the Mine is Yours: The Rise of Collaborative Consumption』이란 저서를 통해서 개념을 제시했는데 이는 특정 자원을 가진 사람들과 그 자원이 필요한 사람들을 연결하는 협력적 소비(Collaborative Consumption)가 공유경제의 작동원리이자, 핵심가치이다. 이는 자신이 소유한 재화에 대한 접근권과 사용권을 타인과 공유, 교환, 대여함으로써 새로운 가치를 창출해내는 경제시스템이라는 것이다.

표 1-8 공유경제의 제공 서비스에 따른 분류

제공 서비스	거래방식	공유자원	공유기업	
			국외	국내
제품 서비스	제품/서비스를 소유하지 않고 사용할 수 있는 방식	자동차 쉐어링	Uber, Zipcar, Lyft, GrabCar	쏘카, 그린카
		자전거 쉐어링	Velib, Barclays Cycle Hire, Mobike, OFO	
		태양에너지공급	SolarCity, Solar Centry	
		장난감 대여	DimDom, BabyPlays	희망장난감
		도서 대여	Chegg, Zookal	국민도서관, 책꽂이
물물 교환	필요하지 않은 제품을 필요한 사람에게 재분배하는 방식	경매시장	ebay, craiglist, flippid	옥션, G마켓, 11번가
		물물교환시장	Yerdle, Threadup, Swapstyles	키플, 열린옷장
		무료/상품권교환	Freecycle, Giftflow	
협력적 커뮤니티	커뮤니티 내 사용자간의 협력을 통한 방식	공간공유	AirBnb, Roomorama	코자자, 모두의 주차장
		구인구직	Loosecubes, Desksnearme, Glassdoor, TaskRabbit	알마봄, 알바천국
		여행경험	AirBnB	플레이플래닛
		지식공유	TeachStreet, TeachSchool	위즈돔
		택시 쉐어링	Taxi2, TaxiDeck, TaxiStop	
		크라우드펀딩	Kickstarter, Indiegogo	씨앗펀딩, 굿펀딩

※ 자료: 차두원 · 진영현, 초연결시대, 공유경제와 사물인터넷의 미래, 한스미디어, 2015, p.32.

공유경제 서비스 대상은 제품서비스, 물물교환, 협력적 커뮤니티의 세가지로 구분된다.

① 제품서비스는 자동차쉐어링, 자전거 쉐어링 등 서비스를 소유하지 않고 사용할 수 있는 방식이며,

30) Jeremy Rifkin, The Age of Access: The New Culture of Hypercapitalism, Where all of Life is a Paid-For Experience, Penguin Putnam Inc., 2000.

② 물물교환은 경매, 물물교환시장, 상품권교환 등 필요하지 않은 제품을 필요한 사람에게 재분배하는 방식이며,

③ 협력적 커뮤니티는 공간, 여행경험, 지식 등을 공유하는 방식이다.

테슬라는 2014년 6월 전기자동차 관련 특허를 모두 무료로 공개하였으며, 토요타 또한 2015년 CES(Consumer Electric Show)에서 수소연료전지차 시장 확대를 위해 보유한 5,680건의 특허를 공개하였다. 이는 시장확대를 위해 기술기반 기업의 가장 소중한 자산인 지식재산을 공유하는 새로운 공유경제의 모형을 제시한 새로운 시도이다.

기업의 가진 고유한 기술과 관련한 지식재산 공유는 앞으로 빠르게 확산될 것으로 보이며 특히, 신기술분야에 있어서의 확산이 주류를 이룰 것으로 예상된다.

한편, 지식을 공유하려는 운지인도 활발하게 이루어졌는데, 많은 대학들이 참여하고 있는 온라인 공개수업인 MOOC[31]가 대표적인 사례이다.

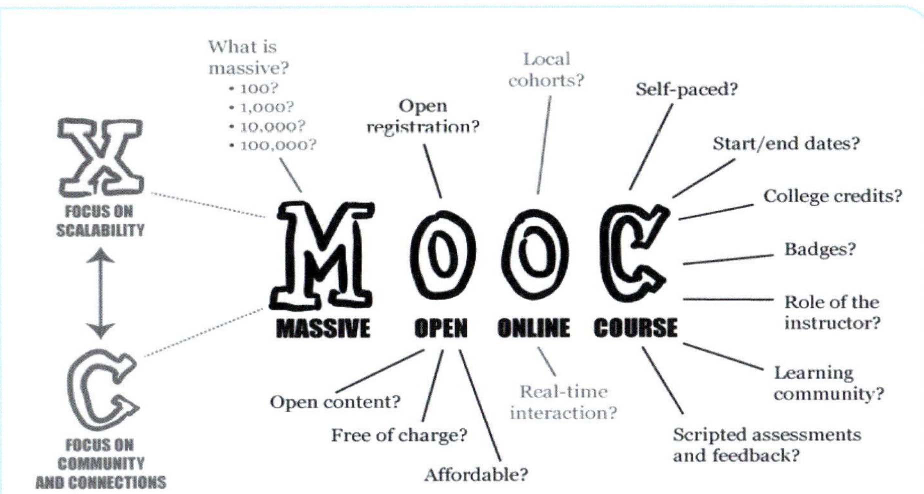

그림 1-14 ▶ 경영패러다임의 변화

※자료: https://www.edx.org/schools-partners

스탠포드대학교의 유다시티(Udacity)와 코세라(Coursera), MIT와 하버드대학교가 설립한 에드엑스(Edx) 등이 활발하게 활동하고 있고, 이중 에드엑스는 비영리 교육을 표방하고 있어 UC Berkeley, Caltech, Cornell과 교토대, 북경대, 서울대 등 총

31) 스탠퍼드 대학교 컴퓨터과학자들이 인공지능 입문 강좌를 인터넷을 통해 무료 개방함으로서 시작된 지식공유시도로 이전에는 약200명이 수강하던 것을 공개강좌에서는 160,000명이 수강신청을 하였다.

54개 기관이 참여중이며, 전세계적으로 MOOC 열풍이 불어 현재 MOOC 플랫폼들의 누적 강의 수는 4,000개가 넘으며 2015년에는 가입자 수 3,500만 명을 기록했다. 또한 유럽, 미국뿐만 아니라 일본, 인도네시아, 중국을 비롯해 아시아권 국가들도 MOOC 플랫폼을 정부차원에서 적극적으로 지원하고 대학의 협력을 장려하고 있다.

우리나라도 2015년 10월 한국형 MOOC 플랫폼인 K-MOOC 운영을 서울대, 연세대, 카이스트 등부터 시작하였고, 협력 대학과 강의 수를 늘려 2018년까지 500개의 강의를 운영할 예정이라고 밝혔다.

미국은 MOOC 수업을 대학 및 공교육의 수업으로 인정하는 방식의 MOOC 운영방안을 계획하고 있는 반면 일본은 '온라인대중공개강좌'(JMOOC)로 칭하며 학생, 직장인, 퇴직자 등에게 대학 수준의 교양수업과 기업의 실용지식 을 제공하여 평생 학습을 장려하는 것을 목표로 운영하고 있다.

뉴욕타임즈는 이러한 새로운 지식공유현상을 '대중을 위한 아이비리그'로 표현하며 공유경제의 혁신성을 대표하는 모델의 하나로 제시했다.[32)]

그러나 지식공유의 성공적인 모델로 언급되던 무크의 성공여부는 아직 논란중에 있다. 전통적인 대학을 해체할 것이라 예상되었으나, 성과평가결과는 낙관적이지 않은 부분도 있다. 대표적인 무크회사가 제공한 강좌에 등록한 100만명을 조사한 결과 "신청자들 중 강좌를 하나라도 들은 사람은 전체의 절반에 불과했고, 강좌를 끝가지 듣는 사람의 비율은 2%~14%로 평균 4%였다"[33)] 이러한 결과에 대해 스탠퍼드대학교 교육학교수인 래리 큐번(Larry Cuban)은 가르침과 배움은 교사와 학생 사이의 관계인데 관계는 아날로그로 이는 테크놀로지로 해결하는 데는 한계가 있다고 주장하고 있다.

2) 경쟁력과 인재상

가) 경쟁력

사회는 과거보다 한층 더 빠른 변화와 높은 불확실성에 노출되고 있으며, 지속적인 성장을 위한 노력이 한층 더 요구되는 시대가 되었다. 2016년 다보스 포럼에서는 4차 산

32) Laura Pappano, The Year of the MOOC, The New York Times, 2013.3.13.

33) 김성동, 4차 산업혁명과 인간, 연감서가, 2018, pp.254-255.

업혁명에 따른 일자리 변화를 전망한 바 있고, 노동시장에서 요구되는 직무역량도 변화하고 있다. 따라서 이러한 변화에 능동적으로 대응할 수 있는 인재에 대한 사회적 요구가 커질[34] 것임은 주지의 사실이다.

마이클 해머(Michael Hammer, 1948~ 2008)교수는 그의 저서「리엔지니어링」에서 기업의 경쟁력을 확보하기 위해서는 경영환경의 요소를 변화(change), 고객(customer), 경쟁자(competitor)의 3C의 변화를 선도해야 한다고 제시하면서, 비즈니스 프로세스를 혁신해야 하는 이유로 3C가 지속적으로 변화하고 때문이라고 주장하였다.

그렇다면 개인이 경쟁력을 확보하기 위해서는 어떤 것들이 필요할까? 여기에도 발상(Concept), 관계(Connection), 역량(Competence)의 3C가 필요하다. 첫째, 발상(Concept)으로 생각의 틀을 바꾸어야 한다. 둘째, 관계(Connection)로, 환경이나 경쟁자, 고객과의 관계를 새롭게 재설정 하여야 한다. 셋째, 역량(Competence)으로, 환경에 적응할 수 있도록 자신의 능력을 새롭게 변화시키고, 또 변화시킬 수 있는 역량을 가져야 하며 이렇게 하여야만 경쟁력을 갖출 수 있게 된다고 하였다.

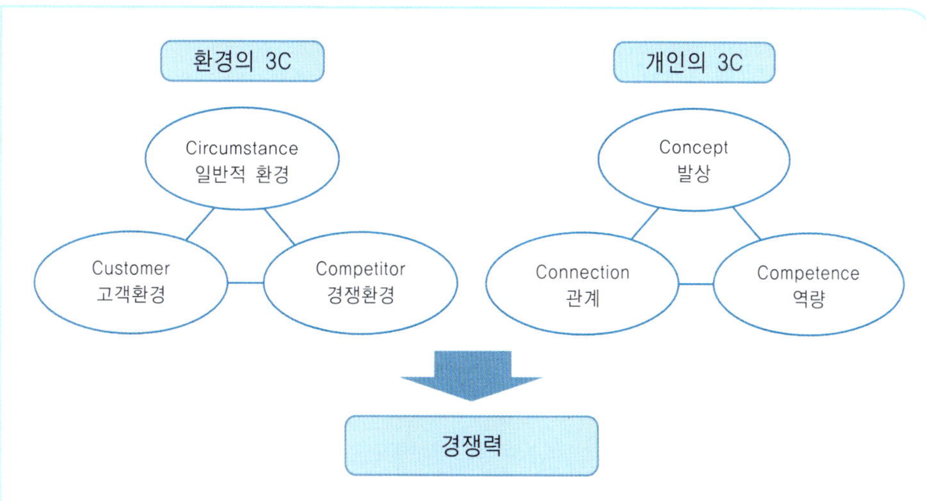

그림 1-15 ▶ 경쟁력 확보와 3C

※자료: 이용진, 결국은 리더십이다, 녹색시민, 2012, pp.26-27. 참조.

34) 이정재 · 서은영 · 이원홍 · 황덕규, 기업이 바라본 미래 과학기술인재상 변화 및 시사점, 한국과학기술기획평가원, ISSUE PAPER 2017-11, p.6

나) 4차 산업혁명시대의 인재상변화

캐플런교수[35]는 노동시장이 바뀌는 속도가 노동자들이 새 기술을 익히는 속도보다 빠르다고 이야기한다. 앞으로 전자공학으로 변형한 꽃을 디자인한다든지, 온라인 가상 파티를 주최하거나, 노인을 대상으로 가상현실 여행을 주선하는 등 과거에는 상상도 할 수 없었던 직업이 생긴다. 미래에 나타날 직업은 현재와는 전혀 다를 것이며 이는 누구에게나 새로운 사업을 창안할 기회가 열려 있다는 의미이기도 하다. 학자들은 인공지능이 인간을 대체할 수 없는 분야 즉, 인간만의 감정 · 지혜 · 직관이나 통찰에 기반을 두고 창의적으로 문제를 해결할 수 있는 직업을 찾으라고 조언한다.[36]

그렇다면 4차 산업혁명시대, 이 변혁의 시대에 필요한 핵심역량은 무엇일까?

케플런 교수는 ①창의력과 대인 영향력, ②복합적인 문제해결 능력, ③사회적 관계 기술이 4차 산업혁명시대의 개인의 핵심역량이라 제시였고, 우리정부는 미래준비위원회의 보고서를 통해 4차 산업혁명 시대에 필요한 역량을 ①창의성을 바탕으로 복잡한 문제를 인식하고 해결할 수 있는 능력, ②인간과 기계의 공생을 통해 다양성의 가치를 조합하는 대안 도출 능력, ③기계와 협력하고 소통할 수 있는 역량이라고 제시하였다.

클라우스 슈밥 회장은 세계경제포럼에서 4차 산업혁명에서 필요한 인재 지능을 ①인지한 것을 잘 이해하고 적용하는 상황 맥락 지능, ②타인과 관계를 맞는 정서 지능, ③변화를 이끌고 공동의 이익을 꾀하는 영감 지능, ④변화에 필요한 에너지는 생성할 수 있는 신체 지능이라 제시하였다.

지금까지 언급한 핵심역량을 보면 21세기 미래인재에게 필요한 것은 지식의 양이 아니라 기존의 지식을 융합하여 한 단계 발전된 지식으로 만드는 능력이다. 그러기 위해서는 창의력과 융합 능력(Creativity & Convergence), 의사소통과 공감능력(Communication&Empathy), 협업과조정능력(Collaboration&Coordination),

---

35) 스탠포드대학교 법학전문대학원 법정보학센터 연구원, 스탠포드 컴퓨터공학과 방문교수로, '인공지능의 사회경제적 영향'을 강의하고 있으며, '인간은 필요 없다 - 인공지능 시대의 부와 노동의 미래', '제리 캐플런 인공지능의 미래 - 상생과 공존을 위한 통찰과 해법들','스타트업 - 실리콘밸리의 모험'등을 저술했다.

36) 이종호, 4차 산업혁명과 미래직업, 북카라반, 2017, p.325.

비판적 사고와 문제해결 능력(Critical Thinking & Problem Solving), 컴퓨팅적 사고(Computing Thinking)능력의 5C로 정리할 수 있을 것이다.[37]

표 1-9 OECD 생애핵심역량

3대 역량	필요이유	세부역량
도구의 상호작용적 활용능력	– 신기술에 대한 적응 – 목적에 맞는 기술의 활용 – 세상과의 능동적인 대화	① 다양한 소통도구 활용능력(언어, 상징, 텍스트) ② 지식과 정보 활용능력(상호작용적으로) ③ 새로운 기술 활용능력)
이질적인 그룹과의 사회적 상호작용능력	– 다원화사회 다양성의 중요성 – 공감능력의 중요성 – 사회자본의 중요성	④ 인간관계능력 ⑤ 협동능력 ⑥ 갈등관리 및 문제해결능력
자율적 행동능력	– 자신의 정체성과 목표의 실현 – 권리행사와 책임수행 – 둘러싼 환경과 기능의 이해	⑦ 조직내에서 협력적, 자율적 행동능력 ⑧자신의 인생계획, 프로젝트 구상, 실행능력 ⑨ 자신의 권리, 필요 등을 옹호 주장하는 능력

※자료: OECD, DeSeCo project, 2005, p.4.

OECD는 1997년부터 생애핵심역량(DeSeCo; Definition and Selection of Competencies)을 제시하였는데 DeSeCo 프로젝트에서 제시하는 미래 사회 갖춰야 할 3대 핵심역량은 '도구의 상호작용적 활용 (Use tools interactively)' '이질적인 그룹과의 사회적 상호작용(Interact in heterogeneous groups)' '자율적 행동(Act autonomously)' 이다. 단순한 지식과 기술이 아니라 변화하는 세상에 '소통'과 '융합'을 통해 새로운 가치를 창출할 수 있는 기본적인 소양과 다른 사람을 함께 배려하는 공동체 구성원으로서의 가치를 강조하고 있다.

보스톤 컨설팅(Boston Consulting Group)은 「인더스트리 4.0(Industry 4.0)」에 기반 하여 독일 제조업 분야에서 나타나는 노동시장의 변화연구를 통해 기술적 측면의 변화 동인들로 인해 일자리 에 직접적인 영향을 미쳐 제조업 생산성이 크게 향상될 것으로 전망하였고 이런 변화의 중심에는 빅데이터, 로봇 및 자동화 등의 기술이 자리할 것으로 예측하고 있다.[38]

옥스퍼드 대학(Oxford Univ.)의 Martin School은 유럽에서의 미래 일자리 연구를 통해 유럽 노동시장이 '글로벌화'와 '기술적 혁신'으로 인해 변화될 것으로 전망하였

37) 김영식, 4차 산업혁명시대 교육의 미래, 학지사, 2018, pp.228-229.

38) Man and Machine in Industry 4.0, Boston Consulting Group, 2015.

고, S/W 및 빅데이터 등 정보통신기술(ICT)의 발달로 업무영역이 자동화되고, 자율주행기술 및 3D 프린팅 기술 등의 등장으로 일자리 지형이 크게 변화할 것으로 예측하고 있어[39], 다양한 방법과 학습을 통하여 개인의 역량을 지속적으로 개발하고 관리하는 것이 필요하다.

한국과학기술기획평가원의 과학기술인재상에 대한 산업체 요구조사(2017:매출액 상위 300대 기업 대상)를 기업이 원하는 인재상은 실전역량과 융합적 지식을 겸비한 인재를 원하고 있고, 스킬(실전역량)과 지식(전공기반 융합지식)에 대한 수요가 증가한다. 업종별로는 제조업에서는 지식, 비제조업에서는 스킬에 대한 수요 증가가 상대적으로 높다. 미래 과학기술인재상의 가장 중요한 덕목은 여전히 '인성'이다. 인성의 중요도가 낮아질 것으로 인식되고 있으나, 스킬과 지식에 비해 상대적으로 중요도가 높은 것으로 조사되었다.

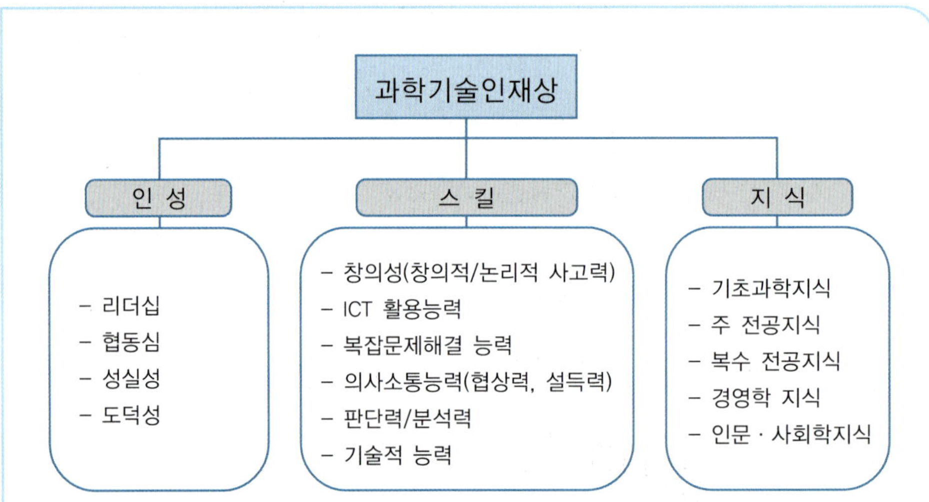

그림 1-16 ▶ 기업이 요구하는 과학기술 인재상

※자료: 이정재외 3인, 기업이 바라본 미래 과학기술인재상 변화 및 시사점, 한국과학기술기획평가원, ISSUE PAPER 2017-11, p.12.

과거의 지식습득 중심에서 지식활용 중심으로 교육 패러다임도 빠르게 변화해야함을 알 수 있는 부분이다. 지식습득 이후 이를 응용하고 활용하는 단계를 통해 지식을 체화

39) The Future of Employment : How susceptible are jobs to computerization?, Oxford Martin School, 2013.

하고, 이를 토대로 지식을 가치로 전환 할 수 있는 역량을 배양하는 단계로 연계되는 일련의 과정이 필요한 것이다.

산업계가 바라는 인재의 역량 분석에 관하여 주요국을 중심으로 지속적으로 많은 노력이 추진되고 있는데 OECD는 성인역량조사를 토대로 산업과 업무기반역량지표를 매칭하여 국가별로 비교하여 발표[40]하고 있고, 영국에서는 고용주를 대상으로 역량조사를 매년 추진하여 공표하고[41]있다.

IT분야의 선도기업 중 하나인 구글의 에릭 슈미트회장은 구글에서 원하는 인재상으로 '검증된 리더십, 강력한 업무능력, 창의적 사고, 능동적인 협업능력'이라고 말한다.

- 현재 잘하는 사람보다 앞으로 잘 할 사람을 가치 있게 평가(WHY ⇨ 현재 잘하는 것도 중요하지만 앞으로의 발전가능성이 더 중요하기 때문에)
- 한 가지에 몰두하여 깊게 설명할 수 있는 사람을 열정 있는 사람으로 평가(WHY ⇨ 끊임없이 배우는 사람은 변화를 즐기고, 변화에 능동적으로 대처할 수 있기 때문에)
- 창의성과 전문성이 있는 사람을 인재로 평가(WHY ⇨〉 이런 자질을 갖은 인재는 과거보다 앞으로 발생할 문제를 잘 해결할 수 있기 때문)
- 적극적으로 참여하고 원만한 성품을 높게 평가(WHY ⇨〉 혼자보다 팀이 더 좋은 성과를 낼 수 있고 타인의 문제를 지적하기보다 행동으로 보여주는 것이 협업이 성과를 높이기 때문에)

지금까지 지식은 부와 권력의 원천이라는 역할을 수행해왔다. 과거에는 지식 자체가 희소했고 지식이 가장 집중되어 있는 곳이 대학이었기 때문에 대학에서 배운 것으로 평생 일할 수 있었다. 하지만 이제 그런 시대는 지나갔다.

늘어나는 지식의 양은 감당할 수 없을 정도다. 대학 전공과 관계없이 일터에서 거의 모든 것을 새로 배워야 하며, 어제까지 알고 있던 것이 더 이상 쓸모없어지는 경우고 많다.

세계경제포럼 보고서는 "초등학생의 60%가 현재 존재하지 않는 직업에 종사하게 될 것"이라고 전망했다. 세계적인 미래학자 앨빈 토플러(Alvin Toffler)는 "한국 학생들

---

40) OECD(2017), OECD Skills Outlook 2017, OECD

41) UK Employers skill survey, U.K. Commission for Employment and Skills.

은 미래에 필요하지도 않은 지식과 존재하지도 않을 직업을 위해 공부하느라 매일 15시간씩이나 낭비하고 있다"고 개탄한 바 있다.

조직 인사관리와 리더십분야의 컨설팅 전문가인 김성남은 다음의 5가지 능력이 필요하다고 그의 저서 『미래조직 4.0』을 통해 주장하였다.

① 학습민첩성

처음 겪는 새로운 상황에서 경험을 통해 배우고, 그렇게 배운 것을 성과 창출에 적용하려고 하는 의지와 노력으로 어떤 것을 반복적으로 익혀서 자기 것으로 만드는 것보다, 이전에 해보지 못하고 지식이 없는 상태에서 머리를 써서 문제를 해결해보려는 측면을 강조하는 것이다.

② 복잡문제 해결능력

문제자체에 매몰되진 않고 유연한 사고를 통해 해결해야 할 문제를 단순화 하는 능력으로 문제를 '세밀한 조합과 분해'과정을 통해 단순화하여 해결방법을 모색하는 창의적 문제해결능력이다.

③ 디지털 활용능력

4차 산업혁명 시대에 일 잘하는 인재가 되려면 디지털 활용 능력을 필수로 갖추어야 한다. 컴퓨팅적 사고능력은 문제해결의 절차와 방법론 차원의 능력이다. 해결해야 할 복잡한 문제를 적절한 크기로 해체하는 '분해', 다양하고 복잡한 현상과 정보사이의 유사성과 인과관계를 파악하는 '패턴인식', 불필요한 디테일을 제외시키고 핵심적인 정보를 간추려내는 '추상화', 파악된 문제를 해결하기 위해 단계적인 솔루션을 설계하는 '알고리즘화'를 통해서 가능해진다.

④ 플랫폼 설계능력

실리콘밸리에서 많이 하는 말 중 하나가 "제품 말고 플랫폼을 만들라"라는 것이다. 제품의 가치는 한정적이다. 만들어 팔면 그것으로 거래가 끝난다. 돈이 되려면 끊임없이 만들어야 하며, 경쟁사가 모방하기 때문에 제품 주기도 짧다. 그러나 플랫폼은 다르다. 활용과 거래가 반복되면서 저절로 가치가 창출되고, 사용자와 파트너들이 자발적으로 거래에 참여하고 플랫폼의 완성도를 높이기 때문에 모방하기가 쉽지 않다. 매일 1억건 이상의 사진과 동영상이 등록되는 인스타그램, 아마존과 알리바바와 같은 온라인 커머스 플랫폼, MS의 윈도우는 컴퓨터 운영체계 플랫폼, 애플의 아이폰이 세기의 혁신인 이유는 제품 자체가 곧 플랫폼이기 때문이다.

⑤ 협업 주도능력

한 사람이 모든 문제를 해결할 수 있는 역량을 갖출 수는 없다. 특히, 현재와 같이 전문화되고 복잡화된 세상에서는 더욱 그러하 다. 따라서 다른 전문 능력을 가진 인재와 공동작업을 할 수 있는 협업능력이 필요하다. 이를 위해서는 기본적으로 차이를 인정하는 개방성과 공감능력, 신뢰성 높은 소통이 필요하다.

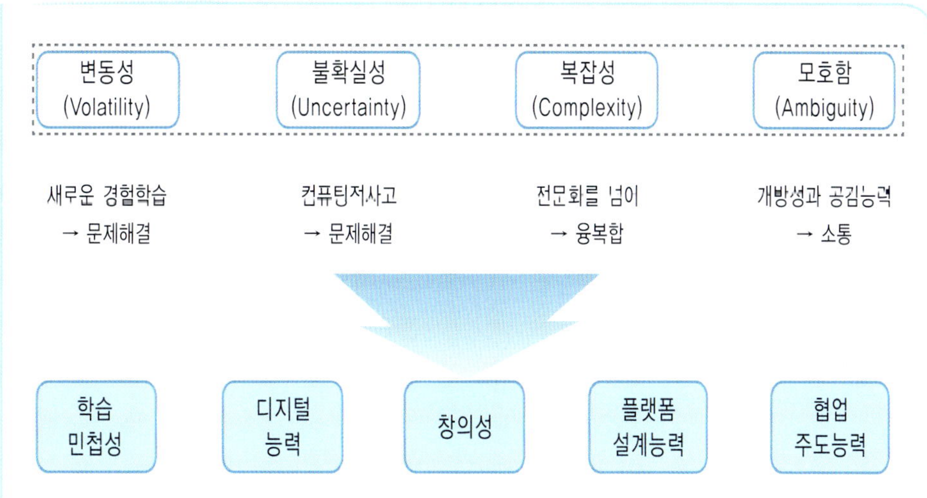

그림 1-17 ▶ VUCA 세상의 인재상

3) 기업의 대응과 파괴적 혁신

가) 기업의 대응

4차 산업역명으로 인한 변화에 대한 기업차원의 대응은 다각도로 모색되어지고 있다. 개인화 된 수요에 대한 대응으로 3D 프린팅 기술과 초융합으로 Lot size 1의 제품

수요와 공급이 가능해지고 있고, 낭비요인을 최소화하여 환경문제를 야기하는 요소들을 제거할 수 있으며 부수적으로 비용을 최소화하여 지속가능성을 높이는 것이 가능하게 되었다.

또한 디지털 네트워킹으로 실시간을 베이스로 필요시 초연결망을 통하여 필요한 만큼의 수요를 최적화하여 충족시킬 수 있게되어 생산의 유연성과 모듈화 생산, 수요 적응 생산이 가능하게 되어 '개인화되어가고 있는 수요'와 '지속가능성', '디지털 네트워크' 확산과 변화에 따른 유연한 대응방안을 지속적으로 모색할 필요성이 제기된다.

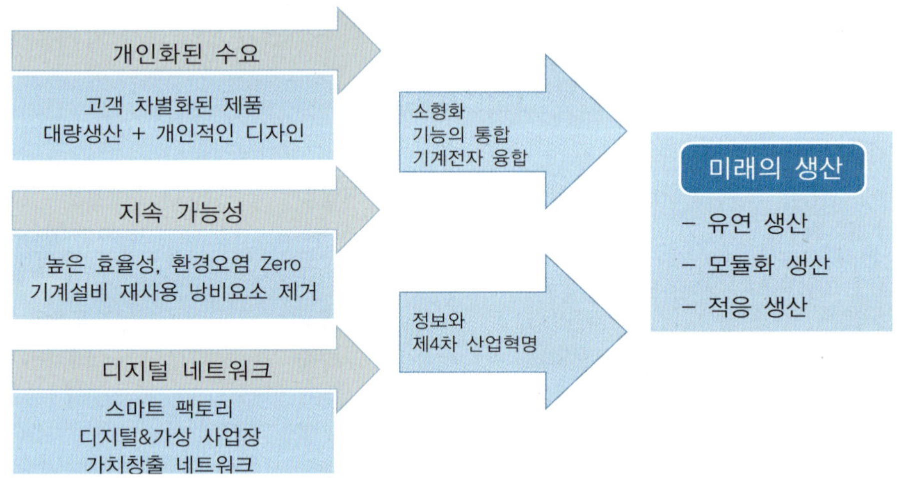

그림 1-18 ▶ 4차 산업혁명에 대한 기업의 대응전략

※자료: 김인숙 · 남유선, 4차 산업혁명 새로운 미래의 물결, 호이테북스, 2016, p.47.

4차 산업혁명으로 미래가 어떻게 변화할지 정확하게 예측하는 것은 불가능에 가깝다. 하지만 미래에는 자본보다 재능을 가진 인간이 중요한 생산요소가 된다는 것은 분명하다.

이는 노동시장에서 '저기술-저임금' 직업과 '고기술-고임금' 직업을 구분하는 장벽이 점점 더 높아진다는 것을 의미한다. 어떤 사람에게는 기술의 발달이 소득 증가에 도움이 되지 않고 심지어 소득이 줄어드는 요인이 되기도 한다. 따라서 학자들은 4차 산업혁명의 가장 큰 수혜자는 혁신적인 사고능력을 가지고 지속적으로 변화하는 사람이라고 말하고 있다.

4차 산업혁명은 비즈니스에서 4가지 중요한 변화를 가져온다. 소비자의 기대, 제품 향상, 협력적 혁신, 조직형태가 그것이다. 고객에게 가치를 전달하는 방식이 개선되어야 하며 특히, 고객의 경험, 데이터 기반 서비스, 분석을 통한 자산관리 등 새로운 형식의 협력이 요구된다. 변화하는 환경을 이해하고 기득권에 도전하며 중단 없이 혁신을 수행하는 것이 필요하다.[42]

4차 산업혁명시대는 큰 물고기가 작은 물고기를 잡아먹는 시대가 아니라, 빠른 물고기가 느린 물고기를 잡아먹는 시대[43]가 된다. 규모의 경쟁시대에서 속도의 경쟁시대로 변화했기 때문이다. 변화의 속도 또한 산술적변화(1 → 2 → 4 → 8 → 16 → 32)가 아닌 기하급수적 변화(1 → 2→ 4 → 16 →256 → 65,536)가[44] 이루어져, 산술적 변화에서는 여섯 번째에 32에 도달하지만 기하급수적 변화에서는 여섯 번째에 65,535에 도달하는 수준의 변화가 이루어지고 있어 기업의 대응이 혁신적인 방향에서 접근되어야만 하는 것을 알 수 있다.

나) 파괴적 혁신

크리스텐슨(Christenson)은 혁신을 존속적 혁신과 파괴적 혁신으로 나누어 제시하였는데,[45] 이는 새로운 시장에서 파괴적 혁신을 이룬 기업은 기존의 고도의 전문지식이나 많은 비용이 필요했던 것들을 보다 쉽게 사용할 수 있도록 함으로써 새로운 성과를 창출해내는 것이다. 파괴적 혁신을 주도하는 기업은 초기에 시장의 요구 조건을 충족시키는 수준은 아니지만 기존보다 저렴하고 사용이 간편한 제품과 서비스를 가지고 기존 시장의 지배자을 밀어내고 시장 점유율을 높인 기업을 의미한다.

결과적으로 기존기술(T1)은 점진적 혁신을 통해해 형성된 시장은 급진적 기술에 이한 획기적 신기술(T2)에 의해 시장을 잠식당하며 시간이 지남에 따라 기존기술(T1)은 시장에서 사라진다.

---

42) 클라우스 슈바프 외, 김진희 · 손수용 · 최시영 옮김, 4차 산업혁명의 충격, 흐름출판, 2016.

43) 이종호, 4차 산업혁명과 미래 신성장동력, Jinhan M&B, 2018, p.401.

44) 김영식, 4차 산업혁명시대 교육의 미래, 학지사, 2018, p.34.

45) Clayton M, Christensen, Eric A. Roth, Scott D. Anthony, Seeing What's Next: Using Theories of Innovation to Predict Industry Change, Harvard Business Review Press, 2001.4.

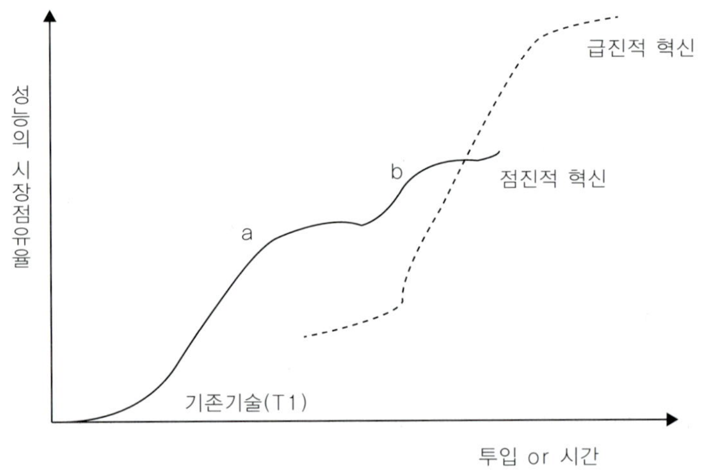

그림 1-19 ▶ 혁신의 S커브

※자료: 차두원, 진영현, 초연결시대, 공유경제와 사물인터넷의 미래, 한스미디어, 2015, p.54.

파괴적 혁신은 혁신으로 사라지는 분야에 종사하는 집단의 반대나 기득권자들과의 마찰이 발생하게 되는데 최근 사물인터넷 플랫폼으로 주목받고 있는 드론, 무인자동차, 로봇 등 시장형성 초기단계에 있는 혁신시스템들은 많은 관련 규제가 있으며, 관련 집단의 반대를 받고 있는 것을 예로 들 수 있다.

2007년 드론 추락으로 항공안전과 드론에 탑제된 카메라로 인한 사생활보호 문제 등으로 상업용 활용을 금지하였으나 2014년 미 연방항공청은 알래스카 지역에서의 상업용 드론을 최초로 허용하였고, 아마존도 2014년 7월 시애틀에서의 드론 테스트 허용을 요청하여 2018년 드론을 활용한 물류배송을 시범운영하고 있고, 독일의 DHL도 2014년 9월 드론을 이용한 택배업무를 시작했다. 드론과 관련해서는 정부와 의회, 시민단체 등 각각 다른 입장과 견해를 가지고 있으나 이는 허용불가가 아닌 제도나 시스템의 보완을 통한 허용으로 가닥을 잡고 있고 다양한 산업현장에서 적용될 것이다.

자율주행 무인자동차는 1993년 GM이 뉴욕 세계박람회를 통해 소개한 이래2012년 구글이 최초의 무인자동차 시험주행을 시작하였고, 2016년 1월 미국의 오바마 대통령은 신년 국정연설을 통해 "21세기 운송 시스템인 자율주행차에 투자하겠다"고 발표했으며, 이후 10년간 40억달러를 미국의 도로에서 인터넷에 연결된 자동차 시스템을 실험할 수 있는 파일럿 프로그램과 인터넷에 연결된 자율주행차를 개발하는 투자계획을 교통

부 장관이 발표하며 관련산업분야의 세계시장을 선도하고 있다. 미국에서 자율주행차가 상용화되면 교통사고는 94% 가량 줄일 수 있고, 2035년까지 자율주행차 시장은 7천억달러 규모로 성장할 것으로 예측되고 있다.

이런 기술이 시장에 진입하기 위해서는 법과 규제의 정비가 선행적으로 이루어져야 한다. 이런 기술들은 혁신 유발단계 기술들로 관련 산업뿐만 아니라 다양한 산업분야에 광범위한 재편과 일자리 구조의 변화 새로운 시장형성, 사람들의 생활방식 등 사회전반에 커다란 영향을 주는 혁신을 유발하는 트리거링 기술(Innovation Triggering Technology)이라 일컫는다.

4차 산업혁명의 혁신으로 인한 변화는 인류 역사상 어느 때보다 빠른 속도로 진행중이며 인류에게 예측할 수 없는 엄청난 충격을 줄 것으로 예견된다. 200년전 1차 산업혁명 당시 영국의 공장지대에서 기계 파괴 운동이 벌어질 정도로 영국인들에게 산업혁명은 일자리와 관련해서는 공포로 받아들였다. 1차에서 3차 산업혁명을 거치면서 특정 직군별로 부분적인 대량실업의 충격을 받으며 일자리를 진화시켜왔다.

4차 산업혁명은 단순직(unskilled job)이 직격탄을 맞게되는데, 자율주행차가 상용화되면 미국에서만 약 30만 명의 운전기사가 일자리를 잃게 되고, 가상점포와 무인결제가 등장하면서 계산원의 일자리가 없어지게 되는데 우리나라에서만도 45만명이 계산원으로 근무하고 있어 그 충격은 작지 않을 것이다. 제조업 현장은 더 심각해지는데, 로봇을 도입한 독일 아디다스 공장에서는 600명이 하던 일을 10명이 하고 있어 변화를 유추할 수 있게 한다.

숙련직(skilled job)도 예외가 아닌데, 100개국 언어를 실시간 동시통역해주는 인공지능 통역사가 등장하였고[46], 3D프린터가 치기공사보다 더 정교한 치아를 만들어 내는 것이 가능하고 1만개의 레시피를 가진 로봇 요리사가 사람을 대산하게 된다.

고숙련 전문직(high skilled job)도 안전하지 않은데 미국의 한 투자은행은 인공지능 켄쇼를 투자분식에 도입해 직원 2명만 남기고 600명을 해고했다. 이 로봇은 애널리

---

46) 글의 실시간 번역 앱 워드렌즈는 스마트폰 카메라에 이미지를 비추면 이미지 속에서 문자만을 찾아 31개 언어를 번역해주며, 이 기능은 인공지능 카메라 구글렌즈와 결합해 사물 식별 기능과 번역 기능을 함께 제공하고 있다.(예로 카메라로 꽃을 촬영하면 그 꽃의 이름과 관련정보를 제공하고, 레스토랑 간판을 렌즈에 담으면 메뉴, 가격, 결제 정보까지 알려준다.

스트 15명이 4주 동안 해야 할 일을 단 5분만에 처리한다고 한다. 이미 미국과 영국에서는 파산 전문 로봇 변호사가 활동 중이고, 선망의 직업이던 의사, 약사, 회계사까지 일자리 변화의 충격에서 예외일 수 없다.[47] 직업별 위기의 강도가 다를 뿐 모든 직업군에서 변화가 빠르고 급격하게 일어날 것이다. 따라서 이에 대비하기 위해서는 경쟁력을 갖어야 한다.

표 1-10 2030년까지 소멸되는 대표적인 직업과 트리거링 기술

트리거링 기술	소멸되는 직업
자율주행차	택시기사, 버스, 트럭기사, 우편배달부, 교통경찰, 판사, 변호사, 주차장 직원, 대리운전기사, 세차장 직원
드론	택배기사, 음식 및 피자 배달, 우편배달, 해충구제 서비스, 토지현장 측량사, 지질학자, 긴급구조요원, 비상구조대원, 소방관, 경비원
3D 프린터	보석, 신발 등 산업디자이너, 건축, 건설, 자동차, 우주항공 노동자, 치과 및 의료산업 노동자, 토목공학자, 기계기술자, 물류창고 직원
3D 빌딩 프린터	목수 등 건설노동자, 홈-리모델링 노동자, 도시계획가, 주택보험사, 부동산전문가, 부동산중개사
빅데이터	기자, 저자 미 소설가, 군사기획관, 암호전문가, 영양사, 다이어트 전문가, 방사선과 의사, 회계사, 경리, 변호사, 법률사무소 직원
인공지능	이벤트 기획사, 피트니스 트레이너, 통번역 전문가, 고객서비스전문가, 교사
로봇기술	소매점 점원, 계산대 점원, 외과의사, 약사, 수의사, 경비원, 미화원, 해충구제 및 산림관리자

※자료: 미래전략정책연구원, 10년후 4차산업혁명의 미래, 일상이상, 2017, p.301

기업의 경영혁신의 과정을 정형화하는 것은 매우 어렵다. 기업의 경영혁신은 학문적 연구대상이라기보다는 각 기업의 문제의식이기 때문이다. 각 기업은 경영풍토가 다르고, 해결해야 할 과제의 성격도 다르며, 조직 구성원들의 의식과 지식의 정도가 다르고 취급하는 상품, 기업의 위치와 지역적 특성도 영향요인으로 작용하기 때문이다.

47) 최은수, 4차 산업혁명 그 이후 미래의 지배자들, 비즈니스북스, pp.53-55.

여러 이론을 종합하여 기업 경영혁신을 요약해보면 〈그림 1-20〉과 같이 정리 해 볼 수 있다.

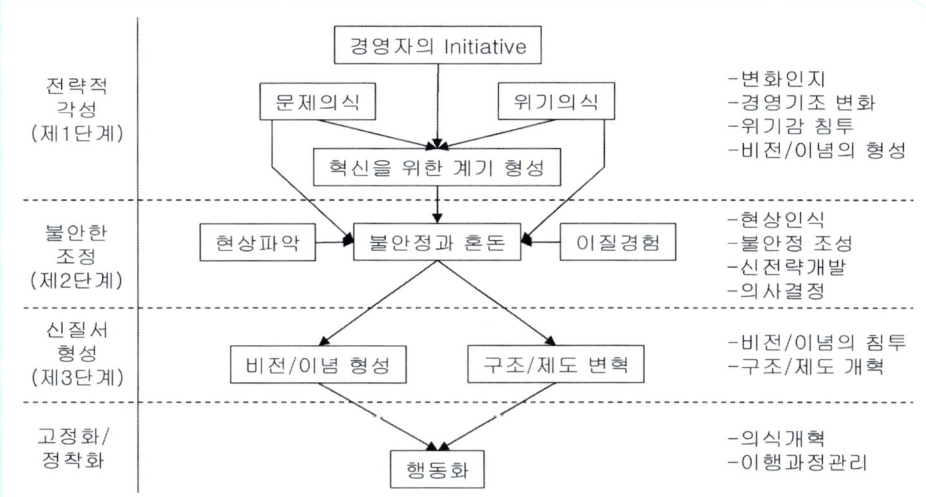

그림 1-20 ▶ 기업의경영혁신

구글의 창업자인 래리 페이지는 "기업의 실패 이유는 미래를 예측하지 못했기 때문이다"라고 하였다. 2016년 세계경제 포럼 창설자이자 회장인 클라우드 슈밥은 "4차 산업혁명이 우리에게 쓰나미처럼 몰려올 것이다 그것이 모든 시스템을 바꿀 것이다."라고 하였다.

이미 4차 산업혁명은 지금 이 순간에도 현재 진행형이다. 2017년 1월 라이베이거스에서 열린 'CES 2017'은 첨단정보기술을 선보인 무대였다. 숙면을 도와주는 잠옷, 몸 상태를 알려주는 스니커즈, 급하게 식사를 하면 진동으로 상태를 알려주는 포크 등 상상할 수 없었던 것들이 상품으로 제품으로 서비스로 우리 곁으로 다가오고 있다.

변화의 코어에 우리가 있는 것이다. 따라서 변화를 인식하고 도전을 통해서 그 변화를 나를 성장시키고 발전시키는 기회로 승화시켜야 하는 것이다.

5 관광산업의 변화

1) 관광산업의 변화특징과 소비트렌드 변화

가) 관광산업 변화특징

세계경제포럼(WEF, 2017)에 따르면 관광산업은 항공분야와 여행업을 중심으로 이미 디지털 혁신을 선도하는 분야로 자리매김하고 있다. 4차 산업혁명의 핵심 키워드는 '초연결, 초지능, 초융합'으로 압축할 수 있다. 관광산업에서는 OTA 등 플랫폼 경제모델이 등장하면서 객체가의 유기적 연계를 강화하는 '초연결'현상이 확대되고 있으며, 빅데이터 기반의 큐레이션 등 온 디맨드 방식의 초지능 여행서비스가 이미 실현단계에 들어섰고, 공유경제를 기반으로 한 초융합화를 통해서 개별 서비스간 연계 영역에서 새로운 기술, 산업의 출현 등이 전망되고 있다.[48)]

세계경제포럼은 우리나라의 관광산업 경쟁력을 세계 19위로 평가하여 2015년에 비해 10단계 이상 상승한 것으로 나타났으며, 관광산업은 4차 산업 혁명과 공유경제 시대를 맞이하며 정보, 기술, 문화예술 등으로 그 외연이 더욱 넓어지고 있는 것으로 소개하였다.

표 1-11 4차 산업과 관광산업의 변화특징

구분	개념	관광산업 변화
초연결	사람, 사물 등 객체간 유기적 연계	– 사관광산업 생태계에 플랫폼 경제의 새로운 가치창출 기반으로 부상 (에어비앤비, 우버 등) – OTA(온라인 여행사)의 시장확대
초지능	데이터 공유를 기반으로 최적의 의사결정	– 빅데이터 분석을 통한 관광객 진단 – 플랫폼 연계를 통한 개인 맞춤형 여행서비스제공
초융합화	이종 기술 및 산업간 결합을 통해 새로운 기술, 산업의 출현	– 공유경제 기반 교통, 숙박 등 개별 서비스간 연계

※자료: 김규찬 · 이성민 · 김현주 · 윤주, 4차 산업혁명과 문화 · 관광 산업 정책방향, 한국문화관광연구원, 기초연구 2017.01, p.63.

48) 김규찬외 3인, 4차 산업혁명과 문화 · 관광 산업 정책방향, 한국문화관광연구원, 2017, p.63.

관광산업에 있어 4차 산업혁명은 수요 측면에서는 온라인을 기반으로 개별여행의 트렌드가 더욱 확산될 것으로 예측하였으며, 공급 측면에서는 전통적인 여행사 중심의 여행이 ICT기술의 플랫폼에 기반 한 형태로 대폭 변화할 것으로 전망했다.

일자리 측면에서는 다른 산업에 비해 관광 산업은 감성 중심의 콘텐츠가 주류를 이루고 있어 빅 데이터 및 AI 확산에도 지속적으로 관련 일자리가 유지 및 증가할 수 있는 요인도 있는 반면, 여행가이드 및 여행상품 상담 직종 등의 경우는 부분적 대체가 가능할 수도 있을 것으로 내다보았다. 정책적으로는 4차 산업혁명 기술을 기반으로 한 인프라 조성과 인력 및 사업체 지원을 보다 늘려 경쟁력 향상에 주안을 둘 것으로 언급하였고 맞춤형 서비스 제공과 관광복지 서비스를 확충하여 관광산업의 질적 · 양적 성장을 지원 할 계획이라고[49] 문화체육관광부는 말하고 있다.

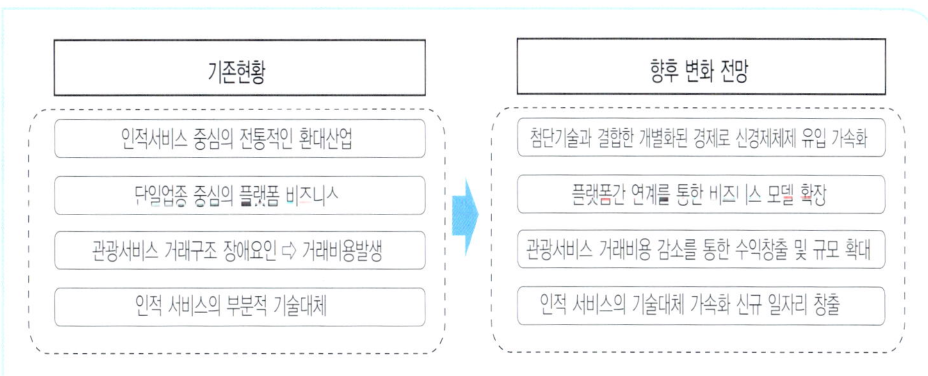

그림 1-21 ▶ 4차 산업혁명과 관광산업의 변화전망

※자료: 김규찬 · 이성민 · 김현주 · 윤주, 4차 산업혁명과 문화 · 관광 산업 정책방향, 한국문화관광연구원, 기초연구 2017.01, p.65.1

관광산업의 가치이동에 따른 생태계 진화와 산업규모가 확대되는데 에어비앤비와 같은 온라인 플랫폼을 중심으로 전통적인 접객산업에서 개별화된 경제와 첨단산업으로 가치가 이동하고 있다. 주택과 자동차와 같은 자산을 활용하여 경제를 공유하는 참가자들에게 새로운 수입원이 되는 공유경제 활용 등 신경제체제가 확대되고 있다. 기술의 발달이 관광산업 생태계 내에서 디지털 플랫폼 경제가 실현될 수 있도록 역할을 수행하고 있다.

49) 표준협회, 산 · 학 · 관 심포지엄, 서비스산업 발전을 위한 제2회 서비스위크(Service Week), 문화체육관광부 황명선 관광정책실장 발표자료, 2017.7.3.

또한, 관광산업의 디지털화가 여행거래의 장벽을 제거하고 비용을 감소시킴으로서 관광산업의 가치와 규모를 지속적으로 확대시키고 있다.

에어비앤비는 우버와 같이 공유경제를 대표하는 기업으로 전 세계에서 숙박을 원하는 사람들과 객실을 제공할 수 있는 사람들을 연결해주는 웹과 앱 서비스로 출발해서 여행과 레스토랑까지 연결하고 있다.

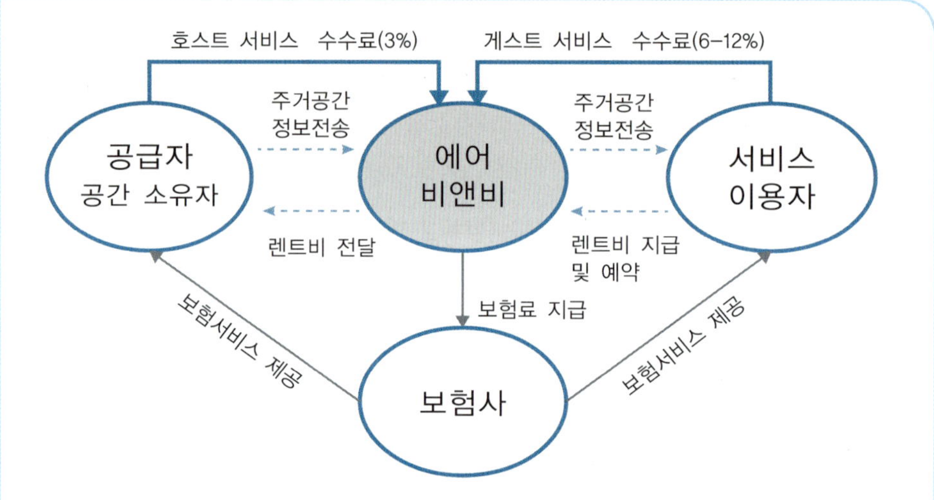

그림 1-22 ▶ 에어 비앤비 비즈니스 모델

호텔보다 저렴하고 내 집같이 편안하다는 것과 현지인과 함께 생활과 문화를 공유하며, 숙소의 형태도 오두막, 성, 펜트하우스, 이동식주택, 저택 등 다양하며 현재 191개 국가 3만 4,000여개 도시의 60만개의 숙소 정보가 제공되고 있다.

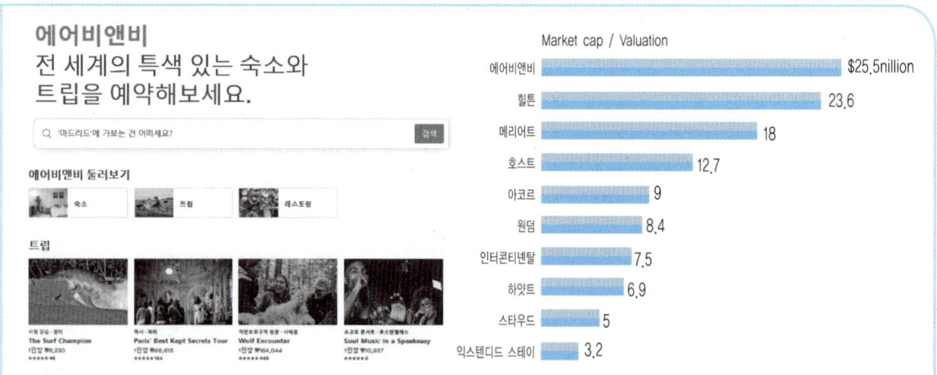

그림 1-23 ▶ 에어 비앤비 홈페이지와 자산가치

※자료: https://www.airbnb.co.kr/

자료: Yahoo Finance/CB Insights as of July 12, 2016.

2017년 기준으로 사용자가 7000만명이 넘었으며 예약비용의 3%를 수수료로 받는 비즈니스 모델로 단하나의 객실도 직접 보유하지 않으며 창업 8년 만에 세계최대 호텔 체인인 힐튼(276억달러)과 메리어트를 앞질렀고 특히, 지난 1년간 2016-2017년 1년간 6배의 성장을 이룩하였다.

우리나라에도 2016년 기준 19000실의 객실이 제공되고 있고 이용객 수가 50만명을 초과하고 있는 것으로 에어 비앤비에서 밝히고 있다.

영국의 파이낸셜 타임즈는 2014년 운송 분야의 가장 혁신적인 파괴자로 2010년 미국의 샌프란시스코에서 최초 서비스를 시작한 우버[50] 를 선정했다. 우버택시에서 출발하여 식료품을 당일 배달하는 음식배달서비스인 우버프레시(Uber FRESH), 10분 이내에 점심식사를 제공하는 우버이츠(Uber Eats), 생필품을 배달해주는 우버 코터 스토어(Uber Coner Store), 자전거 택배 서비스 우버 러시(Uber Rush)등을 시범운영[51] 하여 순식간에 세계 560개 도시에서 우버 서비스가 도입되었다. 우버는 향후 우버 헬스를 통해 필요한 사람에게 독감예방접종을 제공할 계획도 있으며, 자율주행자동차 소프트웨어도 개발 중에 있어 운송부문에 의존하고 있는 모든 산업은 진정한 붕괴의 쓰나미를 맞이할 수도 있다.[52]

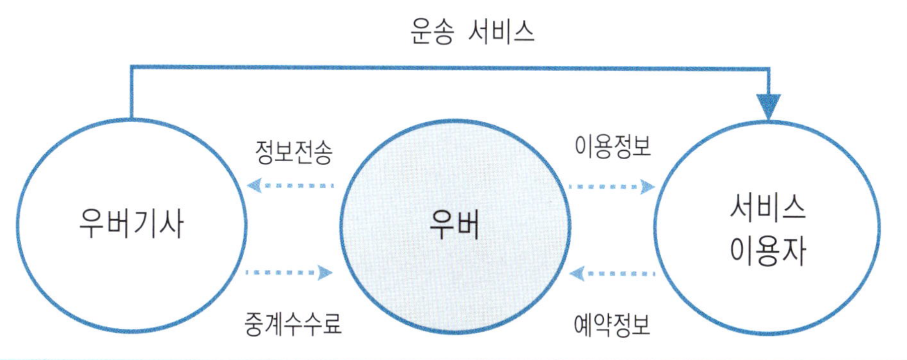

그림 1-24 ▶ 우버의 비즈니스 모델

50) 우버는 2010년 Travis Kalanick이 샌프란시스코에서 서비스를 시작한 차량공유서비스로 앱을 통해 차량을 제공하고 20% 수술를 수익구조로 운영하는 일종의 콜택시로, 우리나라와 프랑스, 네델란드, 스페인 등 몇 개 국가에서는 영업이 금지되었지만 많은 나라에서 합법성에 대한 논란과 논쟁이 진행중이다.

51) Financial Times, "Disrupters Bring Destsruction and Opportunity", 2014.12.29.

52) 박영숙 · 제롬 글렌, 유엔미래보고서 2050, 2016, 교보문고, p.203.

2017년에는 우버 에어비앤비, 2020년 시범운영을 목표로 우버 플라잉 택시(Flying Taxi) 비즈니스를 추진하고 있으며, 서비스뿐만 아니라 기체제작을 위하여 NASA와 협무협약을 통하여 저고도 비행선개발까지도 진행 중에[53] 있다.

기업 투자 정보분석 기관인 '피치북 데이터(PitchBook Data)'의 2017년 자료에 의하면 우버의 가치는 680억 달러(77조원)으로 미국 스타트업중 1위에 랭크되어었고, 2위는 에어비앤비(Airbnb)로 310억 달러라고 밝히고 있다.

기업 가치로만 본다면 우버는 BMW보다도 높고, 현대자동차의 2배 수준으로 평가되고 있다.

나) 관광서비스 소비 트렌드 변화

최근 소비트렌드가 빠르게 변화하면서 상품의 수명주기가 짧아지고 있다. 2016년 세계적으로 이슈가 되었던 포켓몬고 게임도 출시 2주 만에 이용자수가 감소하였고 앱스토어 매출 1위 자리도 78일 만에 다른 게임에 내주었다. 관광 소비트렌드도 급격하게 변화하고 있는데 전통적으로 인기 있던 관광지들은 기술로 무장한 젊은 관광객들로 인해 새로운 관광지로 대체되고 있으며 전통적인 관광의 개념도 이제 통용될 수 없는 상황이 되어가고 있다. 이러한 변화의 원인에는 소셜미디어, 첨단매스미디어, 트립어드바이저와 같은 기술로 무장한 관광벤처기업 등의 기술적 변화 영향이 크게 작용하였다.

2) 관광서비스의 수요-공급 구조의 변화

가) 관광소비자 측면의 변화

관광소비자 측면의 변화로는 첫째, 스마트 여행소비자가 많아진다. 스마트여행소비자는 디지털과 모바일, 가상현실 기술을 활용하여 자신에게 꼭 맞는 관광서비스를 찾아내 구매하게 되는데, 4차 산업혁명 기반기술인 인공지능과 로보틱스로 여가시간이 확대되고, 산업별, 기업별로 다양한 유연근무제 등으로 광광향유의 양적/질적 격차가 심화될 것이다.

둘째, 여행경험의 질이 향상된다. 4차 산업혁명으로 인한 디지털화로 여행전, 중, 후

53) 허핑턴포스트코리아, 2017. 11. 09.

의 경험이 모든 단계에 영향을 미치고, 관광시장에서의 선택권을 높임으로써 여행경험의 질 향상에 많은 영향을 미치게 된다. 관광산업이 기술의 진보를 주도하고 있지는 않지만 상용화된 기술적 진보를 관광산업에 활용/응용함으로써 소비자의 여행경험의 질을 획기적으로 향상시키게 된다.

이는 여행소비자의 개인데이터를 수집하고 행동패턴에 대해 학습함으로써 소비자의 만족도를 최고수준에 이르게 할 수 있는 맞춤형 서비스를 디자인 할 수 있게 한다.

셋째, 여행소비자의 사회적 비용을 감소시킨다. 관광산업의 디지털화는 소비자의 시간을 절약시킴으로서 사회전만적인 비용을 감소시키는 것이 가능해진다. OTA 여행산업의 성장은 투명성과 편리성을 향상시켜 사회전체적으로 생산성 향상에 기여하게 된다.

나) 관광공급자 측면의 변화

관광공급자 측면의 변화로는 첫째, 디지털 여행플랫폼의 위상이 강화된다. 관광산업 분야의 대표적인 공유경제기업인 에어비앤비의 성공도 플랫폼 경쟁우위를 확보했기에 가능했다. 이제 플랫폼을 통해 관광소비자와 관광기업 등 모든 관광주체와 객체, 매체가 직접 연결되면서 관광경쟁은 플랫폼 간 경쟁으로 변화하고 있다.

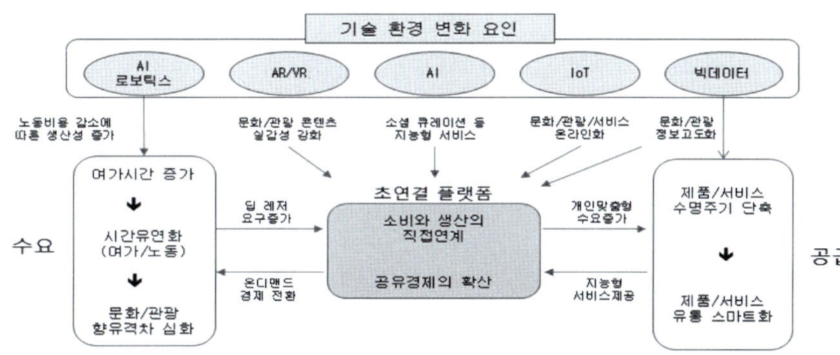

그림 1-25 ▶ 관광서비스 수요-공급 구조의 변화

※자료: 김규찬 외3인, 4차 산업혁명과 문화관광산업 정책방향, 한국문화관광연구원, 2017, p.19.

관광소비자는 디지털 플랫폼을 기반으로 관광공급자와 직접연결이 가능해져 소비자이면서 생산에도 참여하는 프로슈머가 되는 것이다. 플랫폼은 관광서비스 생산에 필요한 거래비용을 최소화 시켜 개인도 쉽게 관광비즈니스에 참여할 수 있도록 해준다.

둘째, 공유기반 관광비즈니스 모델의 확산이다. 플랫폼 경제에서 생산자는 지속적으로 소비자와 관계를 유지하면서 자신의 제품을 계속 이용할 수 있도록 유도하고, 공유경제를 가속화 시킨다.

셋째, 최신 IT기술 활용이 증가한다. 2020년에 가상현실(VR) 콘텐츠 시장이 61조원을 넘어설 것으로 전망되고 있다. VR과 AR은 현실 세계에서 경험하기 어려운 관광지를 사이버공간에서 체험할 수 있도록 도와줌으로써 시장에서의 다양한 콘텐츠의 상품성을 제고하고 소비자를 유인 할 수 있다. 또한 인공지능은 관광소비자가 계획하고 있는 관광목적지에 대해 다양한 정보를 이용하여 가장 최적의 여행프로그램을 기획하고, 소비자의 기호와 선호도 등을 기준으로 여행 DB분석을 통해 최적의 맞춤형 관광지, 호텔, 레스토랑, 기념품 등을 선택하는데 도움을 주게 된다.

넷째, 개인맞춤형 광광서비스 생산이 확대된다. 디지털 기술의 발전은 생산자와 소비자가 항상 연결되어 작은 수요도 충족할 수 있게 되는 온디맨드 경제를 실현시킨다. 빅데이터와 사물인터넷 기술로 생산을 더욱 유연화 시키고, 생산-소비를 실시간으로 긴밀하게 연결시킨다.

3) 관광산업 현장의 변화내용

4차 산업혁명에 따라 여행업, 숙박업, 항공업 등 관광산업과 관련된 분야에서 디지털 혁신을 기반으로 한 다양한 변화가 진행되고 있다.

첫째, 여행업에서는 인공지능 기반 맞춤형 여행서비스, 가상 컨시어지 모바일 여행서비스 제공이 확대되고 있다.

둘째, 호텔업분야는 IoT 전원 자동화시스템 도입, 인공지능 안내서비스 로봇 배치 등 기술변화에 따른 영향이 더욱 가속화 되는 것으로 파악되었다.

셋째, 카지노업은 딜러의 역할 중하나인 카드 용량 제한 로봇 딜러가 배치됨으로 써 기존인력의 재배치가 나타나고 있다.

넷째, 항공업분야는 개인 맞춤형 데이터 허브 구축, 환승 가이드 로봇, 3D 프린팅 기술을 적용한 항공기 부품 제작 등 다양한 방면에서 기술혁신에 따른 산업구조변화와 이에 따른 영역확장이 추진 중에 있다.[54]

---

54) 김규찬 · 이성민 · 김현주 · 윤주, 4차 산업혁명과 문화 · 관광 산업 정책방향, 한국문화관광연구원, 2017, p.79.

표 1-12 4차 산업혁명과 관광산업의 분야별 변화

구분	개념	관광산업 변화
여행업	가상 여행보조 서비스 제공	– 가상 컨시어지 모바일 여행사 Pana(AI탑재로 여행옵션 및 맞춤형 응대) – 향후 여행 가격 등(정보) 및 자동 체크인 서비스 지원
	맞춤형 여행앱 개발	– 다양한 관광목적지에 대한 가이드 – 개인별 맞춤형 레스토랑, 행선지 추천
호텔업	VR 경험 객실 서비스	– 메니러트 호텔의 엔터테인먼트 옵션으로 VR 룸 서비스 제공 – 예) 르완다 아이스크림 가게 및 칠레 안데스 산맥 가상 투어
	호텔용 IoT 전원 자동화	– CytexOne은 호텔시스템에 IoT기술 적용으로 환기, 조명, 점유 감지, 미니 바 등 서비스에 대한 진단 및 예측을 원경 모니터링으로 감시
	IoT 기반 플랫폼	– IoT 플랫폼 전문기업과 IoT를 기반으로 하는 호텔전용 플랫폼 등장 – '스마트 스테이(Smart Stay)'
	AI 안내서비스 로봇	– IBM과 제휴하여 미국 전역 호텔체인에 AI고객안내서비스 로봇 도입추진
	AI로봇	– Henn-Na Hotel 인공지능 로봇 직원으로 배치 – 기능성 드로이드를 호텔에 배치 수하물, 로커 운반 및 룸서비스 제공
카지노	홍콩 파라다이스	–여성 카지노 딜러 대신 카드의 용량을 제한하는 로봇딜러 배치 – 향후 인공지능 로봇 질러 개발 발표
항공업	Qantas 항공	– 고객 데이터 플랫폼 Umbel과 협력으로 개인 맞춤형 데이터 허브 구축
	Spencer	– 네델란드 항공사 KLM은 암스테르담 공항에서 환승 승객을 게이트로 이동시키는 업무를 지원하는 로봇 가이드 배치
	Air Bus	– 에어버스는 툴링, 프로토 타입 제작, 항공기 부품 제작에 3D 프린팅 기술 적용

※자료: 김규찬외, 4차 산업혁명과 문화 · 관광 산업 정책방향, 한국문화관광연구원, 2017, pp.79-80.

6 자발적(Self) 변화(Change)

1) 변화에 대한 인식전환

'세상에 변하지 않는 것은 없다. 이 사실만이 변하지 않는 진리다.'라는 말이 있다. 환경에 순응하는 사람은 현실을 회피하는 것이다. 그러나 환경에 순응하는 것을 능동적으로 선택했다면 그것은 순응이 아니라 적응이다. 순응하는 사람들은 선택을 피하고 변화를 싫어한다. 변화는 새로운 선택을 가져오고, 새로운 선택은 불확실한 미래와 두려움을 동반하기 때문이다.

두려움(fear)이란 '실제처럼 보이는 가짜 증거(False Evidence Appearing Real)의 약자이다. 가장 원초적인 단계의 두려움은 우리를 지켜주는 경고 체계역할을 하는 것이다.[55]

어떻게 해야 올바른 변화를 일으킬 수 있을까? 이것은 아주 간단하다. 만약, 주변 환경의 변화를 느낀다면 그 순간부터 자신도 변화를 선택하면 된다. 선택하는 그 순간부터 변화는 만들어지기 때문이다.

환경에서 가장 중요한 요소는 바로 사람이다. 그래서 어렸을 때부터 부모님께서 늘 친구를 잘 사귀어야 한다는 말을 하신 것이다. 하버드대학의 데이비드 맥클레랜드(David C. McClellenad)교수는 우리가 습관적으로 어울리는 사람들이 우리 인생의 성패를 95%나 좌우한다고 하였다. 자신이 가장 많이 어울리는 다섯 사람을 떠올려 보자. 그들의 평균이 자신의 모습이라고 보면 된다. 만약 그 평균이 자신에게 흡족하지 않다면 지금부터 자기보다 더 훌륭하다고 생각되는 사람들과 어울려본다면 성공 가능성은 크게 높아지게 된다.[56]

독학으로 역사학, 언어학, 철학, 심리학을 연구한 학자로 베를린대학, 브레슬라우대학 등에서 교수로 재직한 헤르만 에빙하우스(H. Ebbinghaus)는 망각으로부터 기억을 지켜내기 위한 가장 효과적인 방법이 복습이라는 이론를 제시하였다. 에빙하우스의 주장에 의하면 학습 후 10분 후부터 망각이 시작되며, 1시간 뒤에는 50%, 하루 뒤에는 70%, 한 달 뒤에는 80%를 망각하게 된다고 한다. 이러한 망각으로부터 기억을 지켜내기 위한 가장 효과적인 방법은 복습인데, 복습에 있어 주기가 매우 중요하다는 것이다. 학습한 내용을 잊지 않고 장기기억화 시키기 위해서는 10분 후 복습(1주일동안 기억된다), 1일 후 복습(일주일 동안 기억된다), 1주일 후 복습(한 달 동안 기억된다), 1달 후 복습(6개월 이상 장기기억된다)이 반드시 필요하다는 것을 실험을 통하여 밝혀 제시하였다.

연구를 통하여 제시하였다. 살면서 겪었던 위기의 순간과 간극의 존재를 반복적으로 되새김질하여 오래 기억해야한다. 그래야만 환경과 상황변화에 민감하게 반응할 수 있고, 현실에 안주하지 않고 적절하게 대응할 수 있다.

---

55) 한봉주, 어떻게 자신을 변화시킬 것인가, 미래지식, 2014, p.24.

56) 한봉주, 전게서, p.30.

변화를 시작할 수 있는 5가지 기회상황이다.

①자신의 삶이 불만족스럽다고 느낀다.

②하고 싶은 일이나 성취하고 싶은 목표가 생겼다.

③소중한 사람들이 자신에게 불만을 느낀다.

④주위 환경이나 상황이 달라졌다.

⑤회사나 사회에서 자신의 역할이 바뀌었다.

이런 상황에 단 하나라도 해당한다면 위기가 찾아오기 전에 지금 당장 변화를 시도해야 한다. 지난 50년간 우리나라 기업이 요구하는 인재의 모습은 시대에 따라 다양한 색깔과 각도로 변화해 왔다.

□ 1960년대 : 공업화 초기 – 성실함/책임감 있는 책임완수형 인재

□ 1970년대 : 중화학공업화 – 성실하게 조직에 충성하는 순응형 인재

□ 1980년대 : 지식정보화로 변화과정 – 사업을 선도하는 주도형 인재

□ 1990년대 : 정보화사회 – 도전형, 성과지향형 인재

□ 2000년대 : 지식기반경제 – 창의성/전문성을 갖춘 성과창출인재

□ 2010년대 : 지식정보화 – 도전의식, 전문성/창의성/도덕성을 갖춘 인재

□ 2018년 이후 : 지능정보화사회

- 창의력과 융합 능력(Creativity & Convergence)
- 의사소통과 공감능력(Communication & Empathy)
- 협업과 조정능력(Collaboration & Coordination),
- 비판적 사고와 문제해결 능력(Critical Thinking & Problem Solving)
- 컴퓨팅적 사고(Computing Thinking)능력

2) 변화 시양

인간의 뇌는 신경세포간의 신호를 전달하는 신경전달물질이 일정한 수준을 유지하며 작동하는데, 신경전달 물질간의 불균형이 발생할 경우 우울증과 같은 여러 가지 증상이 나타난다고 한다.

대표적인 신경전달 물질로는 슬픔, 안정을 관장하는 세로토닌(serotonin)과 기쁨, 동기 등을 관장하는 도파민(dopamine)이 있다. 이중에 변화와 관련이 깊은 것이 도파민이다.

인간의 뇌는 같은 자극에 대해 싫증을 잘 느낀다. 그래서 우리는 새로움을 찾기 위해 변화를 추구하는 것이다. 그러나 변화하기 위한 노력은 자신뿐만 아니라 주위 사람들을 불편하게 만들 수 있다.(예를 들어, 공부를 더하기 위해 대학원에 다니기로 한다. 그러면 퇴근 후 저녁시간을 가족과 함께 보낼 수 없다. 주말에는 과제를 하느라 도서관에 있어야 할지도 모른다. 또 회사업무로 야근해야 해서 학교에 빠졌을 경우 팀원들에게 민폐를 끼칠 수도 있다. 이렇듯 변화는 주위 사람들을 불편하게 만들 수도 있다. 그래서 주위사람들에게 격려와 인정을 받기가 쉽지 않은 것이다.)

스스로에게도 변화에는 긴 시간이 걸린다. 그러다 보면 처음과 달리 도파민 분비량이 점점 줄어들며, 노력과 기다림이 반드시 기쁨과 보상으로 이어지는 것도 아니다. 그래서 변화를 포기하거나 즉각적인 만족과 눈앞의 이익을 추구하게 되는데 그것의 대표적인 것이 중독이다. 중독은 행위를 하는 바로 그 순간 즉각적인 쾌락을 안겨준다. 즉각적인 쾌락만을 추구하는 술이나 마약 등을 지속적으로 먹으면, 뇌 속에 도파민 분비가 늘어나 중독된다. 케빈 호건(Kevin Hogan)은 「통쾌한 설득 심리학」이란 저서에서 어떤 경험으로 인해 뇌가 도파민 러시(Dopamine Rush)에 흠뻑 젖어 충분한 쾌감을 맛보게 되면 그 변화에 중독된다고 주장하였다. 도파민 러시는 보통 안정된 현실 대신 불확실한 미래를 선택할 때 일어난다. 안정된 생활을 뒤로하고 새로운 변화에 도전하는 사람들은 즉각적인 쾌락이 아닌 도전과 노력을 통한 진한 희열인 도파민 러시를 추구한다. 그들에게 기쁨은 성공 뒤에 찾아오는 것이 아니라 목표를 향해 변화해 나아가는 과정과 더 나아가 변화를 꿈꾸는 순간부터 시작된다.

변화하는 시간은 아주 길다. 그래서 진정한 변화를 얻으려면 어느 정도의 불확실함, 고통을 참아내야 한다. 역경을 극복하고 삶을 변화시킨 사람이다 고통을 견뎌내고 목표를 달성해본 사람은 그 느낌을 안다. 변화의 목표를 짧게 잡아서 계속되는 도파민 분비로 희열을 느껴보는 습관을 기르게 된다면 변화의 경험에 중독될 수 있다.

3) 변화에 대한 뇌의 반응

미국에서 실시한 한 조사에 따르면 새해 결심이 성공할 확률은 8%에 불과하다(응답자들이 자존심 때문에 답변 내용을 부풀렸을 가능성이 있으므로 실제 성공 확률은 이보다 훨씬 낮을 것이다) 결심을 한 사람들의 25%는 1주일 안에 포기했고, 30%는 2주일 안에 포기했으며, 한 달 안에 반 가까이가 포기했다고 한다. 결국 연말에 가서 결심을 이룬 사람은 10명중 한명이 채 되지 않았다.[57)]

뇌의 입장에서 환경이나 상황이 변하는 것은 생존이 위협받는다는 신호이기 때문이다. 이런 까닭에 변화가 급격하고 과격할수록 뇌의 저항 또한 강력해진다. 그래서 우리는 변화를 위해 우리의 뇌를 속일 필요가 있다.(뇌가 변화라는 것을 인지하지 못할 정도로 아주 가볍고 작게 하는 것 ⇨ + 소소한 변화가 재미있다면 금상첨화-뇌는 재미있는 것에 대해 맞서 싸우는 것이 아니라 함께 놀고 싶어 하기 때문이며 대부분 재미있는 것들은 가볍고 작고, 소소한 것들이다.)

어떤 결심이나 목표가 실패하는 이유는 스스로에 대한 과대평가와 과욕 때문이다. 인간은 스스로의 수준이나 능력에 대해 과대평가하는 경향이 강하다. 특히, 그 수준이나 능력이 낮은 것에 대해서는 인정하고 싶지 않아하고 외면하려 한다.(자기 자신에게도 부끄럽고 나 보기에도 창피하기 때문이다.) 그래서 우리는 어떤 목표를 세운 후 자기 자신의 수준에 맞춰 혹은 그 수준보다 약간 높여서 실행한다고 생각하지만 사실 그 수준은 대부분 약간 높은 정도가 아니라 매우 높은 것이고 그에 따라 뇌의 저항은 강력해진다.

뇌는 변화를 싫어한다. 모든 변화에는 그것이 긍정적일 때 조차도 두려움이 따라 온다 급진적이고 혁명적인 방법을 통해 목표에 도달하고자 하는 시도들은 두려움까지 증가시키기 때문에 대개 실패하기 마련이다.

사소한 변화든 우리 삶을 근본적으로 바꾸는 변화든 사람들은 할 수 만 있다면 변화를 피하려고 한다. 두려움에 사로잡히는 순간 창의성과 성공은 가로막히고 변화는 멀어진다. 변화에 대한 이런 두려움은 인간의 뇌에 뿌리를 두고 있다.

진화론적 관점에서 인체 중 가장 독특한 기관이다. 심장, 간, 장과 같은 오래전부터 발달해서 인간이 진화하는 동안 그 상태가 안정적 이지만 뇌는 400-500만년 동안 지속적으로 발전하고 변화하고 있다.

---

57) 로버트 마우어저/장원철역,아주작은 반복의 힘, 스몰빅라이프, 2016, p.7.

뇌는 3개의 뇌로 구성돼있다.

① 뇌간 : 뇌의 가장 아래위치하며, 가장 오래된 부위로 5억년 이전부터 진화하였고 악어의 뇌와 모양이 비슷하여 '파충류의 뇌(뱀위 뇌)'라 불리는데 신체호흡과 심장운동을 조절하는 생물학적 기능을 담당하며, 인간의 의식이 깨어있도록 유지해주는 기능을 한다.

② 중뇌 : 뇌간 바로 위에 위치하며 '포유류의 뇌(쥐의 뇌)'라고 하며 300만년전에 생성되었고, 체온유지, 감정저장, 위험회피 등 생존본능을 위한 감정을 담당한다.'방어 반응'을 제어하는 기능을 담당한다.

③ 대뇌 : 전두엽, 두정엽, 측두엽, 후두엽으로 구성되며, 100만년 전에 진화되었으며, 문명, 예술, 과학, 음악 등을 담당하며 '영장류의 뇌(인간의 뇌)'라 불린다. 18세 후반에 형성되기 시작하여 30세 이후에 완성된다고 하며, 변화하고 싶거나 창조적인 무엇인가를 하고 싶다면 반드시 대뇌피질의 도움이 필요하다.[58]

스트레스와 위협을 받는 상황에 처하게 되면 영장류의 뇌가 힘을 잃고 파충류와 포유류의 뇌가 주도권을 잡게 된다. 누군가를 설득하기 위해서는 영장류의 뇌에 영향을 줄 수 있는 말을 걸어야 하는데, 반면 감정적인 사람에게는 포유류나 파충류의 뇌를 먼저 자극하고 영장류의 뇌의 순서로 말을 해야 설득이 쉽다.

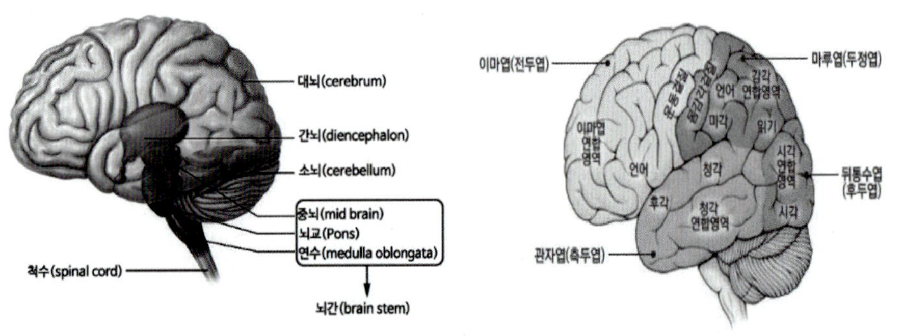

그림 1-26 ▶ 뇌구 구조 (좌 : 뇌의 기본구조, 우 : 대뇌피질 구조)

58) 로버트 마우어저/장원철역, 아주작은 반복의 힘, 스몰빅라이프, 2016, pp.32-36., http://abcd12.tistory.com/140

□ 큰 목표 ⇨ 두려움 직면 ⇨ 대뇌피질 기능 저하 ⇨ 실패

□ 작은 목표 ⇨ 두려움 우회 ⇨ 대뇌피질 기능 정상 ⇨ 성공

소수의 능력자들만이 두려움을 다른 감정으로 전환시키는 능력을 가지고 있다. 그들은 두려움이라는 감정을 흥분으로 전환시켜 과제가 어려울수록 더 흥분하고 생산성도 높아진다. 우리는 주변에서 몇 사람 정도는 그런 사람을 발견할 수 있다. 그러나 우리들 대부분은 목표가 클수록 두려움도 따라 커진다. 따라서 실패하는 경우가 많다. 그런 이유로 지금도 서점에 가면 '다이어트 성공하기' '따라 하기' 등의 책이 잘 팔리는 것이다.

무엇인가 창의성을 발휘해야 하는 상황이라면'작은 질문'을 통해서 대안을 찾을 수 있다.

작은 질문을 던져라

그러면 우리 뇌는 그 상황을 놀이로 인식하고

머뭇거림 없이 창의성을 발현한다.

작은 질문을 타인에게 던지면 공동의 목표를 이룰 수 있으며

자신에게 던지면 변화를 향한 기초 프로그램을 만들 수 있다.

질문이 작아야 대답이 쉬워진다. 뇌는 놀기를 좋아한다. 질문은 뇌를 깨어있게 하고 즐겁게 한다. 뇌는 아무리 우스꽝스럽고 이상한 질문이라도 질문을 받으면 궁리하려고 든다.

질문을 했을 때와 명령 했을 때의 차이는 극명하게 갈린다. (건강이 최우선 과제라면 오늘 해 볼 수 있는 일은 무엇이 있을까?, 어떻게 하면 물을 좀더 마시도록 할 수 있을까?, 하루에 잠깐이라도 운동할 수 있는 방법으로는 무엇이 있을까?)

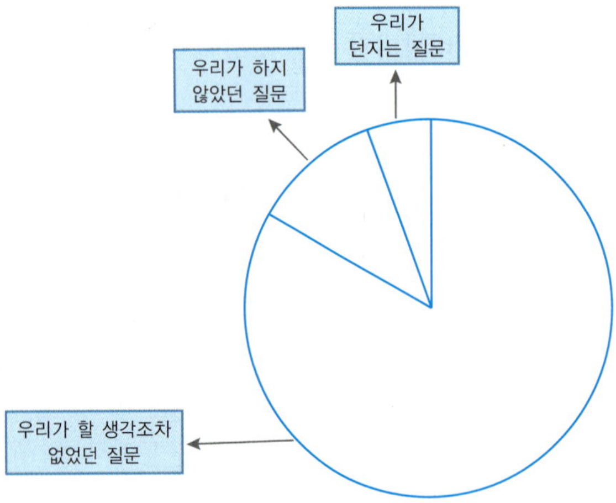

그림 1-27 ▶ 질문의 종류

※자료: 로버트 마우어 지음/장원철 옮김, 아주 작은 반복의 힘, 스몰빅라이프, 2016, p.52. 참조.

해마는 포유류의 측두엽에 위치하는 것으로 어떤 정보를 저장하고 다시 꺼내야 하는지를 결정한다. 해마가 어떤 정보를 저장할 것이냐를 판단하는 기준은 반복이다. 질문이 반복되면 어쩔 수가 없다. 거기에 집중하고 답변을 할 준비를 갖추게 된다.

작은 질문은 뇌를 즐겁게 만든다. 두려움이 감지되는 순간 뇌는 질문을 놀이로 인식하지 않고 대뇌피질은 필요한 순간 기능을 멈춰 버리고 창의성은 사라진다. 그러나 작고 부드러운 질문은 우리 뇌의 방어반응을 차단한다.(일을 좀 더 효과적으로 하는 소소한 방법은 없을까?, 자기계발을 하고 싶은데 집 근처에서 들을 수 있는 강좌는 무엇이 있을까?, 통학시간에 10분을 의미 있게 쓸 수 있는 방법은 무엇이 있을까?)

이런 질문들은 두려움을 불러오지 않는다. 이런 질문들은 뇌로 하여금 문제해결에 집중하게 만들고 우리가 행동할 수 있게 이끈다. 한 가지 질문을 반복하는 것으로도 충분하다.[59)]

지금부터 우리는 변화를 이끄는 리더로 거듭나야 한다.

- 세상이 변화하고 있고, 나도 변화해야한다[Change]
- 변화는 새로운 기회를 가져온다[Chance]
- 기회는 도전하는 사람의 것[Challenger]

59) 로버트 마우어 지음/장원철 옮김, 아주 작은 반복의 힘, 스몰빅라이프, 2016, pp.58-66.

〈부드럽지만 강력한 어머니 리더십〉

2012년 3월 1일에 핀란드의 대통령 타르야 할로넨의 퇴임식이 있었다. 그녀는 2000년에서 2012년(제11대, 12대) 까지 12년간 대통령의 직무를 수행하였다. 대통령중임제를 채택하고 있는 나라에서 중임은 특별한 예는 아닌데, 놀라운 사실은 퇴임시 그녀의 지지율이 80%였다.

대부분의 나라에서 대통령의 임기가 중후분에 이르면 레임덕현상이 나타나기 시작하는데 대통령의 퇴임 때의 지지율이 이렇게 높은 경우는 그 유래를 찾아보기 어렵다. 그렇다면 무엇이 그녀를 이렇게 지지하도록 하였을까?

그녀가 가지고 있는 배경은 화려하지 않다. 용접공 아버지와 제봉사 어머니 사이에서 태어났으며, 미혼모로서 어려운 생활을 경험했고 총리실 말단으로 입사하여 핀란드의 대통령이 되었다.

우리나라를 방문했을 때 호텔방에서 손수 다림질을 한 것이 알려져 동아일보에 그 일화가 소개될 정도로 소탈하고 검소했으며, 핀란드 독립기념일 파티에 소수민족과 성적 소수자까지 초대하여 통합의 중요성을 설파하였고, 경영인 협회 대표자들과의 협상에서 "사업가들에게 가장 좋은 것이 국민에게 가장 좋은 것은 아니다"라는 유명한 멘트를 남길 정도로 전체 국민을 위한 일에 앞장섰다.

우리나라의 뽀로로처럼 유명한 핀란드 케릭터로 무민마마(Moomin MaMa)가 있는데 그녀는 핀란드 국민들에게 무민마마로 불린다. 이 케릭터의 상징은 공평하고 사랑이 넘치는 사람이라는 것이다. 그녀는 학교교육무료, 대학교육무료, 유치원교육무료를 이루는데 큰 역할을 하였다.

(우리나라 뽀로로에 해당하는 스웨덴의 국민 케릭터 '무민마마')

'대통령이 잘하면 국민이 지지해 준다'는 단순 명쾌한 지론을 가지고 있는 그녀는 현재 가장 유력한 차기 UN 사무총장 후보로 손꼽히고 있다.

타르야 할로넨을 평가한 말 중에서 가장 기억에 남는 멘트중 하나는 "그녀는 우리 중 하나였다." 우리나라 국민들에게도 그 사람은 "우리와 같은 사람이다"라는 평가를 받을 수 있는 훌륭한 리더가 빨리 나왔으면 좋겠다.

(2013. 1. 6. SBS 연중 캠패인 '착한성장 대한민국 – 리더의 조건' 중에서)

참고문헌

- 구철모, 4차 산업혁명과 스마트관광도시, 한국관광정책, 가을 65호, 2016.
- 김규찬 · 이성민 · 김현주 · 윤주, 4차 산업혁명과 문화 · 관광 산업 정책방향, 한국문화관광연구원, 기초연구 2017.
- 김승택, "4차 산업혁명 도래에 대한 시각", Deloitte Anjin Review | No.9, 2017.
- 대한민국정부, 2016년 서비스경제 발전전략, 2016.
- 로버트 마우어저/장원철역,아주작은 반복의 힘, 스몰빅라이프, 2016.
- 레오나르도 인길레리 · 마이카 솔로몬공저, 임준영 옮김, 왜 그들의 서비스에 사람들이 몰릴까?, 청림출판사 2012.
- 미래전략정책연구원, 10년 후 4차산업혁명이 미래, 일상이상, 2017.
- 방호경 · 이서영, "한중일 부가가치 서비스무역 현황 및 최근 정책 비교", KIEP 오늘의 세계경제 Vol.17, No.20, 2017.5.29.
- 삼정 KPMG경제연구원, "4차 산업혁명과 제조업의 스마트 팩토리 도입",ISSUE 55 · 2018.
- 송종국, "4차 산업혁명 농업농촌", 2017 삼락농정포럼.
- 안상준 · 박경록 · 서규훈, 리더십 핵심이론과 실무, 동방의 빛, 2013.
- 이은민, "4차 산업혁명과 산업구조의 변화", 정보통신정책연구원, 제28권 제15호, 2016.
- 이주량, "4차 산업혁명과 미래농업", 해외농업 · 농정 포커스, 2017.
- 이정재외 3인, 기업이 바라본 미래 과학기술인재상 변화 및 시사점, 한국과학기술기획평가원, ISSUE PAPER 2017.
- 장병규, 사람중심의 대한민국 4차 산업혁명 추진방안, KRnet Conference 2018.
- 진하, 제4차 산업혁명 시대, 미래사회변화에 대한 전략적 대응 방안 모색,KISTPEP Int(15호)
- 클라우스 슈바프 외, 김진희 · 손수용 · 최시영 옮김, 4차 산업혁명의 충격, 흐름출판, 2016.
- 패트릭 터커, 이은경 옮김, 네이키드 퓨처, 와이즈 베리, 2014.

- 표준협회, 산 · 학 · 관 심포지엄, 서비스산업 발전을 위한 제2회 서비스위크(Service Week), 문화체육관광부 황명선 관광정책실장 발표자료. 2017.
- 한봉주, 어떻게 자신을 변화시킬 것인가, 미래지식, 2014.
- 현대경제연구원 VIP리포트, 17-33(통권 706호), 2017.10.16.
- 4차 산업혁명위원회, 4차 산업혁명 대응계획, 2017.
- Oxford Martin School, The Future of Employment : How susceptible are jobs to computerization?, 2013.
- Man and Machine in Industry 4.0, Boston Consulting Group, 2015.
- MBC 뉴스데스크, 2018.12.06. '구글 웨이모, 자율주행택시 애리조나 피닉스에서 2019년 1월부터 상용화'
- 한겨레, 2017.10.23., 인간 도움 없이 독학한 알파고 제로, 범용 AI 나오나
- 허핑턴포스트코리아, 2017. 11. 09.
- CBS노컷뉴스, 2018-01-22, http://www.nocutnews.co.kr/news/
- Financial Times, 2014.12.29.
- https://www.airbnb.co.kr/
- http://biz.chosun.com/site/data/html_dir/2017/01/26/
- http://abcd12.tistory.com/140/2018/12/16/

제2장 서비스

1 서비스의 개념

서비스의 범위는 너무 넓고 의미도 매우 다양하다. 의료서비스, 각종 서비스센터, 배달서비스, 전문상담서비스, 민원서비스, 심지어 토털장례서비스와 연말정산서비스에 이르기까지 우리 삶에서 셀 수 없이 많은 서비스들이 존재한다.[1)]

그런데, 서비스는 보거나 만질 수 없고 만들자마자 사라지며, 만드는 사람에 따라서도 실체와 느낌이 달라진다. 따라서 '서비스가 좋다'라는 말이 구체적으로 무엇을 의미하는 정확하게 이해하기 곤란하다.[2)]

일반적으로 서비스는 눈으로 보고 만질 수 있는 유형의 경제재인 재화(goods)와 대비되는 개념으로 이해되고 있으며, 그 종류가 다양하고 사회의 발전과 과학기술의 발달로 인해 새로운 유형의 서비스가 지속적으로 개발되고 있어 관점에 따라 서비스에 대한 정의는 다양하게 이루어지고 있다.

서비스의 개념은 어떤 행위(deeds), 과정(process)과 그로인한 성과(performance)를 뜻한다. 서비스는 서비스업에서만 일어나는 것이 아니라 제조업 부문에서도 확장되어 총생산(total product)의 개념으로 중요시되고 있다. 기업집단간의 경쟁이 심화되어 유사상품이 시장에 많이 출시되어 소비자에게 제공되는 제품의 배달, 설치, 소비자와의 소통과 사후서비스 및 신용서비스 등의 서비스가 제품의 주요 속성이 된지 오래고 이제는 그런 하나하나의 요소들이 기업의 중요 경쟁수단이 되었다.

1) 동아일보사, 서비스력, 2010, p.18.

2) 박용태외, 서비스공학, 생능출판사, 2010, p.59.

미국 마케팅협회(1960)에서는 "서비스란 판매를 위해 제공되거나 제품판매에 수반하여 제공되는 행위, 편익 또는 만족"이라고 정의하고 그 예로 오락, 호텔서비스, 전기, 통신, 운송, 이 · 미용서비스, 수선과 정비서비스, 신용서비스 등을 제시하였다.

코틀러(1988)는 "서비스란 본질적으로 무형성을 지니고 어느 한 쪽이 다른 쪽에게 제공하지만 어느 쪽의 소유로도 귀결되지 않는 행위나 성과를 말하며, 그 생산은 어떤 물리적 제품과 연계될 수도 있고 그렇지 않을 수도 있다"고 정의하였다. 이 정의는 무형성을 전제로 고객 서비스와 공공적 서비스를 포괄하는 서비스 개념으로 많은 학자들의 서비스 정의에 바로미터가 되었다.

다양한 서비스에 대한 정의를 종합하면 "서비스란 고객의 필요와 요구 및 욕구를 충족시키는 것을 목적으로 제공되는 것으로 제공자와 수요자의 요청에 의해 제공되고 그들 간에 공유되는 것"이라 정의 될 수 있다.[3]

누가 어떤 서비스를 말하든 크게 보아 3가지 중 하나를 말한다.

첫째, 행위관점에서 '서비스를 잘 한다 또는 못 한다'

둘째, 내용관점에서 '좋은 서비스를 받았다 또는 나쁜 서비스를 받았다'

셋째, 위 두 가지를 포함하여 공간과 시설 및 도구를 포함하는 묶음으로 '좋은 서비스를 잘 받았다 나쁜 서비스를 잘 못 받았다'라고 한다.

미래사회는 가치를 사는 시대다. 단순히 상품이나 서비스를 넘어 이야기와 문화 콘텐츠에 가치를 두는 사회로 변화는 것이다. 그래서 미래사회에서는 창의성과 상상력이 더 많이 요구된다. 과거에는 지식과 정보를 많이 소유한 사람, 다른 사람보다 먼저 정보와 지식을 획득한 사람이 리더였다면 미래사회는 감성과 꿈, 비전을 더 많이 가진 사람, 감성과 꿈, 비전을 부여해 주거나 스스로 그것을 개발할 수 있도록 도움을 주는 사람이 리더가 된다.

---

3) 이영희 · 황복주, 서비스경영, 유원북스, 2013, p.4.

2 서비스의 특성

1) 서비스의 기본적 특성

서비스는 제품과는 다른 고유한 특성(characteristics)을 가지고 있다. 이 특성은 제조시스템과 비교하여 서비스 시스템의 차이를 파악하는데 매우 중요한 의미를 갖는다. 일반적으로 서비스의 특성은 무형성, 동시성, 소멸성, 이질성의 4가지를 말하며, 이 특성은 서비스의 본직적 장점과 단점으로 연결된다.

가) 무형성

서비스의 무형성은 제품과 서비스를 구분하는 것으로 가장 핵심적인 고유특성이다. 서비스는 유형제품과 달리 소비자의 감각으로 서비스를 확인할 수 없으며, 그 실체를 만지거나 볼 수 없는 것을 말한다.

소비자는 서비스의 무형성에 따른 불확실성을 최소화하기 위하여 서비스 품질의 상징(sign)이나 증거(evidence)를 찾게 되는데 그것은 장소나 사람, 설비, 커뮤니케이션 소재 상징, 가격 등으로부터 서비스의 품질을 추측하게 된다. 소비자들은 핵심적인 서비스 자체를 평가하는 것이 아니라 그에 가장 근사적인 유형적 제시물을 통해 평가하게 된다. 그 예로서 호텔서비스의 경우 구매자들은 호텔리어의 용모나 예절, 접객태도와 수준, 호텔의 규모, 내부시설 등을 통해 서비스를 평가하는 것을 들 수 있다.

이를 통해 서비스 제공에 있어 유형적 증거나 실체적 단서를 통해 무형의 서비스를 알리고 관리하는 직무를 수행하는 것이 필요하다는 것을 알 수 있다.

나) 동시성(비분리성)

서비스의 동시성이란 서비스의생산과 소비가 동시에 이루어지는 것을 의미한다. 서비스는 판매를 전후해서 생산과 동시에 소비가 이루어져 생산과 소비사이에 지연(lag)이나 여유(buffer)가 없다. 서비스가 제공되는 시점에 반드시 고객이 존재하여야 하기 때문에 서비스 제공자와 고객간의 상호작용은 마케팅 측면에서 중요한 특징이며, 고객-서비스제공자 쌍방간의 상호작용은 서비스의 결과(성과)에 중요한 영향을 미치게 된다.

서비스의 동시성은 다음의 3가지 형태로 나뉜다.

첫째, 서비스 구매자가 서비스 시설로 직접 찾아가는 경우 ⇨ 호텔, 은행

둘째, 서비스 제공자가 구매자에게 찾아가는 경우 ⇨ 경호, 집수리

셋째, 서비스 제공자-구매자가 특정 목적지까지 가야하는 경우 ⇨ 연극관람, 경기관람

서비스 조직은 고객접점에서 서비스를 제공하는 서비스요원들의 교육훈련을 통해서 지속적인 서비스수준을 유지할 수 있고 이를 통해 서비스 신뢰도를 제고할 수 있게 된다.

다) 이질성

서비스 이질성이란 동일 서비스에 대해서도 누가(who), 언제(when), 어디에서(where) 제공하는지에 따라서 달라지며, 고객에 따라서도 제공된 서비스의 품질이나 성과가 다르게 평가된다는 것을 의미한다. 즉, 서비스의 표준화나 품질관리가 어렵다는 것이다.

서비스의 이질성은 고객의 과거경험에 의해 평가되는 노동집약적인 서비스의 경우에 특히 많은 문제를 일으킨다. 서비스제공자와 고객 사이의 상호작용에 따라 다르게 지각되는 서비스 성과로 인해 이질성이 부각된다. 따라서, 고객만족을 유도하고 일관성 있는 서비스를 제공하기 위해서는 서비스품질관리가 세밀하게 이루어져야 할 필요성이 제기된다.

라) 소멸성

서비스 소멸성은 서비스가 저장될 수 없으며, 판매되지 않는 서비스는 없어진다는 것이다. 판매되지 않은 호텔객실과 항공기의 좌석 등은 회복할 수 없는 경제적 손실을 유발한다. 서비스의 소멸성 때문에 서비스는 일반 제품의 유통경로와는 다른 유통경로를 만들어 냈다.

대량생산을 통해 미래시점의 수요에 대비하여 저장을 할 수 없기 때문에 탄력적인 생산시스템이나 상당한 수준의 유휴 생산설비를 갖추지 않는 한 수요의 변동성에 대응하

는 것이 어렵다.

서비스 수요가 안정적일 때 소멸성은 문제가 되지않으나 수요의 변동이 큰 경우 많은 문제를 야기한다. 여기에 수요-공급의 균형을 맞추기 위한 마케팅 전략이 필요하게 된다.

2) 서비스의 부수적 특성

① 서비스는 어느 한쪽이 다른 쪽에게 제공하는 행위나 성과
② 서비스는 소유권 이전을 수반하지 않음(도 · 소매의 경우 물리적 제품을 소유함)
③ 서비스는 매우 변동적이고 비표준적 특성
④ 서비스 소비 후 즉각적인 서비스품질평가가 이루어짐(고객 주관적 평가)
⑤ 서비스 생산과정에 고객 참여(상호작용에 의한 가치 창출)
⑥ 서비스는 대량생산이 어려움.
⑦ 서비스는 타 재화에 비해 수요와 공급의 시간적 · 공간적 조절이 중요함.
⑧ 서비스는 정보통신기술과 커뮤니케이션 도구의 발달과 밀접하게 연결
⑨ 서비스는 대체로 노동집약적이며 인적요소에 의존함.
⑩ 서비스는 타재화에 비해 유통경로가 단순함.[4]

3) 서비스의 특성에 따른 전략방향

무형적 특성으로 인하여 서비스는 저장을 할 수 없고, 특허 등으로 서비스를 보호 할 수 없으며, 상품을 진열할 수 없고, 고객과의 커뮤니케이션을 하기 어려우며, 판매가격 설정이 쉽지 않으며, 지각된 위험도가 높다.

이런 제약을 극복하기 위해서는 서비스를 유형화 시킬 수 있는 다양한 요소들을 통하여 유형화가 이루어질 수 있는 방법을 도모 하여야하며, 지속적인 서비스개선, 바이럴 마케팅 효과의 극대화를 도모하여 비용을 최소화 할 수 있는 시도가 필요하며, 서비스의 품격을 높여 가격에 대한 소비자들의 저항점을 낮추는 방법을 모색하는 것과 경제

---

4) 이영희 · 황복주, 서비스경영, 유원북스, 2013, pp.7-8.

적, 기능적, 시간적 사회 · 심리적 측면에서 소비자들에게 지각된 위험수준을 낮추기 위하여 소비자의 서비스 소비 전 · 중 · 후에 보다 적극적인 커뮤니케이션[5]을 수행할 필요성이 있다.

그림 2-1 ▶ 서비스 특성에 따른 전략방향

※ 자료: Valarie A. Zeithaml, A. Parasuraman and Leonard L. Berry, "Problems and Strategies in Services Marketing", Journal of Marketing, Vol.49, No.2 (Spring, 1985), p. 35. 참조 재작성

생산과 소비의 동시성은 고객의 생산활동 참여와 잠재적 고객의 생산참여, 서비스 상품의 대량생산 곤란의 문제를 해결하기 위하여 소비자와 서비스기업간의 관계수준을 높이기 위하여 서비스접점의 요원선발과 교육훈련을 통하여 고객관리를 강화하여야 한다. 또한 다양한 채널을 통하여 소비자들이 서비스개선이나 생산에 참여할 수 있도록 하여 서비스 만족도를 높이는 것도 고려되어야 하며, 이 모든 것들은 내부마케팅[6]의 기초위에서 수행되어야 한다.

서비스의 이질성은 품질관리와 표준화의 어려움인데 이를 극복하기 위해서는 두 가지 차원에서 접근하는 것이 필요하다. 첫째로는 서비스의 표준화를 통하여 비즈니스화

5) 4차 산업혁명시대로의 진입으로 인하여 과거에 비해 서비스제공자와 서비스소비자 사이의 커뮤니케이션이 수백배로 빨라졌고 그 방법도 다양해지고 있다. 이는 현재 운영되고 있는 모든 기업들에게 뜨거운 화두로 대두되고 있다.

6) 내부마케팅은 '종사원조사, 조직내 커뮤티케이션, 보상관련제도, 교육훈련' 등으로 내용을 구분할 수 있으나 궁극적으로 내부고객(종사원)만족을 지향하는 마케팅을 의미한다.

하는 것으로 체인화, 프랜차이즈화를 통해 모듈화하거나 매뉴얼화 하여 서비스수준을 특정수준이상으로 관리하는 것이 필요하다. 둘째로는 각종 다양해지는 소비자의 욕구수준과 요구를 개인 맞춤형으로 개별화한 특화서비스를 제공하는 형태가 대안이 될 수 있다.

최근 인기를 얻고 있는 One Table Restaurant 등이 좋은 사례가 될 수 있으며 미래에는 이런 개별화된 서비스가 서비스의 주요한 흐름으로 자리 잡게 될 것으로 예견된다.

서비스의 소멸성으로 인한 보관 불가능과 수요의 변동성 문제를 극복하고 수익을 극대화하기 위해 호텔과 항공사에서 일드 매니지먼트(Yield Management) 경영기법을 이용하고 있는데, 미래에는 고객관계수준이 현재와는 전혀 다른 형태로 발전하여 1:1 마케팅, 위치기반서비스와 빅데이터 분석을 통한 고객관리, 서비스기업과 고객과의 다양한 연결성 강화로 성수기와 비수기, 소비자별 선호도, 소비패턴 등의 세밀한 분석과 대응이 가능하여 현재보다는 다양한 대안을 제시할 수 있을 것으로 사료된다.

3 서비스의 분류

서비스의 정의가 다양해지고 복잡해질수록 서비스의 종류도 늘어났으며, 정의를 내리기 어려워진 것처럼 서비스를 분류하는 것도 다양해졌다.

최초의 서비스 분류는 거시 산업분류에서 제조업과 서비스업을 구분하면서 제시되었으며, 이후 서비스 산업 자체를 세분하는 과정에서 새로운 분류가 시도되었다.

현대의 서비스 분류는 온라인 개념이 등장한 이후에 등장하였다. 전통적인 오프라인 방식의 분류는 온라인 서비스 개념이 대두되면서 새롭게 재편 될 수밖에 없었다.

가장 최근의 서비스 분류는 온라인상에서의 서비스분류가 더 세분화되면서 나타난 현상이다. 기술적 진보와 시장환경의 변화에 의해 온라인 개념이 기존의 웹 개념을 넘어 모바일과 유비쿼터스 개념까지 아우르게 되면서 새롭게 재편되고 있다 하겠다.

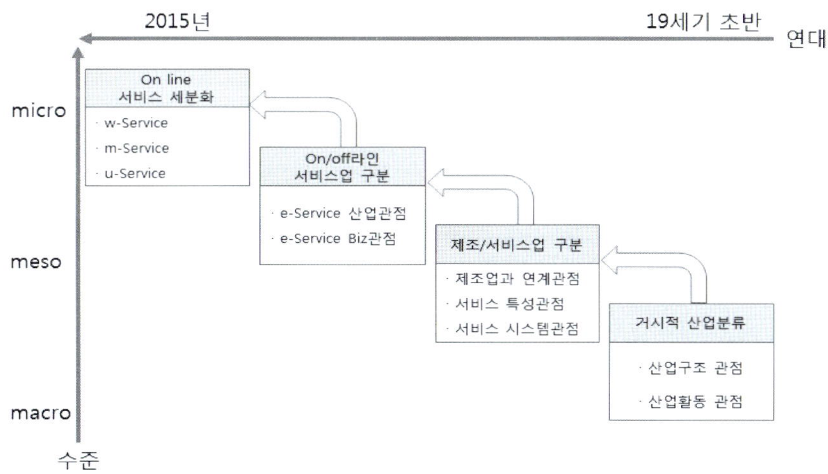

그림 2-2 ▶ 서비스 분류에 대한 관점과 초점의 변화

※ 자료: 박용태외 7인 공저, 서비스 공학, 생능출판사, 2010, p.67.

1) 서비스 특성관점의 분류

서비스의 범위를 다양성이라는 관점에서 접근하면 서비스는 표준화서비스와 맞춤화 서비스로 구분할 수 있고 표준화로 갈수록 서비스의 범위는 좁아지고 맞춤화로 갈수록 다양성이 넓어진다.

이 분류를 확장시켜보면 서비스 대상과 서비스 활동의 특성을 고려한 분류가 가능해 지는데, 서비스의 대상을 사람과 사물로 나누고, 서비스 활동을 무형과 유형으로 나눈 후 이를 결합하면 4가지 유형으로 분류될 수 있다.

① 신체에 서비스를 적용: 의료, 여객운송, 미용, 음식점, 운동치료 등
② 정신에 서비스를 적용: 광고, 경영컨설팅, 방송, 정보, 영화, 박물관 등
③ 유형재에 서비스 적용: 화물운송, 장비수리, 건물관리, 세탁과 조경 등
④ 무형재에 서비스 적용: 은행, 법률서비스, 회계, 보안, 보험 등

소비자 입장에서는 제공물이 유형적일수록 평가하기가 쉬워지고 무형성이 많아질수록 평가가 어려워진다[7]

7) G. Lynn Shostack, "Breaking Free from Product Marketing", Journal of Marketing, Vol. 41, No.2 (April, 1977), pp. 73-80 .

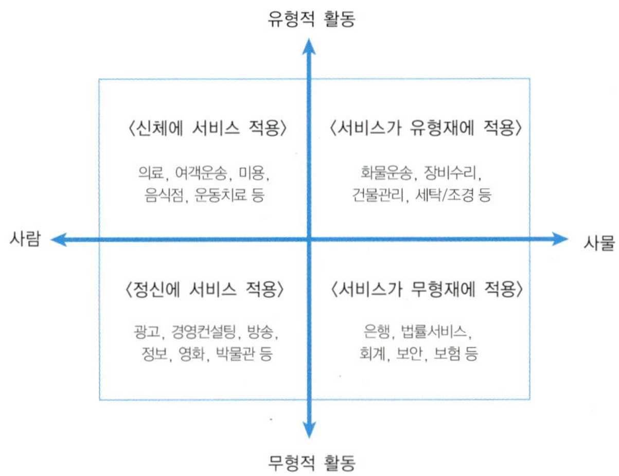

그림 2-3 ▶ 서비스 특성 관점의 분류

※자료: Christopher H. Lovelock, "Classifying Services to Gain Strategic Marketing Insight", Journal of Marketing, Vol. 47, No. 3(Summer), 1983, p.12. 참조 재작성

2) 서비스 시스템 관점의 분류

가) 서비스 기반 분류

서비스를 제공하는 원천에 따른 분류로 장비 기반 서비스(equipment-based service)와 사람 기반 서비스(people-based service)로 구분되는데, 토마스(Thomas, 1978) 서비스를 제공하는 데 필요한 기능을 장비가 제공하는지, 사람이 제공하는지를 기준으로 〈표 2-1〉과 같이 두 가지로 구분하였다.

표 2-1 서비스 제공원천에 따른 분류

분 류	예 시
장비 기반 서비스	항공사, 운송, 자동판매기 등
사람 기반 서비스	경영 컨설팅, 수리, 의료 등

※자료: Thomas, D., "Strategy is different in service business", Harvard Business Review, (July-August), 1978, pp.158-165.

나) 서비스 프로세스

서비스 운영 프로세스를 기준으로 하는 분류로 사람 처리 서비스, 사물 처리 서비스, 정보 기반 서비스로 구분하는 것으로 1990년대 후반에 시도되었다.

표 2-2 서비스 대상과 내용에 따른 분류

분 류	예 시
사람 처리 서비스	음식, 숙박, 여행, 의료 등
사물 처리 서비스	화물, 창고, 설치 및 유지보수 등
정보 기반 서비스	회계, 은행, 컨설팅, 교육, 법률 등

※자료: Lovelock, C. and G. S. Yip, " Developing Global Strategies for Service Businesses" , California Management Review, Vol.38, No.2, 1996, pp.64-86..

다) 고객의 개입도

서비스 시스템에 고객이 얼마나 개입하느냐에 따라 서비스를 분류하는 것으로, 고객의 개입정도를 고객과의 접촉 수준으로 판단하여 분류한다.

서비스를 제공받는 고객이 서비스 시스템에 어떤 형태로 접촉하는지, 어느 정도로 접촉하는지를 기준으로 구분하는 것이다. 이 수준에 따라 직접접촉 서비스, 간접접촉 서비스, 미첩촉 서비스로 분류할 수 있다.

표 2-3 고객 접촉 모형에 따른 분류

고객접촉 정도	서비스	예 시
높은 접촉 수준 (High-contact)	순수 서비스 (pure service)	회원제 피트니스, 호텔 레스토랑, 개인 서비스 등
사물 처리 서비스	화물, 창고, 설치 및 유지보수 등	은행지점, 카센터
정보 기반 서비스	회계, 은행, 컨설팅, 교육, 법률 등	은행본사, 우편 서비스, 홈쇼핑

※자료: Richard B. Chase, "The Customer Contact Approach to Services:Theoretical Bases and Practical Extensions" , Operations Research Vol.29, No.4, 1978, pp.698-706..

3) 복합적 관점의 분류[8)]

가) 서비스 조직과 고객과의 관계에 따른 분류

서비스 조직과 고객과의 관계가 회원관계인가 비공식적관계인가와 서비스 전달이 지속적인가, 일회성인가로 기준으로 구분하여 2×2 메트릭스로 분류할 수 있다. 멤버십을 가지고 있는 회원정보를 다양하게 분석하여 CRM(Customer Relationship Management)[9)] 기법으로 마케팅활동을 수행하여 고객충성도를 유도하였다. 최근 정보통신기술의 발달로 e-CRM으로 확대 발전되고 있고, 4차 산업혁명의 핵심 7대 기술인 인공지능(AI), 사물인터넷(IoT), 3D프린팅, 자율주행차, 빅데이터, 지능형로봇, 클라우드 기반기술의 급속한 발달은 과거와는 전혀 다른 고객관계관리에 신세계를 열 수 있을 것으로 예상된다.

비공식적인 관계인 경우 일회성 거래로 이루어지는 것을 말하는데 고객의 성격이나 소비목적을 파악하기 어려웠다. 미래에는 비공식적인 관계와 일회성거래는 4차 산업혁명의 핵심 키워드인 초연결, 초지능, 초융합을 실현하는 기반기술의 발달로 갈수록 축소될 것으로 예상된다.

---

8) Christopher H. Lovelock, "Classifying Services to Gain Strategic Marketing Insight", Journal of Marketing, Vol. 47, No. 3(Summer), 1983, pp.9-20.

9) CRM(고객 관계 관리)은 소비자들을 자신의 고객으로 만들고, 이를 장기간 유지하고자 하는 경영방법이다. CRM의 관리활동은 4가지로 나뉘는데 첫째, 지속적인 관계(즉, 로열티 Loyalty)를 얻기 위한 고객관리-습관적으로 자사의 제품이나 서비스를 구매하도록 하는 마케팅 행위, 둘째, 고객의 개별적 특성에 따른 관리-개별적인 고객에 대한 1:1 마케팅/서비스, 셋째, 정보기술에 의한 관리-데이터베이스를 이용하여, 고객의 정보를 관리, 넷째, 전사적 차원에서의 관리가 이루어진다.
CRM 활동을 통하여 고객관계 강화를 통한 수익성을 증대시킬 수 있는데 그 세부내용으로는 목표 마케팅(target marketing)이 가능해지고, 잠재고객의 프로파일 정보를 이용한 전략적 영업정보화가 가능하며, 고객의 수익 기여도에 따른 차별화 전략을 수행할 수 있으며, 우량고객이 이탈하는 것을 방지하는 경보시스템을 통한 이탈가능 고객 집중관리가 이루어 질 수 있고, 휴면고객을 대상으로 하는 마케팅 활동과 교차판매, 상향판매, 재판매 등을 통한 고객가치를 증대시킬 수 있다.

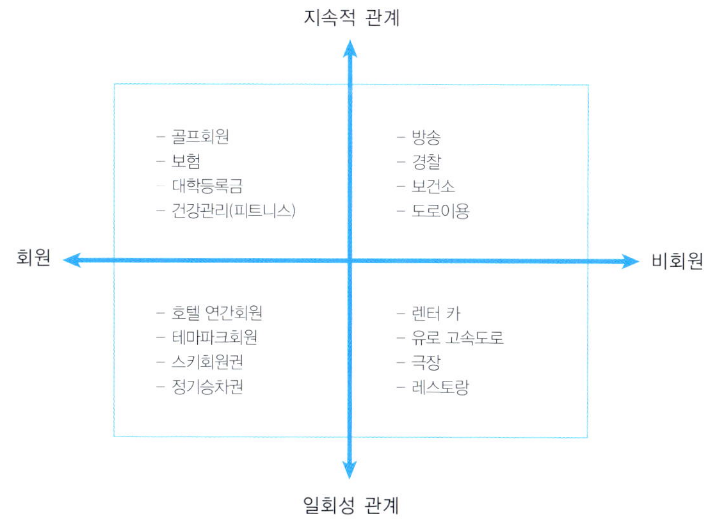

그림 2-4 ▶ 서비스 조직과 고객간의 관계에 따른 분류

※자료: Christopher H. Lovelock, "Classifying Services to Gain Strategic Marketing Insight", Journal of Marketing, Vol. 47, No. 3(Summer), 1983, p.13. 참조 재작성

나) 서비스의 개별화와 재량에 따른 분류

서비스를 요구하는 고객의 욕구는 다종다양하여 규격화 하는 것은 불가능에 가깝다. 미래의 서비스는 크게 이원화되어 표준화된 중저가의 서비스와 고품격서비스로 나뉘게 될 것이다. 따라서 고품격 서비스를 요구하는 고객을 대상으로 맞춤형 서비스가 제공되기 위해서는 서비스접점에 있는 종사원들이 재량권을 행사할 수 있어야 한다.

서비스 종사원의 재량권은 서비스 유형에 따라 다를 수 있고, 재량권한이 높은 경우 관리상의 문제가 고려되어야 한다.[10)]

법률서비스나 경영컨설팅, 교육컨설팅 등은 문제해결을 위한 서비스 제공자의 판단이 요구되기 때문에 보다 높은 수준의 재량권이 필요하다.

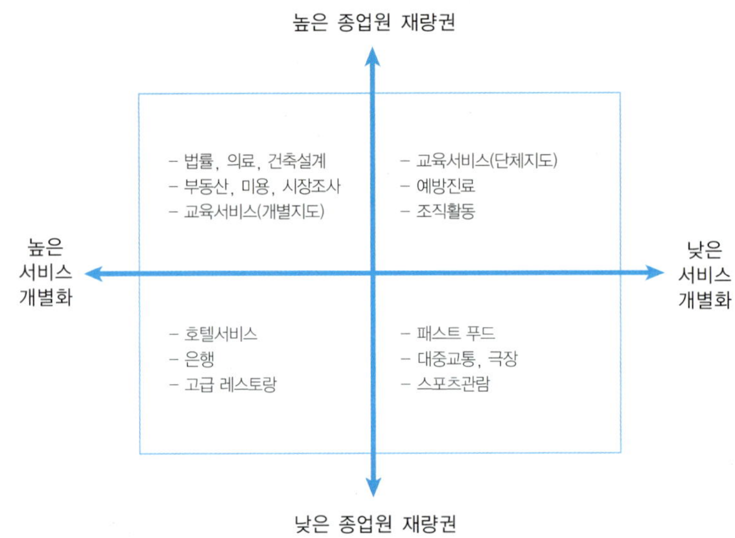

그림 2-5 ▶ 서비스 개별화와 재량권에 따른 분류

※자료: Christopher H. Lovelock, "Classifying Services to Gain Strategic Marketing Insight", Journal of Marketing, Vol. 47, No. 3(Summer), 1983, p.15. 참조 재작성

---

10) 리츠칼튼호텔은 1992년 호텔업계 최초로 그리고 호텔업계에서는 유일하게 말콤 볼드리지 국가품질상을 수상하였고, 1990년 이후 3번이나 미국 최고의 호텔체인으로 선정된바 있다. 무엇이 이런성과를 가능하게 하였는지에 대한 조사결과 리츠칼튼호텔만의 종업원 재량권에 그 이유가 있었다. 최고 2천 달러까지 현장의 종업원 결재권을 인정하여 "책임자에게 확인하고 오겠습니다"라며 고객을 기다리게 만들지 않고 현장에서 즉시 대응하여 고객 클레임을 최소화하고 고객만족도를 제고하여 리츠칼튼의 브랜드가치를 창출한 것으로 알려져 있다. 클레임 대응은 장소와 시간의 갭을 최소화 발생 즉시 처리할수록 비용은 감소하고, 만족도는 높아진다. 권한위임을 위해서는 회사-종사원, 상사-부하직원 사이의 신뢰가 필요하며 기업은 종사원 개개인의 책임감과 판단력을 신뢰하여야만 가능해진다.
하지만 많은 기업들은 신뢰성을 확보하기 위하여 종사원을 관리하는 것에 치중할 때 리츠칼튼은 종사원을 믿고 2천달러 결재권을 통해 종업원에게 상황을 그 자리에서 판단하는 힘과 책임감을 심어 주었으며, 그것이 리츠칼튼호텔의 기업문화로 뿌리를 내려 종사원 한명 한명이 뛰어난 상황판단 능력과 책임의식으로 무장하여, 서비스의 격이 다른 리츠칼튼호텔의 핵심 경쟁력이 되었고, 현재도 50만명 이상의 고객이력을 철저하게 관리하여 최적화된 고객서비스를 제공하기 위하여 노력하고 있다고 한다.

다) 서비스 수요와 공급에 따른 분류

서비스업에 있어서 수요와 공급에 대한 최적화된 관리는 기업의 존속을 결정할 정도로 중요한 부분이다. 그러나 서비스기업은 재고를 둘 수 없는 특징으로 인하여 수요와 공급을 조절하는데 어려움을 겪는다.

호텔과 관광업계에서는 이러한 문제를 극복하기 위하여 비수기 할인제도나 패키지 프로모션 및 제휴업체와의 연계 프로그램 등을 진행하기도 한다. 수요조절이 어려운 경우 수요변동에 대응하기 위하여 인력이나 시설, 장비 등의 이용효율을 극대화하는 등의 전략을 추진하기도 한다.

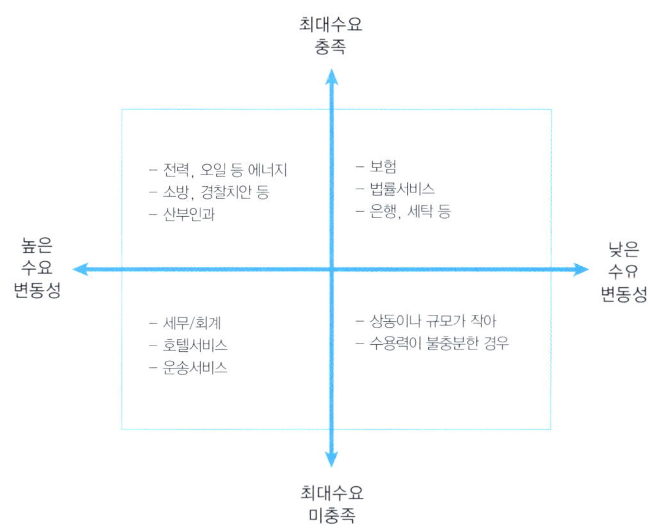

그림 2-6 ▶ 서비스 수요와 공급특성에 따른 분류

※자료: Christopher H. Lovelock, "Classifying Services to Gain Strategic Marketing Insight", Journal of Marketing, Vol. 47, No. 3(Summer), 1983, p.17. 참조 재작성

라) 서비스 제공방법에 따른 분류

서비스 조직간의 상호작용 방식과 점포 이용가능성에 따라 분류하는 방법이다. 소비자가 서비스를 이용하기 위하여 서비스 조직으로 방문하는 경우 점포의 입지가 중요한 요수가 되지만 서비스 조직이 소비자를 찾아가는 경우 입지는 상대적 중요성이 낮아진다.

다수의 서비스 점포를 운영하는 경우 서비스의 균질성은 낮아질 수 있어 품질관리의 문제점이 대두된다. 서비스 조직과 소비자간에 직접적인 접촉 없이 거래가 이루어지는 것이 과거와는 달리 기하급수적으로 증가하고[11] 있는 현실에서는 핵심서비스와 부수적인 서비스를 구분하여 에이전트나 대행사를 이용하기도 한다.[12]

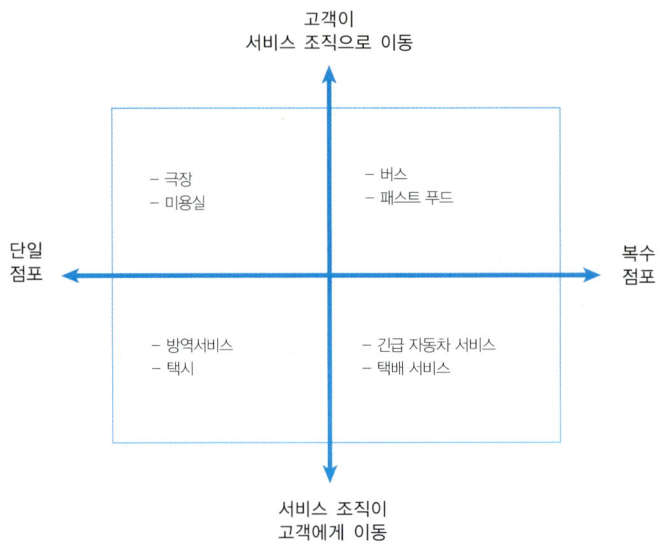

그림 2-7 ▶ 서비스 제공방법에 따른 분류

※자료: Christopher H. Lovelock, "Classifying Services to Gain Strategic Marketing Insight", Journal of Marketing, Vol. 47, No. 3(Summer), 1983, p.18. 참조 재작성

4) e-Service 산업 분류

인터넷 관련 산업은 인터넷 네트워크 인프라를 구축하는 '기반서비스'와 인터넷 컨설팅, 전자상거래 솔루션, 웹사이트 개발업 등의 '인터넷 애플리케이션 서비스', 여행 대행업, 포털 사이트 등의 '인터넷 중계 서비스' 그리고 '인터넷 상거래 서비스'의 4가지로 구분된다.

거래주체에 따라 기업간 거래(B2B: Business to Business), 기업과 소비자간 거래(B2C: Business to Customer), 기업과 공공기관간 거래(B2G: Business to

11) 통계청이 발표한 '2017년 온라인쇼핑 동향'을 보면 지난해 온라인쇼핑 거래액은 78조 2273억원으로 전년대비 19.2% 증가했다. 특히 모바일쇼핑 거래액은 34.6% 증가한 47조 8360억원으로, 전체 온라인쇼핑 거래액 가운데 61.1%를 차지했다. 2018년 증가수준은 20% 이상으로 조사되고 있다.

12) 이영희 · 황복주, 서비스경영, 유원북스, 2013, pp.10-18.

Government), 개인과 공공기관간 거래(C2G: Customer to Government), 개인과 개인간 거래(C2CG: Customer to Customer)의 5가지로 구분된다.

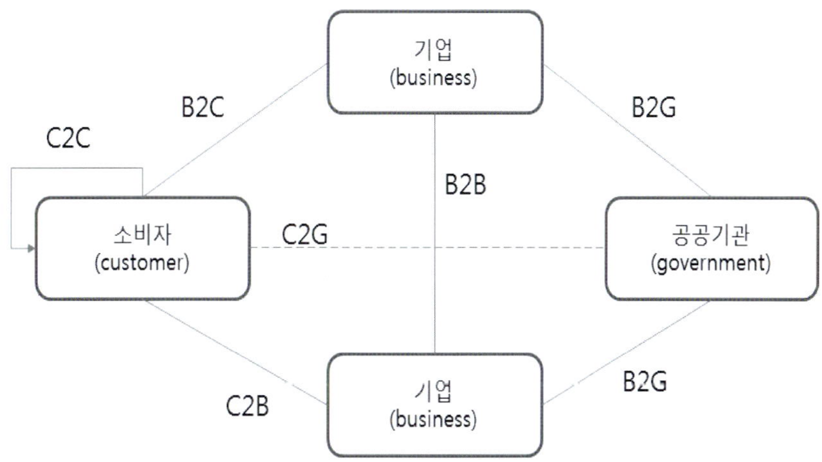

그림 2-8 ▶ 사업주체간 관계에 따른 e-Service 분류도

※자료: 박용태외 7인 공저, 서비스 공학, 생능출판사, 2010, p.82.

4 서비스 패러다임의 변화

1) 서비스의 변화

21세기는 '지식기반경제시대' 또는 '서비스 기반 경제시대'라고 한다. 바로 지식기반 경제시대를 대표하는 개념을 '서비스'로 설명하고 있다.

코페하겐대학 미래학연구센터의 롤프 옌센(Rolf Jensen)소장은『꿈의 사회 보고서』에서 나이키 운동화는 기능적으로 우수하지만 사람들은 그것만으로 그 운동화를 사지 않고, 그 브랜드가 가지고 있는 감성과 이야기를 구매한다고 하였다. 나이키 광고는 단순히 스타의 유명세만 부각시키는 것이 아니라 그의 꿈과 열정, 활약상과 시련을 딛고 이겨낸 위대한 인간승리를 보여주는데, 나이키의 구매자들은 이것의 가치를 구매한다는 것이다.

스타벅스는 커피는 파는 것이 아니라 문화공간을 판다고 한다. 많은 사람들이 커피만을 마시기 위해 스타벅스를 방문하는 것이 아닌 것이다.

'저렴함, 안전함, 즐거움' 이란 하이콘셉트 메시지를 통해 후발주자의 핸디갭을 극복하고 세계 최고의 항공사로 발돋움한 사우스웨스트항공의 성공비결 역시 스토리를 고객의 마음속에 각인시켰기 때문이다.

영국의 경제학자 콜린 클라크(C. Clark)[13]에 의해 1940년에 1차 산업(Primary), 2차 산업(Secondary), 3차 산업(Tertiary)으로 구분된 이래로 약 70년 동안 산업분류에 대한 공론화가 진행되었다. 체너리(H. B. Chenery)[14]가 운송, 통신, 가스 및 용수 등을 3차산업에서 분리하여 공익산업이라는 별도의 산업부문으로 구분한 경우 외에는 별다른 시도가 없어 복잡다양한 각종 산업이 등장하고 있는 현실에서 산업을 체계적으로 분류하고 이해하는데 어려움이 있어 UN에서 국제표준산업분류(ISIC:International Standard Industrial Classification)을 제정하여 표준화된 분류 체계사용을 장려하였고, 우리나라에서는 KSIC를 제정하여 1975년과 1990년에 23개 업종으로 구분하였다.

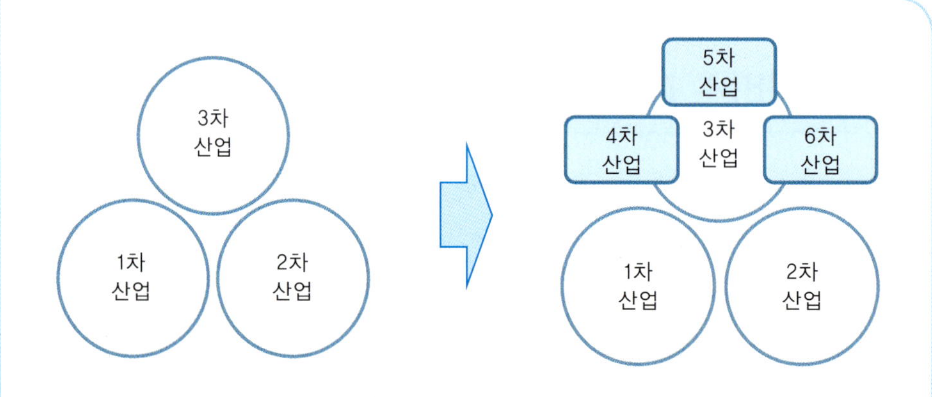

그림 2-9 ▶ 산업분류와 서비스산업분류의 변화

산업이 발달함에 따라 서비스업을 3차 산업만으로 분류할 수 없기 때문에 4차 산업, 5차 산업, 6차 산업 으로 보다 세밀하게 구분이 시도되고 있다.

---

13) Colin Clark, The Conditions of Economic Progress, London: Macmillan Co., 1940.

14) (H. B. Chenery) Chenery Holis B., Structual Change and Development Policy, Oxford University Press, 1979.

3차 산업을 금융, 보험, 상업, 수송 등으로 국한시키고, 4차 산업은 정보 · 지식 산업[15]의 발전과 더불어 구분되었는데 일반적으로 정보배포 및 공류, 정보기술, 상담, 교육, 의료, 연구 및 개발, 금융 계획, 기타 지식기반 서비스를 포함하는 산업군을 말한다.

5차 산업이란 아직 확정된 개념은 아니지만, 5차 산업은 취미나 여가 생활(오락, 패션 등)으로 분류한다.[16]

최근 우리나라와 일본에서 정부 주도하에 농가 경제와 농업 활성화를 목적으로 "농식품 6차 산업운동"이 활발히 진행돼 왔는데, 여기에서 6차 산업이란 농산물 재배 (1차산업), 농가 주도의 식품 제조 (2차산업), 농산물 재배와 식품생산 과정에서 생겨나는 여러 시설과 자원을 이용한 교육 및 관광사업을 포함하는 판매/서비스업 (3차산업)을 모두 합친 (1+2+3=6) 복합적 농식품 사업 개념으로 주장되고 있다.

6차산업 개념을 미국의 농업 지역에 적용하여 특히 소수민족 농식품 문화와 연결하고자 하는 운동이 7차 산업이다. 기존 6차 산업 개념에 글로벌화, 다문화라는 개념이 알파 (α = 1) 로 작용하는 6+1, 즉 7차 산업이라 명칭한다. 간단히 소수민족 농산물과 식품의 지역생산을 비탕으로 로컬 푸드문화의 다양성과 지역 농식품 경제 활성화를 추구하는 운동이 진행되고 있다.

이제 모든 산업은 서비스가 원재료와 상품에 결합하지 않고는 그 가치를 인정받을 수 없는 시대이다. 서비스가 상품에 결합함으로써 고부가가치 상품으로 재탄생하게 되는 것이 현실이다. 그런데 지금까지 우리는 서비스를 하나의 부수적인 분야로 인식하고 취급해왔다. 이제는 서비스에 대하여 재조명을 할 시기가 된 것이다. 리더십에 있어서도 서비스와 리더십을 결합한 새로운 이론이 도출되어야하고 이를 토대로 하여야만 서비스분야의 획기적인 발전이 이루어질 수 있다.

이렇듯 변화한 서비스가 경제성장의 핵심동력으로 서비스산업이 부각되는 이유는 다음의 4가지로 정리[17]된다.

첫째, 소비자의 소비패턴 변화 때문이다. 소비자는 기본적인 욕구가 기대수준으로 충족되면, 자연스럽게 정신적이고 가치 지향적으로 소비를 전환한다. 건강, 오락, 교육, 문

15) 2017년 현재 미국은 이미 국민총생산의 1/3이 지식산업에 종사하고 있다.

16) https://ko.wikipedia.org/wiki/

17) 동아일보사, 서비스력, 2010, pp.22-23.

화 등과 관련된 서비스의 소비가 증가하게 된다. 기업경영에 있어서도 핵심적인 기능을 제외한 업무를 서비스의 형태로 외부로부터 제공받는 것이 확대되고 보편화[18]된다.

둘째, 제품을 생산해 얻는 부가가치보다 서비스로 창출되는 부가가치가 훨씬 높은 21세기 경제구조 때문이다. 이런 경제구조의 변화 때문에 많은 제조기업들이 주력사업을 제품 생산에서 R&D, 마케팅, 유지관리 등 서비스 분야로 이동하고 있다. IBM과 후지쯔 등의 PC제조기업들이 최근 IT서비스 분야로 핵심사업을 전환하는 것도 그런 이유로 설명될 수 있다.

셋째, 서비스산업 자체가 고도화 되고 있기 때문이다. 과거의 노동집약적 서비스산업이 지식집약적 서비스로 전환되었으며, 지식집약적 서비스가 다시 그 영역을 확대하여 성장하고 있다. 지식집약적 서비스산업의 발달은 정보통신 기술의 발전과 결합하여 구글(Google)같은 정보제공 서비스와 아이튠즈같은 IT기술을 기반으로 콘텐츠서비스를 제공하는 형태로 발전하고 있다.

넷째, 최종 소비자의 변화 때문이다. 과거의 서비스 산업의 최종 소비자는 일반소비자에 한정되었으나, 최근에는 서비스 수요자가 기업단위로까지 확대되었다. 기업의 핵심기능을 제외한 제조, 디자인, 콜센터 운영 등을 아웃소싱 하는 등으로 변화하였고, 시장의 범위가 글로벌 시장으로 확대되면서 아웃소싱의 범위도 글로벌 아웃소싱도 보편화 되고 있다.

2) 제조업의 서비스산업화

제조업의 서비스 기업화 추세가 활발히 진행되고 있다. 제품 생산을 주요 사업영역으로 하는 기업들은 신제품 개발과 혁신적인 제품 출시, 품질 개선 등을 통하여 시장에서의 경쟁우위를 획득하고자 하였다. 따라서 자원관리와 관련하여 유형자원과 무형자원으로 구분하여 유형자원 중심으로 경영관리가 이루어졌고 이런 자원을 많이 보유한 기업과 국가가 부국으로, 경쟁력 있는 기업이었으나, 이제는 지식, 기술, 정보 등의 무형자원의 중요성이 부상하여 서비스중심으로 변화하였다. 서비스지배논리에서는 제품생산과정은 경제행위의 일부에 불과한 것으로 인식된다. 현대사회의 기업은 단순히 좋은

18) 건물의 유지관리서비스, 시큐리티 서비스 등을 포함하여 다양한 서비스로 확대되고 있으며, 향후 경쟁력 강화를 목적으로 보다 활발하게 이루어질 것이다.

제품을 생산하는 것만으로는 시장에서 생존할 수 없다. 유통과 마케팅, 차별화된 고객 서비스, 공급망(supply chain) 전체와의 소통, 각 주체적 자원들 사이의 유기적인 결합으로만 수익을 창출해 낼 수 있고 계속기업으로 존속할 수 있게 한다.

표 2-4 자원의 구분과 특징

유형자원	무형자원
제품지배논리	서비스지배논리
객체적 자원	주체적 자원
천연자원 + 물리적자원	지식, 기술, 정보

※자료: 남기찬외, "서비스사이언스:이론적 고찰과 분석 프레임워크 개발" Information System Review, Vo.10, N0.1, 2008, pp.213-235.

그러나 현실 시장환경은 대부분의 소비재 시장이 제품라이프사이클(PLC)상 성숙기에 도달한 상태로 새로운 경제성 있는 블루오션을 찾기가 쉽지 않다.

기업차원의 전략으로 제품혁신을 위한 투자 등을 통하여 자구책을 모색하지만 수익성은 과거와 비교하면 초라할 정도로 생산성이 낮다. '제조업의 서비스화'는 이런 문제를 극복하고자 하는 대안으로 등한 것이라고 할 수 있다. IBM은 전략적 네트워크를 구축하여 서비스 및 솔루션기업으로 자리매김하였다. 핵심제품 시장이 포화된 상태에서 관련 서비스로 진출해 성공한 제조기업들은 모두 '자신들의 제품과 서비스 관점'이 아닌 '고객관점'에서 시장을 제정의 했다는 공통점을 가지고 있다.

전통적으로 제조기업들은 소비자의 욕구를 파악하고 그에 부합하는 제품을 생산함으로써 소비자 만족을 실현한 기능과 효용을 제공하는데 집중하였다. 그러나 21세기 들어 제조기업들의 인식이 변화하여 제품을 팔지 않고 렌털하거나 유지관리서비스를 하는 기업이 사무용품에서 가정용품, 의료전문기기 등에 이르기까지 광범위하게 생겨났고, '중심 제품과 부수 서비스'에서 '중심 서비스와 보조제품'으로 그 역할이 역전된 형태도 빈번하게 볼 수 있다.

이제는 서비스와 제품의 관계를 규정하기도, 분리하기도 어려운 상태이다. 가전제품을 제조하는 기업은 제조와 더불어 유통채널을 가지고 있으며, 배송과 회수, 유지보스 등의 다양한 서비스를 제공하고 있다. 이제는 수익을 제조에 국한하지 않고 다양한 활동을 통해 창출하고자 노력하여 생산인력보다 서비스 인력이 훨씬 많은 실정이다. 제품이 아닌 서비스를 혁신하고 있는 것이다. 과거 기업들은 제품혁신이나 생산혁신을 통하여 제품 차별화, 가격 차별화 등으로 경쟁우위를 선점하여 시장을 선도하였고 그런 기업만이 장기적으로 생존이 가능하였다. 그러나 서비스지배논리가 정착되면서 기업중심의 신상품출시, 생산과정혁신이 사용자가 서비스를 경험하게 하는 경험환경혁신으로 변화하였다. 최고의 품질, 최상의 부가서비스, 편의성과 개인 맞춤형서비스 등을 갖추고 최적가격으로 제공받고자 하는 소비자들의 변화에 대응하기 위해서 소비자를 제품의 가치창출에 참여시키고 있다. 이제 대부분의 기업은 서비스 기업화 되었다고 하여도 무방할 정도가 되었다.

하지만 이러한 접근은 TPO(시간, 장소, 기회)에 따라 달라지는 소비자의 소비행태, 특히 실시간(Real Time)을 기반으로 생산과 소비를 달리하는 새로운 소비문화의 변화까지 대응하는 데는 한계를 갖는 등의 문제점도 대두되고 있다. 이를 극복하기 위해서는 최근 등장한 4차 산업혁명기술들을 기반으로 하는 새로운 서비스 모델을 정립해야 한다.

여러 가지 서비스를 경험하였지만 서비스는 시각적으로 보여주는 것보다 느껴지는 것이라 고 할 수 있다. "오늘 서비스 좋았어?"라는 질문에 대한 응답은 느꼈던 것, 마음에서 우러나는 진정성있 는 서비스를 받았을 때에야 할 수 있다.

인간과 인간 사이에서 일어나는 모든 상호작용과 관계, 그 외에 여러 요소들이 모두 서비스가 되었다. 이제 우리 모두에게 서비스는 부가적인 요소가 아니라 핵심중의 핵심이 된 세상을 살고 있다.

5 서비스와 서비스맨

1) 서비스맨과 서비스철학

서비스맨에게 있어 서비스란 무엇인가?

서비스맨에게는 확고한 서비스 철학이 있어야 한다. 자기만의 서비스 철학이 있다면 서비스에 대한 부정적인 시각과 많은 문제점을 해결할 수 있으며, 흔들리지 않고 자기가 계획한 삶의 목표를 향해 나아갈 수 있다.

좋은 서비스란 기술적으로 완성도 높은 서비스에 서비스맨의 세련된 감성과 진정성이 더해졌을 때 완성된다. '고객을 진심으로 사랑할 줄 아는 기업은 고객의 사랑을 받을 자격이 충분하다'[19]는 말이 있다. 사랑받고, 존중받고 싶다면 그에 상응하는 사랑과 존중을 베풀면 된다. 모두에게 같은 서비스를 제공하는 것이 아니라 고객 한사람 한사람에게 각자에게 맞는 서비스를 사랑을 주는 것 이것이야 말고 참된 서비스가 되는 것이다.

4차 산업혁명이 빠르게 진행되고 있는 현재에는 스마트 디바이스를 활용하는 디지털터치와 아날로그적 도구를 활용한 감성터치를 통한 고객관리, 서비스철학을 기반으로 하는 진정성 있는 서비스만이 서비스기업의 경쟁력을 높이는 수단이며, 서비스맨의 전문성과 서비스맨의 행복을 만들 수 있는 도구가 된다.

그러나 디지털 기술만을 가지고는 본래 전달하고자 하는 마음의 4분의 1도 전달하지 못한다고 한다. 기술적인 요소, 스킬은 눈에 보이는 것이기 때문에 다른 요소에 비해 먼저 부각되지만, 진정성 있는 마음이 담기지 않으면 작은 방해요소만 있어도 본래의 취지를 살릴 수 없는 경우가 많다. 기술이나 지식은 시간만 있으면 쉽게 습득할 수 있는 것이지만 마음가짐은 다르다. 따라서, 서비스맨은 서비스에 대한 자기만의 확고한 철학을 가지고 있어야 한다. 스스로의 철학을 가지고 있다면 자기 일에 대한 동기부여가 지속적으로 이루어져, 언어적인 학습, 서비스 스킬을 습득하는 것 등은 셀프리딩이 가능해진다.

세계적인 운송전문기업중 하나인 페덱스(FedEx)는 사람-서비스-수익(P-S-P:People - Service - Profit)이라는 철학을 가지고 있다. 종업원 만족에서 좋은 서비스가 제공될 수 있고, 좋은 서비스는 곧 기업의 수익 창출의 근원된다는 철학이다. 이런 철학에 근거하여 직원교육훈련에 매년 막대한 투자를 하고 있다.

리츠칼튼호텔은 "We are Ladies & Gentlemen serving Ladies & Gentlemen" 이라는 모토를 가지고 서비스를 제공하고 있다. 리트칼튼호텔의 사업모델 핵심은 "making a bigger cookie" 종사원과 고객, 호텔이 더큰 이익을 함께 나누는 것을 지향하고 있다. 그 결과 매년 세계적인 최고의 서비스를 제공하는 호텔로 선정되고 있다.

---

19) 구보야마 데쓰오 저, 황소연 옮김, 서비스 철학, 넥서스BIZ, 2008, p.21.

2) 서비스맨의 직업관

일을 어떻게 바라보는가에 따라 일을 통해 얻을 수 있는 즐거움과 행복이 달라진다. 에이미 우르제니프스키(Amy Wrzesniewski)교수의 연구에 따르면 사람들이 일을 바라보는 관점은 생업, 경력, 소명 세가지 중 하나라고 한다.

어떤 관점에서 보느냐에 따라 일해서 얻고자 하는 것도 달라진다.

일을 생업으로 보는 사람은 일이 사는데 필요한 돈을 벌기 위한 수단이며, 일을 경력으로 보는 사람은 미래의 목적하는 바를 달성하기 위하여 개인적인 투자를 많이 한다.

일을 소명으로 보는 사람은 일 자체에 정열을 쏟는다. 소명은 부와 명예를 얻지 않아도 그 일을 하는 것만으로도 자기를 실현하는 것이다.

일을 소명으로 받아들이고 의미를 찾는 사람들은 어떤 일이든 즐겁고 열정적으로 잘 한다. 결과적으로 성공한 사례를 많이 볼 수 있다.

〈MS의 행복한 청소부〉

그녀는 마이크로소프트에 고용된 임시 청소부였다. 수백 명의 직원중에서 그녀는 학력이 제일 낮고, 제일 고된 일을 하며, 가장 적은 월급을 받는 사람이었다.

하지만 그녀만큼 행복하게 일하는 사람도 없었다. 그녀는 매 순간 기쁜 마음으로 일했다. 항상 웃는 낯으로 사람을 대했으며 누가 어떤 부탁을 하면 그것이 자신의 일이 아니더라도 기꺼이 도와주었다. 열정적인 그녀의 모습은 다른 직원에게까지 영향을 미쳤고, 곧 그녀가 청소부라는 사실조차 개의치 않고 그녀를 좋아하는 사람들이 점점 늘어났다. 그녀의 이야기는 빌 게이츠의 귀에까지 들어갔고 호기심이 생긴 빌 게이츠가 그녀를 불러 물었다.

"매일 그렇게 기뻐하고 행복해하는 이유가 무엇입니까?"그러자 그녀가 웃으며 말했다.

"이 일을 정말 좋아하기 때문이죠! 저는 아는 것도 없고 학력도 낮습니다. 하지만 회사는 그런 저에게 일할 기회를 주었고, 자식들을 대학에 보낼 수 있을 만큼 월급도 충분히 주었답니다. 얼마나 감사한지요! 제가 회사에 보답할 방법은 최선을 다해 열심히 일하는 것뿐이었어요. 이런 것을 생각하면 저절로 신이 난답니다."

그녀의 열정적인 모습에 감동한 게이츠는 청소 업무를 하고 남은 시간에 컴퓨터 관련 지식을 배워보지 않겠느냐고 제안했다. 그녀는 그 제안을 받아들였고 얼마 후에 MS사의 정직원이 되었다.

마이크로 소프트사의 인재 채용 담당자는 "우리가 원하는 인재상은 열정적인 사람입니다. 그래서 면접을 볼 때 회사에 대한 열정, 기술에 대한 열정, 그리고 일 자체에 대한 열정을 보지요. 실제로 열정은 생각지도 못한 성과를 거두게 해줍니다."라고 하고 있다.

일을 진심으로 사랑할 때 그것은 노동에서 오락으로 바뀐다. 그러나 일을 어쩔 수 없는 부담으로 생각하면 그것은 무거운 짐을 짊어진 것처럼 고통스럽기만 하다. 일을 전혀 하지 않고 살 수 있는 사람은 없다. 어차피 해야하는 일이 우리에게 아무런 기쁨도 주지 못하고 단조롭게 반복되는 짐이 된다면 삶은 온통 지루함과 괴로움으로 가득 찰 것이다.

지금 우리에게 필요한 것은 관점의 전환이다. 일이 짐이 아닌 선물로 보이는 순간 일 자체가 소중해질 뿐만 아니라 그것을 통해 행복을 얻게 된다. 마음먹기에 달려있다.[20]

〈어느 호텔 룸 메이드의 직업의식〉

어느 신규호텔이 개관한 후에 고객 컴플레인이 많았는데, 특히 객실부 룸메이드 회의 때마다 매니저의 지적이 멈추지 않았다.

룸 메이드들은 "뭐 이렇게 작은걸 가지고 그런 불평을 하나, 참 너무한다!"라고 볼멘소리를 하였는데, 필리핀 출신 미국 이민자인 아주리엘은 '하찮은 객실 서비스 하나에 불만을 갖는다면 거꾸로 아주 작은 서비스에도 감동 받지 않을까?'라는 생각을 하게 되었고, 청소는 우리호텔의 핵심서비스라는 마음을 먹고 나의 일은 '고객에게 깨끗한 환경을 제공하여 기쁨을 주는 서비스 ' 라는 소명의식을 가지고 카트에 작은 수첩하나를 달고 다니며 눈에 띠는 문제점을 메모하고, 고객을 취향이나 버릇에 따라 20가지로 구분했고, 자주 오는 손님 이름과 버릇을 기억했다가 고객에 맞춰서 방을 청소하고 비품 준비(고객이 왼손잡이면 객실과 욕실 비품을 반대쪽에 놔주고 '이 분은 월스트리트 신문을 늘 쓰레기통에 버리던데 USA TODAY에다 월스트리트 신문을 하나 더 넣어드려야지.' '이 손님은 탁자 위에 언제나 빈 칼스버그 비어 캔이 놓여있으니, 냉장고에 칼스버그 비어 캔을 빠뜨리지 말고 채워드려야지.' '이 분은 수건을 많이 쓰니, 넉넉하게 놔 드리자!' 그 결과 투숙한 고객 대부분은 크게 만족하였다.)

리츠칼튼호텔은 1992년 품질대상인 말콤 볼드리지상을 호텔업계 최초로 수상하였는데, 수상에 결정적인 역할을 한 것으로 평가받고 있다.

지금 무슨 일을 하느냐가 아니라 어떤 자세로 하는냐가 중요함을 할 수 있게 해주는 사례이다. 무슨 일이든 최선을 다하고, 거기서 얻은 경험과 지식을 체계적으로 정리하면 얼마든지 해당분야의 전문가로 성장하는 것이 가능하다. 그녀는 현재 서비스 전문 컨설턴트로 세계를 돌며 강의를 하고 있고, 지금까지도 그녀의 자랑거리는 한 번도 고객의 불평을 받은 적이 없다는 것이라고 한다.

3) 기쁨과 나눔의 서비스

좋은 친구가 많을수록 더 행복해진다. 인도 속담에 '친구는 나의걱정, 나의 공포와 싸우는 호위병이다.'라는 말이 있다. 우정은 차를 마시는 다기와 같아서 끊임없이 찻물을

20) 장샤오형 지음 · 최인애 옮김, 느리게 더 느리게, 다연, 2015, pp.148-151.

부어주면 날이 갈수록 더욱 깊고 윤택한 색채를 발한다. 그러나 반대로 한쪽에 밀어두고 오랫동안 잊고 있으면 결국 색을 완전히 잃어버리고 만다. 우리는 종종 우정을 당연시하며 소중히 여길 줄 모른다. 하지만 세월이 흐르고 나이가 들면 그제야 우정이 얼마나 귀한 선물인지를 깨닫는다. 주변에 있는 친구와의 관계, 가족과의 관계, 아는 사람과의 관계, 고객과의 관계는 쌓음으로써 커지는 관계이다.

함께 살아가는, 함께 만들어가는, 함께 나누는 관계인 것이다. 다른 표현으로 파트너의 관계인 것이다.

다른 사람에게 기쁨을 주면 자기 자신도 기쁨을 얻게 된다. 누군가가 슬퍼하며 눈물을 흘리는데 뭐라 위로해야 할지를 모른다면 그저 조용히 그의 곁을 지켜주면된다. 단지 함께 있어주는 것만으로도 슬픈 이에게는 충분한 위로가 되기 때문이다. 만약 누군가가 외로움과 쓸쓸함에 떨고 있다면 잠시 하던 일을 내려놓고 말동무가 되어주면 된다. 온정을 베푸는데 인색하지 말고 아낌없이 나누라는 뜻이다.

타인에게 관심과 사랑을 건넨다고 해서 자신이 손해 볼 일은 없다. 사랑을 나누면 줄어들기 보다 오히려 몇 배의 사랑과 행복이 되어 돌아온다. 그래서 베풂은 삶의 수준을 한 단계 높이는 비밀이다.

지식공유 ⇨ 지혜공유 ⇨ 사랑과 행복을 공유하게 된다.

부처님의 유명한 일화가 있다.

어느 날 어느 가난한 사람이 부처에서 물었다고 한다.

"나는 왜 성공하지 못합니까?, "베푸는 법을 배우지 못했기 때문이다."

가난한 사람이 다시 물었다.

"저에게는 아무것도 없는데 어떻게 베풀란 말입니까?"그러자 부처가 웃으면서 말했다.

"아무것도 없어도 베풀 수 있는 것이 많다.

첫째는 화안시(和顔施)라 하여 웃는 얼굴을 베푸는 것이다.

둘째는 언시(言施)로, 칭찬하고 격려하는 말을 많이 하는 것을 가르킨다.

셋째는 심시(心施), 마음의 문을 열고 남에게 진실함을 베푸는 것이고,

넷째는 안시(眼施), 선의 어린 눈빛을 보내는 것이다.

다섯째는 신시(身施)로, 남을 돕는 행동을 하는 것이고,

여섯째는 좌시(座施)로, 남에게 양보하는 것이다.

일곱째는 방시(房施)로, 이는 다른 사람을 품는 마음가짐을 말한다."

베풀고 나눌 줄 아는 사람은 어딜 가나 사랑과 환영을 받는다. 그리고 자신이 베푼 것보다 더 많은 것을 보답으로 얻는다.

서비스도 마찬가지다. 진정성 있는 마음과 태도로 서비스가 제공되면 선순환되어 서비스를 제공한 서비스맨에게 나아가 서비스 기업으로 되돌아 오게 된다.

사람은 인간관계를 통해 무엇을 얻고자 할까? 여러 가지가 있겠지만 궁극적으로는 행복을 얻을 수 있는 관계를 가장 바랄 것이다. 사람은 누구나 행복하기를 바란다. 성공과 명예, 재물을 추구하는 것도 결국은 행복이 최종목표이다. 그래서 인간관계도 서로가 행복할 수 있을 때 가장 바람직하다.

행복을 얻는 가장 좋은 방법 중 하나는 바로 다른 사람의 감사를 바라지 않고 베푸는 것이다. 즉, 베푸는 것 자체에서 기쁨을 얻을 때 비로소 행복해질 수 있다.

〈진정성 있는 나눔과 베품의 서비스〉

갑작스럽게 비가 내려 한 노부인이 비를 피하려고 필라델피아 백화점으로 들어갔다. 백화점 점원들이 그녀를 주시하다가 노부인의 소박한 옷차림을 보고 곧 그녀를 외면하였다. 그때 필립이라는 젊은 점원이 노부인에게 다가가 친절하게 물었다.

"부인, 제가 도와드릴 것이 있을까요?"

"아니에요. 비가 그치면 곧 갈 거예요"

비만 피하고만 있기 미안하고 마음이 불편해진 노부인은 뭐 작은 악세사리라도 살 것이 없나 매장을 둘러보았다. 노부인이 서성거리는 모습을 본 필립이 다시 다가가 말했다.

"부인, 여기 입구 쪽에 의자를 놔드릴 테니 사양하지 마시고 앉아 쉬세요"

노부인은 매우 고마워하며 필립의 말을 따랐다. 두 시간 후 비가 그치자 노부인은 필립에게 다시 한번 감사의 인사를 하고 명함을 한 장 달라고 하고 백화점을 떠났다.

몇 달 뒤, 필라델피아 백화점 사장은 스코틀랜드에서 날아온 편지 한통을 받았다. 커다란 저택에 비치할 가구와 장식품을 사고 싶다는 편지였는데 주문은 반드시 필립이 와서 받아가야 한다는 단서가 붙어 있었다. 이후 자신의 가족이 운영하는 몇 개의 대기업에 필요한 사무용품을 구매하는 일도 필립이 선부 맡아주길 바란다는 당부가 적혀 있었다.

편지를 보낸 이는 그때의 노부인이었는데 평범해 보였던 노부인이 사실은 강철왕 카네기의 어머니였다.

노부인 덕분에 필립은 엄청난 실적을 올릴 수 있었고 높은 자리까지 승진하게 되었다. 잠시 친절을 베푼 덕에 인생이 완전히 바뀐 것이다.[21]

그렇다면 누가 필립의 인생을 바꾼 것인가?

4) 서비스맨과 셀프리더십

셀프 리더십이란 자기 스스로 자신의 인생의 방향을 설정하고 자신에게 주어진 일에 최선을 다하는 자기경영 마인드이다.

셀프는 '자아'의 개념으로, 인간 내부의 기본적인 성향인 '자율성'을 강조한 것으로서, 피동적인 성향에서의 리더십이 아니란 점을 강조하는 것이다. 이런 셀프 리더십을 타고 나는 것이 아니라 학습을 통하여 얻어[22]진다고 한다.

셀프리더십은 자기경영(self management)를 포함하는 개념으로 자신을 변화시키고 기준을 평가할 수 있게 하며 조직이 무엇을 해야 하고, 왜 해야 하며, 어떻게 할 것인지를 알 수 있게 해준다.

자기의 삶의 목표에 맞추어 성과를 올릴 수 있도록 하는 것이 바로 자기 자신이기 때문이다. 셀프 리더십은 자신에게 영향을 미치는 지속적인 과정으로 셀프 리더가 되기 위해서는 몇 가지의 조건이 필요하다.

셀프 리더십에서의 통제는 궁극적으로 구성원 스스로가 자신에게 부과하는 자유통제이다. 통제가 어디로부터 나오든 그 효과는 전적으로 구성원들의 평가와 수용 여부, 그리고 의욕에 달려있다. 스스로 자발적으로 목표를 설정하고 스스로가 설정한 목표를 향해 능동적이고 자율적으로 움직인다. 스스로가 원하는 무엇인가를 달성하기 위하여 하는 자기활동인 것이다.

표 2-5 셀프 리더십 전략

전략유형		구성요소
행동전략	자기목표설정	자신이 직접 스스로의 목표를 설정함.
	자기존중	긍정적인 자기 가치관 평가를 통해 자기존재 인식
	자기연습	과업수행 전 과업에 대한 선제적 학습을 수행
	자기보상	목표성과 도달 시 스스로에 대한 보상실시
	자기비판	부정적 결과도출시 스스로에 대한 비판실시
내적 보상전략	자율과업 재설계	내적 보상수준 제고을 위한 과업 재설계
	작업환경 재설계	작업환경 재설계를 통한 내적보상 증진 노력수행
인지적 전략	건설적 사고패턴	습관이나 패턴을 확립(신념, 이미지 트레이닝, 자신과의 대화 등)

※자료: 허갑수 · 변상우, 파워 리더십, 도서출판 청람, 2013, p.369.t

21) 장샤오형지음, 최인애옮김, 느리게 더 느리게, 다연, 2015, pp.333-334.

22) 허갑수 · 변상우, 파워 리더십, 도서출판 청람, 2013, p.366.

① 목표 설정

"당신의 목표는 무엇입니까?"라고 질문을 받았을 때 고민없이 자신의 목표를 말할 수 있어야 한다. 끊임없는 자기관찰을 통해 자신의 목표를 설정하고, 스스로를 철저하게 관리하고 통제하며 지속적인 개선을 도모할 수 있어야 한다.

② 목표 상기

셀프 리더는 스스로 자신이 무엇을 원하는지 늘 관심을 기울이며, 설정된 자기목표를 항상 상기하고 있어야 한다. 이를 위해 하루의 시간계획, 주간계획, 월간, 연간계획과 중장기계획이 수립하여야 한다.

③ 부정 요소 제거, 긍정 요소 배가

셀프 리더는 자신의 환경을 통제할 줄 알아야 한다. 무슨 과업을 수행하던 여기에는 부정적인 요소와 긍정적인 요소가 공존한다. 셀프 리더는 긍정적인 행동을 유발할 수 있는 동기들로 자신의 환경을 채워나갈 때 자신이 기대하는 것보다 더 높은 수준의 성과를 달성할 수 있게 된다.

④ 반복연습

스스로의 행동을 개선하기 위한 가장 좋은 방법은 지속적인 연습 내지는 학습이다. 단기적인 결과에 만족하지 않고 지속적이고 끊임없이 연습하는 자세가 필요하다.

⑤ 보상과 벌칙 활용

셀프 리더가 가지는 작은 단위의 목표가 달성될 때 스스로에게 적절한 보상과 벌칙이 주어져야 한다. 물론, 이것은 스스로의 기준에 의해 자신에게 적용된다. 보다 의미 있는 개선을 위해서는 자신의 특성을 반영한 효과적인 보상과 벌칙규정을 정할 필요성도 있다.

크게 성공한 사람들의 공통적인 특징 중 하나가 '스스로에게는 엄격하고, 타인에게는 관대한 사람'들임을 잊어서는 안된다.

⑥ 긍정적인 자기암시

스스로에게 할 수 있다는 자기암시를 통하여 자신을 응원하고, 자신감을 배양시키는 것이 필요하다. 내가 나를 믿지 못하면 누가 나를 믿어주고 응원할 것인가? 바로 나 자신이 나를 믿고 응원하고 용기를 북돋아 줄 때 타인에게도 내가 자신감 넘치는 리더로 보이게 되고, 그들도 나를 응원하게 되며 따르게 된다.

4) 서비스맨과 환경

일본에 '코이(koi)'라는 잉어가 있는데, 일본인들이 관상용으로 즐겨 기른다고 한다. 그런데 이 물고기는 작은 어항에 넣어두면 5~8㎝ 정도로 자라고, 연못에 넣어두면 15~25㎝까지 자라는데, 강물에 풀어주면 90~120㎝ 이상으로까지 자란다고 한다. 코이는 자기가 숨쉬고 활동하는 세계의 크기에 따라 아주 작은 물고기가 되기도 하고 대어가 되기도 한다는 것이다. 환경에 따라 성장하는 수준이 완전하게 다름을 알 수 있다.

우리 인간도 어떤 환경에서 어떤 꿈과 목표를 가지고 주위와 상호작용을 하는가에 따라 작게도 혹은 크게도 될 수 있는 것이다. '코이'의 크기를 결정하는 것은 환경이지만 스스로 어떤 환경을 선택할 것인가를 결정할 수 있는 것은 '우리자신'[23]이기 때문이다.

환경에서 가장 중요한 요소는 바로 사람이다. 하버드대학의 데이비드 맥클레랜드(David C. McClellenad)교수는 우리가 습관적으로 어울리는 사람들이 우리 인생의 성패를 95% 좌우한다고 하였다. 자신이 가장 많이 어울리는 다섯 사람을 떠올려 보자. 그들의 평균이 자신의 모습이라고 보면 된다. 만약 그 평균이 자신에게 흡족하지 않다면 지금부터 자기보다 더 훌륭하다고 생각되는 사람들과 어울려본다면 성공 가능성은 크게 높아지게 된다.[24]

다음은 서비스맨을 위한 긍정적 관계형성을 위한 6가지 방법이다.

〈긍정적 인간관계를 만드는 6가지 방법〉

① 자기자신을 알아야 한다.

대부분의 사람들이 자신을 잘 안다고 생각하지만 정작 자신을 잘 아는 사람은 많지 않다. 나를 객관적으로 볼 수 없다면 다양한 환경 속에서 긍정적인 인간관계를 맺기 어

23) 안상준 · 박경록 · 서규훈 공저, 리더십 핵심이론과 실무, 동방의 빛, 2013, pp.106.

24) 한봉주, 어떻게 자신을 변화시킬 것인가, 미래지식, 2014, p.30.

렵다. 내가 어떤 사람인지 객관적으로 알려는 노력부터 해야 한다.

② 상대방의 강점을 보아야 한다.

우리는 일상적으로 상대방의 약점이나 단점에 초점을 맞추는데 익숙하다. 동성이든 이성이든 처음에 장점으로 보았던 것도 시간이 지나면서 약점으로 바뀌는 경우도 있는데 이 정도라면 이미 관계에 심각한 균열이 있다고 보면 된다.

사랑에 빠지면 상대방의 좋은 점만 보인다. 이것은 상대방에 대해 '긍정적 환상'을 가지고 있기 때문이다. 긍정적 환상은 좋은 관계를 맺고 유지하는데 큰 역할을 한다. 뉴욕주립대 머레이(Murray)교수의 연구결과에 따르면 자기 파트너를 이상화하는 낙관적인 사람들이 더 행복하고, 긍정적 환상의 강도가 강할수록 더 행복하고 안정된 결혼생활을 할 수 있다고 한다.

상대방에게 긍정적인 환상을 가지고 있으면 상대방도 변한다. 파트너의 믿음을 저버리지 않으려고 노력하기 때문이다

③ 좋은 이야기나 칭찬을 하라.

우리는 좋은 이야기보다는 험담과 뒷 담화를, 칭찬보다는 질책이나 책임추궁을 많이 한다. 좋은 이야기와 칭찬은 좋은 관계, 긍정적인 인간관계를 만드는 윤활유 역할을 한다.

④ 감사를 표현하라.

세상을 살아가면서 많은 사람들과 관계를 맺으면서 서로 도움을 주고받으며 살아간다. 이런 관계안에서 감사할 일들이 많이 생기지만 마음뿐이지 대부분 감사를 하지 못한다. 감사도 습관이다. 사소한 일상에서부터 중요한 비즈니스까지 감사 표현을 자주하여 습관으로 만들어야 한다. 감사는 가장 저렴한 투자로 최상의 인간관계를 만드는 부담 없는 교류 수단이다.

⑤ 시간을 선물하라.

시간을 선물하는 것만큼 인간관계를 아름답게 만드는 것도 없다. 물질보다는 시간을 선물해볼 것을 권한다. 시간선물은 상대에 대한 사랑, 배려, 존중, 관심, 공감 등을 포괄한다.

시간 선물은 많이 할수록 좋다. 함께 많은 시간을 보낼수록 관계는 더욱 돈독해지고 긍정적으로 변한다. 주의할 점은 시간을 선물할 때는 온전히 그 사람을 위한 선물이 되어야 한다. 그 사람에게 집중하지 못하고 마음이 다른데 가 있다면 역효과가 난다.

⑥ 항상 용서하는 마음을 가져라.

서로의 관계를 오래 지속하고 긍정적 인간관계로 맺어줄 수 있는 유일한 방법은 용서이다. 우리는 관계를 맺어가는 과정에서 본의든 타의든 실수하고 갈등을 일으킨다. 이때 상대에게 기회를 다시 베푸는 용서만이 이런 문제를 해결하고 관계를 지속할 수 있게 한다. 용서는 긍정적 인간관계의 꽃이라 해도 과언이 아니다.[25)]

25) 우문식, 행복 4.0, 물푸레, 2014, pp.296-307.

참고문헌

- CS리더스 관리연구소, CS Leaders관리사, 시대고시기획, 2017.
- 구보야마 데쓰오저/황소연옮김, 서비스철학, 멕서스BIZ, 2008.
- 남기찬외,"서비스사이언스:이론적 고찰과 분석 프레임워크 개발"Information System Review, Vo.10, N0.1, 2008.
- 동아일보사, 서비스력, 2010.
- 레오나르도 인길레리 · 마이카 솔로몬 공저, 임준영 옮김, 왜 그들의 서비스에 사람들이 몰릴까?, 청림출판사, 2012.
- 박용태외, 서비스공학, 생능출판사, 2010.
- 안상준 · 박경록 · 서규훈 공저, 리더십 핵심이론과 실무, 농방의 빛, 2013.
- 우문식, 행복 4.0, 물푸레, 2014.
- 이영희 · 황복주, 서비스경영, 유원북스, 2013.
- 장샤오형지음 · 최인애옮김, 느리게 더 느리게, 다연, 2015.
- 통계청, 『2017년 온라인쇼핑 동향』, 2017.
- 하워드 가드너 지음/김한영 옮김, 미래마인드, 재인, 2008.
- 허갑수 · 변상우, 파워 리더십, 도서출판 청람, 2013.
- 한봉주, 어떻게 자신을 변화시킬 것인가, 미래지식, 2014.
- Chenery Holis B., Structual Change and Development Policy, Oxford University Press, 1979.
- Christopher H. Lovelock, "Classifying Services to Gain Strategic Marketing Insight", Journal of Marketing, Vol. 47, No. 3(Summer), 1983.
- Colin Clark, The Conditions of Economic Progress, London: Macmillan Co., 1940.
- G. Lynn Shostack, "Breaking Free from Product Marketing", Journal of Marketing, Vol. 41, No.2 (April, 1977).
- https://ko.wikipedia.org/wiki/

- Lovelock, C. and G. S. Yip," Developing Global Strategies for Service Businesses", California Management Review, Vol.38, No.2, 1996.
- Richard B. Chase, "The Customer Contact Approach to Services: Theoretical Bases and Practical Extensions", Operations Research Vol.29, No.4, 1978.
- Thomas, D., "Strategy is different in service business", Harvard Business Review, (July-August), 1978.
- Valarie A. Zeithaml, A. Parasuraman and Leonard L. Berry, " Problems and Strategies in Services Marketing", Journal of Marketing, Vol.49, No.2 (Spring, 1985)

제3장 삶의 목적과 행복

1 삶의 목적

1) 삶의 목적

나는 누구인가?

내가 살아가는 이유는 무엇인가?

내 삶의 목적은 무엇인가?

내가 존재하는 이유는 무엇인가?' 라는 질문에 쉽게 답을 내놓는 사람은 없다.

이런 유형의 질문들은 거창하게 들리고 부담스럽게 받아들여진다. 하지만 질문은 '나는 어디로 가고 있는가?, 나에게 중요한 가치는 무엇인가?'라고 바꿔보면 좀 더 쉽게 이해가 가능해진다.

우리는 삶 속에서 매순간 선택을 하며 살아가고 있다. 이 선택의 순간에 영향을 미치는 것이 '가치'이다. 모든 선택에 있어 영향을 미치고 사고와 행동하는 것에 영향을 미친다.

모든 사람에게는 스스로 중요하게 생각하는 가치가 있고, 그 가치는 생각과 사람, 사물을 판단하는 근본적인 관점이다. 추구하는 가치가 있다면 삶의 방향성을 가지고 있는 것이다. 크고 작은 영향에 흔들리지 않고 올곧게 자신이 생각하고 판단한 길을 걸어갈 수 있도록 하는 근간이 된다. 가치는 삶을 지향하는 방향으로 안내하여 스스로의 삶에 대한 만족도를 높여준다. 그러나 추구하는 가치가 없다면 항상 흔들리고 불안 할 수 밖에 없다.

추구하는 가치가 지향하는 끝에는 그 사람이 닿고자하는 높은 수준의 지향점, 즉 목적지가 존재한다. 도달하고자 하는 목적지가 있다면 그 과정이 힘들고 험난하더라도 쉬

지치지 않는다. 왜냐하면 눈앞에 비전이 있기 때문이다. 그 비전을 이루는데 중요한 요소들이 바로 핵심가치가 된다. 그 핵심가치들이 완성될수록 비전을 달성할 수 있게 된다.

한마디로 정리하면 삶의 목적의 끝에는 그 사람이 추구하는 행복이라는 것이 존재한다.

2) 삶의 가치

가) 역사속의 가치

시대와 역사속에서 사람이 추구하는 가치는 이름만 다를 뿐 비슷한 의미를 가지고 있음을 알 수 있다.

인도 속담에는 '네 개의 방에서 놀아라' 라는 말이 있는데, ①지식의 방(배움과 학습), ②신체의 방(건강), ③감정의 방(대인관계), ④영성의 방(정신건강과 신념)을 의미한다고 한다.

신언서판(身言書判)은 '용모, 언변, 글씨, 판단력 등의 인재 등용 기준'을 의미하는데, 중국 당나라에서 유래하였고 이후 조선에서도 적용되었다. ①신(身)은 외모로 신체에서 풍기는 진정한 의미의 풍모 말하며, ②언(言)은 언변으로 말을 함에 있어서 이치에 맞고 자신을 올바로 표현할 수 있는 말솜씨, ③서(書)는 글씨로 글씨는 곧 자신의 인격을, ④판(判)은 판단력으로, 사물의 옳고 그름을 판단하는 능력을 의미하는 것인데, 이 신언서판은 인재를 선발하고, 관리를 임명하는데 중요한 척도가 되었다고 한다..

리더십 분야의 권위자로 인정받는 스티븐 코비박사는 ①지적 차원의 IQ-독서, 시 쓰기, 영화감상, 연구 등, ②신체적 차원의 PQ-운동, 건강, 스트레스 관리 등, ③사회감정적 차원의 NQ-자부심, 공감, 인내, 봉사 등, ④영적 차원의 SQ-가치명확화, 결심, 자기실현, 종교 등으로 가치를 분류하였다.

이들 가치에 대한 표현을 종합해보면 모든 길들은 교차하며 통하는 것을 알 수 있다.

표 3-1 가치에 대한 표현

인도 속담	조선/중국	스티븐 코비
지식의 방	신(身): 외모	지적차원 IQ
신체의 방	언(言): 언변	신체적차원 PQ
감정의 방	서(書): 글씨등	사회적차원 NQ
영성의 방	판(判): 판단력	영적차원 SQ

나) 현대적의미의 가치

가치는 도덕성을 바탕으로 한다. 아무리 개인이 좋아하고 소중히 여기는 것이라도 도덕성에 위배되는 것이라면 가치가 될 수 없다.

또한 절대적인 특성을 가지고 있다. 상황에 따라 달라지는 것이라면 진정한 가치라 할 수 없는 것처럼 가치는 보편적이며 사회적인 특성이 있다. 가치의 출발은 개인이 소중히 여기는 것에서 출발하지만 진정한 가치는 대부분의 사람들로부터 공감을 얻을 수 있다.

가치와 가장 많이 혼동하는 것 중 하나가 태도이다. 겉으로는 가치와 태도가 밀접한 연간이 있는 것처럼 보인다. 예를 들어 다른 사람에게 친절하게 대해야 한다고 믿는다면 그건 가치다. 그 친질의 가치를 추구하면 자연히 다른 사람을 대하는 대도도 친절히기 마련이어서 가치가 태도라 생각할 할 수도 있지만 가치는 태도가 아니다. 가치는 추상적이며 이상적인 원리지만, 태도는 특정 목적이나 사안의 선호하는 혹은 비판적인 평가로 구체적이다.[1)]

미국의 사회심리학자 고든 윌러드 올포트 (Gordon Willard Allport)와 그의 연구팀에서 가치를 다음의 6가지로 분류하였다.

① 이론적 가치: 진리와 그것의 발견을 가치 있게 여김

② 경제적 가치: 유용하고 실용적인 것을 가치 있게 여김

③ 미적 가치: 아름다운 것과 조화로운 것을 가치 있게 여김

④ 정치적 가치: 권력과 영향력, 명성을 가치 있게 여김

⑤ 사회적 가치: 타인과 그들의 복지를 가치 있게 여김

⑥ 종교적 가치: 더 큰 우주에서 초월성과 교감을 가치 있게 여김

다) 나의 가치 찾기

가치는 행복한 삶을 만드는 데 꼭 필요한 요소임에도 정작 자기가 어떤 가치를 추구하는지 모르는 사람들이 많다. 자신의 가치관이 무엇인지 확실치 않거나 어떻게 설명해야 할지 모르겠다면, 가장 원하는 것, 가장 하고 싶은 것, 가장 방문해보고 싶은 장소, 가장 닮고 싶은 인물 등을 쭉 적어보는 것도 좋은 방법이다.

---

1) 우문식, 행복 4.0, 물푸레, 2014, pp.537-540.

이런 방법으로 어떻게 자신이 소중하게 생각하는 가치를 찾을 수 있을지 의심스러울 수도 있지만 효과는 확실하다. 지금까지 이 방법으로 자신의 가치를 찾은 사람이 수없이 많다.

가장 원하는 것, 가장 하고 싶은 것, 가장 방문해보고 싶은 장소, 가장 닮고 싶은 인물을 적을 때 왜 그런지 그 이유를 함께 적는 것이 중요하다. 그러다 보면 공통적이고 보편적으로 보이는 특성과 이유가 나타나는데, 이것이 곧 자신이 추구하는 가치라고 할 수 있다.

예를 들어 가장 닮고 싶은 인물을 적어보자, 책이나 영화, 연극, 문학 작품이나 대중매체에 등장하는 인물 가운데 좋아하는 인물을 한명 생각하면서 그 인물의 가장 두드러진 특징과 존경하는 이유를 적는다. 꼭 유명인사가 아니어도 좋다. 가족이나 주변에서 존경할 만한 사람들도 얼마든지 대상이 될 수 있다. 그러면 내가 다른 사람을 볼 때 가장 감탄하는 부분이 무엇이고, 내 삶의 규범으로 삼을 만큼 중요시하는 것이 무엇인지를 알 수 있다.

책이나 영화, 역사속의 인물 중에서 5명의 이름과 이들이 대표하는 속성을 적어보자 자연스럽게 자신이 추구하는 가치들을 파악할 수 있을 것이다.[2)]

표 3-2 롤 모델의 가치 찾기

등장인물	속성
1	
2	
3	
4	
5	
(예) 스티브 잡스	창의성

라) 개인의 가치검사

- 사회심리학자 샬롬 슈워츠(Shalom Schwarz)는 수십 개국의 수만명에게 질문해서 문화에 상관없이 찾아낸 보편적인 가치 10가지를 제시하였다.
- 내가 어떤 가치를 중시하는지를 알면 자기를 좀더 깊이 있게 알 수 있다. 또한 가치를 추구하거나 중요한 결정을 내릴 때 중요시하는 가치를 길잡이로 이용할 수도 있다.

2) 우문식 전게서, p.544.

표 3-3 슈워츠의 가치검사 체크리스트

당신이 각 가치를 얼마나 중요시하는지에 따라 1점에서 5점의 범위 내에서 대답하라.
① 전혀 중요하지 않다 ② 다소 중요하지 않다 ③ 보통이다 ④ 다소 중요하다 ⑤ 매우 중요하다

순번	문항	점수
1	나는 새롭고 흥미진진한 것을 시도하는 것을 아주 좋아한다.	
2	타인을 돕는 것이 가장 중요하다.	
3	나는 평등을 위한 투쟁을 지지한다.	
4	성공하는 것은 중요하다.	
5	나는 규칙을 따르는 것이 중요하다고 생각한다.	
6	나는 창의성과 개성을 중시한다.	
7	어떤 것이 기분을 좋게 만든다면 그것을 하라.	
8	전통은 나의 토대이다.	
9	나는 권력을 열망한다.	
10	나는 일상적인 것을 좋아하고 예기치 못한 것을 싫어한다.	
11	나는 대체로 다른 삶들이 시키는 것을 한다.	
12	나는 '약자'를 옹호하는 것을 좋아한다.	
13	나는 인생에서 쾌감을 추구한다.	
14	나는 다른 사람에게 지시하는 것을 좋아한다.	
15	타인을 돌보는 것은 인생에서 가장 중요한 일 중 하나이다.	
16	나는 신기한 것을 갈망한다.	
17	나는 무슨 일이 있어도 나의 핵심가치를 고수한다.	
18	나는 의식(ritual)을 중요시한다.	
19	목표달성은 인생에서 가장 큰 기쁨 중 하나이다.	
20	나는 예측 가능한 삶을 갈망한다.	
21	나는 짜릿한 흥분을 느끼는 것이 좋다.	
22	나는 상황을 책임지는 것을 즐긴다.	
23	무엇이 예상되는지 아는 것은 내게 도움이 된다.	
24	최고의 목표는 인류에 봉사하는 것이다.	
25	지금까지 언제나 해온 대로 하는 것이 변화를 시도하는 것보다 더 중요하다.	
26	나는 진짜 나답다고 느끼는 것이 중요하다.	
27	쾌락을 추구하고 고통을 피하는 것은 당연하다.	
28	모든 사람은 근본적으로 평등하다.	
29	사람들이 정해진 규칙을 따를 때 만사가 더욱 순조롭게 돌아간다.	
30	인생에서 원하는 것을 얻는 것은 내가 가장 중요시하는 가치 중 하나이다.	

표 3-4 10가지 보편가치로 분류

보편가치	문항번호	점수	점수소계
자극	01		
	16		
	21		
자기주도	06		
	17		
	26		
보편주의	03		
	12		
	28		
박애	02		
	15		
	24		
순종(동조)	05		
	11		
	29		
전통	08		
	18		
	25		
안전	10		
	20		
	23		
권력	09		
	14		
	22		
성취	04		
	19		
	30		
쾌락주의	07		
	13		
	27		

※해석 : 개인 가치 조사에서 각 가치의 세 가지 문항의 점수는 3점에서 15점의 범위에 있다. 12-15점을 얻은 가치에 특히 관심을 기울여야 한다.[3]

3) 우문식 전게서, p.554-557.

3) 삶의 의미

마이클 스테거(Michael Steger)는 의미의 추구가 가장 만족함 삶을 만든다고 하였다. 그는 직장인이 업무에서 의미를 찾을 수 있게 도와줌으로써 조직의 리더와 구성원들의 행복에 어떤 영향을 미칠 수 있는지를 연구하였는데, 대학생, 의료기관 자원봉사자, 민간치안단체 자원봉사자, 대학교수, 병원과 금융회사 직원, 글로벌 기업직원 등 다양한 분야와 직위에 있는 사람들을 대상으로 한 연구결과 모두 동일한 결과를 제시했다.

자신의 일을 소명으로 여기고 그 일속에 삶의 의미를 찾아낸 사람들은 더욱 행복하고 자기 일에 더욱 관여하고 자신의 삶이 전반적으로 더욱 의미가 있다고 여긴다는 것이었다.

스테거는 업무에 의미를 최대한 부여하기 위해 개인과 조직이 추구해야 할 주도적 행농에 관한 이론을 내놓았다. 그는 경영자와 조직들이 의미 있는 업무를 장려하게 도와준다. 의미 있는 업무가 좋은 업무이고 의미를 충분히 느끼는 직원이 좋은 직원이라면 사람들은 단순히 돈을 버는 수단 이상의 가치가 있는 일을 찾아내는 방법을 배워야 한다고 결론을 내렸다. 의미 있는 일은 가치 있는 삶을 이루는 아주 중요한 요소이기 때문이다.

흔히 많이 나눌수록 많은 것을 얻는다고 하는데 이 말은 실제 맞는 말이라는 것이 증명되었다. 미시간주에 사는 성인 남자들을 조사한 결과 자신의 시간과 돈 에너지를 바쳐 자원봉사를 한 사람은 그런 이타적인 행동을 하지 않은 사람들에 비해 행복도가 높고 수명도 더 길다는 사실을 발견했다.

지속적인 나눔이 아니라 일회성이어도 그 결과는 크게 다르지 않았다. 나눔은 생화학적으로 스트레스 호르몬을 줄이고 행복 호르몬을 증가시키는데 도움이 된다. 짧은 꼬리 원숭이들을 연구한 결과 다른 원숭이의 몸단장을 많이 해준 암컷 원숭이일수록 스트레스 호르몬이 많이 사라진 결과가 나왔다.

〈세계 제일 부자가 삶의 마지막에 느낀 '삶의 의미'〉

돈은 버는 것보다 쓰는 것이 의미가 있다고 한다. 역사상 가장 많은 부를 축적한 사람은 '록펠러'라고 한다. 그가 모은 재산은 300조원 이상인데 그는 과연 행복했을까? 록펠러의 젊은 시절은 오로지 돈을 버는 데만 관심을 가졌고 돈만 벌 수 있으면 수단과 방법을 가리지 않았다. 그러던 중 52세에 알로피셔라는 병으로 6개월 시한부 판정을 받고 병원에 입원하게 되었는데, 여기에서 자신의 삶에 회의를 가지게 되었다. 그러던 어느 날 병원 계단에서 한 중년 여성이 의사의 가운을 붙들고 사정하는 모습을 보게 된다. "선생님, 우리 아이 오늘 우리아이 꼭 해주세요. 오늘 수술 받지 못하면 목숨을 잃을 수도 있습니다." 의사는 단호하게 거절하며, "안됩니다. 수술비를 완납해야 수술할 수가 있습니다."라고 하였고 몇 번이고 중년 여성이 사정했지만 소용이 없었다.

록펠러는 조용히 옆에 있는 비서에게 수술비를 대납하라고 지시했고 수술을 마친 아이가 퇴원할 때까지 자기 병실에서 함께 보내며 용기와 자신감을 북돋아 주었다.

록펠러는 아이를 퇴원시키면서 자신을 되돌아보았는데, 지금까지 수백조원의 재산을 모은 것보다 아이의 병원비를 지불해서 건강한 아이로 퇴원시킨 것이 더 기쁘고 삶의 의미를 느꼈다고 한다.

그 이후 록펠러는 록펠러재단을 설립하여 죽는 날까지 자선활동을 벌였다. 6개월 시한부 판정을 받은 록펠러는 98세까지 삶의 의미를 찾으며 행복한 인생을 살았다.[4)]

2 행복의 개념

1) 행복이란?

"당신 인생의 궁극적인 목적 혹은 목표는 무엇입니까?"라고 질문을 하면 대부분의 사람들이 아주 쉽고 빠르게 '행복'이라고 대답한다.

"그러면 당신에게 행복이란 무엇입니까?"라고 다시 질문을 하면, 대답을 쉽게 하지 못한다. 왜냐하면, 막연하게 생각은 하지만 잘 모르고 있기 때문이다.

행복이란 무엇인가? 사람은 누구나 자신만의 행복 기준을 가지고 있고 이 기준이 충

4) 우문식, 행복 4.0, 물푸레, 2014, pp.316-350.

족되었을 때 비로소 행복하다고 느낀다. 그래서 다른 사람의 행복이 내가 생각하는 행복과 다를 수 있고, 내가 행복이라고 느끼는 것이 다른 사람에게는 아무것도 아닐 수 있다.

하버드 대학의 탈 벤 샤하르 교수는 행복의 조건 정의로, "하나는 자신이 사랑하는 사람과 함께 있는 것이요, 다른 하나는 자신이 좋아하는 일을 하는 것이다."라고 하였다.

행복은 하나의 감각이다. 행복을 위한 조건은 없으며, 옆집이 아니라 바로 내 곁에서 찾을 수 있다. 행복하기로 마음먹는다면 길가의 허름한 포장마차에서 끼니를 해결해도 얼마든지 즐거울 수 있고, 혹독한 시련이 닥쳐도 의연하게 대처할 수 있다. 그러나 욕심과 이해관계에 얽매여 마음의 평화를 잃으면 산해진미를 먹어도 모래를 씹는 것 같고 천하의 절경을 보아도 피곤하기만 할 것이다. '만족할 줄 알면 항상 즐겁다'라는 옛말도 있듯이 지나친 욕심만 버린다면 행복을 얻기란 그리 어렵지 않다.[5]

세사에 잘사는 삶, 못 사는 삶 이런 것은 존재하지 않는다. 세상은 온통 타인이 세운 삶의 잣대에 내 삶을 맞추려고 들고, 맞추라고 한다. 그 잣대에 조금이라도 벗어나면 내가 사는 방식이 틀렸다고 말한다. 이럴 때 우리가 가져야 할 자세는 겸허히 받아들이는 것이 아니다. 지금 내가 사는 방식도 멋진 삶으로 여기며 흔들리지 않아야 한다. 내 삶을 내가 알아서 잘 살아가고 있다는 자신감과 그것을 지켜 나갈 용기가 필요하다. 그래서 조언이나 충고라는 이름으로 세상의 잣대를 들이미는 주위에 휩쓸리지 않고, '그런 삶도 있구나', '그렇게 생각할 수도 있구나'라며 여유롭게 받아넘길 수 있다.

우리에겐 당당함이 필요하다, 나만의 방식으로 살아가는 지금이 나에게는 가장 멋진 삶이고 최선의 삶이라는 자신감을 가져야 한다. 멋져 보이는 누군가의 삶에 흔들릴 필요 없다. 나는 나의 삶을 잘 살아가고 있다. 잘 사는 삶, 못 사는 삶을 가르는 기준 따위는 없다. 나만 좋으면 된다. 만만 행복하면 된다.[6]

76억개의 삶(세계의 인구수만큼)이 있고, 삶에는 정답이 없다. ⇨ 나 다운 것(스스로의 기준) ⇨ 나의 삶 ⇨ 나의 행복이라는 것을 믿어야 한다.

5) 장샤오헝지음, 최인애옮김, 느리게 더 느리게, 다연, 2015, p.31.

6) 전승환, 행복해지는 연습을 해요, 허밍버드, 2018, pp.42-43.

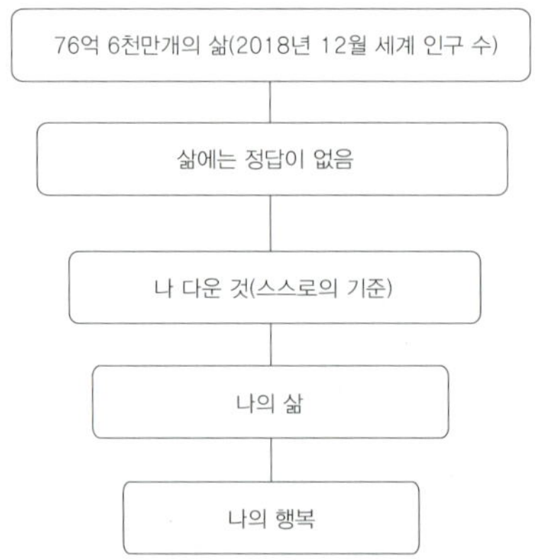

그림 3-1 ▶ 나의 행복

최근 소소하지만 확실한 행복을 '소확행'이라 명명하고 이를 추구하는 경향이 많아지고 있다.

도쿄대와 MIT 등의 공동 연구진이 일반인 만 여명이 느낀 행복의 순간, 10만 9백여 건을 데이터로 모아 행복DB 프로젝트를 진행하여, 프로젝트 참가자에게, 지난 24시간 혹은 3개월 동안 느낀 행복한 경험이 무엇인지 물었는데 응답의 주가 지극히 일상적인 내용이었다고 한다.

행복의 순간에는 '친구'와 '가족'과 같은 친밀한 인물이 가장 자주 등장했고, 음식과 일, 오락, 쇼핑, 운동, 학교, 애완동물 등과 관련된 내용이 다음 순서로 많았다고 한다.[7)]'

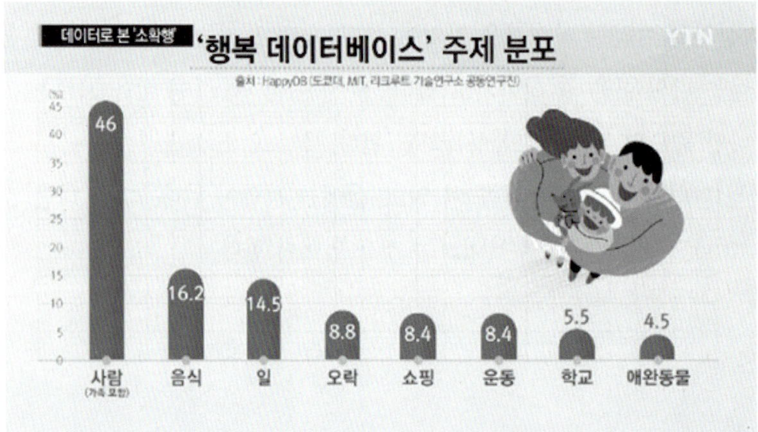

그림 3-2 ▶ 행복의 주제분포

※자료: YTN, 2018.09.23. '데이터로 본 소확행'

7) YTN, 2018.09.23. '데이터로 본 소확행'

2) 행복의 빈도와 강도

심리학계의 연구 결과에서도 행복의 비밀은 인생의 큰 성취나 극적인 사건에 있는 게 아니라, 일상 속에서 느끼는 작은 순간들이 모여 이뤄진다는 견해가 있다. 연세대 서인국 교수의 저서『행복의 기원』이라는 책에서 '행복은 기쁨의 강도가 아니라 빈도다(Happiness is the frequency, not the intensity, of positive affect)'라는 문구가 나와 유명해졌는데 저자는 이 책에서 큰 기쁨이 아니라 여러 번의 작은 기쁨이 더 행복한 삶을 만든다고 주장하는데, 이것은 모든 쾌락은 곧 소멸하기 때문에, 한 번의 커다란 기쁨보다 작은 기쁨을 여러 번 느끼는 것이 절대적 가치 비교로 우위라 하였다.

서인국교수는 행복에 대해 다음과 같이 설명하고 있다. "'becoming(~이 되는 것)'과'being(~으로 사는 것)'의 차이는 상당히 크다. 재벌집 며느리가 되는 것(becoming)과 그 집안 며느리로 하루하루를 사는 것(being)은 아주 다른 얘기다. 고교생은 오직 대학을 가기 위해, 대학생은 직장을 얻기 위해, 중년은 노후 준비와 자식의 성공을 위해 산다. 많은 사람이 미래에 무엇이 되기 위해 전력 질주한다. 이렇게 becoming에 눈을 두고 살지만, 정작 행복이 있는 곳은 being이다.[8]"

이에 대해 서울대 심리학과 최인철 교수는『굿 라이프』라는 책에서 '행복은 강도가 아니라 빈도다'라는 말은 행복을 순간의 좋은 기분으로만 이해하기 때문에 나오는 주장이라며, 행복은 좋은 기분과 함께 삶의 의미와 목적의 성취를 포함하는 것이라고 전하면서, 심리학자 대니얼 카너먼.[9]의 경험하는 자기(experiencing self)와 기억하는 자기(remembering self)라는 개념을 도입해 설명하였다.

사람에게는 현재 순간을 경험하는 자기와 나중에 그 경험을 기억하고 회상하면서 새롭게 재해석하고 의미를 부여하는 자기가 있는데, 이 두 가지 자기가 있기 때문에 우리가 추구하는 행복에도 두 가지가 있다는 것이다. 하나는 경험하는 자기를 위한 행복이고, 다른 하나는 기억하는 자기를 위한 행복이다. 경험하는 자기를 위한 행복을 추구한다는 것은 지금 현재의 만족과 기분을 추구한다는 것이고, 기억하는 자기를 위한 행복

---

8) http://news.chosun.com/site/data/html_dir/2018/08/05/2018080502104.html

9) 이스라엘 국적의 심리학자이자 경제학자로 2002년 노벨 경제학상을 수상했으며, 주로 의사결정분야의 심리학, 행동경제학과 행복심리학을 연구하였고, 프린스턴 대학교수로 재직

을 추구한다는 것은 삶 전체의 의미와 가치를 추구한다는 뜻이다.[10)]

따라서 행복은 강도와 빈도가 모두 중요한 것이다.

'경험하는 자기의 행복'을 위해서는 좋은 기분을 자주 느끼는 '빈도'가 필요하고, '기억하는 자기의 행복'을 위해서는 의미 있는 성취가 될 수 있는 '강도'가 필요한 것이다. 의미 있는 성취 후에 찾아오는 자부심과 유능감도 행복을 구성하는 핵심요소이기 때문이다.

'행복은 강도가 아니라 빈도다'라는 말은 행복을 순간의 좋은 기분(쾌감)만으로 이해하기 때문에 나오는 주장이다. 그러나 좋은 삶으로서의 행복은 좋은 기분과 함께 삶의 의미와 목적의 성취를 포함해야한다.

최인철교수는 이에 대해 행복을 '순간의 기분'으로만 이해하는 경향이 있는데 행복은 순간의 기분이기도 하지만, 동시에 '삶'의 행복이기도 하다는 것이다. 좋은 음식이 좋은 맛 이상의 것인 것처럼, 삶의 행복은 순간의 행복 이상의 것이다. 행복이 좋은 기분과 좋은 삶이라는 두 가지 의미를 모두 가지고 있음에도 불구하고, 현대인들은 좋은 기분으로서의 행복만을 추구하는 경향이 있다. 그래서 '좋은 삶'으로서의 행복까지 균형 있게 생각할 필요가 있다.[11)]

행복에는 빈도도 중요하지만 강도 역시 중요하다고 할 수 있다. 경험하는 자기의 행복을 위해서는 좋은 기분을 자주 느끼는 것이 필요하고, 기억하는 자기행복을 위해서는 의미 있는 성취를 통한 강도도 필요하다. 의미 있는 성취의 결과로 얻어지는 자부심과 유능감은 행복의 핵심적인 요소들이기 때문이다.

3) 행복에 필요한 3요소

몸을 유지하는데 필요한 3대 영양소가 있듯, 행복하기 위해 영혼에도 자유, 유능감, 관계의 3대 영양소가 필요하다고 심리학자들은 주장한다.

① 자유(자율, 자발성) : 무슨 일을 스스로의 자유의지로 수행할 때 행복하고, 자유가

10) 최인철, 굿 라이프, 21세기 북스, 2018, p.143.

11) 최인철, 전게서, p.11.

아닌 억압과 통제를 느끼며 할 때 영혼이 시들고 불행을 느낀다. 즉 하고 싶은 것이 아니라, 해야만 하는 일을 하고 있을 때 그렇게 느낀다.

② 유능(감) : 사람은 자기가 어떤 일을 잘하거나 잘한다고 느낄 때, 칭찬받을 때 행복감을 느낀다. 이에 비해 열등감을 느낄 때 불행하다 느낀다. 열등감은 있는 그대로가 아닌 다른 사람과의 비교에서 시작하는 것이 대부분이다. 행복은 유능감을 먹고 행복에너지를 발산한다.

③ 관계 : 사람들과의 관계가 좋은 수준을 유지할 때 행복감을 느끼며, 삶의 에너지가 생긴다.

최근 행복이 지나치게 심리적인 문제로만 이야기되고, 인식되고 있는데 이는 문제가 있을 수 있다는 심리학자들의 견해가 있다.

행복은 마음의 문제임과 동시에 몸의 문제이기도 하기 때문이다. 최근 심리학자들은 체화된 인지(embodied cognition)[12]로 받아들이고 있는데, 이는 신체에 구현된 실체로서의 인간의 마음을 본질로 보는 심리학적 견해이다.

흔히, 마음이 정해져야 행동으로 나타나거나, 실천할 수 있다고 믿는 경향성이 있는데(마음의 준비 ⇨ 행동), 심리학자들의 연구결과 '선을 행함으로 선하게 된다(By doing good ⇨ Being good)'라는 것이 증명되었다고 한다.

3 행복의 요건

행복의 요건으로 손꼽히는 것들은 목표, 운동, 경제력, 관계, 공간, 만족, 긍정정서 등이다.

1) 목표와 행복

'장기적인 목표가 있는가?'는 행복의 요건중 하나인데, '행복은 마음속에 관심 있는 대상이 있는 상태'라고 할 수 있는데, "행복하십니까? = 무엇인가에 관심 있습니까?"와 같은

12) 인간의 마음 상태는 몸으로 드러나고 몸의 상태는 마음의 상태에 영향을 준다는 의미이다.

의미이다. 따라서, 관심의 대상을 오랫동안 유지하는 것은 오랫동안 행복할 수 있다. [13)]

하버드대학의 샤하르교수는 "행복한 사람은 자신의 삶에 기쁨과 의미를 가져다줄 명확한 목표를 세우고 온 힘을 다해 그것을 추구한다. 또한 자신이 의미 있다고 생각하는 방식대로 살면서 아주 작은 행복까지 놓치지 않고 누린다."면서 행복한 사람은 자신만의 목표와 방향을 가지고 있으며, 그 목표를 이루는 과정에서 진정한 행복을 느낀다고 하였다.

다른 사람이 인정하는 기준에 맞춰 가기 자신을 변화시키거나 자신의 결점을 감추기 위해 일부러 포장할 필요가 없으며, 자신이 원하는 대로 살아야만 진정한 행복을 찾을 수 있다고 하였다.[14)]

미국의 28대 대통력 토마스 윌슨(Thomas Woodrow Wilson)은 꿈에 대해 이렇게 말했다. "우리는 꿈이 있기에 위대해질 수 있습니다. 실제로 위인들은 모두 몽상가였습니다. 그들은 따스한 봄바람 속에서, 겨울철 따뜻한 난롯가에서 위대한 꿈을 꿨습니다. 어떤 사람은 살면서 점차 자신의 꿈을 잊어가는 반면 어떤 사람은 어려움 속에서도 꿈을 지키고 키워서 마침내 현실로 이뤄냅니다."

꿈을 가진 사람만이 끝까지 노력하고 분투해서 자신의 삶을 빛나고 가치 있는 것으로 만들 수 있다. 지나치게 허황된 꿈과 목표는 오히려 독이 됨으로 어느 정도 현실성 있고 자신의 능력 범위내에서 이룰 수 있는 목표를 세워야 한다. 그래야 앞으로 아갈 힘과 끝까지 지속할 끈기를 얻을 수 있다. 목표라고 해서 굉장히 거창하거나 너무 먼 미래의 일을 정할 필요는 없다. 매일 아침, 설레는 마음으로 하루를 시작하게 해줄 것이라면 무엇이든 괜찮다. 그리고 그 목표를 이루기 위해 오늘 하루의 작은 목표를 세우고 하나씩 실천해나간다면 언젠가 꿈꾸던 지점에 닿을 것이다.[15)]

2) 흥미(재미)와 의미가 있는 운동(활동)과 행복

국내외의 연구에 의하면 행복은 명상을 통해서도 가능하지만 규칙적인 운동을 통해서도 느낄 수 있다고 한다. 서울대학교 행복연구센터(2014)의 연구에 의하면 행복은 명

---

13) SBS CNBC, 삶 HOW to LIVE, 최인철, 행복은 몸에 있다, 2015.1.18.

14) 장샤오형지음, 최인애옮김, 느리게 더 느리게, 다연, 2015, p.31.

15) 장샤오형지음 · 최인애옮김, 전게서, pp.180-181.

상을 통해서도 규칙적인 운동을 통해서도 느낄 수 있는데 행복감을 강하게 해주는 활동은 재미(흥미)와 의미를 모두 가지고 있는 것이라는 것을 제시하였다.

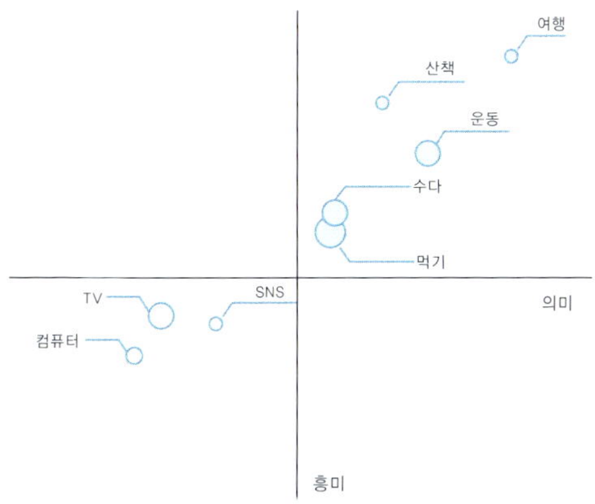

그림 3-3 ▶ 일상 속에서 느끼는 행복감

※자료: SBS CNBC, 삶 HOW to LIVE, 최인철, 행복은 몸에 있다, 2015.1.18.

가장 기본적인 몸의 활동 중 하나는 땀을 흘리는 신체활동이고, 인간을 행복하게 하는 활동은 재미와 의미를 주는 활동을 하는 것이다. 규칙적인 운동을 하는 것이 몸을 건강하게 해준다는 것을 이미 검증되었으며, 하버드 대학의 임상정신과교수인(뇌연구전문가) 존 레이티(John J. Ratey)는 [운동]이 모든 정신과 의사들의 꿈의 치료방법이라고까지 주장한 바 있다.

행복의 비법중 하나가 활동인데 여러 가지 활동 행복을 주는 정도가 '걷기 〉 놀기 〉 말하기 〉 먹기'의 순으로 행복감을 느끼게 한다고 한다. 그런데 단일행동으로는 '여행'이 사람들에게 압도적으로 행복감을 준다고 한다. 앞에서 언급한 모든 것들이 여행이라는 활동 속에 포함되어 있기 때문이다.

여행의 기쁨은 무엇인가로부터 벗어나는(떨어져보는)경험인데 이것이 상당한 행복감을 준다고 심리학자들은 말한다. 그런데 여행하기가 쉽지만은 않다. 경제적 문제, 시간적 문제 등으로 인해서 그러나 이런 문제를해결하는 방법은 삶의 우선순위를 여행에 두면 가능해지지 않을까?

서울대 행복연구소 연구결과에 의하면 재미없으면서 의미도 없는 활동의 대표적인 활동이 'TV 보기 〉 SNS 〉 문자하기' 순으로 나타났다. 이것들을 여행이나 운동으로 전환하면 시간문제는 해결될 수 있을 것이다. '행복 = 시간관리 = 행복관리'가 될 수 있다.

나의 시간을 잘 관리하여 의미 없는 시간을 줄이고, 의미 있는 시간을 증가시키면 자연스럽게 행복감을 높아질 수 밖에 없다.

3) 경제력과 행복

과거에 심리학자들의 관심은 '돈과 행복은 비례하는가?'였는데,

최근에 심리학자들의 관심은 '돈을 어떻게 써야 행복해질까?'로 바뀌었다.

가장 영향력 있는 20세기 사상가중 한사람이자 사회심리학의 개척자인 에리히 프롬(Erich Fromm)은 『소유냐 존재냐(To Have or To Be)』라는 저서에서 산업화로 인한 물질적 풍요가 가져오는 폐해를 지적하고 소유의 삶에서 존재의 삶으로 옮겨 갈 것을 강조하였다.

2000년 11월에 사회심리학자 밴 보벤(Van Boven)이 이끄는 연구팀에서 20대부터 60대까지 1,200명을 대상으로 전화설문을 통해 살아오면서 스스로 행복해지기 위해 '소유'를 목적으로 구매했던 물건과 '경험'을 목적으로 구매했던 물건을 한 가지씩 고르게 한다음 두 가지 물건 중에 무엇이 더 자신을 행복하게 만들었는지를 선택하게 하였다. 그 결과 경험을 위한 구매가 자신을 더 행복하게 만들었다는 응답자가 57%, 소유를 위한 구매가 더 행복하게 해줬다는 응답자가 34%에 불과한 것으로 나타났다.[16)]

소유물을 사는 소비를 할 것이냐, 경험과 생각을 소비 할 것이냐에 대한 메시지를 주고 있다. 소유물을 샀을 때 경험하는 행복감보다 경험을 샀을 때의 행복감이 강도도 세고 더 오랜 시간 행복감을 느낀다는 것이다.

즉, 경험을 위한 소비 ⇨ 더 크고, 더 오랜 시간 행복감을 느끼게 해준다.

이렇게 되는 이유는 경험과 생각은 이야기를 만들어 내고, 이 이야기는 시간이 많이 지난 후에도 우리의 곁에서 우리와 함께할 수 있고 다른 사람들과 공유하고 공감하며 나눌 수 있기 때문이다. 그래서 '어떤 여행은 인생을 바꿀 수도 있지만, 어떤 명품도 우리의 인생을 바꿀 수 없고, 어떤 생각은 우리의 인생을 바꿀 수 있지만, 어떤 자동차(집)도 인생을 바꿀 수는 없다'라는 이야기가 있는 것이다.

행복하고자 한다면 돈으로 경험을 살 필요는 있다. 다양하고 많은 경험의 개인의 이

---

16) 최인철, 프레임, 21세기북스, 2016, pp.90-91.

력서를 풍부하고 길게 만드는데 행복은 경험의 이력서와 비례한다. 경험을 사는 소비는 이야기를 만들기 때문에 행복을 만드는 요소가 된다.[17)]

하버드 대학교에서 미국 대학생 1,500명을 대상으로 전공을 선택한 이유를 조사한 결과 1,225명(82%)이 돈을 벌기 위해서라고 답했고 적성과 흥미에 따라 정한 학생은 245명(8%)에 그쳤다. 이들을 대상으로 돈을 많이 벌면 행복할 것 같으냐는 질문에 적성과 흥미에 따라 전공을 선택한 학생들은 자신 있게 자기 의견을 피력한 반면, 전자는 대부분 제대로 대답하지 못하고 당황해 하였다고 한다.

돈과 행복은 둘 다 인생에 없어서는 안 될 필수요소로 절대 대치되는 개념이 아니다. 삶의 필수요건이다. 그러나 행복감이 물질적 수준과 반드시 정비례하는 것은 아니다.

40여 국가에서 국가별로 1,000명을 대상으로 재산과 생활 만족도 사이의 상관관계 조사연구를 수행하였는데 그 결과 비교적 빈곤한 국가의 경우 재산 증가가 생활만족도 향상에 직접적인 영향을 주는 것으로 나타났다. 그러나 국민총생산이 8,000달러를 넘어서면 그 이후로는 재산이 증가해도 만족도가 지속적으로 높아지지 않았다.

다시 말해, 생계를 유지하는 것이 힘들 때는 돈이 행복과 기쁨을 가져다주지만 일단 먹고사는 문제가 해결되고 나면 수입증가가 행복감을 커지게 하지 않는다[18)]는 것이다.

인생에 의미를 부여하는 것은 물질이 아니다. 행복은 전적으로 개인의 마음에 달려있다. 돈이 많고 적고는 중요하지 않다. 마음이 부유해야 한다. 그래야 진정으로 행복 할 수 있다. 돈은 인생의 행복을 가늠하는 척도가 아니다. 돈이 많다는 것은 생활이 부유하다는 뜻일 뿐, 행복을 보장해주지는 않는다.[19)]

2017년 세계행복지수 1위 국가로 국민소득 3000불이 안 되는 부탄이 선정되었다.[20)]

---

17) SBS CNBC, 삶 HOW to LIVE, 최인철, 행복은 몸에 있다, 2015.1.18.

18) 장샤오헝지음 · 최인애옮김, 느리게 더 느리게, 다연, 2015, p.24.

19) 장샤오헝지음 · 최인애옮김, 전게서, pp.24-27.

20) 1인당 국민소득 3000달러, 고등학교까지 무상교육이며 사교육이 없는 나라, 의료비 무료, 성적이 우수한 학생은 대학과, 유학비용까지 국가가 책임진다고 한다. 심지어 첫 눈 오는 날에는 행복을 만끽하라고 국경일로 정했으며, 일보다 가정이 중요하다는 것을 국가가 실천하는 나라로 공무원의 경우 집안에 일이 있으면 출근하지 않아도 된다고 한다. 국왕은 "국민소득이 아닌 국민의 행복지수를 기준으로 나라를 통치 하겠다"고 선언했고 국민의 97%가 '행복하다'를 외치며 사는 나라이다.

4) 관계와 행복

환경이 마음을 지배할 수 있다. 이 환경중 가장 큰 영향을 미치는 것이 사람과의 관계이다.

하버드대학의 니콜라스 크리스태키스(Christakis)와 캘리포니아주립대의 제임스 파울러(Fowler)가 2008년 〈영국 의학 저널(British Medical Journal)〉에 사회적 관계망을 통해 개인의 행복이 주변하람에 의해 크게영향 받는다는 '프래밍험 심장 연구'라는 제목으로 실렸다. 이들의 연구는 이후 2011년에 『Connected(우리말 번역서는 '행복은 전염된다'』라는 저서로 발간되어 큰 화제가 되었다.[21]

그들은 저서를 통해 수학과 의학, 과학으로 인간관계, 네트워크와 커뮤니티의 중요성을 증명하였다.[22] 다음 그림에서 행복하지 않다고 느끼는 사람들은 관계의 고리 끝에 위치하거나, 비슷한 사람들끼리 모여 있음을 알 수 있다.

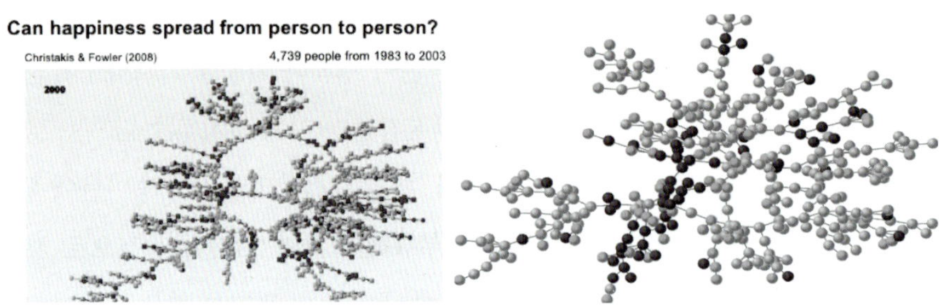

그림 3-4 ▶ 행복과 관계

※ 자료: Nicholas A. Christakis, James H. Fowler, 『Connected』, Little Brown & Company(New York Boston London), 2011.

이들의 분석결과는 우리가 가지고 있는 사회적 관계가 얼마나 큰 힘을 가지고 있는지, 얼마나 놀라운 힘을 가지고 있는지에 대해서 규명하였다. 나의 생각과 나의 감정이 3단계 영향 규칙에 의해서 친구와 친구의 친구, 그리고 그 친구의 친구에게까지 3단계로 영향을 미친다고 제시하고 있다.

---

21) 최인철, 프레임, 21세기북스, 2016, pp.181-182.

22) Nicholas A. Christakis, James H. Fowler, 『Connected』, Little Brown & Company(New York Boston London), 2011, pp.3-32., Book summary of 'Connected' by Nicolas Christakis & James Fowler, March 24, 2012, -The surprising power of networks and how they shape our lives - How your friends' friends' friends affect everything you think, feel and do -

- 제1단계 : 친구
- 제2단계: 친구의 친구
- 제3단계: 친구의 친구의 친구

SNS에서의 사회적 관계는 평균 6단계를 거치면 거의 모든 사람과 연결된다는 사회적 관계분석[23]에 기초하였다. 내 행복이 내 친구의 행복에 영향을 준다는 사실은 그리 놀라운 사실도 아니며, 그들의 주된 연구결론도 아니었다. 중요한 것은 '내 친구의 친구의 친구'의 행복에도 영향을 줄 수 있다는 점이다.

① 친구가 행복할 경우 내가 행복할 확률이 15% 증가
② 친구의 친구가 행복할 경우 내가 행복할 확률이 10% 증가
③ 친구의 친구의 친구가 행복할 경우 내가 행복할 확률이 6% 증가
④ 4단계 이상인 경우 영향력이 없어짐.

주변에 선한 영향력을 주는 것이야 말로 진정한 행복이며, 내가 행복한 사람이 되는 것은 나에게 뿐만 아니라 다른 사람들에게도 좋다.

그렇다면 '누구와 시간을 보낼 것인가?'는 '누구와 시간을 보낼 때 재미와 의미를 가지는가?'이다. 연구결과는 가족과 친구(Family & Friend)인 것으로 조사되었다.[24]

행복한 사람은 대인관계가 좋다. 펜실베니아대학교의 마틴 셀리그만과 일리노이대학교의 에드 디너는 가장 행복하다고 하는 상의 10%의 학생들을 대상으로 연구를 수행한 결과 '가장 행복한 학생'들과 '보통과 불행한 사람'들과 확연하게(유의미하게) 구분되는 특징이 바로 폭넓은 인간관계라는 것을 밝혀냈다.[25]

---

23) 하버드대학교 심리학과 스탠리 밀 그램이 1967년 발표한 'The Small World Problem'을 통해서 알려진 이론으로, 이후 '6단계 분리이론'으로 명명되었다.
2006년 MS사가 2억4000만 명의 300억건 대화기록을 분석(당시 전세계 인스턴트 메시징 커뮤니케이션의 50% 수준의 양)하여 평균 6.6명을 거치면 연결된다는 검증결과를 2008년 마이크로소프트 연구소 보고서로 출간되었다.
2010년 Sysomos사가 52억개의 트위터 상의 관계를 기반으로 분석한 결과 트위터에서의 사람간 거리는 4.67로 짧아졌다는 결과를 발표하였다.
2011년 페이스북에서 7억 2천백만명의 690억 친구관계를 분석한 결과 페이스북 사용자의 평균 거리는 4.74라는 결과를 발표하여 소셜네트워크 상에서의 거리는 더 짧아졌다는 것을 발표하였다.

24) SBS CNBC, 삶 HOW to LIVE, 최인철, 행복은 몸에 있다, 2015.1.18.

25) 우문식, 행복 4.0, 물푸레, 2014, p.291.

행복한 사람들은 혼자 있는 시간이 적고 사회 활동을 많이 하며, 자타가 공인할 만큼 대인관계가 좋았다. 외향적이고 사교적인 성격으로 어떤 일이든 열정적으로 동참하면서 관계를 맺을 기회가 많고 사람들에게 긍정적인 피드백을 받으면서 행복지수는 더 높아지는 것이다.

대표적으로 행복지수가 높은 나라인 덴마크는 우리나라와 달리 오래전부터 다른 사람을 인정하고 존중하도록 가르친다. 어릴 때 집과 학교에서 가장 먼저 배우는 것도 남을 존중하고 남에게 피해를 주지 말라는 것이고, 남과 더불어 함께사는 법을 배워 실천하기 때문에 사는것이 즐거울 수밖에 없다. 보통 덴마크가 사회복지가 잘 되어 있기 때문에 행복하다고 생각하지만, 덴마크 사람들이 꼽는 행복의 비경른 다른 사람을 존중하는 사회적 분위기이다.

호주 데킨대학 심리학과 로버트 쿠민스(Robert Cummins)교수의 연구결과도 '긍정적 인간관계가 행복을 만드는 중요요소'임을 말해준다. 쿠민스 교수가 2001년부터 2만 3천명의 시드니 주민들을 대상으로 삶의 만족도를 인터뷰했는데, 그 결과 가장 행복한 주민이 가장 많이 사는 지역의 특징은 인구밀도가 낮고, 이웃관계가 돈독하며, 수입격차가 적은 것으로 나타났다. (그는 물질적 풍요나 건강 및 여가활동보다 배우자, 가족, 친구와의 관계에서 경험하는 친밀감이 행복도를 예측하는 가장 강력한 요인이라고 밝혔다)

하버드 대학의 위간(A. E. Wiggan)박사가 직장, 가정, 사회생활 등 각 분야에서 실패한 사람들을 대상으로 왜 실패했는지 조사한 결과, 전문적인 지식이 모자라 실패한 사람은 고작 15%였고 85%가 인간관계를 잘못해서 인생에 실패했다고 응답했다. 카네기 재단에서도 5년간 사회적으로 성공했다는 사람 1만명을 대상으로 조사한 결과도 전문성이 15%, 인간관계가 85%였다.

아프리카 속담에 '빨리가고 싶으면 혼자 가고, 멀리 가려면 함께 가라'는 속담이 있다.

5) 공간과 행복

행복을 위해서 개인의 공간을 검증할 필요성도 있다.

올덴버그(Oldenburg, 1989)는 좋은 공동체의 조건(The Great Place)이란 저서에서 '제3의 공간을 가지고 있는 사람이 행복해질 가능성이 더 높다'고 주장하였다. 제1공간은 집, 제2공간은 회사, 제3의 공간은 자신의 스트레스를 해소하고 재충전을 위한 별도의 공간으로 사람마다 다를 수 있다.

제3공간의 특징은

① 격식과 서열이 없는 곳

② 소박한 곳

③ 만나서 수다를 떨 수 있는 곳

④ 음식이 있는 곳

⑤ 출입이 자유로운 곳[26]이다.

이런 공간으로 미용실, 이용실, 카페, 도서관, 헬스클럽 등 다양한 것들이 있을 수 있다. 자신만의 아지트인 셈이다.

표 3-5 행복감을 높이는 삶의 기술과 활동

〈행복한 사람들의 삶의 기술〉	〈행복을 위한 11가지 활동〉
– 잘하는 일보다 좋아하는 일을 한다	– 명상하기
– 되어야 하는 나보다 되고 싶은 나를 본다	– 운동하기
– 비교를 하지 않는다	– 친절 베풀기
– 돈의 힘보다 관계의 힘을 믿는다	– 자신만의 목표추구하기
– 소유보다 경험을 산다	– 감사 표현하기
– 돈으로 이야깃거리를 산다	– 낙관적인 마음갖기
– 돈으로 시간을 산다	– 삶의 즐거움 만끽하기
– 걷고 명상하고 여행을 한다.	– 행복한 사람처럼 행동하기
– 소소한 즐거움을 자주 발견한다	– 지금 이 순간을 음미하기
– 비움으로 채운다.	– 스트레스 극복전략 사용하기
	– 타인과 비교하지 않기

26) SBS CNBC, 삶 HOW to LIVE, 최인철, 행복은 몸에 있다, 2015.1.18.

6) 만족과 몰입

① 만족의 핵심은 몰입

칙센트미하이는 몰입을 체계화시켰는데, 그의 몰입이 탄생한 것은 작은 질문에서 출발하였다. 전 세계 각계각층의 남녀노소 수천명을 대상으로 인터뷰하면서 질문을 하였다. "당신의 삶에서 가장 큰 만족을 얻었을 때는 언제이고, 그때의 기분은 어떠했나요?"

10대 오토바이족, 발레리나, 명상가, 체스 선수, 공장 근로자, 암벽 등반가 할 것 없이 자기가 좋아하는 일을 열정적으로 할 때 가장 큰 만족을 얻었다고 대답했다. 그래서 칙센트미하이는 삶을 훌륭하게 가꾸는 건 행복감이 아니라 깊이 빠져드는 몰입이라고 결론을 내렸다. 많은 사람들은 행복을 순간의 기분이나 쾌락이라고 생각하지만, 일시적인 쾌락과 몰입을 통해 느끼는 만족감은 차원이 다르다. 쇼핑할 때 즐겁고 좋은 기분은 당신의 삶에 아무런 변화를 가져오지 못한다. 하지만 당신이 좋아하는 일을 하면서 몰입할 때 느끼는 만족감은 심리적으로 성장하게 한다.

몰입은 좋아하는 일을 할 때, 강점을 발휘할 때 자연스럽게 경험할 수 있는데, 작곡, 암벽등반, 춤, 체스 등의 활동을 할 때 몰입할 수 있는 이유는 이들 활동에 규칙이 있고, 기술이 필요하며, 목표가 분명하고, 피드백을 제공하며, 통제가 가능하기 때문이다.

몰입경험은 8가지 조건이 필요하다.

첫째, '명확한 목표'로 현재 하고 있는 일이 불분명하거나 오랜 기간이 소요되는 일이라면 몰입이 잘 이루어지지 않는다. 명확하고 짧은 시간에 결과를 낼 수 있는 경우에 몰입이 더 잘된다.

둘째, '즉각적인 피드백'이 중요하다. 피드백이 없으면 그 일에 계속해서 몰입하기가 어렵다. 스포츠나 오락게임에 몰입이 잘 되는 것은 재미도 있지만 그때그때마다 즉각적인 피드백이 있기 때문이다.

셋째, 몰입을 경험하기 위해서는 '과제와 능력 사이의 균형'이 필요하다. 어떤 과제가 주어졌을 때 너무 쉽거나 너무 어려우면 몰입이 잘 이루어지지 않는다. 공부를 잘하는 학생들은 대부분 공부할 때 몰입을 잘한다. 문제를 해결할 수 있는 실력을 갖추었기 때문이다. 그러나 학습능력이 떨어지는 학생들은 몰입을 잘 못한다. 능력과 해결해야 할 문제 사이에 큰 갭이 있기 때문이다.

넷째, '집중력'도 몰입에 영향을 미친다. 주위가 산만한 아이들은 호기심이 분산돼 공부에 몰입하기 어렵다. 어른들도 집중력이 약한 경우 한 가지 일에 진득하게 하지 못한다. 재미가 없어 집중하지 못할 수도 있지만 재미없는 일도 집중하다보면 일에 흥미를 느끼고 몰입할 수 있게 된다.

다섯째, 몰입을 위해서는 '현재를 중요시'해야 한다. 일상의 고민과 걱정을 뒤로하고, 미래의 불안감도 잊고 오직 지금에만 집중해야 몰입이 잘 된다. '현재'가 가장중요하다.

여섯째, 몰입은 자신을 장악할 수 있다는 '통제감'을 느끼게 한다. 내가 하는 일과 그 결과를 내가 통제할 수 있다는 것은 사람에게 큰 매력을 갖는다. 몰입을 경험하게 되면 제한된 범위 내에서는 완전히 자신을 통제할 수 있다고 느낀다. 운동이나 게임을 하다보면 그 때마다 결과가 다른데, 최고의 성과를 내는 경우는 대부분 몰입이 잘되어 내 의지대로 나를 완벽하게 통제했을 때이다.

일곱째, 몰입하게 되면 '기간감각'에도 변화가 온다. 몰입의 특징중 하나가 시간에 대한 감각을 인지하지 못하는 것이다.

여덟째, 몰입하면 '자의식 상실'을 경험하게 된다. 몰입상태에 빠지면 그 활동을 관찰하거나 평가하는 의식이 존재하지 않는다. 한마디로 무아지경에 빠진다. 몰입하게 되면 좋고 싫음의 감정도, 행복한지도 모르게 되는데 이런 경험을 하게 되면 이후에 자부심이 높아진다.

칙센트미하이는 자기가 좋아하는 일을 할 때 몰입을 경험할 수 있다고 하였는데, 근무시간 내내 몰입할 수는 없다. 최적의 상태일 때 두 세 차례 몇 분간 일어나는 정도지만 그것만으로도 근무시간 전체가 즐겁고 행복할 수 있다. 그래서, 몰입은 자신의 대표강점을 통하여 시작되기가 쉽고, 이런 몰입이 이루어지면 큰 성취를 이루게 된다.[27]

② 개인차원의 몰입

헝가리의 칙센트미하이는 '경험표집방법'을 발명하여 어떤 활동이 행복을 가져오는지를 분석하였는데, 이 방법은 일상생활의 경험을 무작위로 샘플링하여 순간의 행동과 심리를 측정하는 방법인데 이를 통하여 몰입이 행복을 만드는 중요한 도구임을 증명하였다.

27) 우문식, 전게서, pp.276-282.

실험은 하루에 몇 차례 울리는 호출기를 들고 다니며, 그것이 울릴 때마다 작은 공책을 꺼내 그 순간 자신이 하는 일과 그 일이 얼마나 즐거운지를 기록하게 하였다. 칙센트미하이는 수천 개의 호출기를 수만 번 울린 결과를 분석함으로써 사람들이 단지 과거의 즐거웠던 것으로 기억하는 게 아니라 실제로 지금 즐겁게 하고 있는 일이 무엇이고 그 즐거움에는 두 가지 종류가 있음을 밝혔다.

- 첫째, 육체적인 즐거움이다.

사람들은 가장 행복한 시간으로 식사시간을 꼽는다. 육체적인 즐거움을 느낄 때 사람들은 행복해 하지만 그렇다고 하루 온종일 육체적인 즐거움에만 빠져 있을 수는 없다. 정도를 넘어서게 되면 역겨움으로 느껴지게 되기 때문이다. 칙센트미하이는 육체적인 즐거움보다 더 큰 즐거움을 주는 상태가 있음을 발견했다.

- 둘째, 자신의 능력으로 감당할 수 있는 임무에 전적으로 몰입한다.

칙센트미하이는 그것을 '몰입(flow)'라 부르며 "몰입은 삶이 고조되는 순간에 물 흐르듯 행동이 자연스럽게 이루어지는 느낌을 표현하는 말"이라고 정의했다. "하늘을 나는 것 같았다" "시간 가는 줄 몰랐다"등의 반응이 그것이다. 이것은 운동선수가 말하는 '몰아일체', 동양사상이 말하는 '무아지경', 예술가들이 말하는 '미적황홀경'과 일치한다. 몰입은 몸을 움직일 때 발생하는 경우가 많고, 음악이나 다른 사람들의 도움을 받기도 하며, 글쓰기, 사진 찍기 등과 같은 고독한 창조적 활동중에 발생하기도 한다. 몰입하려면 몇 가지 특징을 알아야 한다. 나의 주의를 완전히 잡아끄는 명백한 도전적인 일이어야 하며, 이 일을 감당할 만한 능력이 있고, 각 단계마다 내가 어떻게 하고 있는지에 대한 즉각적인 반응을 받아야 한다.

③ 조직차원의 몰입은 '관여'

긍정심리학에서도 '몰입'과 '관여'를 혼용하고 있는데 일반적으로 관여는 몰입보다 더 포괄적인 개념이다. 조직에서 직원관여가 인적자원 활동의 핵심요소로 부상하고 있다. 직원들이 자기가 맡은 일에 적극적으로 관여할수록 조직의 효율성, 수익성, 생산성이 크게 향상된다. 스테어스(stairs)와 길핀(gilpin)의 연구에 따르면 직원들의 관여가 행복, 출석률, 이직률, 노력, 성과, 업무의 질, 판매 성과, 수입, 이윤, 고객만족, 배당금, 비즈니스 성장, 성공과 관련이 있음이 밝혀졌다.

안타깝게도 최근 평가에 따르면 직원들중 일에 적극적으로 관여하는 직원은 19%라고 한다. 80:20의 법칙에 수렴하는 정도로 밝혀졌다.

④ 몰입과 휴식(쉼)

많은 사람들과의 관계에서, 일상적으로 처리하는 업무에서, 다양한 형태로 몰입하고, 스트레스도 받으면서 살아가는 것이 인간의 삶이다. 계속되는 몰입은 성과는 낮추게 되고, 계속되는 긴장감은 육체적인 피로도를 높인다. 이렇게 계속 되다 보면 임계점에 도달하게 된다. 따라서, 임계점에 도달하기 전에 다양한 형태로 자기만의 휴식을 취하여 재충전하는 것이 필요하다.

한 번쯤 멈춰 서서 쉬어 가는 것, 애쓰고 노력하고 있는 자신을 토닥여주는 것, 잘했다고 응원하는 것, 물질적, 심리적으로 보상해 주는 것 등이 필요하다.

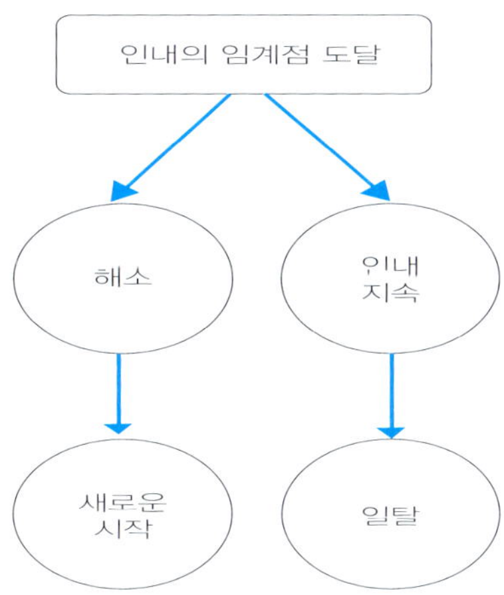

그림 3-5 ▶ 몰입과 휴식

〈휴식의 중요성〉

잠과 휴식은 인간의 생활에서 매우 중요하다. 잠을 잘 때, 신체가 회복되고 재충전을 하기 때문이다. 2011년 런던대학교 연구팀에서 성인 5,431명을 대상으로 적정수면 양보다 더 자거나 덜 자면 두뇌가 정상연령보다 최대 7년 정도 더 늙게되는 것을 밝혀냈다.

1964년 랜디 가드너(Randy Gardener)라는 17세 소년이 '잠을 자지 않으면 언던 일이 벌어지게 되는가?'를 알아보는 실험에 참여했다. 이 소년은 11일(264시간)동안 잠을 자지 않아 기네스북에 등재되었는데, 소년의 신체에 중요한 변화가 일어났다. 신체가 물리적으로 피로를 느끼기 시작하자 성질이 아주 민감하고 급해졌고, 건방증도 심해졌으며, 5일째가 지나가 정신분열 증세를 보이기 시작했다. 6–7일째가 되자 몸이 마비 상태에 이르렀고, 말도 어눌해지기 시작했다.

전문가들은 이 실험이 계속되었다면 소년이 사망했을 것이라고 말한다.

〈일생일업(一生一業), 일기일회(一期一會), 목표를 향한 몰입〉

세계 신문왕으로 유명한 노스클리프는 아일랜드에서 태어나 런던 신문계에서 성공한 사람인데, 그는 소년시절부터 "나는 내 평생을 신문에 바치고 신문계의 1인자가 되겠다"는 포부를 가지고 18살에 지방 신문사에 취직하면서 인생을 시작하였다고 한다. 신문기자로 어느 부자 노인을 취재하였는데, 그 노인은 구두에 징을 박는 장치를 발명하여 많은 돈을 벌었으나 아주 무식한 사람이었다고 한다. 소년기자가 노인에게 "어떻게 해서 엄청난 돈을 벌 수 있었습니까?"라고 비결을 묻자 노인은 "무슨 비결이 있었던 것은 아니네. 나는 돈벌이 외엔 아무것도 생각하지 않았거든. 오직 돈을 벌겠다는 고집 하나가 나를 그렇게 만든 것이네."라고 하였는데 노스클리프는 노인의 말에 크게 공감하여 자신도 그와 같이 외길을 가겠다고 마음먹고 인생을 살았다고 한다.

이후 그는 39살에 신문사의 오너가 되었고 1900년에는 자신의 신문사를 세계제일의 신문사로 만들었다. 그리고 1908년에 런던타임즈의 대주주가 되었고 영국의 유력 신문사들을 모두 그의 지배 하에 두었다고 한다.

이렇듯 한 목표를 가지고 한 방향으로 모든 힘을 집중할 때 무서운 힘이 생긴다. 꿈과 포부, 목표를 세우는 것도 중요하지만 그것을 실현하기 위해 자기의 전부를 걸어 몰입하는 것도 필요하다. 20세기 성자라 불리우는 슈바이처 박사의 좌우명이 '우물을 파되 한 우물만 파라. 샘물이 날 때까지'라고 한다. 일생의 과업을 정하여 자기의 능력과 적성에 맞는 일을 옳게 선택하고 한 평생 바칠 각오가 있어야 선공할 수 있는 것이다.[27)]

7) 긍정정서와 긍정 마인드

자신에 대한 긍정적인 평가, 자신감은 자기통제감을 높인다. 뭔가 스스로 조절 가능하다는 믿음은 상대적으로 우리 몸의 스트레스 호르몬을 감소시킨다. 오히려 만족과 안정감을 부르는 옥시토신이란 호르몬의 분비가 증가한다. 옥시토신은 스트레스 호르몬인 코디졸에 대한 강한 저항력을 가진다. 학습이 아니라 정서적 안정성도 자신에 대한 긍정적인 평가가 현실보다 더 중요해질 때가 많다.

자신에 대한 긍정적 평가, 자신감은 자기인식이 되어야 한다. 자기인식은 주로 앞쪽 뇌, 전두엽이 담당한다. 즉흥적이고 반응적이지 않아 생각의 정리와 사색이 필요하다. 즉흥적이고 반응적인 사람들과 아이들은 자기인식이 낮다. 그래서 부정성을 우세하게

28) 김한수, 공감, 하늘아래, 2018, pp.145-147.

인식하는 경향을 부정적 노출에 익숙해지기 쉽다. 자기성찰의 과정이 자신의 기준에 성공한 자신의 모습을 발견하도록 하고 이런 성공의 반복된 경험이 자신감을 만들게 된다.

자신감은 어디서 올까? 자기인식에서 온다. 중심이 외부가 아니라 자기 자신이다. 그런데 그런 기준은 긍정적이고 개방성이 높아야 흔들리지 않는다. 자신의 좋은 모습과 부족한 모습 모두를 편안하게 내 놓을 수 있어야 한다. 부족한 모습도 있지만 빛나는 모습이 있기에 개방성이 확보된다. 그런데 이런 객관적이고 긍정적인 자기인식은 자신의 감정을 수용하는 과정에서 가능하다. 감정은 우리의 느낌과 생각의 흔적들이고 에너지가 강하기 때문이다. 우리 뇌의 감정적 네트워크는 이성적 네트워크보다 훨씬 강하다. 자신에 대한 감정을 관찰하고 인정하고 이해함으로써 자신에 대한 긍정적인 인식과 평가가 가능하다. 그래서 감정의 인식을 통해 긍정적 자기인식이 가능하고 이는 자신감으로 연결된다.[29]

자신감이 부족한 사람은 뇌가 축소되면서 기억력이 감퇴하기 쉽다는 연구보고도 있다. 캐나다 맥길 대학의 소니아 루피엥(Sonia Lupien)박사는 15년간 92명의 노인을 대상으로 뇌영상 촬영과 테스트를 병행한 연구결과 자신감이 높은 사람은 그렇지 않은 이들에 비해 기억력과 학습능력에서 더 좋은 평가를 받았으며 자신감이 떨어지는 사람은 지적능력 외에도 뇌의 크기가 약 20% 작았다고 한다.[30]

칭찬보다 더욱더 바람직한 것은 격려이다. 칭찬이 효과적인 행동이나 결과에 대한 보상적(報償的) 특성을 띠고 있다면 격려는 실패처럼 보이는 결과를 수행하였을지라도 있는 그대로 수용해주고 지지해 줌으로써 자신이 가치 있는 사람이라고 느낄 수 있도록 배려하는 것이다. 실패의 두려움까지라도 감수하면서 선한 일에 적극적으로 도전할 수 있는 결정적인 동인(動因)을 그러한 격려를 통해 얻게 되는 것이다.

자신감은 성공한 경험의 반복된 인식에서 비롯되는 경우가 많다. 그래서 자기인식, 자기성찰의 과정이 중요하다. 자신을 성찰하고 자신감을 느끼는 것은 결국 동기를 느끼고 활용한다고 볼 수 있다. 자신의 성공이 자기 노력과 능력에 의한 것임을 알아야 한다.

□ 정서(emotion)는 개인이 어떤 경험을 하거나 추구하는 목표와 관련하여 의식적, 무의식적 평가에 의해 유발되는 것으로 감정, 감각, 생각, 행동의 4가지 요소로 구성된다.

29) https://brunch.co.kr/@hesse24/64, 김권수, 2013.10.09.

30) http://legacy.www.hani.co.kr/2003/11/01-자신감의 결여는 뇌를 축소시킨다

감정에는 기쁨, 쾌락, 만족, 흐망, 사랑, 혐오감, 공포, 분노, 불안, 불쾌감, 증오심 등이 있으며, 감각에는 시각, 청각, 후각, 미각, 촉각이 있다. 생각은 사고의 유연성과 확장, 사고의 경직성과 위축성이 있으며, 행동에는 불안과 공포를 느낄 때의 도피행동, 분노와 혐오를 느낄 때의 공격행동, 사랑과 수영을 느낄 때의 애착과 보호 행동을 유발한다.

정서는 크게 긍정정서와 부정정서로 구분되는데 행복을 만드는 데 결정적인 역할을 하는 정서는 긍정정서이다.

□ 감정(feeling)은 정서를 구성하는 구성요소 중 하나이지만 감정이 곧 정서라고 이해해서는 안된다. 정서의 3가지 특성은 첫째, 정서적 체험으로 유쾌함과 불쾌함, 좋음과 싫음을 포함한 주관적 체험이며, 둘째는 생리적 반응으로 특정 감정은 그에 따라 자율신경계(말초신경)의 반응을 동반하는데 분노를 느끼면 화를 내고 슬픔을 느끼면 우는 것이 그 예이다. 셋째는 행동 준비성인데 특정 감정을 느끼면 그와 연관된 특정한 행동을 표출하고 싶은 압력을 느끼면서 그와 연관된 행동을 할 준비를 하게 된다. 좋으면 박수를 치고 싶은 마음이 들고, 공포를 느끼면 도망을 가고 싶은 것과 같다.

□ 긍정정서와 부정정서는 반대 개념이 아니다

긍정정서에는 만족, 안도감, 성취감, 자부심, 경이, 감사, 용서, 인내, 사랑, 친절, 기쁨, 쾌감, 흥미, 평온함, 열정, 재미, 영감, 몰입, 낙관성, 희망, 회복력, 자신감, 신념, 신뢰 등이 있다.

부정정서에는 공포, 불안, 분노, 증오심, 압박감, 비난, 불만, 무기력, 질투, 탐욕, 이기심, 포기, 원망, 한, 적개심, 좌절, 근심, 고통, 혐오감, 낙담, 열등감, 비관성, 우울, 슬픔 등이 있다.

부정정서가 꼭 나쁘기만 할까? 그렇지 않다. 부정정서는 외부의 위협에 대한 1차 방어선으로 우리에게 전투자세를 취하게 한다.

부정적 감정이 없어야 행복한 것은 아니다.

부정적인 감정을 현명하게 처리하는 방법으로 부정적 감정이 생길 때마다 의식적으로 부정적인 감정의 근원을 꼼꼼히 분석해서 긍정적인 힘으로 전환시킨다. 예를 들어 스트레스를 받으면 "요즘 새로운 동기나 원동력이 필요하지 않았나?"만약 그렇다면 '스트레스'를 능동적으로 받아들이기로 한다. 이렇게 하면 스트레스는 더 이상 스트레스가 아니라 일종의 자극이자 도전과제, 즉, 동기로 변하게 된다.

물론, 부정적인 감정을 인정하고 받아들이기로 한다고 해서 감정 자체가 변하는 것은 아니다. 그러나 부정적 감정과 싸우지 않고 받아들임으로서 그 정도를 옅어지게 할 수 있다. 부정적 감정을 자연스럽게 받아들일 줄 아는 사람은 늘 향상심을 잃지 않고, 열정을 유지하며 매일 긍정적인 감정을 찾고 개발한다. 그러나 부정적인 감정을 거부하며 싸우는 사람은 오히려 그 감정에 더욱 깊이 매몰되어 갈수록 예민해지다가 결국 막다른 길에 몰리게 된다.

긍정의 마음가짐을 인생을 즐겁게 만드는 비결이자 최선의 해결책이다.

2001년 긍정심리학의 대가 바버라 프레드릭슨은 '긍정정서의 확장 및 구축 이론'을 발표하였는데, 이 이론에 의하면 긍정정서 경험은 우리의 일시적인 사고와 행동 목록을 확장하고 나아가서 신체적, 심리적, 사회적, 지적 자원에 이르는 개인적인 자원을 지속해서 구축하여 개이고 조직을 변화시키는 능력을 발휘한다고 하였으며, 긍정정서를 경험하면 개인과 조직의 행복이 증가하고 업무성과에 변화가 발생하여, 조직을 상향적으로 선 순환시켜 나선형 상승효과를 가져 온다.

프레드릭슨에 의하면 운동을 한 후 긍정정서를 느끼면 기억력이 증진되고 창의성이 향상되고 다른 사람을(배우자) 기쁘게 해줄 아이디어가 잘 떠오른다. 긍정정서는 미래를 낙관적으로 생각하도록 돕는다. 낙관적인 생각은 비관적인 생각을 떨쳐버리고 자신감을 갖게 하고 직장에서 어려움이 생겨도 회복력을 발휘하여 고통에서 쉽게 벗어나게 해준다. 이렇게 긍정정서가 조금씩 확장되면 크고 작은 변화들이 구축됨으로써 긍정정서가 일상에서 더 행복하게 만들고 생활의 만족도를 높인다.[31]

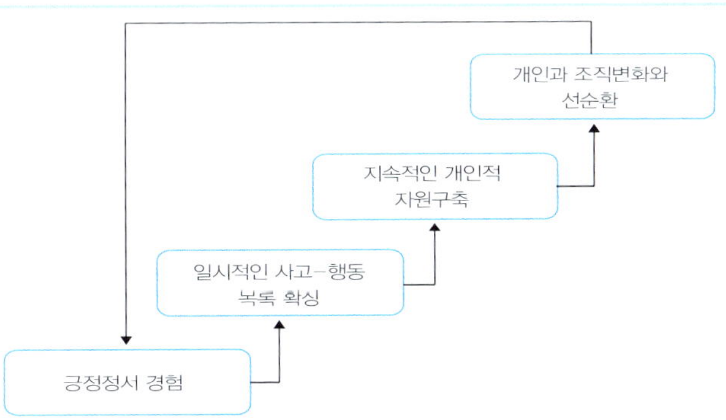

그림 3-6 ▶ 바버라 프레드릭슨의 긍정정서 확장 및 구축 이론

※자료: 우문식, 행복 4.0, 물푸레, 2014, p.113.

31) 우문식, 전게서, pp.113-114.

긍정정서의 경험이 많은 사람은 사고를 제한하는 두려움과 불안감이 없으며 정신활동이 활발해질 뿐만 아니라 새로운 사상을 받아들이거나 새로운 경험을 하는 것도 서슴지 않는다. 이러한 학습경험은 개인의 능력과 자원으로 축적되어 발전과 성장을 촉진시킨다.

긍정정서가 풍부한 사람은 자신감도 강하며 실제로 일어났던 일보다 좋은 일이 훨씬 더 많았다고 생각하고, 나쁜 일은 대개 많이 잊어버린다.

부정정서가 많은 사람들은 좋은 일이나 나쁜 일이나 모두 정확하게 기억한다. 다시 말해 긍정정서가 많은 사람들은 성공과 실패에 대해 자신에게 유리한 방향으로 생각하는 경향이 큰 것이다. 긍정적인 사람들의 이런 사고방식은 잘못된 것을 찾기보다는 올바른 걸 발견하는 데 초점을 맞춰, 자신의 결점을 찾거나 방어적인 자세를 취하기보다 미덕과 강점을 계발하고 발휘해서 성취하고 베푸는 일에 힘쓴다.

□ 긍정적인 사람들의 7가지 특징

긍정적인 사람들은 그들 자신과 주변 사람들을 위해 스스로 행복 만들어내려고 노력한다. 부정적인 마음에 사로잡히지 않고, 더욱 밝은 쪽으로 생각을 전환할 수 있는 능력을 가지고 있다. 긍정적인 사람은 자신이 세상을 보는 방향에서 자신의 삶의 틀을 만들어낸다. 이들이 가지고 있는 공통된 특징을 요약하면 〈표 3-6〉과 같이 7가지로 정리된다.[32)]

표 3-6 긍정적인 사람들의 7가지 특징

특징	내용
① 목표달성을위한 노력	자신이 달성 가능한 목표를 설정하고 목표달성을 위해 노력하는 행동이 모두를 살아있다고 느끼게 만듬
② 실패는 배움의 기회	긍정주의자에게 실패란 존재하지 않고, 모두 의미 있는 과정으로 성공을 위한 밑거름임.
③ 자신에게 정직	자신의 잘못을 이야기하는 것을 두려워하지 않고, 자신의 실수를 겸허히 받아들임(실수는 앞으로 가기위한 과정).
④ 나의 가치존중 (타인과 비교 않기)	우리모두는 누구와도 비교할 수 없는 특별한 존재
⑤ 셀프 동기부여	남의 지시에 의해서가 아니라, 자신의 신념에 의해 행동하는데 이것은 스스로 자신에게 동기부여를 계속하기 때문
⑥ 나와 타인에 대한 긍정적 인식	자신의 가치를 알면, 다른 사람의 가치도 쉽게 수용할 수 있으며, 우리 모두를 이시대의 역사를 함께하는 파트너로 인식
⑦ 지속적인 자기계발과 개척	스스로에 대해 잘 이해하고, 성과에 적절한 가치를 부여하며, 멈추지 않고 지속적 능력개발

32) 우문식, 전게서, pp.113-114.

시카고 노스웨스턴 대학 파인버그 의대의 의과사회학 교수인 주디스 T. 모스코비츠는 긍정적인 감정을 북돋우는 8가지의 기술을 개발했다. 이 훈련을 H.I.V.에 감염된 환자들에게 실시한 결과 바이러스 수치가 낮았고 좀 더 약도 잘 먹었으며 항우울제를 처방하는 일도 줄었다고 한다.

이 훈련은 건강의 위기에 처한 사람이 좀 더 행복하고 안정되며 만족한 생활을 영위하도록 돕는 것이 주요 목적이고, 건강이 좋아지고 수명도 연장되었다. 이 훈련에서 환자들에게 8개 기술 중에서 최소 3개를 지키고 하루에 한번 이상 훈련할 것이 요구되었다.

닥터 모스코비츠가 이 훈련을 개발한 동기는 AIDS와 제2형 당뇨병을 비롯한 만성질환자들 중에 긍정적인 태도를 가진 사람들이 더 오래 사는 연구결과 때문이었다. "사람들에게 긍정적인 마음을 키울 수 있는 기술을 가르쳐 건강이 위기를 맞았을 때 육체적 정신적 스트레스를 잘 견디도록 하는 것이 다음 단계"라는 그녀는 제2형 당뇨병 환사 49명의 연구에서 긍정적인 마음 훈련의 온라인 코스를 거친 사람들은 혈당 조절을 더 잘했고 신체 활동과 건강한 식이요법이 늘어났으며 흡연이 줄어든 것이 나타났다고 밝혔다.

표 3-7 모스코비츠의 긍정훈련

① 매일 긍정적인 사건을 찾아낸다.
② 그 사건을 잘 생각해보고 일기에 적거나 누군가에게 이야기한다..
③ 매일 감사 일기를 쓴다.
④ 자신이 가진 힘을 적어보고 그것을 어떻게 사용했는지 써본다.
⑤ 실현 가능한 목표를 세우고 진척사항을 기록한다.
⑥ 스트레스를 글로 쓰고 그것을 긍정적으로 재평가할 방법을 적는다.
⑦ 매일 작은 친절을 베풀고 이 행위를 기억한다.
⑧ 매일 명상하면서 과거나 미래가 아닌 '지금 여기'에 집중한다.

또, 유방암 말기의 여성 39명의 연구에서도 온라인 훈련을 받은 사람은 우울증이 감소했고, 치매 환자들의 간병인들에게서도 비슷한 결과가 나왔다고 덧붙였다.

그렇다면 평소에 늘 부정적인 생각과 태도로 살아가는 사람들은 어떨까?

노스캐롤라이나 대학의 심리학자 바바라 프레드릭슨은 아주 작은 긍정의 순간들을 쌓아두는 훈련을 통해 긍정의 힘을 기르는 이론을 발표했다. 즉 매일의 활동에서 반복되는 작은 긍정적인 감정의 순간들이 모이면 건강의 위기를 맞았을 때 스트레스와 우울증에 맞서 싸울 힘을 길러준다는 것이다.

누구나 항상 건강하고 행복할 수는 없다. 보통사람의 생활에는 부정적인 생각이 자연스럽게 고개를 드는 상황들이 있게 마련이고 걱정, 슬픔, 분노 등에 침체되기도 쉽다. 그러나 항상 물 잔이 반이나 비어있다고 보는 시각은 정신적으로나 육체적으로 해롭고, 불가피한 스트레스를 극복하는 능력을 억제한다.

뇌에서 부정적인 감정이 작동하는 부분은 편도체라고 불리는데 여기서 공포와 불안 등의 감정도 진행된다. 위스콘신 대학의 신경과학자 리처드 J. 데이비슨에 따르면 편도체가 천천히 회복되는 사람은 빨리 회복되는 사람들보다 건강에 다양한 문제를 가질 위험이 훨씬 크다. 그러나 사람의 뇌는 새로운 세포와 경로를 만들어낼 수 있기 때문에 뇌에서 긍정적인 반응을 촉진하는 회로도 훈련이 가능하다고 학자들은 말한다. 예를 들어 닥터 프레드릭슨 연구팀이 동정심과 친절함에 집중한 명상을 6주간 훈련을 실시했더니 긍정적인 마음과 사회적 유대감이 증가하고, 주요 신경의 기능 개선이 이루어져 심박수를 조절하는데 도움이 됐다고 한다.

또, 닥터 데이비슨의 연구팀은 불과 2주 동안 같은 훈련을 실시했는데도 관대함과 같은 긍정적인 사회적 행위와 연관된 뇌의 회로에 변화가 나타났다고 보고했다.

표 3-8 프레드릭슨의 긍정의 마음 키우는 법

긍정의 마음을 키우는 방법	내용
다른 사람을 위해 좋은 일을 한다.	짐을 들어주거나 낯선 이에게 길 안내를 해주는 등의 사소한 행동이 마음을 기쁘게 한다.
나를 둘러싼 주변의 세상을 감사한다.	새와 나무, 아름다운 일출과 일몰, 아름다운 옷 입은 사람을 즐겁게 여긴다.
관계를 만들고 잘 키워나간다.	자신의 잘못을 이야기하는 것을 두려워하지 않고, 자신의 실수를 겸허히 받아들임(실수는 앞으로 가기위한 과정).
새와 나무, 아름다운 일출과 일몰, 아름다운 옷 입은 사람을 즐겁게 여긴다.	친구 혹은 가족과의 튼튼한 커넥션은 자존감을 높이고 건강과 삶의 질을 개선한다.
성취 가능한 목표를 세운다.	책을 읽는 다든지 테니스 실력을 올린다든지 등 현실적인 목표를 세우고 정진한다.
새로운 것을 배운다.	스포츠, 언어, 악기 혹은 게임 등 성취감과 자신감, 그리고 인내심을 키워줄 수 있다.
결점과 약점을 포함한 나 자신의 모든 것을 받아들인다.	불완전함보다는 긍정적인 성격과 성취에 집중한다.
탄력적이 되도록 연습한다.	스트레스, 상실, 실패, 트라우마를 나의 경험과 디딤돌 삼아 배우는 기회로 만든다.
명상을 연습한다.	과거와 미래가 아닌 현재, 지금여기에 집중하여 컨트롤하며 몰입한다.

두 사람은 2015년 NIH 보고서를 통해 "시간을 들여 긍정적인 마음을 갖는 기술을 배운다면 더 건강하고 사교적이며 탄력 있는 삶을 살아갈 수 있다"면서 "웰빙이라는 것도 삶의 기술이라 연습하면 더 잘할 수 있다"고 발표했다. 즉 긍정의 생각을 촉진하는 기술을 배우고 규칙적으로 연습하면 보다 행복하고 건강한 사람이 될 수 있다는 것이다.[33]

닥터 프레드릭슨 팀이 제시하는 긍정의 마음을 키우는 방법들은 다음과 같다.

1) 뇌과학과 관심

(1) 뇌과학의 개념

뇌 과학이란 인간의 뇌를 연구하여 유전자의 법칙을 알아내는 것뿐만 아니라, 인간의 모든 행동 발생 원인과 이유 등을 과학적으로 심층 설명함으로써 인간의 마음까지도 연구하는 학문분야이다.

뇌 과학은 뇌의 모든 것을 연구 대상으로 삼고 있으며, 나아가 신경 세포의 화학적 · 전기적 현상, 여러 뉴런 간의 상호작용, IT와 접목되면서 인간의 뇌나 인간과 기기의 의사소통까지 영역이 확대되고 있다.

심리학 분야의 인지심리학, 뇌 과학 분야의 인지과학은 앞으로 컴퓨터의 의사 소통 방법을 변화시킬 대안을 지니고 있는 핵심 분야이기도 하다. 예로는 뇌 기반 학습 등 IT 산업, BT 산업과 마찬가지로 IT 기기를 기반으로 한 학습과학이 미래의 중요한 선진 과학기술 분야로 인정되면서 중요성이 부각되고 있다.

(2) 뇌와 관심

젊은 청소년들에게 좋아하는 가수, 연예인 등에 대해 물어보면, 거의 첩보수준의 이야기 까지 모두 들을 수 있다. 보고 싶은 것만 보는 능력이 아주 잘 발휘되었기 때문이다.(같이 TV를 보고, 음악을 듣고, 신문잡지를 보고, 인터넷을 하지만 흡수의 정도가 다르다) "사람은 보고 싶은 것만 본다."라는 옛말은 뇌공학에서 증명이 되었다.

따라서, 생존을 위해 '억지로'보아야 하는 정보를 당신의 뇌가 '보고 싶은 것' 으로 바

33) 한국일보, 2017-04-12, '긍정의 힘…낙관적 생각하면 건강 좋아지고 수명 늘어난다'

꾸어주는 세뇌가 필요하다.(뇌에 반복해서 심어줘야 한다. 이것은 원래는 별로 관심이 없었지만, 굉장히 중요한 것이니 시각으로 들어오는 정보 중에서 이것과 관련된 것은 반드시 중요하게 여겨서 수집할 것!!!)

'주의'를 기울이게 만드는 최고의 방법은 '일단 흥미를 끄는 것'이다. 사람의 뇌는 재미있거나 흥미로운 것에 감성적 주의를 기울이게 되어 있다. "이 사람은 아주 중요한 사람이야"라고 각성시키면 우리의 뇌는 잠시나마 감성적 혹은 의식적 주의를 기울이게 된다.

이렇게 되면 곧 바로 학습을 통해 기억의 회로를 재조정하며, 자연스럽게 그 대상에 대해서 뇌가 자동적으로 관심을 가지고 감시, 경계, 순응 등의 작용을 하게 된다.[34)]

이렇게 관심을 가지게 되면 관찰을 하게 된다.

관찰을 통한 데이터화 ⇨ 정보화 ⇨ 지식체계화

일례로 햄버거 가게의 주인이 오늘 필요한 재료의 주문양을 결정할 때 참고하는 판매기록은 데이터이고 , 이를 메뉴별로 정리한 보고서는 정보가 되다. 그리고 과거의 자료와 현재의 자료를 비교분석하여 여름 기온이 전년보다 섭씨 2도 올라가면 아이스크림 판매는 10% 증가하고, 햄버거 판매는 10% 감소한다는 것을 알아냈다면 이것은 지식이 된다.

맥도널드는 이러 관찰을 잘 활용한 회사 중 하나다. 맥도널드는 "언제 사람들이 행복할까?, 어떤 상황에서 사람들은 주저 없이 지갑을 열까?"라는 질문을 통해 햄버거를 파는 표준을 만들었다.

사람들이 행복을 느끼는 순간 중 하나가 무언가를 먹을 때 입을 한껏 벌리고 입안 가득히 포만감을 느낄 때라는 것을 발견하고 입을 크게 벌릴 때가 평균 50mm 정도인 것을 확인했다. 이후, 햄버거 번 2개를 각각 17mm, 고기 패티를 10mm해서 총 44mm의 햄버거를 출시하여 판매하였다.

서양인들이 불편을 느끼지 않고 계산원과 대화를 하며 지갑을 쉽게 꺼낼 수 있는 높이가 72㎝ 라는 것을 분석하여 영업장에 인테리어에 적용하였고 이것이 현재 국제적인 표준이 되었다.

감자 칩을 주문하면 곧바로 '감사합니다'라는 멘트를 한 후 3초 이내에 메뉴를 추천으로 up-selling 시도하는데 이것은, 칭찬 한마디가 주는 기분 좋은 느낌은 3초의 최면효과를 가지고 있다는 데에서 착안하여 매뉴얼화 한 것으로, 실제 5초가 지나면 콜라를 주문하는 확률이 절반으로 떨어지는 것을 관찰을 통해 알아내 현장에 적용하였다.

34) 최윤식, thinking tool box, 지식노마드, 2012, p.33.참조'

4 뇌과학 차원의 행복

2) 뇌와 감정변화

우리는 하루에도 몇 번씩 감정 변화를 느낀다. 뇌 과학자들은 계속해서 감정과 뇌의 인지 관계를 파악하여 규명하고자 연구를 수행하고 있다.

지금까지의 연구들은 대부분 감정과 뇌에 관련된 것으로 특정 감정과 뇌 부위 사이의 상관관계를 밝히는데 포커스가 맞춰져 있었다. 특정 감정을 느낄 때 뇌의 어떤 부위가 활성화된다거나 뇌의 어느 부위가 손상되거나 자극을 받을 때 정서의 변화가 생긴다는 내용들이다.

그러나, 아직 특정 뇌의 활동이 '왜' 우리로 하여금 특정 감각을 느끼게 만드는지 설명하지 못하고 있다.

사람의 감정 변화에 반응하는 뇌 부위는 대뇌 깊숙한 곳에 위치한 편도체이다. 이 부위는 기쁨과 슬픔, 분노와 행복 등 다양한 감정을 관장하는 신경망이 고리처럼 연결돼 있다.

때문에 적절한 자극에 문이 열리듯 반응하고 감정의 여러 반응을 이끌어낸다. 이런 감정 반응의 마지막 단계는 호르몬 작용이다. 기분을 좌지우지하는 도파민, 세로토닌(행복, 즐거움 등 긍정적 정서를 느끼게 만드는 신경전달물질) 등 호르몬 분비가 시작되면서 얼굴 근육이 변화한다. 웃거나 찌푸리는 등 표정이 바뀌고 손사래를 치거나 도망가는 등 특정 행동이 취해진다.[35]

3) 뇌와 행복

신경과학에서 행복은 '충분히 만족스러워서 현재의 상태를 유지하려는 욕망 외에는 다른 욕망이 사라진, 안정적이고 충만한 상태'로 정의된다. 이때 분비되는 신경전달물질이 세로토닌이다. 뇌과학자들은 신경전달물질이나 호르몬, 신경세포 네트워크에서의 변

35) https://www.ibs.re.kr/cop/bbs/BBSMSTR

화가 행복이라는 심리 상태를 만들어낼 수 있다고 말하는데, 이것을 기능성 자기공명영상장치(fMRI)와 양전자단층촬영(PET) 등 첨단 장비를 통해 두개골을 열지 않고도 행복이라는 이 추상적이고 복잡한 마음의 상태를 들여다볼 수 있다고 한다.[36)]

최근엔 자기선택권이나 상황에 대한 통제권이 행복감을 느끼는 데 매우 중요하다는 뇌 연구 결과가 늘어나고 있다. 누가 시켜서 하는 게 아니라 내가 좋아서 하는 '몰두하는 시간'이 중요해지고 있다. 뇌 과학이 '놀이'에서 행복의 본질을 발견하는 이유다. "이런 행복감은 목적이나 결과물보다는 과정을 즐긴다. 여기에서는 어떤 행위에 대한 우열비교가 불가능하다. 놀이에서의 행복은 자발적 동기로 이루어지고, 완전한 몰입감을 제공한다. 특히 놀이는 인간이 가진 독특한 특징인 '우정'을 만들어낸다."고 한다. 카이스트의 정재승교수에 의하면, 쾌감은 더 큰 쾌감을 욕망하게 하지만 지속가능한 행복을 주지는 못한다. 갈수록 늘어나는 욕망을 모두 충족할 수는 없기 때문이다. 사랑마저 질투·집착, 절망과 고통 등으로 인해 우리를 행복으로 이끌지 못한다. 그는 "욕망과 쾌감에 대한 집착을 버리고 일상적 안정감을 만끽하려는 노력, 사회적 관계와 공동체에 대한 기여, 결과에 대한 집착보다 과정을 즐기는 태도가 지속가능한 행복의 조건"이라고 말한다.[37)]

우리 뇌의 작동원리 중 하나는 믿는 대로 정보를 처리하는 것이다. 그리고 그 믿음이 긍정적일 때는 흥분성 신경전달물질계의 활성이 높아져 동기와 활력이 생긴다. 뭔가를 시작하고 유지하는 일 즉, 자신이 주의(관심)를 두고 이런 주의를 주변의 방해에도 불구하고 지속시킬 수 있는 것은 자신에 대한 긍정적인 평가와 믿음이다. 긍정적인 자기평가는 뇌으 신경회로를 열어 새로운 회로의 생성을 촉진하고 신경회로 사이의 신경전달물질을 원활하게 분비하여 뇌기능을 극대화 시킨다. 우리의 뇌가 개방적 시스템을 따라 자신의 기억은 물론 주변과 적극적으로 연결되고 새로운 생각을 만들어 낸다.

인간의 뇌속에 존재하는 40여 종류의 신경전달물질 중 하나인 세로토닌은 자율신경과 호르몬의 균형을 담당하며 특히 인간의 감정을 조절하는 중요한 역할을 한다. 심신의 안정과 행복감을 주는 특성 때문에 '행복호르몬'이라는 별명으로 불리기도 한다.

희로애락과 성취감 등은 도파민(dopamine)이라는 쾌락물질로 긍정적인 마음, 성욕, 식욕 등을 담당한다. 도파민은 뇌의 '보상회로'를 구성하는 물질이며, 중독을 일으킨다.

---

36) http://www.hani.co.kr/arti/economy/economy_general/769447.html

37) 정재승, "뇌에게 지속가능한 행복을 묻다", 2016 아시아미래포럼 특별강연1, 2016. 11.23.

노드아드레날린(noradrenalin)은 위기관리 물질-분노물질로 불안과 부정적인 마음, 스트레스 등을 맡고 있는 호르몬이다. 노드아드레날린은 위험에서 스스로를 보호하기 위한 투쟁이나 도피반응에 관여하는 신경전달 물질이다. 위급상황에 처하게 되면 신속하게 대응하도록 반응한다. 아드레날린은 교감신경을 흥분시켜 혈압을 높이기 때문에 이 수치가 계속 높으면 고혈압, 신방병 등 심각한 질환이 생긴다.

세로토닌은 이 두 호르몬을 조절해 우리의 감정이 쾌감이나 불쾌감 어느 한쪽으로만 치우치지 않고 평온할 수 있도록 해주는 '조절물질'이다. 기본, 식욕, 수면, 통증의 강도를 조절해 인간의 몸과 정신에 생기와 활력을 준다. 분비가 잘되면 안정감과 평화로운 마음에 있게 되지만 안 되면 우울감이나 자극이나 통증에 민감해 지게 된다.

표 3-9 세로토닌 분비 사가테스드

번호	테스트 질문	체크
1	– 전반적으로 슬픈 기분과 무력감, 고립감, 허무감 등을 느낀다.	
2	– 도박, 낭비, 이성관계에 충동적이고, 폭력적인 성향을 갖는다.	
3	– 폭식증이나 거식증과 같은 섭식 장애가 있다.	
4	– 갑자기 두렵거나 불안감을 느낀다.	
5	– 단 음식을 자주 먹는다.	
6	– 불면증 및 수면장애가 있다.	
7	– 약간의 통증에도 아픔을 호소한다.	
8	– 습관이 아닌 강박 장애를 보인다.	
9	– 아침에 일어났을 때 상쾌하지 않는다.	
10	– 스트레스를 자주 받는다.	

※해석: 3항목 이상에 해당하면 자기관리가 필요하과 5개항목이상이면 주의 요함.

세로토닌이 부족할 때는 일광욕하기, 운동하기, 명상하기, 음식 꼭꼭 씹어 먹기 등을 통해 보완할 수 있다.

4) 습관과 인간행동

인간이 생각하고 말하고 행동하는 방식은 대부분 습관적으로 이루어진다. 그리고 그 습관들이 현재의 삶을 형성하고 미래를 만들어가는 주춧돌이 된다. 그래서 습관을 바꾸면 운명이 바뀐다는 말이 있는 것이다. 현재 자기가 관심을 기울이는 생각, 하루 중 가장 많이 하는 생각, 잠에서 깨어나 제일 먼저 하는 생각, 자기 전에 하는 생각들이 습관을 만들고 뇌회로를 고정시킨다. 뇌를 움직이는 바탕인 정보가 변화하지 않는 것이다.

습관을 바꾸는 지름길은 새로운 정보를 주는 것이다. 뇌는 본래 매우 유연한 속성을 갖고 있어 정보를 넣으면 그에 반응한다. 하지만 상반된 두 가지 정보를 동시에 처리하지 못하기 때문에 새로운 정보를 넣으면 옛 정보는 차단된다. 새로운 정보가 기존 정보의 회로를 약화시키는 것이다. 처음에는 저항이 있지만 이후 계속해서 정보를 주면 새로운 뇌회로가 완전히 자리잡게 된다. 뇌회로의 변화가 결국 외부의 습관을 바꾸는 것이다.[38]

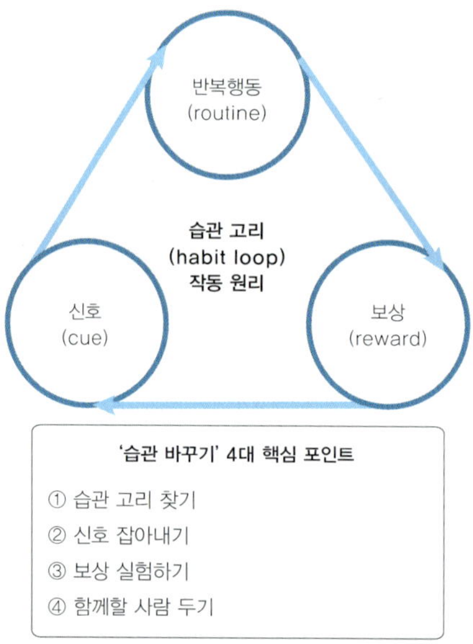

그림 3-7 ▶ 습관의 고리 작동원리

많은 사람이 습관을 고치기 위해 발버둥치지만 대부분 실패하고 만다. 찰스 두히그는 이에 대해 "나쁜 행동 자체에만 신경을 쓰기 때문"이라고 진단한다. 그의 해법은 습관의 구조와 작동 원리 파악이다. 습관은 3단계의 고리(loop)로 구성돼 있다. 신호(cue)와 반복행동(routine), 보상(reward) 등이다. 어떤 신호가 오면 자신도 모르게 습관적 행동을 하며, 그 결과 만족감(보상)을 느끼는 구조이다.

38) http://weekly.khan.co.kr/khnm.html?mode=view&artid=13305&code=115

습관 개조에서 핵심은 '신호'와 '보상'을 급격하게 바꾸지 않으면서 새 '대체 행동'을 찾는 일이다. 예컨대 담배를 끊으려면 흡연과 비슷한 만족감을 얻을 수 있는 '대체 행동'(예 : 초콜릿 먹기, 빠르게 팔굽혀펴기, 양치질 등)이 필요하다. '대체 행동'이 반복하기 쉬울수록, 그 습관은 쉽게 바뀔 수 있다.

일반적으로는 습관의 고리를 해부해 새 고리를 만들어야 한다. 고리의 첫 번째인 '신호'는 하루 중 특정 시간과 장소, 감정상태, 특정 인물의 존재, 직전(直前) 행동 등 5개다. 흡연 충동이 밀려올 때 '내가 어디에서 몇시 어떤 감정 상태일 때 누구와 함께 또는 혼자, 그리고 바로 전에 무엇을 했나'를 파헤쳐 '신호'를 끄집어내야 한다.

마지막 고리인 '보상' 파악도 중요하다. 오후에 과자를 먹는 습관이 있는 사람의 보상 요인은 '과자가 맛있기 때문', '배가 고파서', '설탕 · 카페인 같은 에너지원 필요' 또는 기분전환 용도나 다른 사람과의 대화 목적 등일 수 있다. 보상 요인을 정확하게 파악하면 습관 개조가 용이하다.[39)]

좋은 습관을 몸에 새로 배게 할 때도 '신호'와 '보상'을 잘 설계해야 한다. 보상은 또 즉각적이어야 한다. 운동이나 공부처럼 보상이 한참 후에 온다면, 습관 체득(體得)이 어렵다. 반대로 앵그리버드처럼 몇초 만에 끝나는 게임은 '보상'이 매우 빨라 아동과 청소년들이 쉽게 푹 빠져 습관이 된다.

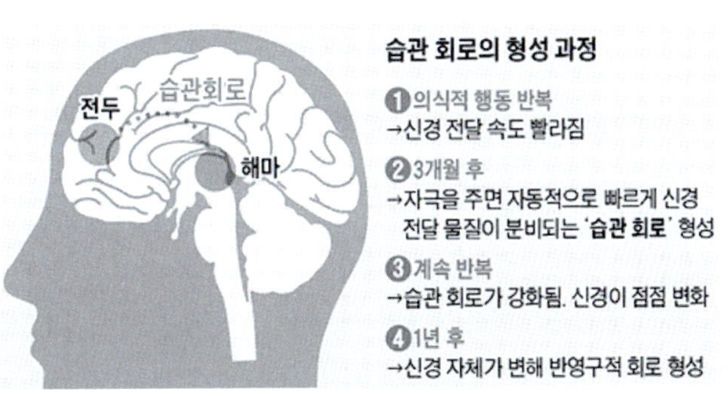

그림 3-8 ▶ 습관회로 형성과정

※자료: premium.chosun, 2014/02/05/

39) http://weeklybiz.chosun.com/site/data/html_dir/2012/11/16/
단순 결심만으로는 못 고치는 습관… 반복행동 일으키는 신호와 보상 먼저 찾아라

뇌엔 '습관회로'가 있어 1년 이상 반복실천 땐 평생 습관이 된다고 한다.

뇌과학적으로 습관은 일종의 반복되는 기억 행동이다. 자전거를 타는 행동을 '절차 기억'이라 하는데, 이렇게 몸에 밴 행동은 일반 기억보다 오래간다. 뇌 속 기억 저장 창고인 해마(海馬) 부위가 망가져도 이런 기억은 남는다. 즉 치매가 생겨도 자전거는 탈 수 있게 된다. 이는 뇌에 별도의 '습관 회로'가 존재해 반복 행동을 몸에 배도록 한다는 얘기다.[40]

5) 자유의지로 좋은 습관 만들기

성형외과 의사 맥스웰 몰츠는 습관이 길들여지는데 걸리는 기간이 21일이라고 주장하였다. 그는 손이나 발이 절단된 환자가 신체 일부를 잃었다는 사실에 적응하고 예전의 심리상태를 회복하는데 약 21일 정도 걸린다는 사실을 발견하고 자신의 저서 〈성공의 법칙〉을 통해 발표했다.

또 다른 주장으로 런던 대학의 제인 워들(Jane Wardle) 교수가 실험을 통해 습관을 완전히 익히는 데 약 66일이 걸린다는 결론을 발표하였다. 연구에 의하면 보통 사람들이 66일이 지나면 생각이나 의지 없이 반사적으로 행동하는 것이 가능해졌다.

하지만 이 수치는 평균값이었고 실제적으로는 18일부터 254일까지 사람들마다 커다란 편차가 있었다.

습관을 길들이는데 필요한 시간을 정확하게 답한다는 것은 불가능한 일이다. 어떤 습관을 어떤 상태와 환경에서 길들이고 얼마나 노력하는가에 따라 습관이 형성되는 시기는 모두 다르기 때문이다.

습관 길들이기에서 중요한 것은 기간이 아니라 얼마나 효과적으로 반복적인 행동을 했는가에 달려있다. 습관 길들이기와 같이 우리의 신체가 새로운 것에 길들여지고 적응할 수 있는 놀라운 능력을 가지고 있다[41]는 것이다.

---

40) http://premium.chosun.com/site/data/html_dir/2014/02/05/, 뇌엔 '습관回路' 따로 있어… 1년 이상 반복실천 땐 평생 습관돼

41) http://steadypedal.com/2017/1/31/ "습관이 형성되는 시간은 몇 일 일까?"

나사(NASA)에서는 우주인의 무중력 상태에서 공간 및 방향감각에 대한 실험을 하였는데, 실험의 내용은 눈에 보이는 모든 상이 180도 뒤엎어 보이는 특수 안경을 착용하고 하루 24시간을 생활하는 것이었고, 몇일동안 계속실험을 수행했더니, 실험에 참가한 사람들은 스트레스와 불안감을 보였지만, 혈압을 포함한 불안했던 몸의 상태가 시간이 지남에 따라 조금씩 호전되었다.

실험 27일째 되는 날 한 사람에게서 신기한 일이 벌어졌는데, 그의 눈에 180도 뒤집혀 보이던 세상이 다시 원래대로 돌아온 것이었다. 안경은 처음 제작한 그대로였지만 그의 눈이 세상을 다시 뒤집어 놓은 것입니다.

그리고 며칠이 더 지나자 실험에 참가한 모든 사람들에게도 같은 현상이 나타났습니다. 쉬게 적응할 수 없는 매우 불편한 환경이었지만 27일에서 30일 동안 지속적으로 노출되자, 뇌가 신경회로(시냅스)의 배선을 새롭게 조정한 것이다. 즉, 시각 및 공간 인식체계를 전과는 다르게 180도 뒤집어서 인식하도록 했다는 것이다. 새로운 지각 정보가 지속적으로 주입될 때 무의식적인 뇌는 이를 새로운 환경에 적응해야 함을 인정하고 새로운 환경을 정상적인 상태라고 여기게 된 것이다.

습관 길들이기에서 중요한 것은 "꾸준한 반복"이다.

뇌과학적으로 보면 반복한다는 것은 특정 자극을 뇌세포에 주는 것이고, 이 행위가 반복될수록 뇌세포의 DNA가 자극되어 시냅스의 연결이 치밀해지면서 장기간동안 또는 반영구적으로 기억하게 된다.

자전거 타기나 수영 같은 것도 처음에 배울 때는 어렵고 오랜 시간이 걸리지만 막상 몸에 익혀 놓으면 수년 또는 수 십 년 동안 자전거나 수영을 하지 않았어도 그 행위를 하는데 큰 어려움이 없는 것 과 같이 우리의 몸과 뇌가 그 동작을 실행하기 위한 것들을 기억하고 있기 때문이다.

습관의 변화를 성공적으로 이끌어내는 과정을 살펴보면 매 단계마다 반복되는 세 가지 패턴을 발견할 수 있다.

첫 번째는 새로운 자극으로 기존의 생각이나 태도로는 새로운 것을 시도하기 어렵기 때문에 변화를 위해서는 새로운 자극이 필요하다. 생각에도 관성이라는 것이 있어서, 새롭게 들어온 생각이 기존의 생각과 충돌을 일으킬 경우 사람들은 대개 기존의 것을 선택하게 된다. 새로운 생각을 선택하지 않는 이유는 변화에 대한 두려움 때문인데, 두려움을 이겨내고 생각을 새롭게 바꾸는 것은 쉽지 않지만 반드시 치러야 하는 과정이다.

두 번째 패턴은 회로의 형성으로, 새로운 자극이 단순한 자극으로 그치지 않고 실천으로 이어지려면 머릿속에 회로를 만들어야 한다. 회로를 만들어서 실천함으로써 일정한 성과를 경험하고 그 경험으로 얻은 자신감이 또 다른 실천을 가능하게 하는 선순환 구조를 만들 수 있다. 그런데, 회로가 형성되기까지는 많은 시간과 꾸준한 노력이 필요하게 된다. 당장은 어렵지만 조급해하지 말고 꾸준히 노력하면 될 것을 믿으며 긍정적인 생각을 해야 한다.

대부분의 사람들이 이 단계에서 포기한다. 이론적으로는 긍정적으로 생각해야 한다는 것을 알고 있지만, 실제 현실에서는 그렇게 하지 못하는 경우가 많다.

세 번째 패턴은 회로를 안정화 하는 것이다. 새롭게 회로가 형성되면 일정 정도의 의지가 생기게 된다. 중요한 점은 위에서 언급한 두 과정을 모두 거친 후에 의지가 생기게 된다는 것이다. 사람들은 대부분 처음부터 포기하지 않고 끝까지 노력할 수 있는 의지를 발동하려고 하는데 여기에 시패의 원인이 있다. 실패를 딛고 일어설 수 있는 의지는 결코 처음부터 생기지 않는다. 의지는 새로운 생각과 계획이 변화를 만들어내는 과정을 경험하고 난 뒤에 생기며, 의지가 발현되면 새로운 생각과 계획이 생활 방식으로 자리잡고 결코 변하지 않는 안정성을 띠게 된다.[42)]

6) 긍정적인 사람들의 9가지 습관

긍정적인 사람들의 습관은 무엇일까? 긍정적인 사람이 되는 것은 쉬운 일이 아니다. 그렇지만 불가능하거나 아주 어려운 일도 아니다. 긍정적으로 생각하고 낙관적인 태도를 취할 때, 얻을 수 있는 것들이 많다. 특히 비관적이고, 패배의 유혹에 빠지는 것보다는 훨씬 더 좋다.

긍정적으로 살기 위해서는 어떤 변화를 꾀해야 하는 걸까? 과연 우리는 우리의 사고를 바꾸어, 긍정적인 사람이 될 수 있을까? 다음은 긍정적인 사람들이 가지고 있는 9가지 습관들이다.[43)]

---

42) http://news.bookdb.co.kr/bdb/Column.do?_method=webzNo=14074

43) https://wonderfulmind.co.kr/9-habits-positive-person/2018.09.03.

긍정적인 사람이 된다는 것은 습관을 바꾸는 것이다. 낙관주의는 학습된 특성이라고 한다. 여러 연구 결과에 의하면, 긍정적인 방식으로 세상을 보는 방법을 스스로 학습하거나 가르칠 수 있다. 습관은 사람을 성공으로 이끌 수도 있고, 실패로 이끌어주는 장애물이 될 수도 있다. 따라서, 긍정마인드를 고취하기 위해서 좋은 습관은 필수적인 것이다.

① 부정적 상황에서도 낙관적인 견해 찾기

사물을 보다 적극적으로 보는 가장 단순하고 효과적인 방법 중 하나는 바로 가능할 때마다 유용한 질문을 스스로에게 하는 것이다. 우리의 목표는 상황에서 선을 찾고, 문제를 기회로 바꾸는 것이다.

② 긍정적인 환경에서 생활

함께 시간을 보내고 싶은 사람, 일(업무)를 신중하게 선택하여야 한다. 주변에 있는 사람들, 보고 듣는 것, 읽은 것 등에서 긍정적인 태도를 유지하려면, 스스로의 삶에 대해 지지하고 격려하는 영향력을 갖는 것과 사람들이 절대적으로 중요하다. 함께 하는 사람과 활동이 이것을 가능하게 한다.

③ 느린 속도로 계속하기

너무 빨리 움직이다보면 상황과 관계가 꼬이거나 얽혀 버리는 경우가 많다. 사람들은 빨리 생각하고, 빨리 말하고, 빨리 움직여 성과를 빨리 내려고만 한다. 이로 인하여 현대인들은 스트레스가 많고 힘든 삶을 살아간다. 옳은 방향으로 긍정의 마인드로, 지치지 않고 지속적으로 나아가다 보면 결과는 당연히 좋은 방향으로 도출될 수밖에 없다. 빠르지 않더라도 계속해서 움직이는 것이 필요하다.

④ Stop – Balance – Focus

업무처리에서, 사람들하고의 관계에서 지속적으로 스트레스를 받으며 빠르게 성과를 내려고 하다보면 관점을 잃어버리기 쉽다. 많은 것들에서 부정적인 생각이 들기 시작하면 잠깐 하던 일을 멈추고, 내가, 우리가 하고 있는 것이 무엇인지에 대해 되돌아보며 균형을 찾는 것이 필요하다. 이렇게 해서 마음의 여유가 생기면 다시 집중하여 목표로 하는 것을 향해 나아가면 된다.

⑤ 긍정적인 사람들과 함께하기

주위의 사람들에게 내가 긍정적인 영향력을 발휘하고 있다면 그들에게서 내가 받는 영향도 긍정적인 것이 된다. 스스로가 다른 사람들을 대하는 방법과 그들에 대해 어떻게 생각하는지, 스스로를 어떻게 생각하는지에도 영향을 미친다. 경쟁하고, 다투고, 빼앗는 것보다, 서로 돕고, 듣고, 함께 시간을 보내는 관계일 때 상호간에 얻는 것이 많아지는 관계가 된다.

⑥ 건강한 생활 방식(정적/동적 활동)

규칙적인 운동과 같은 동적활동은 신체의 발달과 균형을 조절해준다. 다른 사람들하고의 공동 활동은 정서적인 부분까지도 발달하도록 해줄 수 있다. 독서와 같은 정적인 활동은 스스로에게 긍정적인 영향을 행사하고, 나아가 주위의 사람들에게까지 긍정적이고 우호적인 영향을 미친다. 이것들이 습관화 될 때 부정적인 것들은 멀어지고 긍정적인 것들만 주위에 남게 된다.

⑦ 건강한 비판 대응법 찾기

현대사회를 살아가면서 다양한 사람들과 많은 관계를 만들어가며 살아간다. 수많은 관계 속에서 비판은 피할 수 없다. 비판은 내가 남에게 하는 비판과, 남이 나에게 하는 비판이 있다. 그런데 비판은 어떤 일이건, 상황이건 그것을 악화시키기 위해서 하는 것이 아니다. 더 좋은 방법으로, 시행착오를 최소화하며, 더 좋은 성과를 내기 위해서 하는 것이다. 따라서 건강한 방법으로 자신을 관리하는 방법 중 하나이다. 따라서, 비판을 통해 뭔가를 배울 수 있고, 스스로를 개선할 수 있다. 비판은 나를 성장하게 돕는 것들 중 하나이다.

⑧ 긍정마인드로 하루 시작하기

하루를 시작하는 아침, 아침시간을 어떻게 시작하느냐에 따라서 하루의 기분이 좌우될 수 있다. 따뜻한 물로 샤워를 하고, 오늘 할 일들이 잘될 것을 생각하며, 오늘 이루고자하는 목표를 큰 소리로 외치고, 스스로를 멋진 사람으로, 성공한 사람으로 격려와 칭찬으로 하루를 시작하는 것이 필요하다.

⑨ 항상 미소 짓기

긍정적인 사람들은 많이 미소 짓고, 항상 미소를 지으며 살아간다. 웃을 때마다 낙천주의, 좋은 유머 감각, 존경심을 드러내고 있으며 주변에 호감을 줄 수 있다. 미소를 짓게 되면, 뇌는 그것을 하나의 신호로 받아들여 긍정적인 상태가 되게 만든다. 행복해서 웃는 것이 아니라, 웃으니까 행복해진다는 말이 있는데 이것은 과학적으로 검증이 되었다.

참고문헌

- 김한수, 공감, 하늘아래, 2018.
- 우문식, 행복 4.0, 물푸레, 2014.
- 장샤오형지음, 최인애옮김, 느리게 더 느리게, 다연, 2015.
- 정재승, "뇌에게 지속가능한 행복을 묻다", 2016 아시아미래포럼 특별강연1, 2016.
- 최윤식, thinking tool box, 지식노마드, 2012.
- 최인철, 굿 라이프, 21세기 북스, 2018.
- 최인철, 프레임, 21세기북스, 2016.
- 한국일보, 2017-04-12, '긍정의 힘…낙관적 생각하면 건강 좋아지고 수명 늘어난다'
- Nicholas A. Christakis, James H. Fowler, 『Connected』, Little Brown & Company(New York Boston London), 2011.
- SBS CNBC, 삶 HOW to LIVE, 최인철, 행복은 몸에 있다, 2015.1.18.
- YTN, 2018.09.23. '데이터로 본 소확행'
- Book summary of 'Connected' by Nicolas Christakis & James Fowler, March 24, 2012.
- http://legacy.www.hani.co.kr/section-014009000/2003/11/01
- http://news.bookdb.co.kr/bdb/Column.do?_method=ColumnDetailM&sc.webzNo=14074
- http://news.chosun.com/site/data/html_dir/2018/08/05/
- http://premium.chosun.com/site/data/html_dir/2014/02/05/
- http://steadypedal.com/2017/1/31/ "습관이 형성되는 시간은 몇일 일까?"
- http://weekly.khan.co.kr/khnm.html?mode=view&artid=13305&code=115
- http://weeklybiz.chosun.com/site/data/html_dir/2012/11/16/
- http://www.hani.co.kr/arti/economy/economy_general/769447.html
- https://brunch.co.kr/@hesse24/64, 김권수, 2013.10.09.
- https://wonderfulmind.co.kr/7-traits-of-optimistic-people/2017.12.07.
- https://wonderfulmind.co.kr/9-habits-positive-person/2018.09.03.
- https://www.ibs.re.kr/cop/bbs/BBSMSTR

제4장 Self-Esteem

1 자존감의 개념

1) 자존감의 개념

언제 부터인가 우리나라에 자존감 열풍이 불었다. 자존감과 관련해서 미국에서는 1980년대에 크게 유행하였고 우리나라는 30년 지난 2010년부터 유행하기 시작하였다.

왜 그러한지에 대한 다양한 연구와 견해가 있지만 일반적으로 저성장사회에 진입하여 앞 세대에 비해 큰 성취감을 얻기 어려워진 2030세대, 1인 가구의 급증으로 혼자 시가늘 보내는 데 익숙한 사람들이 나타나면서 남이 아닌 자신에 주목하고, 스스로를 소중하게 대할 방법을 찾게 된 것에서 기인한다는 분석이 지배적이다.

자존감은 1890년부터 서양의 연구에서 제시된 self-esteem을 우리말로 번역한 개념으로 일반적으로 자아존중감, 자긍심 등과 혼용되어 사용되고 있다.

자존감은 자신에 대한 믿음에서 시작된다. 어떤 일이 생기더라도 '나는 괜찮아'라는 말을 지침으로 삼을 수 있어야 한다. 우리는 태어나는 순간부터 배우기 시작하는 존재이기 때문에 자신과 자신이 속한 세계에 대해 언제나 배우는 과정에 놓여 있다. 그리고 피할 수 없는 새로운 문제에 항상 직면한다. 이때 가장 중요한 것은 우리 자신이 특별하고 소중하며 사랑스러운 존재라는 사실을 기억하는 것이다.[1)]

자존심이 타인이 나를 존중해주고 받들어주길 바라는 감정이라면, 자존감은 내가 내 자신을 사랑하고자 하는 마음 정도로 쓰인다. 가지면 긍정적으로 보는 자존감과 달리 자

---

1) 린다 필드 지음/유세비 옮김, 자존감 코칭, 밀라그로, 2018, p.19.

존심은 나를 돌아보지 않고 타인의 경의만을 바라는 인간상 등의 이기적 이미지로 사용되는 경우가 많다.

자존감은 영어 self-esteem이라는 단어를 번역하는 과정에서 Self를 자아(自我)로 esteem을 존중(尊重)으로 해석한 뒤, 감정을 뜻하는 접미사 감(感)을 붙여서 만들어졌다.[2)]

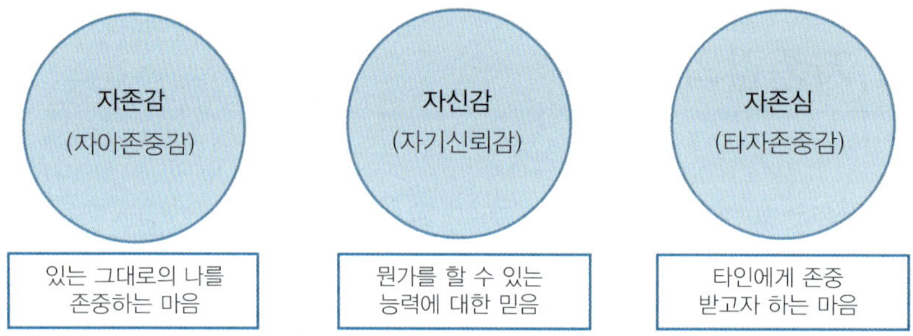

그림 4-1 ▶ 유사개념과의 차이

자존감이란 자신이 사랑받을 만한 가치가 있는 소중한 존재이고 어떤 성과를 이루어 낼 만한 유능한 사람이라고 믿는 마음이다. 자존감이 있는 사람은 정체성을 제대로 확립할 수 있고, 정체성이 제대로 확립된 사람은 자존감을 가질 수 있다.[3)]

자존감은 객관적이고 중립적인 판단이라기보다 주관적인 느낌이다. 자신을 객관화하는 것은 자존감을 갖는 첫 단추이다. 이에 비해 자신감은 자기 스스로 무엇인가를 할 수 있다는 믿음이며, 자존심은 다른 사람으로부터 존중받고자 하는 마음을 말한다.

자존감과 자존심은 자신에 대한 긍정이라는 공통점이 있지만, 자존감은 '있는 그대로의 모습에 대한 긍정'을 뜻하고 자존심은 '경쟁 속에서의 긍정'을 뜻하는 등의 차이가 있다.

심리학자 나다니엘 브랜든(Nathaniel Branden)은 자존감을 '사고력에 대한 자신감, 인생에서 직면할 수 있는 기본적인 문제들에 대처할 수 있다는 자신감, 성공할 수 있으며 행복할 수 있고, 가치 있는 존재로서 존중받을 수 있으며, 자신의 요구 및 욕구를

2) https://namu.wiki/w/2018.12.11.

3) https://ko.wikipedia.org/wiki/2018.12.11.

주장할 수 있는 권리가 있으며, 자신이 소중히 여기는 것을 성취할 수 있으며, 노력의 결실을 즐길 수 있는 권리를 가지고 있다는 자신감'으로 정의하였다.

2) 자존감과 삶의 질

자존감은 성공과 행복을 위해 없어서는 안 될 중요한 요소이다. 자존감을 갖고 있다는 것은 자신에게 만족한다는 뜻이다. 즉, 차분하고 자신감이 넘치고, 자신의 통제 하에서 모든 것을 할 수 있다고 느낄 때, 자신에 대해 좋은 느낌을 갖게 된다. 그러나 자존감은 쉽게 상처받고, 관심과 사랑으로 길러야 하는 연약한 꽃과 같다. 자신감에 차 있는 사람조차도 자존감을 꾸준히 유지하기란 어려운 일이다.

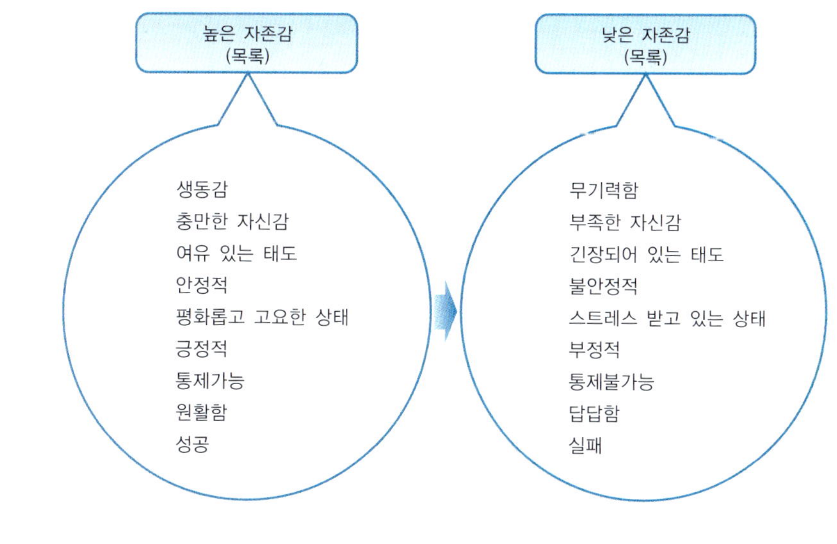

그림 4-2 ▶ 자존감과 관련된 목록

※자료: 린다 필드 지음/유세비 옮김, 자존감 코칭, 밀라그로, 2018, p.21.참조

삶의 질은 내면의 생각과 감정, 믿음, 기대와 상상을 반영한다. 생각은 감정 및 행동과 연결되어 있을 뿐 아니라, 생각하는 대로 행동과 감정이 발현된다.

때문에 생각은 현실을 반영하는 강력한 도구가 된다. 생각과 감정, 행동을 각각 별개로 볼 수도 있지만 이것들은 서로 밀접하게 관련되어 있다. 따라서 어느 것 하나에 변화가 생기면 다른 두 가기에 즉시 영향을 나타낸다.

2 자존감의 영향과 반응원리

자존감은 우리의 일상을 지배한다. 자존감은 ①자신에 대해 느끼는 생각, 감정, 행동에 영향을 미치고, ②사회전반의 인간관계에도 영향을 주고, ③신체적 건강에 지대한 영향을 미치며, ④학업성취나 개인의 성과에 영향을 미치며, ⑤직장생활에서의 성과에도 영향을 미친다.[4]

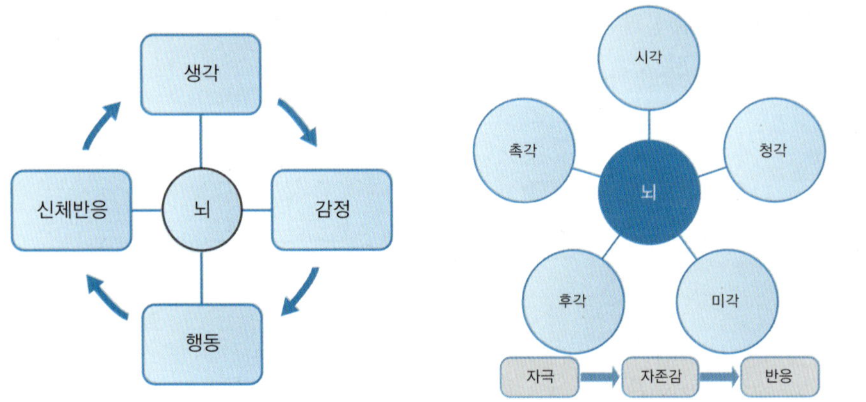

그림 4-3 ▶ 자존감의 영향과 반응원리

모든 경험은 기억 속에 저장되며, 장기기억으로 저장된 내면의 목소리는 의식적이든 무의식적이든 특정한 상황, 사람, 자극에 비슷한 패턴으로 반응하게 한다. 여기에 조지 라코프(George Lakoff)는"뇌, 몸, 그리고 환경은 하나다"라고 주장하면서, 몸과 마음과 생각은 같이 움직인다고까지 하였다.[5]

자존감은 저절로 길러지지 않으며, 혼자서 발달시키기도 어렵다. 자존감은 부모와 교사, 관계를 맺는 사람들의 관심과 배려 칭찬이 핵심요건이며, 노력과 각성을 통해 길러질 수 있다.

갓 난 아이들은 사랑을 받지 못하면 죽는다. 나이가 들면 들수록 우리는 사랑이 없이도 사는 방법을 배운다. 그러나 아기들은 그걸 참을 수 없다. 또한 아기들은 자신의 모

4) 한국교육개발원, 어울림 학교폭력예방 프로그램, 2013, pp.20-21.

5) 김경일, 이끌지 말고 따르게 하라, 진성북스, 2017, p.28.

든 몸의 부분들을 사랑하고, 심지어 자기가 싼 똥도 사랑한다. 아이들은 죄책감도 없고, 수치심도 없으며, 남과비교도 하지 않는다. 그런데, 유아기에서 어린이가 되면서 부모가 자신들의 안전에 대한 불안감으로 인해 무능함과 두려움의 감정을 느끼도록 가르쳤다. 그 때부터 자신의 훌륭한 점을 부인하기 시작했다. 이런 생각과 감정들은 결코 진실이 아니었고, 지금도 확실히 진실하지 않다.[6]

루이스 L.헤이는 스스로 부정적인 생각을 가지게 되면 결코 자존감을 가질 수 없다고 말한다. 자지존중감이란 자신에 대해서 좋게 느끼는 것이고 그렇게 할 때 자신감을 키울 수 있다. 자신감은 자기존중감을 높이고, 자기존중감을 다시 자신감을 키운다.

지금 이외에는 아무것도 존재하지 않는다. 왜냐하면 과거는 지나간 것이며 미래도 아직 오지 않았고, 현재만이 의미가 있기 때문이라고 펄스는 말했다.

〈그림 4-4〉는 자존감이 매우 높은 사람의 생각과 감정, 행동이 서로 연결되어 있으며, 상호의존적인 관계라는 것을 증명하는 인지행동요법 모델이다. 인지행동요법은 사람이 생각하거나 느끼며, 행동하는 방법에 작은 변화를 주면 삶이 근본적으로 달라질 수 있다는 것을 보여주는 지기 변화의 가능성을 증명한다.

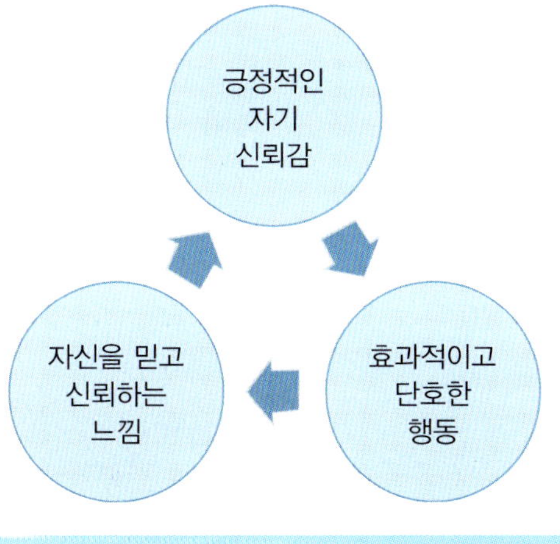

그림 4-4 ▶ 자존감 높은 사람의 인지행동요법 모델

※자료: 린다 필드 지음/유세비 옮김, 자존감 코칭, 밀라그로, 2018, p.9.

---

6) 루이스 L. 헤이 지음/임남미 옮김, 나는 할 수 있어, 나들목, 2004.

표 4-1 높은 자존감/낮은 자존감을 만들어내는 생각과 감정, 행동

자존감 높은 사람들의 생각	자존감 낮은 사람의 생각
나는 자신을 믿는다	나는 자신을 믿을 수 없다
나는 최고의 대접을 받을 자격이 있다	나는 최고의 대접을 받을 자격이 없다
나는 내 본능을 믿는다	나는 내 본능을 믿을 수 없다
나는 절제가 가능하다	나는 절제할 수 없다
나는 자신을 소중히 여긴다	나는 자신을 존중하지 않는다
나는 변할 수 있다	나는 변할 수 없다
나는 성공했다	나는 실패했다
나는 여러 가지 일을 성취할 수 있다	나는 비 효율적이다
나는 충분히 뛰어나다	나는 뛰어나지 않다
나는 할 수 있는 한 최선을 다한다	나는 기대에 미치지 못한다

자존감 높은 사람의 느낌	자존감 낮은 사람의 느낌
마음에서 우러난다	초조하고 융통성이 없다
낙관적이다	비관적이다
긍정적이다	부정적이다
죄책감을 느끼지 않는다	죄책감을 느낀다
인정받고 있다	비난받고 있다
지지를 받고 있다	피해를 받고 있다
타인에게 친절하다	사교적이지 못하다
동기를 부여 받는다	아무런 동기가 없다
균형이 잡혀 있다	언제나 기분이 언짢은 상태다
여유가 있다	불안하다

자존감 높은 사람의 행동	자존감 낮은 사람의 행동
효과적이다	비효과적이다
개방적이다	방어적이다
'아니오'라고 말할 수 있다	'아니오'라고 말할 수 없다
창의적이다	상상력이 결여되어 있다
위험을 떠안을 수 있다	위험을 떠안을 수 없다
사람을 믿는다	사람을 두려워한다
감정을 드러낼 수 있다	감정을 드러내지 못한다
애정을 보인다	비난하는 태도를 보인다
근심이 없다	낙담한 상태다
확신을 가지고 수용 태도를 보인다	공격적이다

2018년 우리나라의 아르바이트 구인구직포털에서 10대-20대 1,648명을 대상으로 자존감에 대한 설문조사를 실시한 결과, 응답자 10명 중 5명 정도인 47.9%가 현재 자신의 자존감 상태에 대해 '낮다'(31.3%) or '매우 낮다'(16.6%) 라고 평가한 것으로 나타났다. 반면 '높다'(12.6%) 혹은 '매우 높다'(4.8%)라고 평가한 응답자는 17.4%에 불과했다. 특히 현재 자신의 자존감 상태를 '낮다' 또는 '매우 낮다'고 답한 응답 비율은 10대(41.2%)보다 20대(49%)가 더 높았다.

- 1위(26.8%): 행복해 보이는 지인의 SNS를 볼 때
- 2위(22.6%): 가족의 기대에 부응하지 못했을 때
- 3위(20.0%): 취업이 안 될 때
- 4위(13.6%): 외모가 불만족스러울 때
- 5위(09.4%): 친구 또는 상사와의 갈등
- 6위(07.5%): 이성문제로 상처받을 때 순으로 나타났다.

다른 사람과의 비교와 기대, 그리고 대인관계로 인한 문제가 주된 이유로 나타난 것을 볼 수 있다. 정작 중요한 자기 자신에 대한 문제가 자존삼을 낮게 하는 요인이 아니었다.

자존감에 영향을 미치는 상대로 친구 및 동료, 부모님을 지목했다. 자존감에 영향을 미치는 상대를 묻자, 응답자의 37.5%가(친구, 동료), 25.7%가 (부모님)이라고 답했다. 이어 자존감을 높이기 위한 활동으로는 여행(24.6%), 개인 취미활동(14.4%), 취업(10.8%), 연애(10.7%), 쇼핑 등 외모를 위한 투자(9.1%), 친구와의 만남(8%) 등을 꼽았다.[7)]

기업조직연구에서 제시되는 자존감 높은 직원의 특징을 다음과 같이 제시된다.

7) http://news.donga.com/View?gid=88174457&date=20180115.

표 4-2 자존감 높은-낮은 직원의 특징

자존감 높은 사람들의 생각	자존감 낮은 사람의 생각
- 합리성, 현실성, 직관력, 창의성, 독립성, 유연성, 관용, 협동성이 뛰어남 - 어려운 문제에 봉착해도 꿋꿋하게 견뎌낼 수 있으며 변화에 잘 대처 - 실수를 해도 곧 인정하고 바로 잡음. - 대인관계가 원만하며 자신보다 뛰어난 사람의 가치를 인정 - 자기 의견을 명확하고 당당하게 표현	- 합리성, 현실성, 직관력, 창의성, 독립성, 유연성, 관용, 협동성이 부족 - 어려운 문제에 부딪치면 쉽게 포기하고 무기력증에 빠져 새로운 시도를 못함 - 실수를 하거나 상황이 어려워지면 남 탓을 하고 변명과 책임전가 - 자기보다 뛰어난 사람을 깍아내림 - 상대방의 평가가 두려워 자기 의견을 명확하게 표현하지 못함

※자료: http://bonlivre.tistory.com/955

3 자존감의 형성과 유형

1) 자존감의 형성과 영향

자존감에 영향을 미치는 요인은 다양하지만 크게 두 가지로 나누어 살펴 볼 수 있다.

① 어린 시절 부모와의 관계로, 우리는 부모님과 유전적으로 닮아있기도 하고, 우리에게 생후 초기 발달 환경을 제공한 사람도 부모이다. 그래서 어린 시절 부모님과 어떤 관계를 맺었으며, 그 관계 속에서 무엇을 배웠는가는 매우 중요하다. 어린 시절 배운 관계의 패턴, 그리고 그 관계 속에서 느끼고 생각하는 나에 대한 개념은 자존감에 주요한 뼈대를 구성한다. 부모님의 자존감이 아이에게 그대로 대물림되는 경우가 많다.

자신을 소중히 여기고 사랑하는 사람은 주변 사람들 역시 소중히 여기고 사랑할 줄 안다. 이런 관계의 법칙은 부모와 자녀사이 같은 친밀한 관계 속에서 더 강하게 나타난다.

② 자존감에 영향을 미치는 것은 경험이다. 경험은 우리의 자존감을 탄탄하게 일으켜 주는 긍정적 경험과 우리의 자존감을 흔들고 무너뜨리는 부정적 경험으로 나누어 볼 수 있다.

긍정적 '경험'이란 우리가 수용 받고 사랑받는 경험을 말한다. 인정받아서 뿌듯했던 경험, 누군가가 건넨 사랑의 손길, 있는 그대로 사랑받고 존중받은 경험은 우리 마음을 더 탄탄하게 만들어준다. 우리의 자존감은 그런 경험을 바탕으로 확장되고 탄탄해진다.

반면에 부정적 경험은 우리의 자존감을 흔든다. 보통 '트라우마'라 부르는 경험들이 그런 것들이다.

긍정적인 경험을 많이 할수록 그 경험을 통해 자존감은 탄탄해지지만, 경험을 어떤 방식으로 받아들였는가도 중요하다. 똑같은 경험을 해도 그 경험에서 배우는 것은 사람마다 다르기 때문이다.

특히, 낮은 자존감을 가진 부모님은 스스로 느끼는 불행감을 자녀들에게 부적절하게 쏟아낼 가능성이 크기에 부모의 낮은 자존감은 자녀들에게 부정적인 영향을 미치게 된다. 게다가 우리의 자존감을 위협하는 부정적인 경험들을 계속하면서도 그 경험들을 제대로 소화하지 못하고 살아왔다면, 우리는 낮게 흔들리는 자존감의 문제를 안고 있을 가능성이 크다.

자존감은 그렇게 고정적인 것이 아니라 변할 수 있는 것이다.

자신을 존중하고 사랑할 줄 모르는 사람들은 타인을 존중하고 사랑하는 것에 서툴다. 이런 사람들은 세상과 타인을 적대적으로 보며 타인은 물론 자신에 대해서도 존중과 사랑을 베풀지 못한다. 그는 자기 내면에 도사리고 있는 이분법적이고 적대적인 마음을 해결하지 못하고 자신의 마음을 타인에게 투사한다. 투사란 방어기제 중 하나로 '스스로 받아들이지 못하거나 보지 못하는 마음을 타인에게서 비롯되었다고 단정 짓는 행위'를 말한다.

스스로를 사랑하고 존중하는 사람들은 세상과 타인을 적대적이며 공격할 대상으로 여기지 않고, 갈등이 있는 자리에는 협력이, 미움이 있던 자리에는 사랑이, 고통이 있는 자리에는 치유가 가능하다는 사실을 알고 있다.

이처럼 개개인의 탄탄한 자존감은 개인의 행복과 건강뿐 아니라 그 개인과 관계하는 사람들, 그리고 넓게는 인류 전체를 위해 중요한 문제이기도 합니다. 인류 역사상 수많은 전쟁과 폭력, 범죄를 일으킨 사람들이 탄탄하고 건강한 자존감을 품고 있었다면, 우리가 기억하고 아파하는 수많은 인류의 비극과 상처는 애초에 나타나지 않았을지도 모른다.

〈역경에 대처하는 방법〉

인생을 살아가면서 불행하고 순조롭지 못한 환경을 가르켜 우리는 역경이라고 합니다. 역경은 누구도 바라지 않지만 인생이란 긴 행로의 곳곳에 도사리고 있는 것이기도 합니다. 그래서 문학가 톨스토이는 '사람은 저마다 자기 십자가를 지고 인생을 살아간다고'했습니다.

역경과 싸우는 두 가지 방법이 있습니다. 하나는 정면으로 맞부딪쳐서 이겨내는 적극적 방법이고 또 하나는 절망 속에서 이 역경이 저절로 물러갈 때까지 기다리는 소극적인 방법입니다. 전자는 역경에 대한 도전이고, 후자는 굴복입니다. 도전하여 극복할 것이냐, 극복할 것이냐의 선택은 자기 자신의 의지에 달려 있습니다.

한 가지 분명한 것은 이 세상에서 승리하고 성공한 사람들은 하나 같이 역경에 굴복하지 않고 정면으로 맞부딪치며 도전한 사람들이었다는 것입니다.

베토벤은 13살에 부모를 읽었고, 17살에 집안의 가장이 되었으며, 늑막염으로 고통을 받으며 무려 4차례나 수술을 받았다. 32살에는 귀가 완전히 멀었는데도 이를 이겨내고 많은 명곡을 작곡하여 마침내 악성(樂聖)이라는 칭호까지 받았습니다.

에디슨은 7살에 학교에 들어갔으나 저능아라고 판정을 받아 퇴학을 당했습니다. 13살에 신문팔이 등 여러 가지 직업을 전전하면서도 꾸준히 연구하여 발명왕이 외었지만 그에게는 커다란 신체장애가 있었습니다. 귀머거리였다. 그러나 그는 오히려 귀머거리가 된 것을 다행으로 여긴 사람이기도 했습니다. 시끄러운 잡음을 듣지 않고 오직 연구에만 몰두할 수 있었기 때문입니다.

위대한 성과를 만들어내 위인들은 역경을 통해서 정신력을 강화했고, 그것을 자기발전의 자양분으로 삼았습니다. 역경은 우리에게 성공으로 향하는 길을 열어주기도 한다는 사실을 잊어서는 안 됩니다.

포기하는 순간 넘을 수 없는 역경이 되지만, 도전하고 극복하면 역경은 새로운 기회가 되기도 합니다.[8]

나를 사랑하고 존중함으로써 나와 관계한 모든 사람에게 사랑을 전할 수 있고, 그 사항이 또 그 사람과 관계한 모든 사람의 마음을 타고 인류 전체로 퍼져갈 수 있다면 나를 사랑하고 존중하는 것은 단지 개인적인 행복과 기쁨만을 불러오는 것을 넘어, 나를 사랑하고 존중함으로써 세상을 더 행복하고 기쁜 곳으로 만들 수 도 있다.[9]

③ 자존감의 영향

서울과 경기도에 거주하는 고등학교 학생을 대상으로 조사한 결과, 자아존중감이 가장 높은 그룹은 89.3%가 대인관계 최고 수준의 그룹에 속했다. 반면 자아존중감이 낮은

8) 김한수, 공감, 하늘아래, 2018, pp.38-40.

9) 선안남, 자존감 어떻게 회복할 것인가, 소울메이트, 2018, pp.48-50.

그룹은 78.0%가 대인관계 수준 역시 낮게 나타났다. 마찬가지로 중간 그룹은 가장 많은 69.7%가 중간 정도의 대인관계 수준을 보였다. 자아존중감은 학업 성적, 리더십, 위기 극복능력, 대인관계 등 삶의 많은 영역에 영향을 미친다. 특히 대인관계는 자아존중감과 정비례하는 모습을 보인다.[10]

2) 자존감의 유형

① 과한 자존감

자존감이 지나치게 높으면, 자신이 타인보다 우월하다고 생각하기 때문에 다른 사람을 과소평가하기 쉽다. 다른 사람의 말을 듣지 않고 배타적이며, 비판적인 성향을 지니는 경우도 있다. 마음속에 항상 경쟁심이 있고, 어디서나 도전적인 성향을 보인다.

② 높은 자존감

가장 이상적인 자존감의 형태로 자신을 있는 그대로 받아들인다. 스스로를 믿기 때문에 위기가 닥쳐도 쉽사리 흥분하거나, 타인을 공격하려 들지 않는다. 심리학자 나다니엘 브랜든은 높은 자존감을 가진 사람은 타인보다 우위에 서려고 애쓰지 않으며, 타인의 기준에 자신을 증명하려 들지 않는다고 하였다.

다른 사람보다 더 나은 사람이 아니라, 있는 그대로의 자신을 기쁘게 받아들이고, 실패하더라도 자신과 타인을 비난하기보다는 그 에너지를 미래로 보내 앞으로 이 실패를 어떻게 성공의 토대가 될 수 있게 할지에 몰입하는 경향을 가진다.

③ 낮은 자존감

지나치게 타인에게 의존적이고, 스스로를 깎아내리는 성향을 가진다. 다른 사람의 평가에 예민하고, 자신의 가능성과 잠재력을 믿지 않으며, 스스로의 불안이 현실 상황을 좌우하기까지 한다. 실패를 하기도 전에 두려워하고, 주저하고 불안해하는 성향을 가지고 있다.

---

10) 박지연, "자아존중감이 청소년의 대인관계에 미치는 영향", 이화여자대학교 석사학위논문, 2008, pp.32-51.

4 자존감 평가

심리학자 로젠버그는 자존감을 "자기 자신의 가치에 대한 긍정적인 평가 또는 태도"라고 하였는데, 자신이 사랑받을 가치가 있는 소중한 존재이며, 어떤 성과를 이룰 만한 유능한 사람이라고 스스로 믿는 마음이라는 것이다.

자존감이 인생의 핵심 요소가 아니다. 자존감이 낮다는 건, 스스로 기뻐하고 성취를 인정하며 만족할 줄 아는 능력이 약한 것뿐이다. 성공을 앞에 두고도, 자존감이 낮은 사람은 본인이 합당한지 불안해하고, 쉽게 자신의 공로를 인정하지 못한다.

로젠버그가 프린스턴대학에서 연구한 'Society and Adolescent Self-Image'[11]논문 속 자존감 평가 체크리스트를 만들었다. 30점 이상은 높은 자존감을, 20점 이상은 보통, 19점 이하는 낮은 자존감으로 평가된다.

자존감이 낮다고 해서 큰 문제가 있는 건 아니다 하지만 스스로를 사랑하지 못해 우울감에 빠질 수는 있다. '아주' 낮을수록 행복과 정반대의 상황으로 자신을 내몰기 때문이다. 자존감이 높은 경우 어려운 역경이나 고비에 대항해 컨디션을 회복하는 능력이 뛰어나다.

표 4-3 로젠버그 자존감 평가리스트

No	질문내용	평가점수			
		전혀 아니다	보통 이다	조금 그렇다	매우 그렇다
1	나는 내가 다른 사람들처럼 가치 있는 사람이라고 생각한다.	①	②	③	④
2	나는 좋은 성품을 가졌다고 생각한다.	①	②	③	④
3	나는 대체적으로 성공한 사람이라는 느낌이 든다.	④	②	③	①
4	나는 대부분의 다른 사람들처럼 일을 잘해낼 수 있다.	①	②	③	④
5	나는 자랑할 것이 별로 없다.	④	③	②	①
6	나는 나 자신에 대해 긍정적인 태도를 가지고 있다.	①	②	③	④
7	나는 나 자신에 대해 대체로 만족한다.	①	②	③	④
8	나는 나 자신을 좀 더 존경할 수 있다면 좋겠다.	④	③	②	①
9	나는 가끔 나 자신이 쓸모없는 사람이라는 생각이 든다.	④	③	②	①
10	나는 때때로 내가 좋지 않은 사람이라고 생각한다.	④	③	②	①
소계		________점			

11) Rosenberg, M.(1965), 'Society and Adolescent Self-Image'. Princeton, N. J.: Princeton University Press

2013년에 발표된 이동귀, 양난미, 박현주의 '한국형 자존감 평가영역 척도 개발 및 타당화'[12]논문에서는 29개의 문항으로 된 체크리스트를 개발하여 자존감을 평가하였는데 연구 결과 한국인에게 자존감을 높여주는 것은 사회적, 객관적인 능력, 긍정적인 성품, 대인관계, 가족으로 분석되었다.

표 4-4 한국형 자존감 평가리스트

No	평가영역	평가점수				
		전혀중요하지않다	중요하지 않다	보통이다	중요하다	매우중요하다
1	외모	①	②	③	④	⑤
2	인품/성품	①	②	③	④	⑤
3	긍정적 태도	①	②	③	④	⑤
4	배려/존중	①	②	③	④	⑤
5	노력/성실성	①	②	③	④	⑤
6	자신감/자부심	①	②	③	④	⑤
7	가치관/윤리/도덕	①	②	③	④	⑤
8	정신적 건강	①	②	③	④	⑤
9	객관적 능력(예:스펙, 자격증, 경력 등)	①	②	③	④	⑤
10	주관적 능력(예:문제해결, 리더십 등)	①	②	③	④	⑤
11	지적능력/지식	①	②	③	④	⑤
12	말솜씨/화술	①	②	③	④	⑤
13	성취/성공	①	②	③	④	⑤
14	학업성적	①	②	③	④	⑤
15	학력/학벌	①	②	③	④	⑤
16	직업	①	②	③	④	⑤
17	자신의 명예/지위	①	②	③	④	⑤
18	가족의 명예/지위	①	②	③	④	⑤
19	사회적 평판	①	②	③	④	⑤
20	자신의 경제력(예:연봉, 월급, 용돈)	①	②	③	④	⑤
21	가족의 경제력	①	②	③	④	⑤
22	소유물(예:핸드폰, 아파트, 차)	①	②	③	④	⑤
23	가족구성원	①	②	③	④	⑤

12) 이동귀, 양난미, 박현주, '한국형 자존감 평가영역 척도 개발 및 타당화'. 한국심리학회지, 2013, 32(1), pp.271-298.

24	가족 간의 사랑	① ------- ② ------- ③ ------ ④ ------- ⑤
25	가정생활/분위기	① ------- ② ------- ③ ------ ④ ------- ⑤
26	대인관계	① ------- ② ------- ③ ------ ④ ------- ⑤
27	친구관계	① ------- ② ------- ③ ------ ④ ------- ⑤
28	이성/연인관계	① ------- ② ------- ③ ------ ④ ------- ⑤
29	공동체내 관계(예:직장, 사제, 동호회)	① ------- ② ------- ③ ------ ④ ------- ⑤

※자료: 이동귀, 양난미, 박현주, '한국형 자존감 평가영역 척도 개발 및 타당화'. 한국심리학회지, 2013, 32(1), pp.271-298.

사회적인 지위나 성공, 외모와 재력 같은 요인도 자존감 형성에 도움이 된다는 연구 결과도 있다. 하버드대학의 낸시 에트코프 교수가 1957년 미국 위스콘신에서 고등학교를 졸업한 1만 명의 시민을 대상으로 50년간 연구한 결과, 외모가 뛰어난 사람은 고등학교를 졸업한 지 50년이 지난 후에도 행복한 경우가 많았다고 한다.

고등학교 시절 예쁘고 잘생긴 사람들이 평균 5.5% 더 행복했고, 날씬한 사람은 7.4% 행복했으며, 교육 수준이 높은 사람은 4.6%, 건강한 사람은 4%, 연봉이 높은 사람은 3.1% 더 행복한 것으로 분석되어, 외모가 주는 행복이 꽤 크다는 결과를 제시하였다.

하지만 이것이 '정신 건강'과 직결되지는 않아서, 주위 사람들로부터 인정을 받는 것이지, 사회적인 측면에서 자존감이 높은 사람들은 주로 정신 건강이 취약한 경우가 많았습니다.

5 자존감 높이는 법

다른 누구도 아닌 내가, 나를 소중히 여기고 사랑하는 마음, 어떤 조건이나 기준을 들이대지 않고 있는 그대로의 나를 소중히 여기고 사랑하는 것, 이것을 그저 '자존감'이라는 한 단어로 표현하기에는 보족함이 많지만 자존감보다 이를 더 잘 설명해주는 말이 없다.

자존감은 우리 마음의 면역시스템과 같다. 신체의 면역시스템이 약해지면 우리는 사소한 외부의 자극에도 쉽게 취약해지고, 한 번 취약해지면 다른 질병에 시달릴 가능성도 커진다. 우리 몸의 면역시스템이 망가지면 이를 치료해야 하듯, 불안정하고 낮은 자존감에 흔들릴 때 우리는 스스로를 치유하거나 우리의 치유를 도와줄 누군가에게 도움을 청할 필요가 있다.[13)]

40여년간 자존감에 대해 연구해온 심리학자 나다니엘 브랜든(N. Branden)은 자존감을 높이는 방법으로 다음의 6가지를 제시하였다.

① 자기 삶을 인식하기

자존감 높이는 첫 단계는 있는 그대로의 사실을 그대로 받아들여야 한다. 자신이 무엇을 하고 있는지 의식하고 그 순간에 몰입해야 한다. 자기의관심사, 가치, 목표와 관계있는 지식이나 정보를 수집하고 열린 마음으로 받아들여야 한다.

자신과 관련된 외부세계 뿐만 아니라 내면의 세계에 대해서도 이해하기 위해 노력해야 한다. 과거의 상처와 트라우마를 직면해야 하기 때문에 절대 쉽지 많은 않다.

긍정적인 자기 믿음은 긍정적인 기대감을 낳고, 긍정적인 기대감은 효과적인 단호한 행동으로 그리고 강화된 긍정적 자기 믿음으로 발전해 궁극적으로 자존감을 상승시킨다.

캘리포니아 대학교에서 실시한 연구에 따르면, 사람들이 패턴을 반복할수록 패턴은 점점 더 강력해지는 것으로 나타났다. 반면에 패턴을 사용하지 않게 되면 점점 약해진다.

자기인식은 변화의 힘을 가지고 있다. 자신을 알게 되면 마음을 열고 새로운 경험을 할 수 있게 되며 에너지와 이해심을 불어넣을 수 있다.[14)]

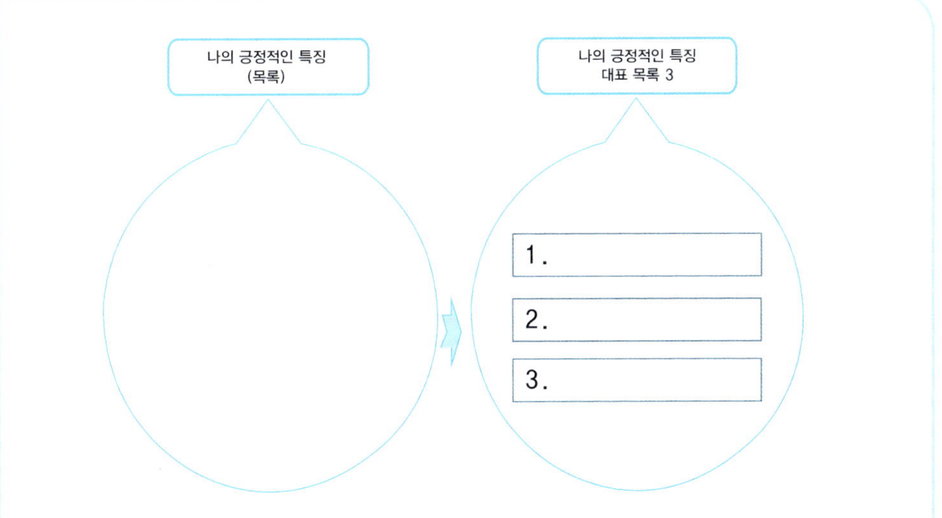

그림 4-5 ▶ 자기인식의 예

13) 선안남, 자존감 어떻게 회복할 것인가, 소울메이트, 2018, p.14.

14) 린다 필드 지음/유세비 옮김, 자존감 코칭, 밀라그로, 2018, pp.134-138.

자기인식은 어느 순간 갑자기 이루어질 수 있고, 그렇지 않다면 아주 천천히 다가올 수도 있다. 자신을 인식할 줄 아는 시각으로 보다 명확해지고 지혜와 자신감을 갖출 수 있게 될 것이다. 자신의 패턴을 이해하게 되어 원치 않는 부정적인 패턴을 바꿀 수 있게 될 것이다.

② 자기인정하기

자기의 생각과 느낌, 행동에 핑계를 대거나, 부정하거나 회피해서는 안 된다. 절대적으로 자기부정은 금물이며, 불편하거나 껄끄러운 생각이나 감정, 행동이라도 있는 그대로 인정해야 한다. 스스로를 있는 그대로 받아들이면 상대방의 지적을 받거나, 다른 의견을 제시해도 적대적인 마음을 갖지 않고 경청할 수 있게 된다.

자신을 타인의 일방적인 기준에 견주어 비교하거나 현실적이지 않는 기준에 비추어 자신을 바라보게 된다면 의욕을 품고 자신을 갈고닦아 나아가기가 어려워질 수밖에 없다.

콜롬비아 대학의 히긴스(Edward Tory Higgins)교수는 1987년 '자기 불일치 이론'을 통해서 실제적인 자기(actual-self)와 이상적자기(ideal-self)간의 괴리가 우리를 힘들게 한다고 하였다. 그는 다른 누군가의 기준으로 자신을 바라보며 상심하기보다는 자기 안의 강점과 장점을 연마시키며 꾸준히 노력하는 것이 필요하며, 이상적 자기의 모습과 현실적 자기의 모습 사이에는 언제나 불일치하는 면이 있을 수밖에 없다는 사실을 받아들이고, 자신의 가치에 대한 확고한 믿음 위에 이상적 자기를 현실 위에서 구현하기 위해 노력이 필요함을 주장하였다.

이상적 자기(the ideal self)와 우리에게 실제로 나타나는 현실적인 자기(the real self)사이에는 언제나 차이가 있을 수밖에 없다. 그리고 때로는 이런 차이가 있기에 스스로를 지금보다 더 나은 방식으로 발전시키고자 애쓰기도 하고, 타인의 모습에 자극을 받아 더 열심히 살게 되는 계기로 삼기도 한다.

모든 것을 결과가 아닌 과정으로 받아들여야 한다. 순간순간 들어나는 과정을 결과로 단정 짓고는 쉽게 자괴감을 느끼며 포기하기도 하는데, '결과지향성'은 결과를 이루는가, 그렇지 않은가 여부에 상관없이 스스로를 볼품없이 여기게 하고 삶을 행복하게 살기 어렵게 만든다. 우리의 삶은 결과의 합이 아닌 과정의 합으로 이루어지기 때문이다. 결과라고 생각했던 일들을 자세히 살펴보면 모두가 과정이었다.[15)]

15) 선안남, 자존감 어떻게 회복할 것인가, 소울메이트, 2018, pp.70-78.

③ 자기선택과 행동에 책임지기

내 인생을 책임지는 건 자기 자신이다. 현재 자신이 살아가는 모습은 자신이 내린 선택과 그에 따른 행동의 결과인 것이다. 우리는 모두 각자의 인생, 행복, 삶의 목적에 대한 책임이 있다.

다른 사람과 함께하던 일이 잘못되었을 때도 누구 탓을 따지지 말고 '어떻게 해야 문제를 해결 할 수 있을까?'를 생각해야 한다. 자신의 선택과 행동에 무한한 책임을 져야 한다.

탈무드에 이런 이야기가 있다. 어느 아버지가 아들에게 "사람의 마음에는 두 마리의 늑대가 있단다. 하나는 긍정적인 생각을 하고 행동하게 하는 늑대이고, 하나는 부정적인 생각을 하고 행동을 하게하는 늑대란다"그 말에 아들이 아버지에게 물었다. "그럼 결국에는 누가 이겨요?"아버지의 대답은 "네가 먹이를 주는 쪽이 이긴단다."결국 우리는 긍정적인 생각을 하면 긍정적인 행동이 이루어지고, 부적적인 생각을 하면 부정적인 행동이[16] 이루어진다는 교훈을 주는 이야기이다.

아네스 안은 '좋은 일이 생겨야 긍정적인 사람이 되는 게 아니라 긍정적인 생각과 행동을 해야 좋은 일이 생긴다. 마음의 밭에 긍정의 씨앗을 뿌리면 된다'[17]고 하였고, 법륜스님은 자기 자신을 사랑하는 법이라는 글에서 "꽃을 보고 그 꽃이 아름답다고 마음을 내면 꽃이 좋습니까, 내가 좋습니까? 내가 좋지요. 한 사람이 있습니다. 그 사람을 아끼고 사랑하면 누가 좋습니까? 내가 좋고 내가 행복해집니다. 그 사람을 미워하고 원망하면 내가 괴로워집니다. …….."[18]

같은 상황에서도 긍정적이 될 수도 있고 부정적이 될 수도 있다. 긍정의 마음과 부정의 마음은 상황으로부터 주어지는 것이 아닌 자기 내면으로부터 나오기 때문이다. 어떤 상황이 발생했을 때 그것을 받아들이는 방법은 두 가지가 있다. 하나는 그 상황이 계속될 것이라 믿으면서, 나는 아무것도 할 수 없어(내가 무엇을 하더라도 안되)라고 믿는 것과, 이 상황은 지속될 수 없으며 곧 바뀐다고 믿으며 내가 할 것은 무잇인가를 찾아 준비하는 방법이다. 어떤 선택을 할 것인가?

---

16) 전도근외 2인, 리더를 키우는 긍정의 힘, 해비&북스, 2008, p.69.

17) 아네스 안, 프린세스 라 브라바 기대해도 좋을 내 인생을 위해, 위즈덤하우스, 2010.

18) 법륜스님의 행복톡, 2017.11.20. 자기 자신을 사랑하는 법 중에서.

생각을 선택하는 사람은 자신이기 때문에, 자신만이 생각을 바꿀 수 있다. 사람은 자신의 생각을 선택한다. 하지만 사람들은 습관적으로 반복해서 같은 생각을 하기 때문에, 자신이 생각을 선택했다고 믿지는 않는다. 그러나 사람들은 처음부터 자신의 생각을 선택했다. 따라서, 자신의 선택으로 어떤 생각은 하지 않을 수도 있다. 자신을 얼마나 긍정적으로 생각하려 하지 않는지 곰곰이 생각해 보자. 그 사실을 깨달았다면, 자신을 부정적으로 생각하는 것을 거부할 수 있다.[19]

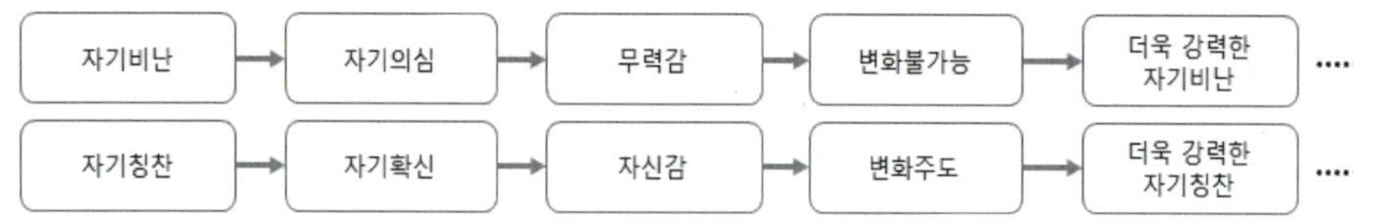

그림 4-6 ▶ 긍정과 부정의 반복패턴

뇌는 긍정만 할 수 있다. 애초에 뇌는 부정이라는 생각을 하지 못한다고 한다. 예를 들어 '멋진 남자(여자) 배우에게 안긴다고 상상하지 마세요.', '분홍색 코끼리를 상상하지 마세요.'라는 말을 들어도 나도 모르게 상상하게 된다. 뇌에는 부정이 통하지 않는다는 것은 그런 말이다. 가령 '지금의 내가 싫어'라고 부정했다고 해도, '지금의 나로도 괜찮아. 변하는 것은 귀찮아.'라고 무의식이 말하고 있다. 내가 지금부터 시작하려는 일이나 새롭게 받아들이고자하는 사고방식이 매우 좋은 것이라면 나에게나 나의 뇌에 좋은 일이 아닐까? 그런데도 그것을 받아들이지 않는 이유는 ? 이라고 생각해보자 뇌가 받아들여서 그렇게 하면 고맙겠지만 뇌는 지금 현재가(자신이)가장 편한 것이어서, 즐거운 것이어서 뇌의 '무의식'영역이 그렇게 하는 것으로 자신을 긍정하고 있는 것이다[20] 그래서 무의식의 개발에도 소홀해서는 안 된다.

④ 자신 있게 자기주장하기

자존감은 자신에 대한 믿음에서 시작된다. 자존감이 낮을수록 타인의 눈을 의식하고, 다른 사람의 비판에 취약하다. 다른 사람의 평판을 의식하기보다는, 내 의견에 당당해질 필요가 있다.

---

19) 린다 필드 지음/유세비 옮김, 자존감 코칭, 밀라그로, 2018, pp.50-51.

20) 구스도 후토시 지음/장현주 옮김, 무의식을 지배하는 말, 경향BP, 2018, pp.74-75.

적절한 '자기 주장'은 자존감을 드러내고 자존감을 올려주는 중요한 요소이다. 또한 탄탄한 자존감을 가진 사람만이 적절하게 자기주장을 할 수 있다.

자기주장이란 자신의 생각과 느낌, 의견을 명확하고 적절히 표현하는 능력이자 기술을 말한다. 그런데 항상 배려해야 한다는 생각에 얽매여 있다 보면 적절히 항의하거나 시정을 요구하지 못하고 속으로 참게 될 가능성이 커진다. 타인의 잘못을 꼬집고 시정해줄 것을 요구하거나 감정을 표현하기보다는 오로지 갈등을 회피하고 관계를 겉으로만 좋아보이도록 만드는 데 집중하게 되는 것이다.

만약 남들 앞에서 마음 편히 자기주장을 못할 때가 많다면 자존감을 점검해보고 다음 두 가지를 꼭 기억할 필요가 있습니다.

첫째, 자기 주장성은 모든 사람이 가진 선천적인 특성이다. 무언가 자기 뜻대로 되지 않았을 때 아이가 우는 것을 아동심리학자들은 '격노'라고 표현하는데, 격노가 나타나는 이유는 자기 주장성이 깨졌기 때문이라고 설명한다. 이때 아이에게 필요한 것은 '공감적 반응'이라고 한다. 좌절된 아이의 마음을 옆에서 달래주는 타인의 반응이 필요하다고 한다.

모든 성인들은 이런 과정을 거쳐 자신이 처한 환경 속에서 자기주장을 하는 방식을 보다 성숙하고 세련되며 합리적으로 길러왔을 것입니다. 그러나 우리의 자기 주장성이 자주 깨지고, 그럴 때 우리가 필요로 하는 공감적 반응을 얻지 못한다면 격노를 반복하게 되고 잘못된 방식으로 자기주장을 하게 되기도 한다.

따라서, 평소에 자기주장을 하지 못했다면 이제부터라도 자기주장을 연습하고 갈고 닦을 필요가 있다.

둘째, 자기주장은 공격성과는 다르다는 것이다. 자기 주장성이 확고하다는 것은 타인의 의견은 존중하되 자신의 의견을 흔들림 없이 펼칠 수 있다는 것을 의미한다. 반면에 자신의 뜻대로 되지 않을 것 같은 때나 자신의 뜻대로 되지 않을 때, 공격적인 반응을 보이는 것은 적절한 자기주장이 아니다.

내가 내 마음을 표현하지 않는다면 어느 누구도 나를 대신해서 나를 이야기해줄 수 있는 사람은 없다. 내 마음을 있는 그대로 표현해보는 시간이 쌓일수록 나의 자존감은 높아진다.

⑤ 목적을 가진 삶 추구하기.

인생의 목적과 목표를 세워서 실천하는 것이 필요하다. 중장기 목표를 세우고, 그 아래 단기 목표를 세워서 그것을 달성하기 위한 실행계획을 수립하여 자기만의 방법으로 정리하여 실천한다. 진행상황을 수시로 체크하며 크고 작은 성취감을 맛봐야 한다.

목적의식을 가지고 사는 것은 외부적인 성공만을 의미하는 것은 아니다. 자존감의 뿌리는 무엇인가를 성취할 수 있도록 동기를 부여하는 내면적인 힘과 가치이다.

⑥ 정직한 인격 도야하기

자신의 가치와 신념, 도덕적인 윤리를 바르게 세우고 그것과 일치하는 삶을 살아가도록 노력해야한다. 진실만을 말하고 자신이 한 말에 반드시 책임을 져야한다. 자신이 중요하다고 생각하는 가치를 실천하는 것이 필요하다.

- 오늘을 000한 하루로 만들거야! (좋은말 넣기)
- 중요한 것은 '하루가 되는 것'이 아니라 '만드는 것'이다.

6 셀프 동기부여

스스로 자기에게 동기부여를 할 수 있다면 높은 수준의 자존감을 가지고 있다고 할 수 있다. 이 수준을 지속적으로 유지하기 위해서는 〈그림 4-7〉과 같이 10가지의 긍정 에너지를 지속적으로 연습하고 기를 필요가 있다.

① 긍정적인 확언 만들기

② 더 많은 연습하기

③ 자기비난 중단하기

④ 성공보상과 기억하기

⑤ 자기자신 칭찬하기

⑥ 실패걱정 중단하기

⑦ 완벽주의 집착버리기

⑧ 새로운 아이디어 수용과 도전하기

⑨ 자기자신을 믿어주기

⑩ 낙과적인 마인드 기르기

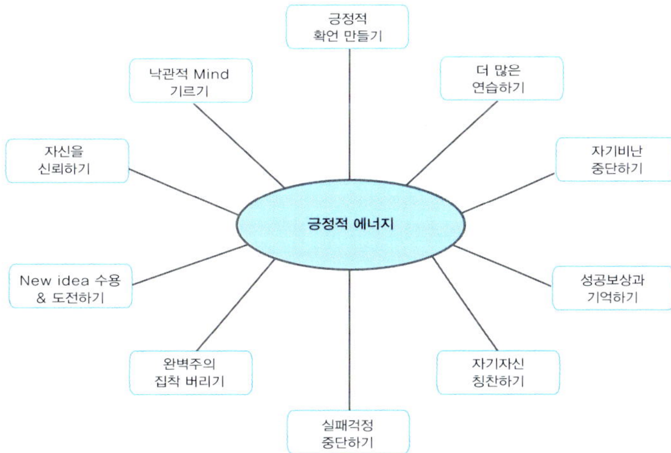

그림 4-7 ▶ 긍정 에너지로 셀프 동기부여

※자료: 린다 필드 지음/유세비 옮김, 자존감 코칭, 밀라그로, 2018, p.182.

〈포기하지 않는 낙선 전문가!!!〉

– 22살에 사업실패 – 23살에 주 의회의원 출마 낙선

– 24살에 다시 사업시작 실패 – 25살에 주 의회의원 당선

– 26살에 연인사망으로 신경쇠약과 정신분열증 발병

– 29살에 주 의회의장 선거 낙선

– 31살에 대통령 선거위원 낙선

– 34살에 하원의원 낙선

– 37살에 하원의원 당선

– 39살에 하원의원 낙선

– 46살에 상원의원 낙선

– 47살에 부통령 출마 낙선

– 49살에 상원의원 출마 낙선

무모하고, 황당하고, 별 볼일 없는 사람처럼 생각되는 이 사람은

– 51살에 대통령에 도선하여 당선되었는데 미국 역시상 가장 존경 받는 제 16대 링컨대통령입니다.

링컨을 위대한 인물로 꼽는 이유 중 하나는 어떠한 어려운 역경과 실패 속에서도 결코 좌절하거나 포기하지 않고 끝까지 신념을 가지고 도전했다는 사실입니다. 위대한 인물들의 공통점은 환경을 탓하지 않고 어려운 역경에도 좌절하지 않았으며, 남들이 다 포기할 때도 포기하지 않고 도전하고 노력하였다는 사실입니다.

〈김한수, 공감, 하늘아래, 2018, pp.75–77.〉

참고문헌

- 김한수, 공감, 하늘아래, 2018.
- 구스도 후토시 지음/장현주 옮김, 무의식을 지배하는 말, 경향BP, 2018.
- 김경일, 이끌지 말고 따르게 하라, 진성북스, 2017.
- 루이스 L. 헤이 지음/임남미 옮김, 나는 할 수 있어, 나들목, 2004.
- 린다 필드 지음/유세비 옮김, 자존감 코칭, 밀라그로, 2018.
- 박지연, "자아존중감이 청소년의 대인관계에 미치는 영향", 이화여자대학교 석사학위논문, 2008.
- 법륜스님의 행복톡, 2017.11.20. 자기 자신을 사랑하는 법 중에서
- 선안남, 자존감 어떻게 회복할 것인가, 소울메이트, 2018.
- 아네스 안, 프린세스 라 브라바 기대해도 좋을 내 인생을 위해, 위즈덤하우스, 2010.
- 이동귀, 양난미, 박현주, '한국형 자존감 평가영역 척도 개발 및 타당화'. 한국심리학회지, 2013, 32(1).
- 전도근외 2인, 리더를 키우는 긍정의 힘, 해비&북스, 2008.
- 한국교육개발원, 어울림 학교폭력예방 프로그램, 2013.
- http://news.donga.com/View?gid=88174457&date=20180115
- https://ko.wikipedia.org/wiki/2018.12.11.
- https://namu.wiki/w/2018.12.11.
- Rosenberg, M.(1965), 'Society and Adolescent Self-Image'. Princeton, N. J.: Princeton University Press

제5장 비전 만들기와 의식개혁

1 비전

1) 비전

비전(vision)은 '보다'라는 의미의 라틴어 'visio'에서 왔으며, visio는 그리스어 '이데인(idein)'에서 유래되었다. 이데인은 '보다'라는 의미를 가지고 있으나 본질적인 의미는 본질(idea)을 의미한다.

북아메리카 원주민들이 성인이 되기 위해 행하는 통과의례를 비전퀘스트(Vision Quest)라고 부른다고 한다. 라코다 수우 족 언어로 '헴블레체야'로 그 뜻이 '꿈을 요청하는 외침'이라는 뜻이며, 이런 통과의례는 '꿈을 요청하는 외침', '산에 오르기' 등 서로 다른 이름으로 존재한다.

이 과정은 아이들에게 어려운 시험이며, 고난을 통해 자기 인생의 주인이 되는 첫걸음을 떼게 되는데 이를 통해 아이들은 자기 삶의 미래에 대한 비전을 얻게 된다. "비전 퀘스트 의식에서 첫 번째로 '나는 누구인가?'라는 질문을 스스로에게 던진다. 어떤 일에 성공하려면 자신이 누구인가에 대한 확고한 신념이 있어야 한다. 외적 수단으로는 그 답을 얻을 수 없다. 해답은 자기 내부에서 찾아야 한다. 자만심과 부족한 인내심과 두려움은 자기 안의 위대한 신비가 보내는 메시지를 가로 막는다"[1)]

비전이란 조직이나 개인의 바람직한 미래상을 표현한 것으로서 현재보다 더 낫거나 성공적이고 바람직한 미래의 청사진을 자세하게 그려놓은 목표라고 할 수 있다.

---

1) 류시화, 새는 날아가면서 뒤돌아보지 않는다, 더숲, 2017, pp.85-86.

비전이 있는 것과 없는 것의 차이는 원대한 이상을 품고 삶에서 이를 추구하는 사람과 하루하루 아무 생각 없이 살아가는 사람의 차이이다.

비전을 가진 사람은 아무리 힘든 일이 닥치더라도 직장생활과 사업을 꿋꿋하게 하며 자신의 길을 걸어갈 수 있다. 그러나 비전이 없는 사람은 5년, 10년이 지나도 남을 탓하고 무엇 때문에 라는 핑계를 대며 시간을 허비하고만 있을 것이다.

현재는 격변의 시대이다. 모든 것이 빠르게 변화하고 있다. 하지만 비전과 가치는 변화하지 않는다.

조직의 비전이란 단순히 조직이 되고 싶은 미래의 희망적인 상상의 그림이 아니라, 조직의 본질적인 의미가 드러난 미래가치이며, 조직이 어디로 나아갈지에 대한 본질적이면서 담대하고 큰 방향을 담고 있는 것이다. 이런 조직의 비전은 외부를 향한 '사회적 비전'과 내부를 향한 '조직변화비전'으로 구분될 수 있다[2].

성공적인 리더십은 조직을 현재에서 미래로 움직이게 하고, 조직의 잠재적인 기회를 비전으로 창조하며, 구성원들을 변화에 동참하도록 이끌고, 에너지와 자원을 동원하고 집중할 수 있도록 새로운 문화의 전략을조직 내에 전파시키는 것이다.[3]

그러기 위해서는 조직이 새로운 업무를 완벽하고 확실하게 완수했을 때 달성될 미래의 비전을 보여 줌으로서 변화에 대한 저항을 극복해 나간다.[4]

2) 최상의 자기(Best Possible Self)

5년 후, 10년 후, 20년 후의 자기 모습을 생각해 본 적이 있는가? 미래에 이루고 싶은 목표가 있다면, 그 목표를 이룬 후의 자신의 모습을 떠올려보자. 이것을 '최상의 자기 연습'이라고 하는데 '최상의 자기 연습'은 미래의 자신을 상상하고, 자신이 인생에서 원하는 거의 모든 것을 성취한 모습을 그려보고, 훌륭한 결정을 내리는 자신을 떠올리고 자신이 원하는 인생을 묘사해보는 것이다. 이 연습은 스스로를 격려하고 의욕을 고취시킬 수 있다.

---

2) 양세진, 조직의 비전 · 미션 · 전략수립에 대한 사례소개, SIG보고서 제8호, 2016, p.3.

3) 정우일외 9인 공저, 리더와 리더십, 박영사, 2006, p.27.

4) Bennis & Nanus 저/ 김원석 옮김, 리더와 리더십, 황금부엉이, 2005, p.40.

긍정심리학자로 널리 알려진 미주리 대학 심리학과교수 로라 킹(Laura A. King)은 은 최상의 자기 연습을 연구하여 잠재력을 발휘하는 자신에 대한 의식적인 사고의 흐름을 글로 적는 행위가 심리적 강장제 역할을 해서 개인의 행복 수준을 현저하게 증가시킨다는 결론을 제시하였다. 최상의 자기연습은 비현실적인 몽상이나 환상에 빠지는 연습이 아닌 자신의 성장을 위한 문제를 제시하는 연습이다. 미래의 긍정적인 자기시각화는 긍정정서를 높이고 개인의 변화를 촉진하고 뛰어난 업무성과를 유도하는데 크게 기여한다고 주장한다.

꿈은 구체적일수록 이루어질 가능성이 커진다. 미래의 자기 모습을 구체적으로 이미지까지 더해 그려보면 목표를 달성하기가 쉬워진다.[5]

3) 변화에 기업의 대응전략

급변하는 환경변화에 대한 기업의 대응전략은 다음 그림과 환경변화의 강도에 따른 내부저항의 수준을 고려한 형태로 수립되는 것이 일반적이다. 이러한 대응은 계속기업으로 존재하기 위하여 치열한 경쟁에 능동적이면서 선제적으로 대응하기 위하여 필요한 조처였다.

과거의 기업경영에서는 어려운 상황을 극복한 후 본래의 모습으로 회귀하였지만 최근의 모습은 멈추지 않고 지속적으로 변화하고 혁신을 추구하는 것으로 체제가 달라지고 있다.

이러한 시스템에서 조직내부의 불협화음을 조절하고 없애기 위해서는 구성원 전체가 하나의 목소리를 내고 한 방향을 지향하는 것이 필요한데 그렇기 위해서는 먼저 기업과 개인의 비전수립이 선행되어야 한다.

---

5) 우문식, 행복 4.0, 물푸레, 2014, pp.361-362.

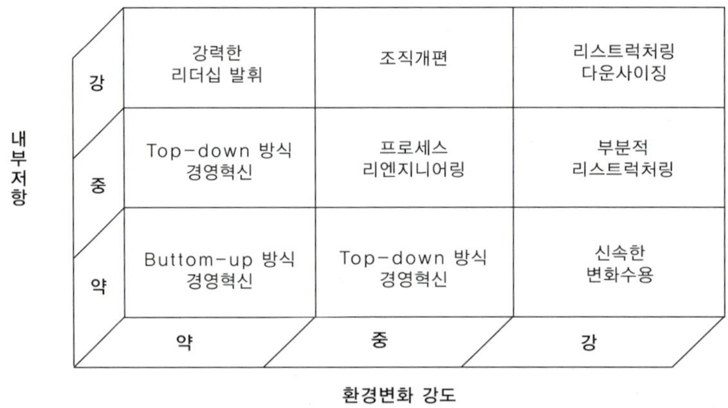

그림 5-1 ▶ 환경변화에 대한 기업의 대응전략 형태

2 비전 만들기(Vision Making)와 공유(Co-Ownership)

1) 비전 만들기

사람은 두 종류로 나눌 수 있다. 목표를 가지고 사는 사람과 그렇지 않은 사람이다.

목표란 무엇일까? 목표는 내비게이션과 같다. 목표가 없다는 건 어디로 가야할 지를 모르는 것과 같다. 영어 단어 중에 'disaster(재앙)'이란 단어가 있다. 어원을 보면 'dis(사라지다)'와 'aster(별)'로 구성되어 있다. 즉, 별이 사라지는 것이 재앙이라는 말이다. 목표가 없다는 것은 그 자체로 비극의 씨앗을 가지고 있는 것이다.

목표는 왜 중요할까? 목표는 최고의 동기부여 수단이다. 목표가 생기면 흔들리지 않고, 목표는 사람을 성장하게 한다. 주위에 부정적인 정보가 넘쳐나지만 목표가 명확하면 그런 것에 흔들리지 않는다. 목표가 우리를 지켜주는 것이다.

목표는 잠재력을 발휘하게 한다. 잠재력은 어려운 목표를 달성하는 과정에서 발휘된다. 목표가 없으면 당연히 잠재력은 깨어나지 않는다.

케네디가 인간을 달에 보낸다는 목표를 세웠을 때, 빌게이츠가 모든 가정의 책상 위에 PC를 놓게 하겠다는 결심을 했을 때, 그들은 가치 있고 성취 가능한 목표를 정하고 거기에 집중했다. 그 결과가 인류의 삶을 크게 변화 시켰다. 우리의 일상에 사용되는 많은 문명의 이기들이 우주개발을 위해 개발된 기술에 영향을 받은 것이고, 모두가 개인용 컴퓨터를 사용하고 있는 것이 그들의 비전이 현실화되었기 때문이라고 해도 과언이 아니다.

비전은 언제나 미래의 상태, 즉 현재 존재하지 않으며 과거에도 존재한 적이 없는 상태에 대하여 말한다.

위기상황에 직면한 기업이 원대한 비전을 가진 경영자에 의해 위기를 모면할 뿐만 아니라 커다란 성공은 거두고 앞서 나아가게 된 사례는 수없이 많다. 성공한 기업의 경영자들이 위기를 오히려 기회로 바꿀 수 있었던 것은 확고한 비전이 있었기 때문이다.

비전이 문제를 해결해 주는 방법 그 자체는 아니지만 확고한 비전을 가지고 목표를 향하는 기업은 어려움을 헤쳐 나갈 강력한 추진력을 가질 수 있다.

우리는 흔히 '비전이 없다', '비전이 안 보인다', '비전이 무엇이냐'고 말하는 경우가 많다.

실제 비전이 없다기보다는 그것이 어느 누구라도 알 수 있는 형태로 되어 있지 않다거나 지금까지는 위기에 봉착할 때마다 임기응변식의 의사결정으로 위기를 극복하여 왔기 때문에 새삼스럽게 생각한 적이 없다고 보는 것이 타당하다.

예를 들어, 다음 질문 중 어느 하나라도 '그렇다'라는 답이 나온다면 여러분은 이미 비전이 무엇인가를 잘 알고 있는 것이며, 이미 비전을 만들어 본 경험이 있는 것이다.

표 5-1 비전의 예

- 어른이 되면 어떤 사람이 되어야지라고 꿈을 가지고 있었는가?
- 직장생활에 대한 설계를 가지고 있었는가?
- 결혼생활에 대한 미래 청사진을 가지고 있었는가?
- 새로운 조직의 리더가 되었을 때, 바라는 조직의 모습을 분명히 인식하고 있는가?

조직이 자신의 목적과 방향 바라는 미래의 상태에 대하여 분명한 감각을 가질 때, 그리고 그 이미지가 널리 공유될 때 거기에 속한 개인은 조직에서 뿐만 아니라 그가 속한 사회전체에서 자기 역할을 찾을 수 있게 되고 열정을 가지고 일 할 수 있게 된다.

비전을 만들 때 고려해야 하는 것으로 다양한 것들이 제시되고 있지만 특별히 다음의 것들이 고려되어야 한다[6].

① 상상이 가능해야 한다. 시각적으로나 청각적으로 그림을 그려 볼 수 있어야 한다. 그래야만 실현가능성을 높이고 열정을 투입할 수 있게 하기 때문이다.

② 선의 희생, 정의 등과 같이 바람직한 것이어야 한다. 그래야만 모든 사람을 포괄할 수 있으며, 개인이라면 개인의 성향을 모두 담을 수 있다.

③ 실행 가능한 것이어야 한다. 균형이 잘 잡혀 있고 구성원간의 의사소통이 가능해야 한다. 그래야만 상황이 변했을 때 탄력적으로 대응 할 수 있게 되기 때문이다.

④ 초점이 있어야 한다. 가능하면 간단명료하게 표현되어야 한다. 그래야만 기억에 오래남고, 분명하게 인식할 수 있고 언제든지 상기되어 비전지향성을 갖게하기 때문이다.

⑤ 이해할 수 있어야 하며 다른 사람들에게 충분하게 설명할 수 있어야 한다. 왜냐하면 내가 잘 모르는 것을 향해 모든 것을 투자할 수는 없고, 다른 사람을 이해시킬 수도 없다면 스스로도 확신이 생기지 않기 때문이다.

비전이 성공적인 기업변화와 개인변화가 되려면 비전의 내용과 표현이 조직 구성원들의 동기를 유발할 수 있도록 구성되어야 한다. 즉, 비전에서 제시되는 목적과 미래의 상태는 도전적인 목표를 지향하여 구성원들에게 자극을 주는 동시에 현실적으로 가시적 효과가 나타나 조직 구성원들이 보람과 자부심을 가질 수 있도록 하여야 한다.

기업의 비전 달성을 위해서는 많은 시간이 필요한 만큼 변함없이 일관성 있게 추진되면서 기업환경 변화에 탄력적으로 적응할 수 있도록 그 내용이 유연하게 구성되어야 한다.

다음은 서비스기업의 비전체계도 인데, 각 기업들이 가지고 있는 경영자의 철학이 비전에 담겨있고, 기업이 처한 상황에 따라 각기 다른 방향으로 비전이 수립되어 있다.

물론 어떤 비전이 더 우수하고 덜 우수하다고 평가하는 데는 문제가 있다. 그러나 기업구성원들에게 어떤 비전이 힘을 부여해주고 목표를 향해 전진할 수 있게 하는가는 평가해 볼 수 있을 것이다.

---

6) 서성교, 하버드 리더십 노트, 원앤원북스, 2003, pp.81-81.참조

비전

A Global Leading Chain Hotels & Resorts

아시아 TOP3
브랜드 호텔

고품격 경영
업계 선도

고객 중심, 효율 중심
경쟁력 강화

롯데호텔 '아시아 TOP3 브랜드 호텔'로 성장한다는 비전 아래 지속적인 변화와 혁신을 추구하고 있습니다.
또한 전 부문에 걸친 Quality-Up을 위한 철학을 바탕으로 더욱 세련되고 정교한 품질의 서비스와 시설을 만들어 가고 있습니다.
이제 롯데호텔은 대한민국을 대표하는 글로벌 리딩 체인호텔로 발돋움하며 그 브랜드 가치를 세계적으로 더욱 높일 것입니다.

사랑, 자유, 풍요의 꿈을 실현하는 호텔
Touching your Heart

고객에게 감동을 주는
최고의 호텔리어가 된다.

고객으로부터 신뢰받는 프로로서의
자부심과 열정을 잊지 않는다.

**고객보다 앞선 행동과 밝은 미소로
세계 최고의 롯데호텔을 만든다.**

그림 5-2 ▶ 롯데호텔의 비전 (2018)

※ 자료: 롯데호텔 홈페이지

Vision

PREMIUM LIFESTYLE LEADING COMPANY

최고의 품격과 신뢰를 바탕으로 고객이 꿈꾸는 라이프스타일을 제공하는 글로벌 선도기업

Mission

우리는 최고의 라이프스타일 전문가로서 더 많은 인류에게 품격과 자부심을 경험케 한다.

신라인으로서 미션	우리는 Premium Lifestyle을 선도하는 신라인으로서 각각의 분야에서 최고의 전문가로 성장한다.
고객에 대한 미션	우리는 더 많은 고객이 다양한 생활영역에서 신라만의 품격과 자부심을 경험케 한다.
사회에 대한 미션	우리는 지속적인 혁신과 성장을 통해 인류가 더 나은 삶을 누릴 수 있도록 기여 한다.

Core Value PRIDE OF THE SHILLA

- 모든 사업에 최고를 지향합니다.
- 모든 고객에게 정성을 다합니다.
- 모든 업무에서 혁신을 추구합니다.
- 모든 신라인은 서로를 존중합니다.

그림 5-3 ▶ 호텔신라의 비전 (2018)

※ 자료: 호텔신라 홈페이지

그림 5-4 ▶ 에버랜드의 비전 (2018)

※자료: 에버랜드 홈페이지

2) 미션(Mission)

기업이 추구하는 미래상은 비전(Vision)이라 하고, 비전달성을 위해 기업이 우선적으로 수행해야 하는 역활과 사명을 미션(Mission)이라 하며, 비전과 미션을 실행하기 위해 기업 구성원이 가져야 할 정신자세/행동강령을 기업의 핵심가치라고 한다.

3) 목표(Goal)

비전을 달성하기 위한 목표는 장기적인 것에서부터 1년 단위의 단기적인 것까지 세밀하게 계량화하여 작성할 수 있다.

비전을 달성하기 위해서 3년 후에는 무엇이 되고, 5년 후에는 무엇을 하고, 10년 후에는 어떻게 되겠다는 등 구체적인 중 · 단기 달성 프로그램의 의미를 가지고 있다.

자기계발 분야의 세계적인 권위자인 미국의 폴J.마이어는 그의 연구조사 결과로 〈그림 5-5〉와 같이 100명 중 단지 3명만이 자신의 인생에 대한 구체적인 목표를 글로 쓰고 이것을 보면서 행동한다고 하였다.

그렇다면 목표를 글로 써보는 것과 그렇지 않는 것의 차이가 있는 것일까?

1953년 예일대학교 연구팀이 그 해 졸업예정자들을 대상으로 분명한 삶의 목표를 글로 써서 가지고 있는 학생이 얼마나 되는지 조사했는데 그중 3% 학생들만 글로 쓴 목표를 가지고 있었다. 20년이 지난 1973년 이들을 대상으로 추적 조사가 이루어졌는데, 그 결과 그로 쓴 목표를 가지고 있었던 3%가 소유한 부가 나머지 97% 사람들의 재산 합보다 더 많다는 사실이 확인되었다.

하버드 대학교의 연구에서도 유사한 결과가 도출되었다.

하버드 대학에서 1979년 MBA 졸업생을 대상으로 비전이 사람의 인생에 미치는 영향에 대한 연구를 10년에 걸쳐 진행한 결과, 졸업할 당시 아무 비전이 없었던 80%의 졸업생은 10년 후 평범한 생활을 하고 있었고, 비전만 있고 문서로 기록하지 않은 15%의 졸업생은 아무 비전이 없었던 84%의 졸업생보다 평균 2배의 연봉을 받고 있었다. 그러나 자신의 비전과 단계별 계획을 구체적으로 기록으로 남긴 5%의 졸업생은 나머지 95%의 졸업생 수입보다 10배의 많은 수입을 가졌고, 각계각층에서 최고인사가 되어 사회를 이끌고 있었다.

'비전문서화'는 이런 힘을 가지고 있다.[7] 비전을 실천하는데 있어 좋은 방법 중 하나

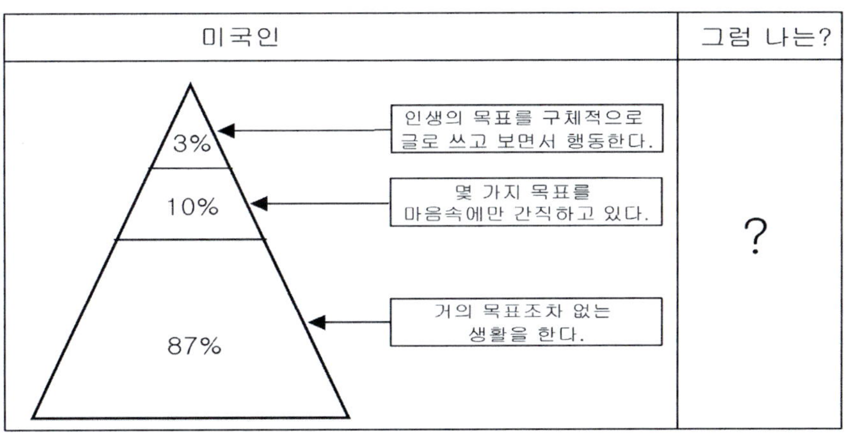

그림 5-5 ▶ 미국인들의 목표의식

는 생각은 크게 하되 행동은 작게 하여 하나씩 어루어가면 최종적으로 목표로 한 지점에 도달할 수 있게 되는 것이다.

하버드의대교수인 페리 칼라스는 2016년 뉴욕타임즈에서 우리의 뇌는 말 그대로 '종

---

7) 한봉주, 어떻게 자신을 변화시킬 것인가, 미래지식, 2014, pp.138-139.

이에 글씨를 쓰면서'자란다고 하면서 어린이들의 학습에 있어서도 글씨 쓰는 것의 중요성을 다음과 같이 주장하였다.

첫째, 손 글씨는 집중력을 높여준다. 워싱턴대학 심리학과 버닝거 교수가 4~9학년 학생 각 100명씩을 대상으로 '손 글씨를 쓰는 학생'과 '동영상과 MP3파일을 이용해 음성으로 하는 학습, 그냥 인쇄물을 읽는 식으로만 하는 학습, PC 등 주로 키보드를 이용한 학습'법으로 공부한 학생들을 비교조사 한 결과 이들은 손 글씨를 써가며 공부했던 학생들에 비해 학습능력이 떨어졌고 주의력결핍과잉행동장애(ADHL)와 같은 학습장애가 발생하는 확률이 2배 이상 높은 것으로 나타났다.

둘째, 손 글씨는 기억력을 높여준다. 버닝거 교수가 자신의 수업을 수강하는 대학생 2000명을 대상으로 한 조사에서도 직전 시간 수업 내용을 기억하는 정도에서 손 필기를 한 경우 80%, 디지털 기기를 이용한 필기를 한 경우에는 50%를 기억하는 것으로 나타났다.

셋째, 손 글씨는 성적도 높여준다. 플로리다대학의 로라 다인하트 교수의연구결과 꾸준하게 손 글씨를 쓴 학생들의 95%가 그렇지 않은 학생들에 비해 성적이 평균 30% 높은 것으로 나타났으며, 복잡한 일을 간편하게 정리해 내는 정리기술 능력도 더 높은 것으로 나타났다.

그렇다면 이렇게 차이가 나는 이유는 무엇일까?

손 글씨는 생각하는 방식을 배우는 과정이기 때문이라고 한다. 누르기만 하면 완성되는 키보드와 달리 손 글씨는 끊임없이 뇌를 집중시키고 단어의 조합을 생각하게하기 때문이다. 그리고 손 글씨를 쓰는 작업은 뇌 속에서 시각과 언어를 관장하는 부분이 동시에 작동하게 하는 공부 그 자체이기 때문이라고 한다.

손 글씨는 모든 공부의 기반이 된다. 카린 제임스 인디애나대학교 교수의 주장에 의하면 손 글씨가 습관이 되지 않은 아이에게 인쇄물과 태블릿으로 정보를 보여주고 뇌를 스캔한 결과 정보가 정리되지 않았고, 심지어 단어를 '글자'가 아닌 '도형'의 형태로 저장하기도 하였다고 한다.

IT분야의 거목으로 인정받는 빌 게이츠와 스티브 잡스가 자녀들이 어렸을 때 IT기기 사용을 엄격하게 제한하였다고 한다.

빌 게이츠는

- 아이들이 14세까지는 휴대폰을 갖지 못한다.
- 식사 시간에는 스마트폰 사용을 금한다.
- 자기 전에는 TV를 볼 없다.
- 성인이 되기 전가지 집에서 PC사용은 하루 45분으로 제한한다.

는 규칙을 세워 지키게 했다

이 두 사람 뿐 아니라 테크놀로지의 수도라 할 수 있는 실리콘밸리의 많은 이들이 자녀들의 IT기기 사용에는 대단히 엄격하다. 그 이유가 무엇일까? 그것은,

① 사고하는 힘은 책과 대화에서 나온다는 믿음 때문이다.
② 기술의 위험을 민저 겪이 봤기 때문이다.
③ 창의성은 결국 아날로그에서 나온다는 믿음 때문이다.

실리콘밸리의 중심인 샌프란시스코에 위치한 발도르프스쿨에 다니는 학생들은 학교에 일절 디지털 기기를 가져올 수 없다고 한다. 교실에도 컴퓨터 한 대 없고 TV조차 없고, 교사는 분필로 쓰는 칠판으로 아이들을 가르치고 아이들은 연필로 노트에 필기한다.

컴퓨터가 창의적 사고와 동료 학생들 간의 교류에 방해가 된다는 이유에서다. 이 학교의 학생 75%가 구글 부사장 등 실리콘밸리 IT기업 종사자 자녀들이다. MS사에 근무하는 한 학부모는 자녀를 이곳에 보내는 이유에 대해 “어릴 때 컴퓨터를 안 배우면 디지털 시대에 뒤진다고 하는데, 컴퓨터를 배우는 것은 치약을 짜는 것만큼이나 쉽다. 하지만 창의력은 그렇지 않다”라고 하였다.

4) Vision 창조 프로세스

여기에서는 개인의 비전창조 과정을 중심으로 살펴보고자 한다. 환경변화에 능동적으로 대응하면서 지속적으로 자기계발을 위해 노력해온 사람들은 어떤 분야에서는 빠르게 성장하고, 그 분야를 리딩해 나간다. 그래서 같은 분야에서 공부하거나 그 분야로 진출하고자 하는 후배들에게 좋은 귀감이 되어 롤 모델로서의 역할을 수행하는 경우가 많다.

그렇지 못한 이들은 간신히 현상유지를 하고 있거나, 시대변화에 뒤쳐져 환경의 지배

를 받는 경우가 대부분이다.

어제와 같은 나는 치열한 경쟁사회에서 도태될 수밖에 없는 세상에 우리가 살고 있다. 다른 경쟁자들보다 앞서가야 경쟁에서이길 수 있고, 멀리보아야 경쟁에서 뒤처지지 않을 수 있다. 가고자 하는 목표를 향해 방향을 설정한 뒤에 지치지 않고 꾸준히 나아가야 한다.

표 5-2 관심도 수준

영역	중요도	시간과 에너지 차지비율
일 · 경력 · 학교	______%	______%
집 · 가정	______%	______%
공동체 · 사회	______%	______%
자신 (마음, 신체, 정신)	______%	______%
전체	100%	100%

※ 자료: 스튜어트 프리드먼 지음/홍대운 옮김, 와튼스쿨인생특강, 비즈니스북스, 2013.

'나는 어디로 가야 하는가'를 확실히 정하는 것이 비전과 미래목표를 설정하는 일이다.

이를 위해서는 기본단계로 스스로에 대한 충분한 이해가 필요하다. '나는 누구인가?, 나는 어떤 사람이 되고 싶은가?'이런 유형의 질문들은 거창하게 들리고 부담스럽게 받아들여지지만 이 과정을 거친다면 내가 어디로 가고 있는지, 나에게 중요한 가치는 무엇인지에 대해 보다 더 빠르고 쉽게 이해가 가능해진다.

다음은 펜실베니아대학교 와튼스쿨에서 네가지 영역에 대한 개인적인 관심도에 대한 학습사례이다.

제1영역: 일 · 경력 · 학교

제2영역: 집 · 가정

제3영역: 공동체 · 사회

제4영역: 자신(마음, 신체, 정신)

네가지 영역으로 자기의 관심도를 구분하고 전체를 100%로 하여 중요도와 시간과 열정을 쏟는 비율로 나누어 답한 다음 이를 아래의 그림처럼 정리한다.

① 일 - 가정 - 공동체 - 자신을 위해 쓰는 시간과 에너지를 지금처럼 분배한 결과 나의 현재 상태는 어떠한가?

② 여덟 개의 항목 중에서 중요도나 실제 쓰는 시간과 에너지를 바꾸고 싶은 것은 있는가?

③ 바꾸려면 어떻게 바꿔야 하는가?

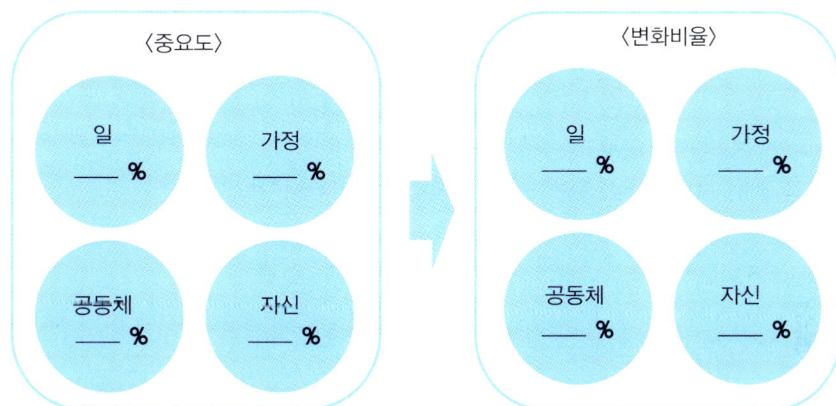

그림 5-6 ▶ 관심도의 재구성

이렇게 정리해 보는 것만으로도 스스로가 판단하고 있는 것과 실제사이에 큰 갭이 있음을 발견할 수 있고 이를 통해서 방향을 재설정해 놓는 것이 가능해 진다.

1단계로 지금 내가 하고 있는 일과 하고 싶은 일에 대한 분명한 인식이 필요하다. 이를 위해서는 다음의 그림을 채워보면 쉽게 정리될 수 있다. 간단명료하게 정리하여 비교하면 비전 메이킹에 도움이 될 수 있다.

2단계로 현재 내가 할 수 있는 일들을 목록을 적어보고, 1단계에서 내가 미래에 하고 싶은 일에 필요한 능력은 어떤 것이 있는지 목록화 한다. 목록화가 끝나면 3단계로 내가 지금 해야 할 일들이 정리된다.

3단계의 해야 할 일들이 정해지면 이들의 우선순위를 정하여 선택과 집중을 하여야 한다. 모두 한 번에 이룰 수 있다면 좋겠지만 개인이 가지고 있는 능력과 자원은 한계가 있다. 때문에 선택과 집중을 통하여 성과를 제고할 수 있어야 하는데 이것이 4단계에서 해야 할 일이다.

5단계에서는 내가 도달하고자 하는 목적지(목표)에 대한 것을 분명히 하는 것이 필요하다.

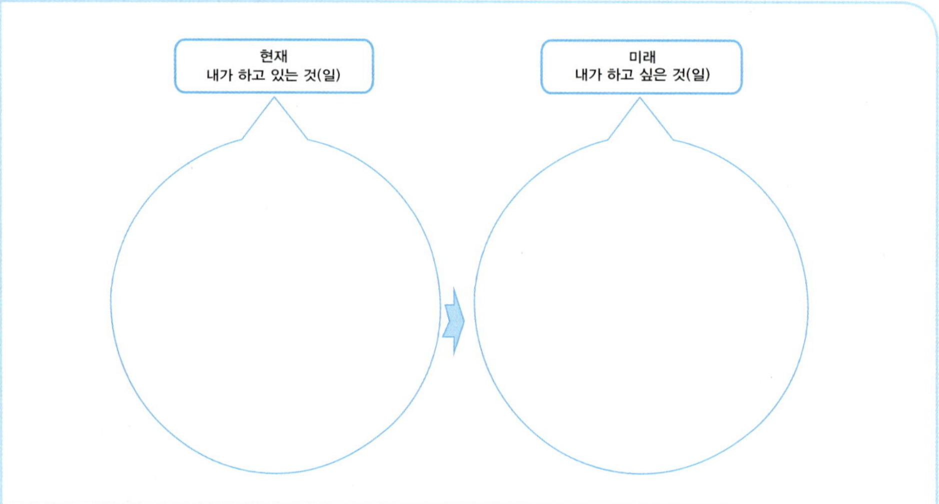

그림 5-7 ▶ 현재하는 일과 미래에 내가 하고 싶은 일

6단계에서는 선택과 집중을 통해 달성하고 있는 단기 · 중기 · 장기 목표에 대해서 언제(When)까지 성취할 것인지를 결정하여 글로 써서 문서화 하는 것이 필요하다. 목표와 목표달성 시기에 대해서는 매우 구체적으로 작성이 이루어져야 한다.

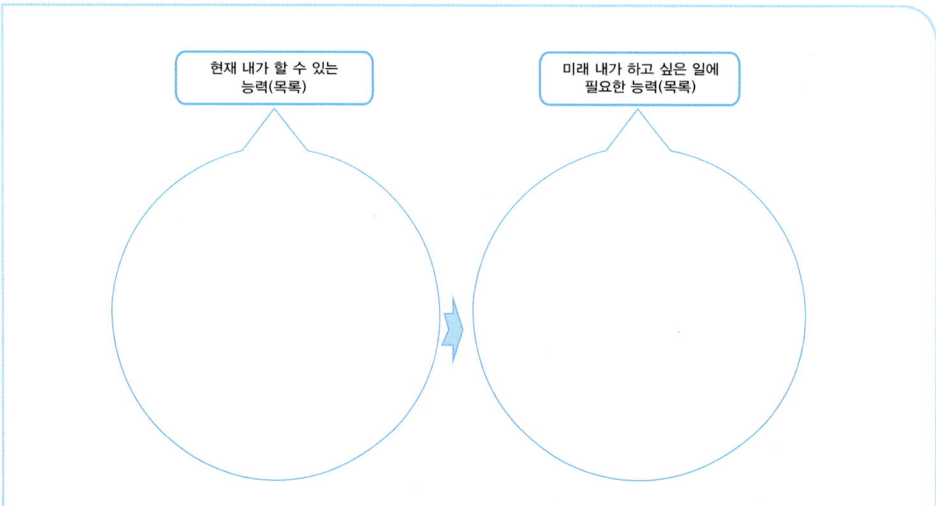

그림 5-8 ▶ 내가 하고 싶은 일에 필요한 능력목록

7단계에서 내가 비전을 창조해야 하는 이유에 대한 답을 스스로에게 하여야 한다. 이 이유가 스스로에게 충분한 가치가 있을 때 모든 것을 쏟아 부어 스스로 만든 Vision Making Process에 몰입할 수 있고, 비전의 현실화가 가능해진다.

페트르 루드비크도 유사한 내용을 제시하고 있어서 이를 4단계로 정리하여 Pre-Vision Making 4 Step으로 명명하였다.

- 1 Step : 스스로에 대한 퍼스널 SWOT분석을 통해 스스로의 강점(Strength)과 약점(Weakness)을 분석하고 이를 통해 새로운 기회(Opportunity)와 발전을 저해하는 위협(Threat)요인을 찾을 수 있다. 최소한 강점과 약점 5가지이상을 채워 넣어야 한다. 강점과 약점의 핵심은 무엇인가?

S	W
O	T

그림 5-9 ▶ Self SWOT 분석

성격강점은 세계에 두루 퍼져 있는 여섯 가지 미덕과 그 하위의 24가지 실천 도구를 말한다. 추상적인 미덕과는 달리 강점은 과학적으로 측정하고 평가할 수 있는데 이는 셀리그만과 피터슨이 제시하였고 이에 대해 하버드대학의 가드너 교수는 심리학 반세기의 가장 위대한 업적이라고 인정한 바 있다.

①지혜와 지식(창의성, 호기심, 판단력, 학구열, 예견력)

②용기(용감성, 끈기, 정직, 열정)

③사랑과 인간애(사랑, 친절, 사회성)

④정의감(팀워크-시민정신, 공정성, 리더십)

⑤절제력(용서, 겸손, 신중한 자기 통제력)

⑥영성과 초월성(감상력, 감사, 희망, 유머, 영성)

강점과 재능은 다르다. 강점은 종교와 철학, 선한 성품을 기반으로 하는 도덕적 특성을 가지고 있지만, 재능은 도덕적 개념이 없는 것이다. 재능은 선천적으로 타고나는 것이지만, 강점은 선천적인 특성이 약하더라도 후천적인 노력으로 얼마든지 계발할 수 있다.[8)]

- 2 Step : 그동안 성취한 일과 자부심을 느끼는 일을 목록화 한다. 현재까지 많은 것들을 이루었지만 그것을 쉽게 잊고 살아가고 있다. 사소한 성취라도 좋아 기억하고 싶은 성취 경험이 있다면 모두 적어본다.

표 5-3 나의 성취목록

지금까지 내가 성취한 것 (기억하고 싶은 것들)

- 3 Step : 현재보다 발전하기 위해 어떤 일을 하고 싶은가?, 어떤 일을 새로 배우고 싶은가?, 세상에 자신의 흔적을 남기기 위해 어떤 일을 하고 싶은가?, 다른 사람들과 관계 맺기 위해 어떤 활동을 하고 싶은가?.[9)]

8) 우문식, 행복 4.0, 물푸레, 2014, pp.212-219.

9) 발명가 니콜라 테슬라는 "나의 모든 일은 인류를 위해서, 부자의 폭력 때문에 가난한 사람이 굴욕을 당하지 않는 세상을 위해서, 지성과 과학과 예술이 삶을 향상시키고 아름답게 만드는 세상을 위해서 한 것이다."라고 하였다.

표 5-4 하고 싶은 일의 목록

하고 싶은 일 (개인, 관계, 인류)

- 4 Step : 최종적인 비전을 만들기 위한 베타비전을 만드는 단계로 많이 어려워하며 미루려고 하는 경우가 대부분이다. 베타비전이 만들어지면 최종비전의 첫난계를 쉽게 시작할 수 있게 된다. 다양한 비전 선언문을 작성해보는 것도 좋은 방법이다.[10]

표 5-5 비전 선언문(개인별)

비전 선언문
(작성법) – 구체적 형태로 종이에 글로 쓰고, 자주 볼 수 있는 곳에 부착하여 자주 읽고 수정하며 완성도를 높인다. – 감정적 자극을 받기 위해 인용문이나 사진 등을 붙여 연상할 수 있도록 한다. – 목표가 아닌 행동에 초점을 맞춘다. – 자아 2.0 행동 포함시키기[12]

10) 페트르 두드비크 지음/김유미 옮김, 미루는 습관을 이기는 작은 책, 비즈니스북스, 2018, pp.80-98.

11) 개인의 비전이 너무 이기적인 목표에 치우치면 그 일에서 의미를 찾기 어렵다. 우리, 공동체, 인류 등을 포함하는 자아를 2.0이라 표현하고 있다.

단계	과 제		내 용
1	내가 비전을 창조해야 하는 이유는 무엇인가?	➡	나와 가족의 행복 국가와 사회/인류기여
2	나는 언제 그곳에 도달해야 하는가?	➡	장 · 중 · 단기 계획
3	나는 어디에 도달해야 하는가?	➡	목적지(보상, 대우)
4	나의 노력과 자원을 어느 곳에 집중시킬 것인가?	➡	최우선 과제와 차선
5	내가 해야 할 일은 무엇인가?	➡	자기분석결과에 기초
6	내가 할 수 있는 일은 무엇인가?	➡	현재의 능력분석 Self SWOT분석
7	내가 해야만 할 일과 하고 싶은 일은 무엇인가?	➡	적극적인 자세 열정

그림 5-10 ▶ Vision Making Process

□ 이상적인 목표 설정 기술

3단계에서 목표를 설정하게 되는데 많은 사람들이 목표를 세우지만 대부분 실패한다. 왜 그럴까?

가장 큰 이유는 목표를 너무 쉽게 생각하기 때문이다. 많은 사람들이 목표를 그냥 세우면 된다고 생각하는데, 목표를 세우는 데도 기술이 필요하다. 목표를 구체적으로 실천하고 달성하려면 제대로 목표를 설정해야 하는데, 대부분 막연하게 목표를 세운다. 그래서 조그만 장애만 만나도 금방 패배를 인정하고 포기한다. 그래서 새해에 세우는 수많은 목표가 달성되지 않는 것이다.

새해맞이 목표를 세운 사람이 6개월 뒤에 목표를 달성한 성공률은 46%인 반면, 목표를 세우지 않은 사람의 성공률은 4%에 불과했다는 조사가 있다. 이것을 보면 목표를 설정하는 그 자체로 강력한 효과가 있음을 알 수 있다.

수 십년 동안 목표설정 이론을 연구한 에드윈 로크와 게리 래섬(Garry Latham)은 목표를 달성하려면 '의욕을 북돋워 주면서도 구체적인' 목표를 세워야 한다고 강조한다. 대부분의 목표가 실패로 끝나는 가장 큰 이유가 의욕을 북돋워 주는 구체적인 목표가 아니기 때문이라고 말한다.

래섬은 "사람들은 목표를 이루기 위해 열심히 노력하는 것은 싫어하면서도 긍정적인 결과가 나오기를 바라면서 목표를 일부러 모호하게 세웁니다. 이런 함정을 피하는 유일한 방법은 의욕을 돋우면서도 구체적인 성과 목표를 세우는 것입니다."라고 하였다. 그러면서 "손쉬운 목표를 세우는 것은 실패했을 때도 자신을 탓할 필요가 없다는 뜻입니다."라는 말을 덧붙였다. 손쉬운 목표란 의욕을 별로 높이지 못하고 자신의 능력을 최대한 발휘할 필요가 없는 목표다. 이런 평범한 목표를 세워두면 늘 평균 이하의 결과만 낳게 된다.

브리티쉬 컬럼비아대학의 제시카 트레이시(Jessica Tracy)박사와 동료들은 래섬과 로크의 후속연구를 수행하였는데, 그 결과 손쉽고 평범한 목표는 자존감을 높이는 데도 효과가 없는 것으로 밝혀졌다. 진정한 자존감은 평소의 쾌적한 상태에서 벗어나 목표달성을 위해 열심히 노력할 때만 얻을 수 있다. 따라서 많은 노력을 하지 않고 달성할 수 있는 손쉬운 목표는 자존감을 높이는 데 아무런 도움이 되지 않는다.

흔히 인생의 목표를 설정할 때 실현가능한 목표를 설정하라고 조언하는 경우가 많은 데 로크, 제시카 트레이시의 연구결과에서도 알 수 있듯이 비교적 쉽게 실현할 수 있는 쉬운 목표가 오히려 부정적인 결과를 가져올 때가 많다. 처음 목표를 설정할 때는 비현실적이고 불가능한 것처럼 보였는데, 최선의 노력을 한 결과 목표를 달성하는 경우가 많다.

목표가 전혀 없는 것은 손쉬운 목표를 세우는 것보다 훨씬 나쁜 결과를 초래한다. 목표가 없는 사람들은 노력해서 달성해야 할 일도 없고 자기발전을 위한 기준도 없기 때문에 결국 남들보다 뒤처진다. 그저 최선을 다하기만 하면 되는 것도 '손쉬운 목표'나 '목표 없음'과 다를 바 없기 때문이다.

'의욕을 북돋는 구체적인 목표'란 현재 자신의 손이 닿지 않는 곳에 있으면서 말이나 글로 명확하게 정의할 수 있는 목표[12]이다.

〈목표달성을 위한 스스로의 질문〉

- 목표를 세워 성과를 낸 경험이 있는가?
- 지금까지 목표 달성에 실패해왔다면, 그 이유는 무엇이라고 생각하는가?
- 지금까지의 실패를 극복하려면 가장 먼저 무엇을 해야 할까?
- 현재 당신의 목표는 무엇인가?
- 다시 실패하지 않으려면 이번엔 어떤 변화를 주어야 한다고 생각하는가?
- 현재의 목표는 당신 인생에서 어느 정도 중요 할 것이라고 생각하는가?
- 좋은 목표란 무엇이라고 생각하는가?
- 인생 전체를 기준으로 했을 때, 당신의 궁극적인 목표는 무엇인가?

5) 조직의 비전(Vision)과 공유

기업이나 조직은 앞으로 계속 나아가지 않으면 쓰러지는 자전거와 같기 때문에 비전의 역할이 절대적으로 필요하고 중요하다. 비전의 힘은 조직 내부와 외부 사람들의 관심을 이끌어 내고 그것을 공통의 비전에 참여시켜 집중시킬 수 있는 능력에 있다. 이러한 비전을 전 조직 구성원들이 공감할 수 있을 때 조직은 발전하는 것이 가능해 진다.

그럼, 비전 공유의 힘은 어떤 것인가?

① 비전의 공유는 조직 구성원들의 참여를 이끌어 내며 조직에 새로운 활기를 불어넣는다.

12) 우문식, 행복 4.0, 물푸레, 2014, pp.563-565.

② 비전의 공유는 기존의 핵심역량(조직 특유의 총체적 능력, 기술, 지식)을 뛰어넘게 만든다.

③ 비전의 공유는 급격한 환경변화 속에서 생존하기 위해 주위환경을 자신에게 유리한 방향으로 재구성해 새롭게 창조해 낸다.

따라서 개인의 비전을 어떻게 결합시켜 전 조직 구성원이 함께 나눌 수 있는 비전을 만들 수 있을까?

초기에는 '나의 비전'이지만 전체가 공유할 수 있는 비전이 개발될 때 '우리의 비전'이 되고 더 많은 사람들이 비전을 함께 공유할 때 위기를 돌파하고 21세기 주인공이 될 수 있다.

공유할 수 있는 비전을 만드는 방법은 다음 그림과 같은 과정을 거쳐야 한다.

단계	내 용
1	공유될 수 있는 비전은 개인의 비전에서 출발
2	조직의 비전을 끊임없는의사소통을 통해 공유가치화
3	공유할 수 있는 비전의 형성은 끊임없는 관심과 열정이 필요
4	경쟁우위를 지향하는 외부지향적인 비전과 창의력과 혁신을 지향하는 내부지향적 비전의 혼합

그림 5-11 ▶ 조직의 Vision Making Process

〈그림 5-12〉은 에버랜드에서 주창한 서비스 가치 공유모델의 사례이다. 고객과 서비스맨이 서로 가치를 공유할 때 서비스의 선순환이 이루어져 두 주체가 얻을 수 있는 것이 커지는 것을 알 수 있다. 서비스맨의 관심과 배려, 정성에 대한 고객의 칭찬과 격려, 성원이 선순환의 원동력이 되어 더 좋은 서비스의 형태로 나타나 상호간에 얻을 수 있는 것이 커지는 상생의 가치관 공유로 나타남을 알 수 있다.

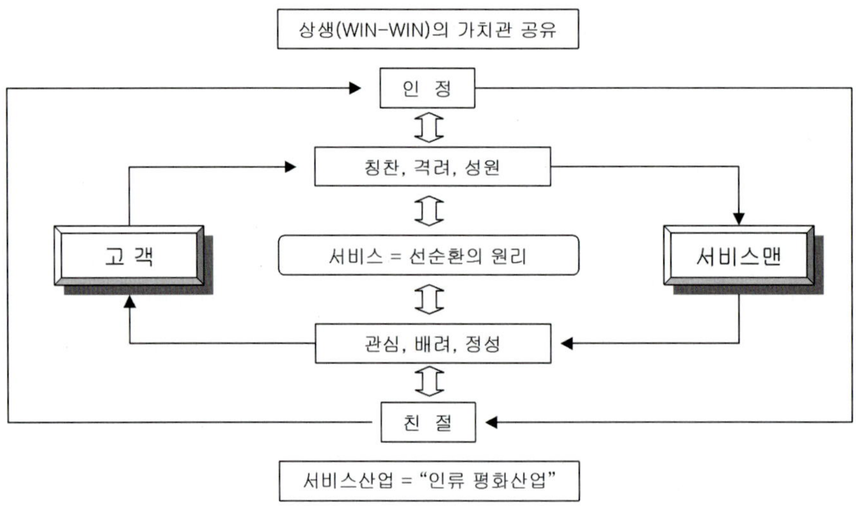

그림 5-12 ▶ 에버랜드의 서비스 가치 공유모델

3 비전 현실화

1) 비전 현실화 스펙트럼

비전의 현실화를 위해서는 무엇이 필요한가?

첫 번째 일이 비전을 세우는 것이 필요하다. 먼저 비전이 수립되면 가장 추상적이며 실현가능성이 적은 환상의 단계부터 당장 실현할 수 있는 과제의 단계까지 비전을 현실화하는 과정을 일련의 연속선으로 정리할 필요하다. 5단계의 비전 현실화 스펙트럼이 생성된다.

환상은 가장 이상적인 희망을 의미한다. 슈퍼맨이 되는 환상, 신데렐라가 되는 환상, 실현성은 낮고 추상적이지만 꿈꿀 수 있는 것들이다.

비전은 환상을 현실적으로 실현할 수 있는 가장 높은 수준의 희망이다. '세상의 모든 언어를 구사하기'는 환상이지만, '2개 국어를 구사하는 서비스맨'은 비전이 될 수 있다.

비전은 구체적이기보다는 이념적인 큰 방향만을 제시하는 경우가 많다.

표 5-6 비전 현실화 스펙트럼

구분	의미	바람직한 특성	실현가능성
환상	현실성은 낮은 꿈과 같은 희망	① 창의적 상상력 ② 대중과의 공감	낮음 (추상적)
비전	환상과 현실을 잇는 최상의 희망	① 마음에 이미지화 가능 ② 명확한 미래방향 제시 ③ 장기적 핵심가치 ④ 실현 가능성	⇧
목표	비전을 실현하면서 성과를 가늠할 수 있는 좌표	① 구체성 ② 측정가능성 ③ 달성가능성 ④ 타당성 ⑤ 시간성(시의성)	
계획	목표실현을 위한 시간 등의 자원활용 판단	① 치밀성 ② 적시성 ③ 변화대응성	⇩
과제	계획에 의해 실행할 행동 목록	① 추진력 ② 협동성	높음 (구체적)

※ 자료: 박유진 · 김태형, 리더십, 양서각, 2013, p.155.

목표는 달성해야 할 좌표이면서 비전의 달성정도를 측정 가능하도록 계량적으로 표현한 것으로 비전의 현실적이고 실용적인 기준이다. 가령 영어실력의 목표를 '토익 900점'으로, 부자라는 비전을 '자산 10억원'으로 설정하는 것처럼 정리될 수 있다.

계획은 목표가 세워지면 어떻게 달성할 것인가를 생각하며 가용한 자원을 어떻게 활용할 것인가를 구상해야 한다. 이러한 구상이 계획이다. '토익 900점'을 달성하기 위한 학습비용과 시간을 어떻게 사용할 것인가를 판단해야 한다. 계획은 대개 기간을 설정하여 수립하게 된다.

과제는 계획이 수립되고 난 후 구체적으로 해야 할 일들이 생기는데 이를 의미하며, 구체적으로 실행해야 할 것으로 영어 학습교재의 구매나 영어학원 수강 등의 행동목록 등이 그것들이다. 행동목록들은 계획을 근거로 작성되지만 비전과 목표를 향해 정렬되어 있어야 한다.[13] 박유진 · 김태형, 리더십, 양서각, 2013, pp.154-156.

13) 박유진 · 김태형, 리더십, 양서각, 2013, pp.154-156.

2) 비전 마인드의 개발

혼란스럽고 불확실한 시대일수록 일선현장의 인력들이 자율적이고 스피드한 행동을 취할 수 있어야 하며, 일선 종사원들이 조직이 성취하고자 하는 목표를 분명히 알고 있어야 한다. 이렇게 하기 위해서는 다음과 같은 비전을 개발해야 한다고 유명한 경영학자 톰 피터스는 말하고 있다.

- 성공을 가능하게 하고 힘을 불어 넣어주는 비전을 개발 · 실천해야한다.
- 비전은 모든 일의 우선순위를 알게 해줄 수 있을 만큼 구체적이어야 한다.
- 돌아다니면서 비전을 설교할 수 있는 리더가 되어야 한다.

비전 마인드는

① 자신이 하고 싶은 것을 확실히 한다.(긍정적 · 능동적인 사고, 결단력)
② 자신이 하고 싶은 것을 관계자에게 납득시킨다.(능동적 표현력과 힘)
③ 다른 사람이 하고 싶어 하는 것을 받아들인다.(비전공유, 합의형성, 팀 구성)
④ 조직으로써 하고 싶은 것을 확실히 한다.(조직의 존재가치, 조직의 방향설정, 강점, 기회, 창조적 커뮤니케이션)
⑤ 하고 싶다는 중심적 목표와 수준을 정한다.(개인의 목표와 조직 목표의 통합화, 조직의 범위결정)
⑥ 가장 하고 싶은 것으로 목표와 범위를 압축한다.(실현 가능성의 확인, 필요자원의 조직화, 능력발휘 가능성)

비전 소유 → 리더

- 헬렌 켈러는 맹인으로 태어나는 것보다 더 불행한 것이 무엇인가? 라는 질문에 "시력을 있되 Vision이 없는 것이다." 라고 답했다고 한다.
- 모든 위대한 지도자들에게는 두 가지 능력이 있다. 자신이 어디로 가야 할지를 알고, 사람들이 그길로 따라오게끔 설득하는 능력을 가졌다는 점이다.

4 의식개혁과 긍정의 위력

1) 의식개혁 프로젝트

왜 고정관념을 깨야만 하는가? 21세기라는 새로운 환경에 적응하기 위해서는 모두가 변해야 한다. 변하지 않으면 생존경쟁에서 도태될 수 밖에 없는 것이 지금의 현실이다.

갤럽이 수십 년간 수많은 직원들과 관리자들의 업무와 성격에 대해서 조사 · 분석한 바에 따르면, 뛰어난 관리자들은 다양한 성향에도 불구하고 한 가지 공통점을 보이고 있는데, 그들은 무슨 일을 하든지 먼저 일반적인 통념이나 격언을 철저히 무시하고 자신들이 만들어내 새로운 진리를 활용한다는 사실이다. 갤럽은 "가장 재능 있는 직원들이 직장에서 필요로 하는 것은 무엇인가?"라는 질문과 "재능 있는 직원들은 탁월한 지도자를 필요로 한다"는 대답을 통하여 "그렇다면 세계적으로 뛰어난 관리자들은 재능 있는 직원들을 어떻게 관리하는가?"라는 연구모형을 만들어 냈고, 수많은 인터뷰와 조사를 통하여 탁월한 관리자들은 혁명적인 지혜를 가지고 있으며, 그 길은 훈련 · 집중 · 신뢰 등을 요구하고, 가장 중요한 것은 자신의 스타일을 어떻게 개별적 직원관리로 적용시키는가 하는 기술에 있다는 결론을 이끌어냈다.

그러나 문제는 고정관념이라는 타성에 젖어 있는 일부 계층이 겉으로는 변화의 당위성을 인정하면서도 마음속으로는 반발하고 있는 것이다. 많이 배운 사람, 성공한 사람, 어떤 정보나 지식을 잘 알고 있는 전문가들이 더 많은 고정관념을 가지고 있다.

의식개혁은 과거의 잘못된 관행이나, 행동, 습관, 의식을 반성하고 새로운 각오로서 고정관념에 사로잡힌 가치관이나 행동을 바로잡아 풍요로운 삶을 가꾸며 환경변화에 대비하여 질적인 도약과 삶의 질을 높이자는 데 그 목적이 있다.

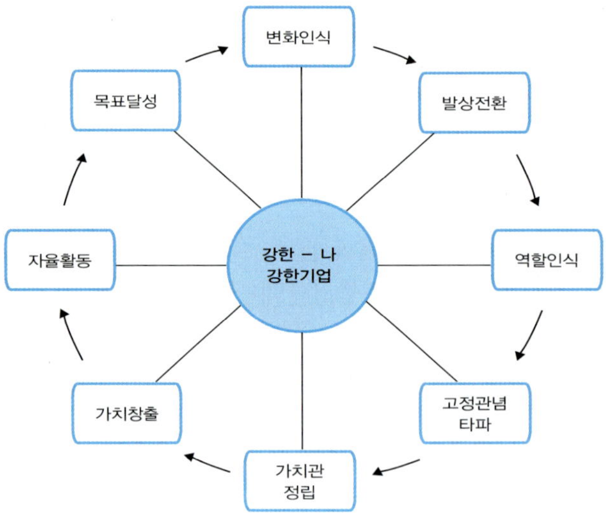

그림 5-13 ▶ 의식개혁 포인트

실제 업무를 개선하고 개혁하고자 할 때 부딛치는 것은 대부분 새로운 변화를 거부하고 싫어하는 저항 심리 때문이다.

"해 봤자 또 그렇지 뭐"하는 무관심

"행여 나에게 피해가 되지 않을까"하는 두려움

"습관화된 것을 "귀찮게 왜 바꿔"하는 귀찮음 등 다양하다.

철학자 아미엘은 "새로운 습관을 배우는 것이 인생의 전부"라고 했는데, 처음에는 사람이 습관을 만들지만 나중에는 습관이 그 사람을 만든다. 우리가 고정관념의 틀에서 벗어나 의식개혁을 성공하기 위해서는 새로운 시도를 할 때 생기는 거부감이나 저항감을 당연한 것으로 받아들이면서 의식개혁을 가로막는 장애 요인들을 제거해야 한다.

여기에는 감정의 장벽, 인식의 장벽, 문화의 장벽이 있다.

① 감정의 장벽은 인간의 감정이나 성격에서 오는 장벽

- 열등감으로 항상 나는 불가능할 것이라고 생각하는 것,
- 감정적이 되어 사고방법을 고정시켜 놓는 것,
- 기력을 상실하고 있는 것 등

이 외에 인간의 감정 장애요소로는 편견, 선입견, 열등감, 우월감, 의욕상실, 초조감, 실수나 실책에 대한 공포심, 비판기피증 등이 있다.

② 인식의 장벽으로 이는 현재의 제반제도나 규정, 업무관행의 틀에 스스로를 안주시키려하는 속성이다. 조직이 어느 정도 안정되어 있는 상태에는 누구나 방심하고 타성에 젖기 마련이다. 이로 인해 급변하는 경영환경의 변화나 위기에 둔감해지기 쉽다.

간혹 좋은 아이디어를 창출하려 해도 우리들의 머리속에 있는 장벽이 이를 방해한다.

인식의 장벽으로는

- 문제의 핵심을 가려내지 못하는 것,
- 자기가 만든 습관에 지배되는 것,
- 목적과 수단을 혼동하는 것 등이 있다.

③ 문화의 장벽으로 우리는 실질보다 형식을 중요하게 여기며 자신을 남과 비교해서 인식하려 하고, 명분을 앞세우는 탓에 흑백논리나 이원론에 빠지기 쉬우며, 어떤 일의 총론은 찬성하지만 각론은 반대하는 사고의 틀을 가지고 있다.

어떤 일이 나름대로 명분이 있어 합의가 이루어져서 구체적으로 일을 시작하려고 하는데 전체적인 대의명분에 눌려 있던 반대파가 자신이 속한 집단의 이해를 내세워 반대하는 경우는 주위에서 자주 볼 수 있다.

문화의 장벽을 보면

- 형식에 구속되려고 하고,
- 변화에 대해 저항하려고 하고,
- 추리나 논리만능주의가 되기 쉽고,
- 통계를 맹신하기 쉽다.

이와 같이 아이디어의 생산이나 창출을 위해서는 우리들의 머리 속에 있는 여러 가지 고정관념의 장벽요소를 제거해야하며, 이런 장벽들의 포로가 되지 않도록 의식적으로 노력해 나가지 않으면 안 된다.

영국의 스티브 잡스라 불리 우는 리처드 브랜슨(Richard Branson)회장은 레코드 회사에서 시작하여 전자, 레저, 호텔, 항공사까지 운영하고 있다. 그는 버진 그룹을 이끌며 성공한 사업가, 괴짜 사업가로 널리 알려져 있는데 자기 저서에서 의미심장한 말을 하고 있다. "내가 상상하는 것은 현실이 된다."라고 우리에겐 신념과 상상이라는 엄청난 잠재력이 있다. 이것을 우리가 어떻게 활용하느냐에 따라서 미래는 달라질 수도 있는 것이다.

세계적인 경제학자 J. 슘페터는 "새로운 것을 손에 넣으려면 과거의 잘못이나 실패한 것, 낡고 시대에 뒤쳐진 것, 비생산적인 것들을 과감히 폐기해 버리는 결단이 필요하다."고 하였다. "발상의 전환을 해라. 의식의 전환을 해라"하는 이야기는 높은 사람들이 흔히 이야기하고 있지만 발상이나 의식이 쉽게 변하는 건 아니다.

그러나 간단하게 바꿀 수 있는 방법도 있다.

"지금까지 하고 있던 일을 모두 잘못된 것이라고"부정함으로써 새로운 의식으로 전환할 수도 있다.

세계에서 가장 유명한 유아용품 브랜드인 누크(NUK)사가 원래는 콘돔을 만들던 회사라는 사실을 아는 소비자는 거의 없다. 콘돔과 젖꼭지, 너무나도 부조화스러운 상품이 아닌가. 그러나 이 회사는 이런 발상의 전환으로 위기에서 벗어나 세계적인 기업으로 도약하였다.

지금하고 있는 방법이 최고라는 것은 있을 수 없으며 어떤 것에도 최고는 있을 수 없다. 항상 개선하고 변화시켜 나가야 한다.

현상을 부정한다는 것, 이것은 바로 지금까지의 과거와는 완전히 다른 것을 의미한다. 의식개혁을 이루기 위해서는 다음과 같은 신사고를 가져야 한다.

대표적인 외국의 사례로서 GE(제너럴 일렉트릭)와 IBM을 들 수 있다.

GE는 지속적인 성장을 하고 있는 상황에서도 앞으로 치열해질 국제경쟁을 예측하고 과감한 사업 재구축과 대대적인 인원감축 및 미래지향적인 조직개발을 성공적으로 전개하여 세계 초일류기업으로 부상하였다.

반면 IBM은 세계 제일의 컴퓨터 제조업체로서 고객서비스와 인간존중에 바탕을 둔 기업문화를 형성하여 1911년 창설 이래 1980년대까지 지속적인 성장을 하였으나 소형 컴퓨터의 등장과 시장변화, 소비자의 욕구를 파악하지 못하였다. 1995년 왓슨은 "세계에 컴퓨터 3대면 충분하다"는 생각을 가지고 있었고 오랜 성공경험에만 의지한 채 무사안일하게 대처하여 막대한 적자를 기록하면서 파산 위기를 겪었다. 현재의 IBM으로 자리매김하기까지 막대한 비용을 지불하고 많은 시간을 투자하는 엄청난 시행착오를 거쳤다.

이것은 위기의식을 느끼는 사람이나 기업은 '주도적인 생각'을 갖고 자기가 먼저 바뀌어 행동으로 보여주는 것과 무사안일 한 고정관념에 사로잡혀 모든 원인을 외부로 돌려놓는 사고의 차이를 명백하게 보여주는 가장 좋은 사례라 할 수 있다.

〈사례연구〉

– 코닥과 노키아의 몰락과 이유는? (찾아보기)

– 듀퐁은 1802년 화약 제조업으로 시작하여 ==〉 나일론개발(1930년대) ==〉 사업 다각화 후 2004년 매출의 25%를 차지하던 섬유사업 매각하였고, ==〉 전 지구적인 기후변화에 주목하여 종자회사를 인수합병(M&A)하여 식량산업에 진출하여 '종합 과학회사'로 탈바꿈하며, 창조적 혁신에 성공하였다. 변화는 많은 고통과 시간을 필요로 한다. 때문에 변화를 위한 시간, 혁신을 위한 시간을 얼마나 확보하느냐가 매우 중요하다. 그러기 위해서는 눈에 보이는 현상에만 매달리지 않고, 시장의 변화와 미래사회의 변화를 남보다 먼저 볼 수 있는 능력을 길러야 한다. 변화를 빨리 볼수록, 미래의 위기와 기회에 선제적으로 대응할 시간을 최대한 확보할 수 있기 때문이다.

효과적인 의식개혁을 훈련법으로는 ITBA 4단계 훈련법이 있다. 이 훈련을 지속적으로 반복하면 자연스럽게 의식개혁의 선순환구조를 구축할 수 있다.

제1단계 Image(상상하라) = 성공한 모습을 상상해 보라.
제2단계 Think(생각하라) = 상상함 모습를 생각하라.
제3단계 Believe(믿어라) = 상상한 모습과 같이 된다는 것을 믿어라.
제4단계 Act(행동하라) = 성공한 모습을 믿고 행동하라.

2) 긍정의 위력

기대감을 갖고 사람을 대하면 상대방의 언동에 변화가 생긴다는 불가사의한 마음의 작용이 있다. 예를 들면 진정으로 평가를 받았다고 느끼는 부하는 상사가 기대하는 언동을 취하기 시작한다는 것이다.

상대방은 부하, 고객 또는 어린이나 마음이 끌리는 미인이라도 좋다. 이 '자기성취 예언'을 이용하면 부하의 동기부여가 진행돼 조직을 움직이는 원동력이 된다.

가) 피그말리온 효과

'자기성취 예언(자성예언)'이라고 불리는 심리현상이 있다. 애매한 정보나 때로는 잘못된 정보를 얻었을 때에도 우리들은 자기 자신의 행동이나 타인의 행동에 어떤 기대를 갖게 된다. 이러한 기대에 따르는 형태로 행동하고 있는 동안에 어느 틈엔가 그 기대가 현실로 실현된다는 현상이다.

대표적인 예로 피그말리온 효과를 들 수 있다. 그리스신화에 '피그말리온'이라는 조각을 잘하는 키프로스 왕의 이야기가 있다. 피그말리온 왕은 어느 날 상아에 여성상을 조각했다. 그 여성상이 너무나 멋지게 조각됐기 때문에 피그말리온은 "이 여성상을 현실의 여성으로 변하게 하고 싶다"고 강렬하게 원하게 됐다.

이 모습을 보고 있던 신 아프로디테는 피그말리온의 순수하고 갸륵한 마음에 감동을 받아 이 조각에게 생명을 불어 넣어줬다. 이리하여 피그말리온은 동경하던 여성과 결혼할 수 있었다. 피그말리온처럼 '마음속으로 기대를 하고 있으면 상대방이 그 기대에 부응해주는' 현상을 '피그말리온 효과'라고 부른다.

다음은 '플라시보 효과'로 널리 알려진 내용이다.

심리학자가 초등학생에게 학습능력 예측테스트를 실시한 뒤에 담임 선생님에게 '지적능력이 급속하게 성장할 아이'(학급의 약 20%에 상당하는 인원수)의 목록을 건네줬다. 사실은 이 목록은 가짜였다. 이것은 미국에서 실시된 연구인데 반년 후에 어린이들의 성적을 조사해본 결과, 문제의 목록에 이름이 오른 아이들의 성적이 다른 아이들에 비해 현저하게 향상됐다는 것이 밝혀졌다. 담임선생님은 '이 어린이들(목록에 기재된)은 성적이 더욱 향상될 것'이라고 기대하며 수업을 했다. 이에 대해 그 아이들은 '선생님의 기대에 부응하자'는 식으로 의욕을 보였기 때문에 성적이 급상승했다.

이 연구는 자기성취 예언에 따라 어린이의 성적이 향상된 예다. 업무에 있어서도 같은 효과가 있는 것으로 생각된다. 예를 들면 어떤 남성이 얼굴을 모르는 여성과 전화로 이야기를 한다. 이 때 남성에게는 "상대 여성은 이 사람"이라고 말하면서 매력적인 여성의 사진(이것은 가공의 사진)을 보여준다. 이 두 사람이 전화로 이야기한 대화내용을 분석해본 결과, 말에 절제가 있고 상대에 대한 배려가 느껴져 대단히 즐거운 것 같았다. 이 연구에서는 남성이 "이런 미인과 친해질 수 있다면 최고다!"라는 기대감을 담아 이야기했기 때문에 상대 여성은 그 기대에 맞게 응한 것으로 해석된다. 여기에서도 자기성취

예언을 볼 수 있다. '전화를 해줘서 고맙다'는 기분으로 응대를 하면 이 기대감이 상대방에게 전해져 매우 즐거운 전화가 된다.

'차분히 설명을 하면 이해를 해 준다'는 기대감이 난공불락의 상대방을 움직인다. "계속 기대를 하면 보답을 받는다"고 생각하고 끈기 있게 대하면 언젠가 피그말리온 왕의 행운처럼 복을 받게 된다. 자기성취 예언이 뜻밖의 성과를 가져오는 셈이다.

나) 긍정적 상상과 뇌의 변화

올림픽 역도 금메달리스트 장미란 선수는 경기를 앞두고 매일 경기의 모든 과정을 머릿속에 그렸다고 한다. 경기장에 입장하는 순간부터 손에 송진 가루를 바르고, 경기장에 올라 호흡을 가다듬고 역기를 들어 올리고, 관중의 환호성을 듣고, 시상식에서 금메달을 목에 걸면서 메달의 감촉, 목에 걸리는 느낌 하나까지 자세하게 모든 장면을 떠올리는 훈련을 했다고 한다.

그렇다면 이렇게 하는 것이 실제 효과가 있을까?
답은 '효과가 있다'이다.

두뇌 재활분야의 전문가인 이안 로버트슨은 그의 저서에서 뇌는 상상하는 것과 실제로 하는 것을 구분하지 못한다는 이론을 주장하였다.

오감을 이용해 어떤 일을 하고 있는 모습을 몇 분간 상상만 해도 두뇌의 화학적 조성이 변화한다. 뇌는 세포와 세포의 연결망을 새롭게 구성해 복잡한 운동 능력이나 언어적 기술까지도 창조해 낸다고 한다.

따라서, 충분한 연습이 수행되면 새로운 패턴이 만들어지게 된다고 하였다. 연구결과에 따르면 손가락을 두들기면 실제 피아노 연습을 매일 두 시간씩 한 사람과 그냥 상상만으로 연습한 사람의 두뇌 활동 증가율은 비슷한 수준으로 발전했다.

많은 스포츠 분야에서 이미지 트레이닝을 하는데 실제로 효과가 있는 과학적인 접근방법인 것이다.

스티븐 스필버그도 최상의 자기를 상상해 결국 꿈을 이룬 사람이다. 그는 12살에 자신이 아카데미 시상식에 참석해 상을 타고 관객들에게 감사의 말을 전달하는 모습을 상상했다고 한다. 어찌나 자주 상상하고 주변 사람들에게까지 이야기를 했는지, 그의 친구들조차 그의 꿈을 생생하게 기억할 정도였다고 한다.

이안 로버트슨 '마음 조각하기(mind sculpture)'를 개발하였는데 이는 자신을 단련하는 방법으로 시각위주의 감각 몰입과정을 총체적인 몰입과정으로 만든 새로운 기법으로 이것을 실행하는 사람은 자신이 실질적으로 행동에 돌입해 있다고 가정한다. 이때 시각뿐 아니라 청각, 후각, 촉각까지 동원되고 근육의 움직임과 감정의 기복까지 상상을 통해 머릿속에 생생하게 재현된다.

신경과학에서는 인간의 뇌가 정보를 한꺼번에 수용할 때보다 아주 적은 정보, 일반적으로 믿는 것보다 훨씬 더 적은 정보를 조금씩 수용할 때 더 효과적으로 작동한다고 한다.

이와 같은 방식으로 마음속 리허설을 함으로써 어려운 일에 먼저 도전할 수 있다. '마음 조각하기'는 두려움을 잠재우고 '첫발을 떼는 전략'이다. 첫발은 가벼우면서도 다른 한편 상당한 무게감을 갖는다. 왜냐하면 두뇌를 훈련하는 것만으로도 실질적으로 필요한 기술을 습득할 수 있기 때문이다.[14)]

마이클 펠프스의 마음 조각하기 사례
– 미국의 수영선수 펠프스는 올림픽에서 22개의 메달을 획득했는데 그는 잠자리에 누워서도 마음 조각하기를 한다고 한다. – 출발대에 올라 설 때의 긴장감 ⇨ 입수 신호 총소리 ⇨ 입수 때의 느낌 ⇨ 수영하는 모습 ⇨ 턴하는 과정 등 이모든 과정을 상상하며 마음조각하기를 끊임없이 수행한 결과 – 2016년 베이징 올림픽에서 올림픽역사상 단일종목 개인 최다인 8개의 금메달 획득

다) 쿨리의 '거울 자아(Looking Glass Self)'이론

교육사회학자 쿨리(C.H. Cooley)의 ′거울 자아(looking-glass self)′는 우리 자신이 스스로의 생김새를 거울에 반사된 이미지를 통해 확인하듯이 자아 역시 나를 둘러싸고 있는 다른 사람들의 반응을 통해서 파악하고, 혼자의 힘으로 형성되는 것보다 타인이 있음으로서 알 수 있다는 이론이다.

한마디로 다른 사람들이 나를 어떻게 보고 있는가에 대한 스스로의 상상에 의해 얻어진 느낌이라고 할 수 있다.

14) 로버트 마우저 지음/장원철 옮김, 아주작은 반복의 힘, 스몰빅라이프, 2016, pp.87-91.

얼굴이 예쁜 어린 아이는 처음에 다른 사람을 통해 '예쁘다'는 말을 들음으로써 자신이 예쁘다는 것을 인식하게 된다. 그리고 이러한 과정이 반복되면 마침내 그녀는 자기를 '예쁜 사람'이라고 단정하고, 그에 맞는 행동(역할)을 하게 된다는 것이다.

다른 사람들이 자신을 귀한 존재라고 보고 그렇게 대해 준다는 생각이 들면 자아개념은 긍정적으로 형성되지만, 남들이 자신을 하찮은 존재로 보고 그렇게 대하면 자아개념은 열등한 것으로 고정되어 간다고 주장한다.

우리 주위에는 자신이 비쳐지는 거울들(타인) 중에서 특히 중요한 거울이 있다. 부모, 교사, 그리고 바로 지금 옆에 있는 친구와 같이 가까이에 있는 사람들이다. 이 거울이 다른 거울보다 더 크게, 더 잘 보이는 까닭이다.

라) 롤 모델 모델링

누구를 막론하고 어렸을 때 '커서 뭐가 될 거니?', '누구 닮고 싶어?', '존경하는 사람은 누구야?'등의 질문을 많이 받아 보았을 것이다. 하지만 이런 질문은 평생을 살면서 끊임없이 자신에게 던져야 하는 질문이다. '나는 어떤 사람인가?'지금으로부터 1년 후, 5년후, 10년 후, 15년 후에 나는 어떤 사람이 되어 있을까?

현재의 나이와 관계없이 인생의 롤 모델이 있다는 것은 정신이 아직 건강하다는 증거다. 그 대상이 역사속의 영웅이건 드라마의 주인공이건 누군가 닮고 싶고, 흉내 내고 싶은 사람이 스스로를 격려해 주어도 된다. 이런 것을 심리학자들은 자아이상 또는 역할 모델이라고 부른다. 이러한 마음의 움직임은 말, 행동, 생각, 태도 등을 자연스럽게 만들어가게 된다.

이것은 다음의 다섯 단계를 거치면서 변화해간다.

표 5-7 모델링 5단계

Behavior	Capacity	Belief	Identity	Spirituality
행동 본뜨기	역량 본뜨기	가치 본뜨기	정체성 본뜨기	영성 본뜨기
Level 1	Level 2	Level 3	Level 4	Level 5

※ 자료: 이성엽, 코끼리여 사슬을 끊어라, 황금부엉이, 2010,p.106.

① 모델링 1단계: 자문하기

누군가의 장점을 닮고자 할 때 진정성이 부여되어 있는지 점검이 필요하다. 솔직하게 참된 자아와 대면하고 진심으로 내가 닮고 싶은 욕망이 있는지를 스스로에게 묻는 것이다. 새로운 사람, 다른 사람으로 재탄생하고 싶다면 먼저 그 이유를 스스로 인정해야 한다. 그런 변화가 자신에게 어떤 가치를 부여할지, 왜 그렇게 되고 싶고, 갖고 싶고, 하고 싶은지 자신을 납득시켜야 한다.

② 모델링 2단계: 구체화하기

어른이 될수록 누군가를 닮고 싶다는 생각이 점차 사라지게 되는데 여기에는 전존재를 닮는다는 암묵적인 전제가 있어서 부담감이 앞서기 때문이라고 한다. 누군가를 닮고 싶다고 심각하게 고민할 필요가 없다. 닮고 싶은 것만 닮으면 된다.

만약에 미소를 닮고 싶다면 미소만 닮으면 된다. 이를 'Behavior Modeling'이라고 한다.

타인의 역량을 닮으려고 노력하는 것을 'Capacity Modeling'이라고 한다.

만약에 믿음과 신념이 부럽고 닮고 싶다면, 마치 나도 그런 신념이 있는 것처럼 연습하면 된다. 이를 'Belief Modeling'이라고 한다.

누군가의 인품과 모습 그 자체가 부럽고 닮고 싶다면 나도 그런 인품을 가진 사람처럼 하루하루 보내면서 그의 인품을 나의 것으로 만들 수 있다. 이를 'Identity Modeling'이라고 한다.

마지막으로 예수님이나 부처님처럼 영성을 갖기 위해 하루하루 그와 같은 노력으로 살아가는 본뜨기를 'Spirituality Modeling'이라고 한다. 이런한 본뜨기는 일상 속에서 많은 사람을 닮을 수 있는 기회를 제공하고 동시에 주변 사람들의 장점을 유심히 살피게 하는 관찰력도 기르게 해준다.

③ 모델링 3단계: 시각화하기

내가 닮고자 하는 사람의 구체적인 모습과 나의 모습이 같다고 생각하라. 몸이 피곤하면 자기도 모르게 짜증을 내는 사람의 경우, 우선 따뜻하고 참을성 있고 자상한 사람을 찾아서 마치 내가 그 사람인 것처럼 생각하는 것이다. 여기서 생각하는 방법의 핵심은 시각화에 있다. 마음속에 그것을 그리는 것이다.

나의 잠재의식은 내가 마음속에 그리는 그림에 의해 작동한다. 마음의 스크린에 비춰진 나의 모습을 생생하게 그려낼수록 잠재의식에 의해 현실로 다가온다. 선명하게 시각화할수록, 자주 반복하고 몰두에서 오래할수록 잠재의식에 미치는 영향은 더욱 커진다. 그 사이 변해 있는 자신을 발견하게 될 것이다.

④ 모델링 4단계: 선언하기

시각화와 함께 큰 목소리로 자신에게 외치는 것이 필요하다. 용기 있는 선언은 머릿속에만 맴도는 막연한 나의 모습에 정기를 불어 넣는다. 부끄럽다거나 쑥스럽다고 생각하면 아무것도 할 수 없고 무엇도 바꿀 수 없다. 타인의 시선을 의식하는 행동은 변화의 걸림돌이다. 잠재의식이 놀라서 벌떡 깨어날 수 있도록 여러번 반복해서 크게 외쳐라. 일단 잠재의식에 각인되기 시작하면 이제부터의 외침은 현실로 향하는 계단이 된다.

⑤ 모델링 5단계: 역할 맡기

특정한 감정을 가지면 그 느낌은 행동으로 이어진다. 행복해서 웃기도 하지만 웃으니까 행복해진다는 말이 그 대표적인 예이다. 우리의 잠재의식은 현실과 가상을 구분하지 못해서 어떤 느낌을 갖고 있는 것처럼 행동하면, 그 행동으로 인해 정말 감정이 생겨난다.

무대 위의 배우처럼 내가 갈망하는 이상형의 역할을 맡는 척하기 방법론을 심리전문가들은 'As if Model'이라고 한다. 용기있고 과감한 사람이길 원한다면 용기 있고 과감한 척 행동하고 자신감을 갖고 싶다면 자신 있는 척하는 것이다. 자기 조직내에서 신뢰받는 리더가 되고 싶다면 마치 신뢰받고 있는 것처럼 하루하루 행동하면 된다. 프레젠테이션을 잘하고 싶다면 프레젠테이션을 아주 잘하는 전문가의 모습을 흉내 내면 된다. 나의 잠재의식은 나의 명령에만 복종한다는 사실을 기억해야 한다[15].

삼성그룹 이건희 전회장의 메기론
메기를 넣어 키운 논의 미꾸라지와 그렇치 않은 미꾸라지는 수확량에서 큰 차이가 있다. 메기에게 잡혀 먹히지 않으려는 미꾸라지는 열심히 먹고, 부단히 경계하며 논바닥을 돌아다니기 때문에 자연히 튼튼해지고 수확량이 많아진다는 것이다.

LG 구자경 전회장의 개구리론
냄비에 물을 담아 펄펄끓여 개구리를 물에 넣으면 그 개구리는 깜짝 놀라 냄비밖으로 튀어나오지만, 미지근한 물속에 개구리를 담가 놓고 불을 서서히 가열하면 개구리는 수온의 변화를 느끼지 못하고 자신도 모르는 사이에 대응도 못 한 채 삶아져 죽게 된다는 것이다.

15) 이성엽, 코끼리여 사슬을 끊어라, 황금부엉이, 2010, pp.106-110.

미국에서 가장 일하고 싶은 SAS회장의 리더십

2010~2011년 2년 연속 포춘지 선정 미국에서 가장 일하고 싶은 기업에 SAS(Statistical Analysis System)가 선정되었다. 우리에게 일하기 좋은 기업으로 널리 알려진 구글이 4위에 랭크되었다.

SAS는 짐 굿나잇(Jim Goodnight)회장이 1976년 설립한 분석전문 IT회사로 30년 이상 계속해서 이익을 내고 있다.

짐 굿나잇 회장은 자신의 자산중 95%가 저녁에 자동차를 운전해서 자신의 회사를 빠져나간다고 설명하면서 다음날 이들이 다시 돌아올 수 있도록 하는 것이 자신의 임무라고 말한다.

'직원이 행복해야 고객이 행복하다'는 신념을 가지고 있는 굿나잇 회장은 '직원들이 발전할 것이라고 믿으면 직원들이 발전 한다'라고 말한다.

그가 가진 믿음의 리더십을 느낄 수 있는 대목이다.

직원들의 발전을 위해 그는 모든 직원들에게 개인 사무실을 주고 매월 410달러의 보육비와 건강보험료 90% 제공, 무제한 병가 등의 복지정책을 실시하고 있으며, 사내에 의사와 간호사를 갖춘 의료센터를 운영하고 있고 무료 피트니스센터, 수영장, 도서관등을 갖추어 직원들의 행복 수준을 높이고 있다. 심지어 이 회사는 정년제한이 없다.

높은 수준의 연봉과 함께 복지와 고용 안정성이 직원들의 만족도에 큰 영향을 미치는 것으로 평가됐다.

2008년 세계 경제위기가 왔을 때 전 세계의 대부분의 기업들이 구조조정을 하였고, 이것을 경제의 큰 흐름이기도 하였지만 굿나잇 회장은 2009년 1월 웹 방송을 통하여 전세계의 SAS 직원들에게 보내는 메시지를 통하여 어떤 지사에서도 구조조정이 없다는 것을 피력하였고, 이를 토대로 다른 기업들이 성장하지 못하고 퇴보할 때 SAS는 계속해서 이윤을 창출하였다.

기업가와 구성원들간에 형성된 신뢰가 조직의 성과에 어떤 영향을 미치는지에 대한 단면을 들여다 볼 수 있다. 이론에 머물지 않고 구성원의 만족과 고객만족을 추구하는 통 큰 리더의 모습을 우리나라 기업들에서도 자주 볼 수 있었으면 하는 바람을 갖는다.

(2013. 1. 6. SBS 연중 캠패인 '착한성장 대한민국 - 리더의 조건' 중에서)

참고문헌

-김성남, 미래조직 4.0, 더 퀘스트, 2018.
-로버트 마우어저/장원철역, 아주작은 반복의 힘, 스몰빅라이프출판, 2016.
-류시화, 새는 날아가면서 뒤돌아보지 않는다, 더숲, 2017.
-미래전략정책연구원, 10년 후 4차 업혁명의 미래, 일상이상, 2017.
-박경록, 21세기 신사고 비전혁명, 리더, 1999.
-박유진 · 김태형, 리더십, 양서각, 2013.
-서성교, 하버드 리더십 노트, 원앤원북스, 2003.
-송경근외, 리더십 불변의 법칙 5, 한 · 언, 2000.
-스튜어트 프리드먼 지음/홍대운 옮김, 와튼스쿨인생특강, 비즈니스북스, 2013,
-양세진, 조직의 비전 · 미션 · 전략수립에 대한 사례소개, SIG보고서 제8호, 2016.
-우문식, 행복 4.0, 물푸레, 2014.
-이동귀, 너 이런 심리법칙 알아, 21세기북스, 2016.
-이성엽, 코끼리여 사슬을 끊이라, 황금부엉이, 2010.
-이재규외, 리더십 엔진 핸드북, 21세기북스, 2000.
-정우일외 9인 공저, 리더와 리더십, 박영사, 2006.
-차두원외, 초연결시대, 공유경제와 사물인터넷의 미래, 한스미디어, 2015.
-한근태, 고수의질문법, 미래의 창, 2018.
-한봉주, 어떻게 자신을 변화시킬 것인가, 미래지식, 2014.
-페트르 두드비크 지음/김유미 옮김, 미루는 습관을 이기는 작은 책, 비즈니스북스, 2018.
-Bennis & Nanus 저/ 김원석 옮김, 리더와 리더십, 황금부엉이, 2005.

제6장 리더십과 리더

1 리더십

1) 리더십의 개념

'Leader'란 영어의 'Lead'에서 나온 말이지만 이는 'lead'는 바이킹 언어에서 온 것으로 배의 방향을 잡는 사람을 의미한다. 현대적인 의미로서 'lead' 〈앞선다, 앞지른다〉 이외에 〈지도한다, 선도한다〉는 뜻도 있다.

따라서 앞선 사람, 지도하는 사람, 선도하는 사람을 뜻하며 우리나라에서는 보통 〈지도자〉라는 말로 번역되어 사용되고 있다.

리더십에 관한 이론적 정의는 시대에 따라서 다르게 표현되고 있고 이론적 배경에 따라서도 다르게 정의되고 있다. 그러나 한 사람으로서는 리더가 될 수 없으며 혼자서는 리더십을 발휘할 수도 없다. 리더십은 두 사람 이상의 관계에서 발생한다.

많은 이들이 리더십을 연구하고 수많은 용어들을 개발해 왔으나 아직도 그 개념은 충분히 정의되어 있지 않다. 이러한 개념의 복잡성과 모호성이 오히려 리더십을 이해하는 것을 어렵게 하는 것 같다.

2) 리더십의 정의

많은 학자들이 리더십을 정의하려고 시도하고 있고 현재도 진행 중이다. Bass[1] (1990)는 리더십을 정의하기 위해 개발된 분류시스템에 따른 차원별 개념화의 개념을

1) Bass, B. M., Bass and Stogdill's handbook of leadership : A survey of theory and research, New York : Free Press, 1990.

다음과 같이 파악하고 있다.

첫째, 리더십을 집단화의 과정에 초점을 두고 있는 개념으로 파악하고 있다. 이 같은 시각에서 보면 리더가 집단변화와 집단 활동의 중심에 위치하게 되고 집단의 의지를 통합하는 지위에 서게 된다.

둘째, 리더십을 성격의 시각에서 개념화 하고 있다. 리더십이란 다른 사람들로 하여금 과업을 완성하도록 유도하는 행동을 유발하는 성격특성이나 그 밖의 성격특성들의 조합이라고 한다.

셋째, 리더십을 행동 측면에서 파악하고 있다. 즉 집단 내의 변화를 도모하기 위해 리더가 취하는 행동이라고 정의하고 있다.

넷째, 리더십을 리더와 부하 간의 권력관계로 보고 있다. 이 같은 관점에서 보면 리더는 권력(힘)을 가지고 그것을 사용하여 다른 사람들의 행동변화에 영향을 미치는 사람이다.

다섯째, 리더십을 목표달성의 수단으로 보고 있다. 리더는 집단성원들을 도와 그들의 목표와 요구를 성취 · 충족시키는 사람이라고 한다. 이 같은 리더십개념은 비전설정(vision setting), 역할모델(role modeling), 개별적 배려를 통해 부하를 변화시키는 리더십 개념을 포괄하는 개념이다.

여섯째, 리더십을 리더 역량의 시각에서 연구하고 있다. 이러한 시각은 '효과적인 리더십을 가능케 한 것'은 리더 역량(지식과 능력)이라는 것을 강조하는 관점이다.

이상의 리더십에 대한 정의를 근거로 항 리더십에 대한 정의를 정리하면, 리더십이란 "공동목표를 달성하기 위하여 한 개인이 집단의 성원들에게 영향을 미치는 과정이다."

표 6-1 리더십 정의의 공통점

구분	내용
공통사항	▫ 목표지향성 ▫ 자발성(도전과 개척) ▫ 사람들간의 영향력 ▫ 상호교류의 힘 ▫ 영향력 행사과정
리더십요소	▫ 과정(process)의 리더십 – 강제성을 띠지 않는 영향력 행사과정 – 집단목표달성을 위해 구성원에게 방향을 제시하고 활동을 조정하는 뜻 ▫ 개인특성의 리더십 – 영향력을 성공시키는 자질, 성취능력, 성격, 용기, 지도자 정신 등 의미

※자료: 김성수, 21세기 글로벌 리더십 개발, 탑북스, 2010, p.9., 변상우, 글로벌 리더를 위한 리더십 개발과 훈련, 도서출판 청람, 2012, p.6.

과정(process)이란 리더가 다른 사람에게 영향을 미치기도 하고, 부하들에 의해 영향을 받기도 한다는 것을 의미한다. 그리고 일방적인 것이 아니라 상호작용적인 것이다.

리더십이 목표달성의 과정이라는 정의는 리더십이 구성원들로 구성된 집단을 지휘하여 어떤 과업이나 목표를 달성하는 것과 관련된 현상이라는 것을 의미한다. 이때 이러는 무엇인가를 함께 성취하려고 노력하는 사람들을 대상으로 자신의 영향력을 발휘하게 된다. 그래서 리더십은 성원들이 함께 목표를 지향하고 있는 상황에서 영향을 미치고 있는 현상인 것이다.

리더와 부하는 상호 밀접한 연결 관계를 가지고 있지만, 그 같은 관계를 주도하고 의사소통의 연결고리를 만들고 그 관계를 유지해야 할 책임을 지는 것은 바로 리더인 것이다.

3) 리더십과 관리(Management)

리더와 관리자는 구분된다. Bennis와 Nanus[2]는 관리자는 일을 보다 효율적인 방법으로 하려는 사람이고 리더는 옳은 일을 하는 사람이라고 정의 하였다.

관리의 주된 기능은 조직에 질서와 안정성을 추구하는 것인데 반해 리더십의 1차적 기능은 변화와 발전을 가져오게 하는 것이다. 즉, 관리는 안정을 추구하고 리더십은 변화에 대한 적응과 건설적인 변화 및 발전을 추구한다.

따라서, 주된 활동에 있어 관리와 리더십은 다르게 수행된다. 관리는 상세한 스케줄을 강조하여 조직목표의 달성을 위해 필요한 자원의 배분에 중점을 둔다[3]. 과업수행에 있어서의 책임과 전체 시스템의 유지와 구성원들에 대한 통제, 단기적인 성과를 중심으로 추진된다.

이에 반해 리더십은 방향설정, 방향 윤곽의 명료화, 장기적인 비전설정, 필요한 조직변화를 위한 전략수립 등을 강조한다.

---

2) Bennis, W., & J. Goldsmith, Learning to lead, N.Y : Addison Wesley Publishing Co.,1994.

3) 페이욜(Fayol, 1916)은 관리의 기본적인 원칙을 14가지로 정리하여 제시하였고 이는 산업화 초기에 조직을 보다 효율적 · 능률적으로 운영하는 방법으로 받아들여졌다. 14원칙은 분업, 권한과 책임, 규율, 명령 일원화, 조직 이익우선, 보상, 권한 집중화, 계층조직, 질서, 공정성, 고용 안정성, 창의력, 단결이다.

표 6-2 관리자와 리더의 특성 비교

관리자의 특성	리더의 특성
– 책임수행	– 혁신주도
– 모방	– 창조, 발명
– 유지	– 개발, 변화, 희망
– 시스템과 구조에 초점	– 인간에 초점, 부하와 공유
– 통제위주	– 신뢰에 기초, 신의, 의리
– 단기적 전략	– 장기적 전략
– 언제 어떻게 관점	– 무엇을, 왜에 관심
– 수직적 관점	– 수평적 관심
– 현 상태 수용	– 현 상태 도전 개척정신
– 전통적인 복종	– 인간관계 형성, 동기부여
– 일을 옳게 함 (How 중심)	– 옳은 일을 함(What 중심)

※ 자료: Bennis, W., & J. Goldsmith, Learning to lead, N.Y : Addison Wesley Publishing Co.,1994.

코터(1990)는 조직이 발전하기 위해서는 관리와 리더십 모두가 필수적이라고 주장하였다.

예를 들어 조직에 리더십은 없고 강한 관리만 있다면 조직구성원들은 매사 틀에 박힌 매뉴얼대로 업무처리를 하느라 분주하게 되어 관료적이게 될 것이다.

반대로 관리가 없고 강한 리더십만 있는 경우에 그 결과를 보면 변화 그 자체를 위한 변화, 즉 의미 없고 방향이 없는 변화로 나타나게 될 것이다. 따라서 조직은 관리와 함께 리더십이 동시에 강화될 때 효과적이다.

관리는 질서와 안정적인 성장을 추구하는 방향에서 기업의 계획과 예산, 조직화와 충원, 통제와 당면한 문제해결을 중심으로 수행되는데 반하여 리더십은 변화를 통한 발전을 추구하는데 이를 위한 방향설정과 목표달성을 위한 제휴와 협력, 구성원의 동기유발과 의욕고취를 위하여 발휘된다.

표 6-3 관리자와 리더십의 기능 비교

관리(질서와 안정 추구)	리더십(변화와 발전 추구)
□ 계획 · 예산 – 행동지침의 설정 – 계획표 작성 – 자원의 배분	□ 방향설정 – 비전설정 – 전체적인 상황의 확인 – 전략설정
□ 조직화 · 충원 – 조직구조의 설계 – 직무배치 – 규칙과 절차의 개발	□ 목표를 위한 제휴 · 협력 – 목표에 대한 의사소통 – 헌신과 몰입의 추구 – 팀과 연합체의 구축
□통제 · 문제해결 – 인센티브제도의 수립 – 창의적인 해결책 – 수정조치	□ 동기유발 · 의욕 고취 – 의욕과 활기의 고취 – 부하에게 자율권 부여 – 미충족된 욕구의 충족

※ 자료: J. P. Kotter, A Force for change: How Leadership differs From Management, N.Y : Free Press, 1990. pp.3~8.

2 리더십의 영향력과 중요성

1) 리더십의 영향력

리더십은 인류의 역사와 함께 시작되었지만 리더십에 대한 체계적인 연구는 불과 100년 전에 시작되었다.

리더십의 정의에 관한 논쟁은 누가 영향력을 행사 하는가 뿐만 아니라 어떤 유형의 영향력을 발휘하는가와 그 결과가 무엇인가에 관계가 된다. 단순한 순응이나 마지못해 하는 복종이 아니라 부하들의 열정적인 몰입을 가져오는 영향력의 행사에 국한해서 리더십을 정의 할 수 있다. 부하들을 조종하고 강요하기 위해 보상이나 처벌에 대한 통제를 사용하는 리더는 실제로 부하들을 이끌지 못한다.

따라서, 리더는 부하들로부터 투심(投心)을 받아내어야 한다. 리더는 부하들로부터 진심어린 협조를 받아야 한다. 투심이란 부하가 리더의 비전이나 목표의 달성에 자신의 마음을 던져 최선을 다하는 것을 의미한다. 즉 리더는 부하의 손과 마음을 빌어 조직의 목표를 달성할 때 성공할 수 있다.

신구범[4](2008)은 권력을 사용하는 lose-lose게임, 교환을 사용하는 win-lose게임, 인간됨을 사용하는 win-win게임으로 구분하여 설명하고 있다.

2) 리더십의 중요성

테일러의 과학적 관리론이 지배하던 시대에는 합리적 · 권위적 인간관 때문에 리더십이 중시되지 않았으나, 1930년대 호손 실험과 인간관계론의 대두로 리더십의 중요성이 강조된 이래, 우리나라에서는 1960년대 국가의 발전과 조직의 성장이 이루어지면서 리더십 분야가 중요한 영역으로 자리 잡게 되었다.

최근 기업경영에서 성장과 수익이라는 두 마리 목표를 모두 달성하기 위하여 다양한 경영기법들이 개발되어 적용되고 있으며, 일정 수준의 성과를 도출하고 있다. 경쟁이 가속화 될수록 가용할 수 있는 자원은 부족해지고 있고 글로벌 시장으로 시장이 재편되면서 사람에 대한 가치 인식이 달라지고 있다.

'사람이 전부다'라고 말할 정도로 성장위주의 패러다임 시대에는 소모품의 개념으로 받아들여지던 것이 이제는 함께 가는 파트너, 동일한 목표를 달성해야하는 동지로, 받아들여지고 있는 상황으로 발전하였다.

따라서 서비스기업 뿐만 아니라 제조업에서도 종사원의 자발적 참여와 공동의 목표달성은 이제 필연적으로 이루어야 하는 과제가 되었으며 이를 조절하고 이끌어가는 것이 리더십으로 그 중요성이 갈수록 부각되고 있다. 따라서 초등학교에서부터 기업교육에 이르기까지 다양한 형태의 리더십 교육과 훈련이 이루어지고 있으며, 삼성에버랜드와 롯데호텔처럼 서비스아카데미처럼 전문교육센터을 운영하는 서비스기업까지 등장하였고 호텔 등의 환대서비스분야 뿐 아니라 다양한 계층을 대상으로 교육컨설팅을 제공하는 기업들이 등장하여 운영되고 있다.

---

4) 신구범, 리더십의 이론과 실제, 형설출판사, 2008.

3 리더(Leader)

1) 리더의 개념

가) 전통적 개념

□ 광의의 개념

- 집단 구성원들에게 영향을 주는 인물
- 어떤 방법으로든 집단 구성원들에게 영향을 주는 인물
- 집단 구성원들이 원하든 원하지 않든 그의 요구에 따르도록 영향을 주는 인물

□ 협의의 개념

- 집단의 다른 구성원들에게 가장 큰 영향력을 행사하는 인물
- 집단목표를 달성할 수 있도록 집단 구성원들의 행동에 체계적으로 영향을 주는 인물
- 그의 요구를 실행해 나가는데 집단 구성원들의 열성적 참여를 획득하는 인물

여기에 환경적인 측면을 고려하고 집단의 목표와 구성원의 개성, 이 세 요인의 이해 속에서 하나의 정의를 정리한다면 리더십이란 "집단의 목표를 달성하기 위해 환경속에서 구성원을 협동시키고, 구성원의 능력을 최고로 발휘케 하는 리더의 작용"으로 정리할 수 있다.

나) 현대적 개념

톰 피터스는 "리더는 다른 사람을 '변화'시키지 않는다! 단지 기회를 창출하고, 사람들이 잠자고 있는 재능을 일깨워 그 기회를 잡도록 격려할 뿐이다"라고 하였다.

또한 대부분의 리더는 최고의 선수가 아닌 경우가 많다. 교향곡 지휘자는 대부분 뛰어난 음악가지만 세계 최고의 연주가인 경우는 드물다. 오늘날까지 대한민국 국민들에게 기억되는 히딩크 감독은 선수로는 세계적이지 못했지만 감독으로는 세계최고의 감

독 중 한명으로 기억되는 것도 같은 맥락이다.

인재개발은 위대한 조직을 만드려는 사람들의 최대관심사다. GE의 최연소 최고경영자였던 잭웰치의 개인적인 능력도 그리 뛰어나지 않았다고 평가된다. 그러나 그는 최고의 인재개발자였다. 그로 인해서 사람들은 그는 최고의 리더로 손꼽는데 주저하지 않는다.

또 하나의 리더의 유형은 비전가다. 리더는 다른 사람들에게 희망을 전달할 줄 알고 그들이 스스로의 희망을 가지고 자신만의 그림을 그리게 하는 능력이 있어야 한다. 그리고, 말과 이론에 그치지 않고 스스로 행동을 통하여 보여 줄 수 있어야 한다. 행동의 결과에 대해 관찰하고, 새로운 진행을 도모 할 수 있어야 한다.

"빨리 실패할수록 빨리 성공 한다"라는 말이 있다. 실패가 없으면 새로운 시도도 없고 새로운 시도를 많이 하면 많이 실패하기 마련이다. 때문에 리더는 조심스러운 태도에서 벗어나야 한다. 과감하게 도전하고, 도전하고, 도전하는 것이 필요하다. 에디슨이 전구를 발명한 후에 기자와 인터뷰한 내용도 같은 맥락에서 이해된다.

톰 피터스는 자신의 파워포인트 슬라이드 중에서 가장 좋아하는 것이 "멋진 실패에 상을 내리고, 평범한 성공에 벌을 내려라"라고 하였다. 지금 이 시대는 광적세계(狂的世界)라 일컬어질 정도로 변혁적인 시대이다. 이런 세상에서 자리매김하기 위해서는 평범해서는 안된다는 말을 하고 있다. 마틴 루터 킹과 갈릴레오, 피카소, 처칠 등 세상을 바꾼 위인들은 무모할 정도의 도전을 하였다. 그들은 '틀을 벗어난 사고'가 아닌 '틀을 새롭게 만들고자 시도'[5]하였고, 성공하였다.

그리고 리더는 폭넓은 인적관계를 형성하고 질적수준이 높은 관계를 유지하기 위해 노력한다. 리더십은 일대일 관계에서 발휘된다. 캐빈 베이컨의 'Small World Theory'와 자동차 판매왕 조 지라드의 사례를 통해 충분히 설명된다.

제임스 쿠제스와 배리 포스너는 리더십 관련분야의 명저서로 손꼽이는 『The Leadership Challenge』에서 톰 피터스가 주장한 내용과 비슷한 5가지를 강조하였다.

① 리더는 과정에 도전한다. 혁신적인 방법을 찾기 위해서 위험을 기꺼이 감수하고, 실패까지 받아들이며 이를 학습기회로 삼아 재도전의 발판으로 삼는다.

② 리더는 공유 비전을 고취한다. 그들은 미래를 상상하고 이를 현실화 시킬 수 있다

5) 톰 피터스 지음/정성묵 옮김, 리더십, 21세기북스, 2006, pp.17-64.참조

는 희망을 전달한다. 강력한 설득을 통해 공유할 수 있는 비전을 전파하고 꿈을 실현할 수 있다는 가능성을 일깨운다.

③ 리더는 다른 사람을 행동하도록 만든다. 협력과 팀 정신을 북돋아 그들이 몰입할 수 있도록 도와주며, 리더 스스로 행동을 통하여 도전하고 이들에게 정보공유와 스스로의 능력을 자가하도록 하여 행동하도록 이끈다.

④ 리더는 역할 모델이 되어 성공하는 방법을 모형화 한다. 확고한 기준을 설정하여 다른 이들이 따라올 수 있도록, 그리고 시도할 수 있도록, 작은 성공을 통해 큰 성공을 이룰 수 있도록 이끈다.

⑤ 리더는 용기를 북돋운다. 무엇인가에 도전하여 성공한다는 것은 매우 힘든 일이다. 때문에 결과에 상관없이 그들이 쏟은 열정과 과정을 인정해주고, 노력한 만큼의 보상의 제공[6]하여 그들이 더욱 분발 할 수 있도록 하는 것이 필요하다. 3M의 15% 법칙과 구글의 실패장려, SK네트웍스에서 임원들에게 2년 동안의 실패를 용인해 주는것도 이런 차원으로 이해된다.

2) 리더의 유형분류

리더가 지도하는 집단의 특성이나 리더 자체의 특성 또는 그 기능에 따라 분류되고 있다.

가) Max Weber의 분류 – 리더의 권위 근거에 따른 분류

① 전통적 권위(Tradition Authority):

전통적인 윤리나 사회 관습, 신분을 기초로 한 권위. 원시 사회나 근대화가 철저하지 못한 사회에서 나타나는 리더의 유형으로 가부장적인 색채가 짙다.

② 카리스마적 권위(Charismatic Authority):

예언자나 영웅 등 개인의 탁월한 통솔력이나 인기에 토대를 둔 권위로서 전쟁 영웅이나 종교적 예언자가 그 예이다. 이들은 보통 초인간으로 받들어진다.

6) 제임스 M. 쿠제스 · 배리 Z.포스너 공저/정경근외 역, 리더십 불변의 법칙 5, 한 · 언, 2000, pp.418-419.참조

③ 합리적 또는 합법적 권위(Rational of legal Authority):

집단의 구성원들이 정당하다고 인정하는 규칙 또는 법률에 토대를 둔 권위로서 선거를 통해 선출된 현대 국가의 대통령, 국회의원 및 법률에 따라 임명된 각급 관료 등이 이에 속한다.

나) S. Sargent의 분류 – 리더와 부하 사이의 관계에 따라

① 카리스마적 리더(Charismatic Leader):

신성시되거나 초자연적인 능력의 소유자로 떠받들어지는 리더로 예수, 마호멧, 잔다르크, 히틀러, 손문 등이 이에 속한다.

② 상징적 리더(Symbolic leader):

실질적인 권력은 없으나 국가나 국민, 집단을 대표하는 명예와 위신을 갖고 있는 리더. 영국의 엘리자베스 여왕, 일본의 일왕 또는 내각책임제 하의 대통령

③ 예우자(Head Man):

전통적인 지위에 의해 권위를 행사하는 리더. 세습되는 남작, 공작 등의 칭호나 명예박사, 명예교수 등

④ 전문가(Expert):

전문 분야에서 이룩한 업적에 토대를 둔 리더. 뉴턴, 다윈, 아인슈타인, 베토벤, 세익스피어 등

⑤ 행동적 리더(Administrator):

기업이나 행정부에서 탁월한 통솔 능력을 발휘하여 집단의 목표 달성에 이바지하는 리더로 나폴레옹, 비스마르크, 링컨 루즈벨트 등

⑥ 선동가 혹은 개혁가(Agitator or Reformer):

행정이나 관리능력 보다 설득이나 선동적인 방법에 의존하는 리더로 히틀러 등 특히

설득력을 발휘한 개혁가로는 제퍼슨, 링컨, 처어칠 등

⑦ 강압적 리더(Coercive Leader):

주어진 권력이나 지위를 이용하여 강압적인 방법으로 통솔하는 리더

다) 유리스의 분류 – 리더의 역할에 따라

① 전문가형 리더 : 어떤 분야에서 고도의 지식과 기능을 가지고 성원들을 지도하는 리더
② 조정가형 리더 : 집단 성원을 조직화하고 통찰하는 능력이 강하여 업무 절차에 밝은 리더
③ 문제 해결형 리더: 집단을 운영해 나가는데 있어서 부딪치는 일에 강하며 업무절차에 밝은 리더
④ 인간주의형 리더: 부하와 인간적으로 사귀어 협조케 하는 리더
⑤ 목표 추구형 리더: 집단 성원의 안전이나 복지보다는 집단 목표의 달성에만 집착하는 리더

3) 리더와 리더십의 영향력

어떤 것을 완성시킬 수 있는 능력 또는 상대방을 어떤 상황에서 다른 상황으로 움직이게 할 수 있는 힘을 말한다. 영향력은 그 자체가 목적이어서는 안 되고, 목적지로 갈 수 있도록 해 주는 수단이어야 한다. 영향력은 상대방으로 하여금 당신이 도울 수도 해를 줄 수도 있는 예정된 결과를 행사할 수 있다는 것을 깨닫게 하는 것이다.

리더십의 핵심요소는 영향력 행사에 있다.

조직내에는 직위권력(position power)과 개인권력(personal power)의 두 가지 종류의 권력유형이 있다. 직위권력이란 한 개인이 공식조직시스템 내의 어떤 직책이나 직위에 앉게 됨으로써 얻게 되는 권력을 말한다.

한편 개인권력이란 동료직원들이 호감을 느끼고 전문분야에 대해 박식한 사람으로 인식할 때 동료직원들로부터 얻게 되는 권력을 말한다.

리더십 연구에서 현재까지 가장 널리 인용되고 있는 권력유형은 French와 Raven[7] (1959)의 권력 분류체계이다. 이들은 권력의 유형을 5가지로 구분 하였고 직위권력에 합법적 권력과, 보상적 권력, 강제적 권력으로, 개인권력을 준거적 권력과 전문적 권력으로 구분하여 제시 하였다.

표 6-4 권력 유형의 구분

직위권력	개인권력
- 합법적 권력 - 보상적 권력 - 강제적 권력	- 준거적 권력 - 전문적 권력

① 합법적 파워

합법적 파워는 직위를 가지고 있는 사람에게 해당된다. 직위가 없는 사람에 의한 것보다 부장, 이사 등의 직위를 가지고 있는 사람에 의해 좀 더 많은 영향을 받게 된다.

② 보상적 파워

상대방을 확신시킬 수 있고 도움 내지 어떤 이익을 줄 수 있다면 상대방에게 영향을 주는 보상적 파워를 가지게 된다. 보상적 파워를 나타내기 위해서는 제품의 가치를 강하게 들어내야 한다.

③ 강제적 파워

보상적 파워와 반대되는 파워로서, 당신이 상대방에게 해롭게 할 수 있다고 느끼게 한다면 강제적 파워를 갖게 된다. 강력한 영향력을 위해 서로 작용하는 보상과 강제적 파워를 적절히 조화 있게 사용한다.

상대방이 원하는 것을 얻지 못한다면 결과가 바람직하게 되지 않을 것이라고 암시해야 하고, 상대방이 수긍한다면 그들에게 감사함을 표시함으로써 보상적 파워로 전환해야 한다.

7) French, R. P., & Raven, B., The bases of social power, In D. Cartwright(ED), Studies in social power, Ann Arbor, MI : Institute for Social Research, 1959.

표 6-5 French와 Raven의 권력 분류체계

유형	내용
준거적 권력	영향력을 행사하는 사람을 존경하거나 동일시하여 복종
전문적 권력	어떤 일을 하는데 최선의 방법에 대해 영향력을 행사하는 사람이 가지고 있다고 믿기 때문에 복종
합법적 권력	지위, 신분 등 공식적 직무권한과 관련된 권력
보상적 권력	다른 사람에게 보상을 줄 수 있는 데서 나오는 권력
강제적 권력	영향력을 행사하는 사람이 주는 처벌을 피하기 위해 복종

④ 전문적 파워

많은 전문지식을 가지고 있을 때 상대방보다 파워를 가지게 된다.

⑤ 준거적 파워

준거적 파워는 상대방으로 하여금 신뢰를 구축하게 하고 믿음을 가지게 하여 당신을 좋아하게 한다. 일관성 있고 모범적인 행동을 할 때 준거적 파워가 드러나게 된다.

이 외에도 ⑥ 카리스마적 파워로 사람의 마음을 사로잡는 능력, 개성으로 상대방이 움직일 수 있게 하는 파워가 있으며, ⑦ 상황적 파워로 자신만이 행할 수 있는 특별한 상황에서 상대방보다 파워와 ⑧ 정보를 공유하는 것은 상대방과의 유대를 형성시켜 더욱 가까워 지게하는 정보적 파워가 있다.

상기에 제시된 5가지 권력(파워)를 활용할 때는 상황에 맞게 진행이 되어야 하며 이때 반드시 다음 표의 내용과 같은 절차를 지키는 것이 필요하다.

루카스(Lucas)는 올바른 권력사용[8]에 위해서는 다음의 사용법을 지켜야 한다고 제시하였다.

8) 김광수 옮김, 열정적 조직을 만드는 파워발란스, 2006, pp.139-140. 참조.

표 6-6 5가지 권력을 활용하기 위한 지침

권력유형	지침
준거적 권력	– 포용력과 긍정적 관심 – 지원하고 도와주는 행동 – 마음에서 우러나는 찬사 – 적정한 경우 감싸주고 보호 – 자발적 편의 제공과 약속 이행 – 관심을 표하기 위해 자신 희생종
전문적 권력	– 요구/제안에 대해 이유 중요성 설명 – 제안이 성공적일 것이라는 증거 제시 – 타인의 관심사/제안을 신중하게 경청 – 자신감 있고 단호하게 행동 – 사실을 왜곡과 과장 금물 – 경솔하고 일관성 없는 진술 지양
합법적 권력	– 정중하고 명확하게 요구 – 요구에 대한 이유를 설명 – 주어진 권한내에서 요구 – 필요시 권한 재확인 – 적절한 경로를 따라 요구 – 이행 여부를 확인/필요시 복종강요
보상적 권력	– 받는 이가 원하는 유형으로 보상 – 공정하고 윤리적일 것 – 보상기준을 설명하고 기준은 단순화 약속한 보상의 이행 – 상징적 의미가 있도록 보상 활용 – 지나친 보상약속 지양
강제적 권력	– 규칙/조건을 설명 후 위반 시 심각한 결과를 이해시키는 과정필요 – 위반행위에 대해서 신속하고 일관성 있게 대응 – 심각한 경우를 제외하고는 처벌 전 구두/문서경고 – 위협과 경고 후에도 불복종 시 처벌을 함으로써 신뢰성을 유지 – 침착성을 유지하고 적대감이나 개인적 거부감을 보이지 말 것 – 적법하고, 공정하며, 위반행위의 심각성에 상응하는 처벌

※ 자료: Gary Yukl 저, 강정애 외 4인 역, 현대조직의 리더십이론, 시그마프레스, 2009, pp.119~228.

- 리더는 직원들의 생각과 결정을 이끌 수 있는 원대하고 현실적인 비전을 창조하고 유지하기 위해 권력을 사용해야한다.
- 리더의 전략적 사고를 위한 시간과 공간을 위해 사용해야 한다. 그래야만 구성원들의 전략적 사고를 유도하고 동시에 중심을 잡아줄 수 있다.
- 적절한 사람을 적절한 시점에 적절한 지위로 이동시키고, 충분한 정보와 지식, 자원을 제공함으로써 성공 확률을 극대화하기 위해 사용해야 한다.

조직에 뜨거운 열정을 불어넣기 위해 사용해야 한다. 열정이 없으면 최선도 없기 때문이다.

4 리더십 패러다임의 변화

1) 패러다임의 변화

최근 기업에서 주로 활용하는 리더십은 수퍼 리더십, 인파워링 리더십, 비전 제시형 리더십, 서번트 리더십, 오픈 리더십, 코칭 리더십 등 여러 가지로 나뉠 수 있다. 과거 '카리스마'와 동일시되던 '리더십'과는 그 양상이 크게 달라졌다.

리더십에 대한 체계적이고 과학적인 접근이 이루어진 것은 20세기 이후라고 할 수 있다. 리더십 연구의 초기 이론들은 대부분 리더의 유효성을 발생시키는 제요인, 즉 효과적인 리더를 나타내는 리더의 자질, 행동 및 상황들을 인식하는 데 초점을 두었다.

이런 전통 리더십 이론에 대한 가장 일반적 접근법은 특성론, 행동론, 상황론적 접근방법이다. 상당기간동안 리더십 연구의 주류를 이루던 전통적 리더십의 접근방법들은 딜레마에 바져 나오지 못한 채 서로 분리되어 연구되어 왔거나 행동론에서 보편성을 추구한 연구결과를 다시 상황론에서 상황에 따라 유효한 리더십이 다르다는 식으로 결론을 내어 왔다.

1980년대 들어서면서 새로운 리더십 또는 새로운 장르의 리더십이라 불리는 형태의 리더십 이론들이 발표되기 시작했다. 이처럼 리더십에 대한 새로운 접근이 시도된 이유는 조직 내 · 외적 환경변화와 전통적 리더십의 한계 때문이다. 이 새로운 리더십 이론들은 변혁적 리더십, 카리스마적 리더십, 전략적 리더십, 비전적 리더십, 문화적 리더십과 교환관계적 관점의 리더-부화 교환관계이론 등으로 대표된다.

이와 같은 리더십 이론의 발전과정을 연대기와 사상적 측면을 종합하여 요약하면 〈그림 6-1〉과 같이 정리된다.

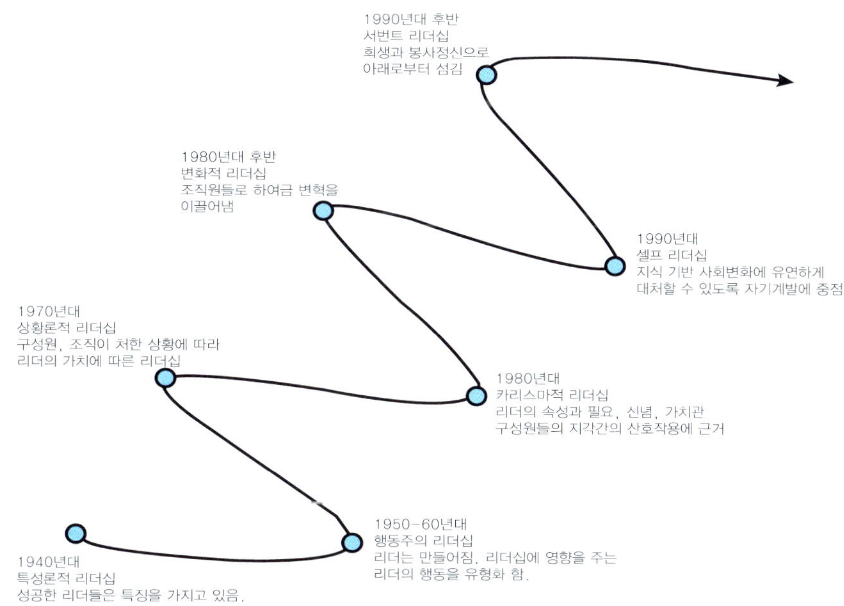

그림 6-1 ▶ 리더십 발전과정

※ 자료: 송영수, 인아웃 코칭, credu, 2011, pp.26-27.

2) 조직을 움직이는 현대적 방법

세계적인 컨설팅회사인 보스턴 컨설팅그룹은 조직을 움직이는 두 가지 접근방법을 과학(science)과 아트(art)로 구분하고 있다. 조직이 잘 작동된다는 것은 과학과 아트의 활동이 활발하고 조화를 이룬다는 뜻이다.

이러한 접근에 따라 보스턴 컨설팅그룹은 경영자에게 필요한 스킬 셋(skill set)을 다음의 그림과 같이 과학계 스킬과 아트계 스킬로 구분하여 경영자 개발에 사용하고 있다. 과학계 스킨은 주로 관리적 활동에 관한 것이고 아트계 스킬은 리더십 활동에 관한 것이다. 두 영역의 스킬은 원천과 속성이 다르지만 서로 융합되어야 시너지효과가 나며, 특히 아트 스킬인 리더십은 경영자가 남에게 위탁할 수 없는 고유의 능력임을 이해하는 것이 중요하다.

표 6-7 조직을 움직이는 두 가지 접근방법: 과학과 아트

유형	과학(science)	아트(art)
접근	• 계획/예산책정 • 조직설계 – 구조설계, 책임/권한 규정 – 평가/관리 시스템 • 지휘,명령 – 목표부여, 진행관리, 평가와 보상	• 꿈과 비전 제시, 인심 획득 • 부드러운 인적 네트워크 형성 – 비공식적 관계, 긍정적 관계 – 인간적 매력과 자발적 헌신 • '커뮤니케이트' 함 – 계몽/부탁한다/활력을 준다
특성	Hard / Formal	Soft / Informal
실행자	관리하는 사람	리드하는 사람

※ 자료: 킨노 히로시, 보스턴컨설팅그룹의 리더십 테크닉, 비즈니스맵, 2006, p.39.

관리적 역할을 잘 수행하기 위해서는 현재 수행하는 일을 효율적으로 완수하는 문제에 관심을 많이 쏟게 되고, 새로운 일에 대한 모험적 시도보다는 현재의 시스템과 과업에 대한 안정적 관리를 중시하게 되는 경향이 있다. 반면, 리더십 역할을 잘하기 위해서는 과업보다 인간관계에 더욱 관심을 쏟으면서 새로운 일과 방법에 대해 신념을 가지고 모험적 도전을 하고 구성원들을 설득하여 참여를 독려하는 경향이 있다.[9]

5 리더의 시간관리

1) 나에게 소중한 일 찾기

나폴레옹은 "우리가 어느 날 마주친 재난은 우리가 소홀히 보낸 지난 시간의 보복이다"라고 하였다. 그만큼 시간을 관리하고, 사용하는 것이 중요하다는 말일 것이다.

시간을 창조적으로 활용하기 위해서는 '창조적 사고'와 '시간의 지배'의 두 가지 요소가 선순환 되도록 만들어야 한다. 스스로 시간을 지배한다는 것은 '내가 시간을 주도한다'는 뜻이며, 그 반대는 남이 내 시간을 주도하는 것이다. 많은 사람들은 24시간이 자

9) 박유진 · 김태형, 리더십, 양서각, 2013, pp.35-36.

신의 고유 시간임에도 불구하고 그 소유권과 주도권을 남에게 거의 다 빼앗긴 채 살고 있다. 컴퓨터와 TV, 휴대전화 등 스마트 기기에 학습과 여가 시간을 빼앗기고, 공부나 일을 하다가도 친구가 부르면 나가고, 때로는 시간을 무의미하게 써버린다.

미래사회에서는 지식과 네트워크가 부의 원천이고 시간은 이를 더욱 강력하게 만드는 에너지다. 특히 시간을 스스로 지배해야 하는 가장 큰 이유는 창의력과 탁월한 성과를 뒷받침하는 핵심적 환경 중의 하나인 '몰입'이 가능하도록 하기 위함이다.

스티븐 코비는 스스로 시간을 지배하기 위해서는 나에게 무엇이 소중한가를 파악하는 것이 필요하다고 하였고 이를 위해 다음 그림과 같이 일을 4가지로 분류하였다.

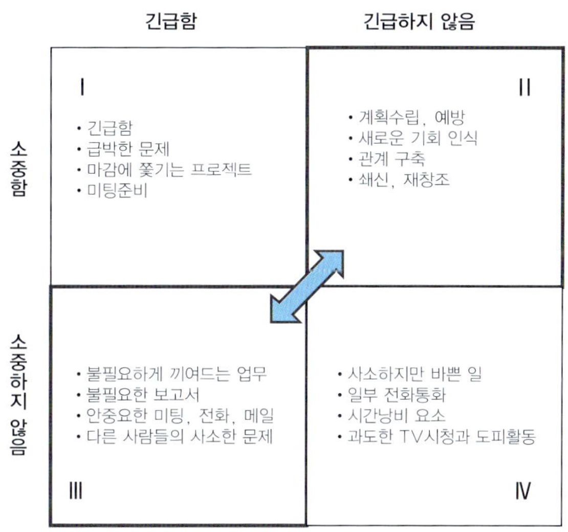

그림 6-2 ▶ 스티븐 코비의 일의 분류

대부분 평범한 사람들은 소중하지 않지만 급한 일에 가장 많은 시간을 쓴다. 이에 반해 성공한 사람들은 소중한 일, 그 중에서도 급하지는 않지만 소중한 일을 우선으로 잘 하는 사람들이다. 스티븐 코비박사의 조언대로 살지 못하는 이유는 어디에 있을까?

무엇보다 '내게 소중한 일이 무엇인지' 모르거나 생각해보지 않았기 때문이다. 안다고 생각하는 사람들도 대부분은 '갖고 싶은 것', '하고 싶은 것'의 수준을 넘어서지 못한다. 이런 정도로 생각하는 일들은 약간의 고통이나 장벽에 부딪히면 곧바로 포기하거나 내일로 미루어버리게 되어있다.

'소중한 것' 중에서도 급하지 않지만 소중한 것들은 대부분 '미래'의 일이다. 지금 '소중한 일'은 오늘 갑자기 소중해진 것이 아니라 과거의 어느 시점에서부터 소중하게 여겼던 일이다. 그렇게 때문에 내일 소중한 것을 명확히 알고 그것을 이루기 위해 오늘 무엇인가를 하는 사람이야말로 '미래의 시간을 지배'하는 사람이다. 미래의 시간을 지배하게 되면 자기가 원하는 미래를 만들 수 있다.

소중한 일을 찾아서 지금부터하기 위해서는 먼저 미래에 중요한 일이 무엇인지를 찾아서 명확히 정리해 두는 것이 선행되어야 한다.

2) 몰입능력 기르기

시간을 지배하기 위해서는 '몰입'능력이 있어야 한다. 오랜 시간을 어떻게 저렇게 집중할 수 있을까 싶게 한 가지 일에 몰입하는 사람들이 있다. 자신의 모든 능력을 다 소진하도록 몰입시킨 후 "내가 해냈구나!"하는 만족감을 느끼고, 거기서 자신 안의 잠재능력을 확인하고 내면의 참모습을 발견한다. 이는 몰입을 경험해보지 못한 사람들은 결코 느낄 수 없는 성취감이다.

어떤 일에 몰입하는 사람들의 공통적인 특징은 삶의 목적이 분명하고, 주인의식이 있고 하고 있는 일에서 매우 큰 행복감을 느끼는 사람들이다.

그렇기 때문에 이런 사람들은 누가 시키지 않아도 스스로 시간을 지배하면서 자기가 하는 일의 기술을 향상시키고, 스스로 좀 더 어려운 도전을 시도하면서 지속적으로 최고의 성과를 만들고자 하는 강렬한 동기와 의지를 보인다. 물론 이런 과정에서 매우 큰 고통을 만날 수도 있지만, 고통 뒤의 몇 배 더 큰 즐거움과 만족감, 더욱 더 강화되는 자신감을 기대하며 고통조차 즐기는 능력을 갖게 된다.

몰입하기 위해서는 도전내용과 그것을 수행하는 데 필요한 능력이 균형을 이루어야 한다. 도전과제의 수준이 자기 능력보다 너무 높으면 포기하게 되고, 너무 낮으면 지루해하기 때문에 몰입이 어렵다. 따라서 심도 있는 몰입을 경험하려면 평소의 실력에 비해 약간 힘겨운 과제에 도전해야 한다.[10] 자기 능력의 120% 정도의 목표치를 수립하면

10) 칙센트미하이 저/이희재 역, 몰입의 즐거움, 해냄, 1997.

도전과 능력 사이에 균형이 맞추어지는 약한 힘겨운 과제[11]로 몰입을 시도하는데 적정한 수준이다.

3) 한 시간에 10분

한 시간에 10분 동안 집중해서 몰입할 수 있다면, 몰입하지 않은 1시간보다 큰 성과를 얻을 수 있다. 1시간에 10분이면 3시간짜리 수업이면 30분동안 몰입이 가능하게 된다.

대구 달성구 화동초등학교의 아이들은 아침 10분 수학시간을 갖고 난 후 1년 전보다 수학 성적이 거의 모두 좋아졌고, 전 과목 성적 평균도 7점이나 올랐다. 이를 경험한 하이들은 한결같이 자기주도학습 10분이 강남의 값비싼 과외 수업 10시간보다 훨씬 더 성과가 좋다고 했다고 한다.

30분, 60분씩 시간을 낼 수 없다면 조각시간으로 10분을 활용하면 기적과 같은 성과를 높일 수 있는 분야는 다양하다.

- 복식호흡 10분이면 불면증에 효과가 높고
- 산책 10분이면 스트레스를 감소시킬 수 있고
- 아침 체조 10분이면 활기찬 하루를 열 수 있고
- 휴식 10분이면 기억력 가속페달을 밟을 수 있다.[12]

4) 제한된 시간 안에 하기

KBS수요기획팀이 초등학교 3학년 어린이 10명을 2팀으로 나누어서 한 팀은 10분 동안 들꽃 이름을 외우게 하고, 다른 한 팀은 그냥 외우게 한 실험 결과, 10분 동안 시간을 강제한 팀의 기억력이 2배 정도 높게 나왔다. 시간제한을 둔 것이 집중력과 성과를 더 끌어 올렸다. 시간 제약을 두는 가장 큰 이유는 흥미의 정도에 비례해서 점진적으로 시간을 늘이기 위함이다.

시카고대학교의 연구소에서 영재 학생 223명을 대상으로 조사한 결과 가장 좋은 동기부여는 '즐거움, 흥미, 자기만족'이었다. 이는 좋은 성적, 경쟁, 인정받기, 미래, 친구들

---

11) 최윤식, thinking tool box, 지식노마드, 2012, p.220.

12) KBS수요기획팀, 하루10분의 기적, 가디인, 2010.

때문이라는 동기부여 원인들보다 더 강력한 동기부여 원인이었다.[13)]

독일 뮌헨의 심리학 연구소에서 집중력 부족이 아주 심한 사람을 대상으로 집중력강화 실험을 하였다. 이 실험자는 몇 분밖에 책읽기에 집중하지 못하고 다른 생각에 빠지고, 그때까지 무엇을 읽었는지를 잊어버리곤 했다. 그래서 연구소에서는 첫 단계로 1분씩만 책을 읽게 했다. 1분이 지나면 걸으면서 심호흡도하고 다른 생각도 하게 했다. 이렇게 몇 주가 지나자, 처음에는 몇 초, 몇 분씩 책 읽는 시간이 길어지더니 나중에는 한 시간 이상 집중해서 책을 읽을 수 있게 되었다고 한다.[14)]

작은 성공을 통한 즐거움의 발견은 좀 더 긴 시간의 몰입을 가능케 한다. 인위적인 '쉬는 시간'이 학습을 방해하고 동기를 약화시키는 자극을 차단하는 긍정적인 효과를 만들어 낸다. 사람은 점진적으로 변화한다. 대부분의 사람들은 자신의 변화를 점진적으로 보지 않고 한 번에 도약하려는 욕심에 급하게 서두르다 실패한다.[15)]

쉬어가기
중국속담 1년의 결실을 기대한다면 벼를 심고, 10년의 결실을 생각한다면 나무를 심고, 100년의 결실을 기대한다면 사람에 투자하라.

13) KBS스페셜, 몰입, '최고의 나를 만나다', 2007년 6월 24일.

14) 세바스티안 라이트너 저/안미란 역, 공부의 비결, 들녘, 2005.

15) 최윤식, thinking tool box, 지식노마드, 2012, p.225.

〈가난한 대통령의 리더십〉

호세 무히카(Jose Alberto Mujica Cordano) 우루과이 대통령(2010년~2013년 현재) 세상에서 가장 가난한 대통령으로 주목받고 있다.

대통령 월급의 10%만(130만원)만 받고 90%는 무주택서민들의 주택공급사업과 NGO단체에 기부하는 대통령, 재산목록 1호가 1987년산 중고차 1대인 대통령이다.

우루과이의 민주화를 위한 14년여의 옥고를 치르고, 하원의원과 상원의원을 거쳐, 농목축수산부장관을 역임한 후 대통령에 당선되었다.

2010년 3월 대통령 취임이후 대통령궁을 노숙자들의 쉼터로 내주고 자신은 수도 몬테비데오에서 20Km 떨어진 허름한 농가주택에서 출퇴근을 하고 있다. 그가 살고 있는 마을 사람들이 말하는 그는 "이곳에서 그는 마을사람 중 한사람일 뿐이다"였다.

그는 "대통령으로 선출된다는 것은 세상의 모든 돈을 갖는 것보다 더 영광스러운 일이죠. 왜냐면 국민들이 뽑은 것이니까요. 대통령이 실수는 할 수 있지만 절대로 국민의 뜻을 거스르먼 안됩니다."라고 밀했다고 한다.

물론 우루과이에서 모든 국민이 그를 지지하는 것은 아니다. 2013년 현재 그의 지지도는 50% 아래로 떨어졌다고 한다. 그렇지만 그는 많은 국민들로부터 존경받고, 훌륭한 리더로 인정받고 있다. 그의 이런 노력과 헌신으로 말미암아 우루과이는 중남미에서 1인당 GDP가 가장 높은 나라가 되었다.

물질로는 세상에서 가장 가난한 대통령이지만, 정신적으로는 그렇지 않을 것이다. 대한민국이 우루과이 보다 훨씬 잘사는 나라이지만 웬지 부러운건 사실이다. 이런 기사가 부럽지 않는 대한민국을 꿈꿔본다.

(2013. 1. 6. SBS 연중 캠패인 '착한성장 대한민국 - 리더의 조건' 중에서)

참고문헌

-KBS수요기획팀, 하루10분의 기적, 가디언, 2010.
-KBS스페셜, 몰입, '최고의 나를 만나다', 2007년 6월 24일
-KMAC CS경영혁신센터역, 고객만족경영의 추진방법, 21세기북스, 1992.
-김광수, 파워발란스, 비전과 리더십, 2006.
-김성수, 21세기 글로벌 리더십 개발, 탑북스, 2010.
-박시사, 대인관계기법, 백산출판사, 1999.
-박유진 · 김태형, 리더십, 양서각, 2013
-변상우, 글로벌 리더를 위한 리더십 개발과 훈련, 도서출판 청람, 2012.
-세바스티안 라이트너 저/안미란 역, 공부의 비결, 들녘, 2005.
-송영수, 인아웃 코칭, credu, 2011.
-스튜어트 프리드먼 지음, 홍대운 옮김, 와튼스쿨인생특강, 비즈니스북스, 2013.
-신구범, 리더십의 이론과 실제, 형설출판사, 2008.
-안광호외, 전략적 브랜드 관리, 학현사, 2001.
-제임스 M. 쿠제스 · 배리 Z.포스너 공저/정경근외 역, 리더십 불변의 법칙 5, 한 · 언, 2000.
-칙센트미하이 저/이희재 역, 몰입의 즐거움, 해냄, 1997.
-최윤식, thinking tool box, 지식노마드, 2012.
-킨노 히로시, 보스턴컨설팅그룹의 리더십 테크닉, 비즈니스맵, 2006
-톰 피터스 지음/정성묵 옮김, 리더십, 21세기북스, 2006.
-현미숙, 뛰어난 리더는 어떻게 만들어 지는가, 원앤원북스, 2013,
-Bass, B. M., Bass and Stogdill's handbook of leadership : A survey of theory and research, New York : Free Press, 1990.
-Bennis, W., & J. Goldsmith, Learning to lead, N.Y : Addison Wesley Publishing Co.,1994.
-French, R. P., & Raven, B., The bases of social power, In D. Cartwright(ED), Studies in social power, Ann Arbor, MI : Institute for Social Research, 1959.

-Gary Yukl 저, 강정애 외 4인 역, 현대조직의 리더십이론, 시그마프레스, 2009.
-J. P. Kotter, A Force for change: How Leadership differs From Management, N.Y : Free Press, 1990.
-James R. Lucas, Balance of Power: Fueling Employee Power without Relinquishing your own, Korean Edition published by Luman Consulting Operations, 2002.

제7장 커뮤니케이션(Communication)

1 커뮤니케이션의 개념

1) 커뮤니케이션의 개념

'의사소통'을 의미하는 단어 커뮤니케이션(communication)의 어원은 라틴어 '커뮤니카레(communicare)'이다. '교환하다', '공유하다'등의 뜻이 담겨있으며, 커뮤니티(community)와 어원이 같다. 말은 혼자 할 수 있지만 소통은 혼자 할 수 없다. 소통은 지식, 정보, 의견, 감정 등을 누군가와 함께하는 것이며 교감할 수 있는 지점을 찾을 때 가능하다. 관계는 만드는 것이 아니라 쌓는 것이다.

인간(人間)이란 한자는 사람 인(人)과 사이 간(間)으로 구성되는데, 이는 사람사이에는 틈이 있고, 관계를 맺는다는 것은 그 틈을 메우거나 유지하거나 관리하는 것을 의미하고, 우리는 그것을 대인관계라 하고, 대인관계의 시작은 말로 시작되는 커뮤니케이션이다.

오랫동안 행복하게 장수한 사람들의 특성중 하나가 대인관계가 넓고 깊다는 것이었다. 다양한 사람들과 오랫동안 친밀한 관계를 유지하는 것은 행복과 장수의 비결 중 하나다. 인간은 관계 때문에 행복해지고, 또 관계 때문에 불행해진다.

관계는 한자로 '빗장 관(關)', '이을 계(係)'다. 빗장을 열고 들어가야 관계가 시작될 수 있다는 뜻으로 해석된다. 누가 먼저 내 문을 열고 들어오기 전에 내가 먼저 빗장을 열고 들어가야 한다. 관계를 끝내는 것도 비슷한 과정일 것이다. 내가 빗장을 걸어 잠그면 그 관계는 끝이 난다.

좋은 관계를 위해서는 무엇이 필요할까? 내가 먼저 좋은 사람이 되어야 한다. 내가 좋은 사람이면 내 주위에 좋은 사람들이 모일 것이다. 내가 나쁜 사람이면 나쁜 사람들이 모일 것이다. 그 외에도 좋은 관계를 위한 방법으로는 베풀기, 주고받기, 매력 등 여러 가지가 있다.

관계의 가장 중요한 전제조건이 있다. 바로 관심이다. 상대방에게 관심이 있어야 좋은 관계를 맺을 수 있다. 관심은 한자로 '빗장 관(關)'에 '마음 심(心)'으로 빗장을 여는 마음이란 뜻이다. 관심은 나의 마음에 달려있다.

관심이 있으면 질문이 생겨나고 관심이 관계를 이어준다.[1)]

2) 언어 커뮤니케이션

모든 힘은 밖으로 향하는 것과 동시에 안으로도 작용한다고 한다. 사람의 입에는 태어난 말은 입 밖으로 나오는 순간 그냥 흩어지지 않는다. 돌고 돌아 어느새 말을 내뱉은 사람의 귀와 몸으로 다시 스며든다. 말에도 품격이 있다. 품격(品格)의 품은 입구(口)가 3개 모여서 이루어졌다. 말이 쌓이고 쌓여서 격이 이루어진다는 의미이다.

우리는 누구나 관계의 울타리 안에서 살아가고 있다. 가족, 친구, 동료, 고객 등 우리의 삶은 관계로 시작해서 관계로 끝난다고 해도 과언이 아니다.

새로운 사람을 만났을 때 몇 초 안에 상대방을 판단하게 되는데 '무엇'을 보고 이런 판단을 내리는 걸까? 하버드 경영대학교수를 역임한 사회심리학자 에이미 커디(Amy Cuddy)교수는 '내가 이 사람을 믿을 수 있는가?(Can I trust this person?)'와 '내가 이 사람을 존중할 만한가?(Can I respect this person?)'라는 질문에 곧바로 답한다고 한다. 이 두 가지 질문에서 '신뢰(Warmth)'와 '역량(Competent)'을 추출 할 수 있는데 이 두 가지 중에서 신뢰가 더 중요하게 첫인상을 결정짓는다고 하였다.

신뢰할 수 있다면 그 다음 순서로 상대방의 역량에 대해 판단하게 된다는 것이다.

성공적인 인간관계의 키워드는'사람을 대하는 방식과 대화의 방법'이다. 자신의 강함을 드러내기 위해 다른 사람을 억압하거나 조정하려고 하거나 불친절한 말로 다른 사람의 감정을 상하게 한다면 관계는 실패하고 만다. 모든 사회 조직이 수평관계화 되었고 더 이상 수직관계에서 통용되던 말과 태도는 효력을 잃었다.[2)]

---

1) 한근태, 고수의질문법, 미래의 창, 2018,pp.69-107.

2) 김윤나, 말 그릇, 카시오페아, 2017, pp.4-6.

아군이 많은 사람은 그렇지 않은 사람보다 조직과 공동체 생활에서 유리한 고지를 점한다. 삼국지연의에서 유비 주위에 인재가 많았던 이유는 유비의 언어(言語)에서 찾을 수 있다. 유비의 덕목은 겸손과 굽힘과 협업으로 볼 수 있다. 그래서 유비의 진정한 무기는 칼이 아니라 덕이었으며, 품격 있는 말(言)이었다.[3)]

커뮤니케이션 없이는 개인이나 사회는 지속적인 관계가 유지될 수 없다. 개인적 자아실현과 공동체의 목표달성은 커뮤니케이션을 통해서만 가능하기 때문이다.

세계적인 대문호인 톨스토이는 "자기완성은 내면적인 일이기도 하고 외면적인 일이기도 하다. 우리는 사람들과의 교류가 없이, 또 그들과 서로 주고받는 영향이 없이는 진정한 자기완성을 이룰 수 없다."고 하면서 커뮤니케이션의 중요성을 설파했다.

대화를 나눌 때 상대와의 공통점을 찾는 것이 특별한 기술은 아닐 것이다. 인지과학에서는 인간의 사고 유형을 크게 '굳은 사고(hard thinking)'과 '부드러운 사고(soft thinking)'으로 분류한다. 전자는 어떤 대상을 논리적으로 분석하고 측정하는 사고체계이며, 후자는 상대를 유연한 시각으로 바라보는 방식이다.

낯선 사람과 말을 섞고 관계를 맺는 단계에서 우리는 매번 스몰 토크(small talk)라는 징검다리를 놓아야 한다. 달리 말해, 스몰 토크는 모든 인간관계의 시작이다. 목적의식이 뚜렷한 화젯거리는 빅 토크(big talk)로 분류된다.

상대에게 협조를 구하거나 구체적인 행동 변화를 요구할 때 우리는 빅 토크를 활용한다. 빅 토크는 듣는 이의 마음속에서 크고 무겁게 받아들여진다.

서로 이야기를 나누는 것을 '대화'라고 하고, 상담자와 클라이언트간의 커뮤니케이션을 '카운슬링'이라고 하며, 교사가 학생에게 전달하는 커뮤니케이션을 '교육'이라고 하며, 판매자와 고객간의 거래관계에서 나누는 커뮤니케이션을 '판매'라고 한다. 이미 우리는 다양한 커뮤니케이션을 통하여 사회생활을 영위하고 있는 것이다. 이것이 특별하고 특이한 것이 아닌 것임을 명심하여야 한다.

3) 비언어적 커뮤니케이션

몸짓 언어를 가장 잘 구사한 정치인은 널리 알려진 사람이 배우 출신으로 미국 대통령이 된 로널드 레이건이다. 레이건은 워싱턴과 링컨에 이어 '가장 훌륭한 대통령' 랭킹

---

3) 이기주, 말의 품격, 황소북스, 2018, pp.9-21.

3위에 오를 정도로 대중적 인기가 높았는데, 그를 뛰어난 정치가로 만든 인기 비결은 정치적 업적이 아니었다. 영국 옥스퍼드대 피터 콜릿 교수는 이를 특유의 미소와 목소리라고 분석했다. 즉 레이건의 정책 실패나 무지 등 부정적 요소들이 그의 탁월한 몸짓 언어에 의해 가려졌다는 것이다. 재미있는 사실은 정치학자들 사이에서 그는 가장 무능한 대통령 중 한명으로 손꼽힌다.

비언어적 커뮤니케이션에도 기술이 필요하다. 이를 'S.O.F.T.E.N 기법'이라 한다.

- 'S'는 미소와 웃음(SMILE)을 뜻한다.

찌푸린 얼굴이나 표정없는 얼굴은 가족, 친구, 동료, 고객에게 호감을 얻지 못한다. 비즈니스 대화에서 가장 중요한 첫마디는 언어적 표현이 아니라 환한 미소와 명확한 목소리라는 비언이적 표현이다.

-'O'는 열린 몸짓(OPEN Gesture)을 뜻한다.

비즈니스 커뮤니케이션에서 허리에 손을 얹거나 팔짱을 끼는 몸짓은 피해야 한다. 이 같은 제스처는 무의식적으로 상대를 적대시하거나 경계한다는 의미로 전달되기 때문이다.

-'F'는 몸을 앞으로 기울이라는(Forward leaning) 뜻이다.

상대의 말에 관심이 있다는 의미로 몸을 상대방 쪽으로 약간 앞으로 기울인 상태에서 경청해야 한다는 의미이다.

-'E'는 눈을 맞추라(Eye contact)는 뜻이다.

커뮤니케이션은 상대의 눈을 보면서 해야 한다. 상대가 말하고 있는데 상대의 얼굴 쪽을 보지 않고 주위를 둘러보는 자세는 금물이다.

-'N'은 고개를 끄덕(Nodding)이며 공감하는 것을 뜻한다.

고개를 끄떡이는 것은 "당신의 말을 잘 듣고 있습니다."라는 의미를 효과적으로 전달하는 방법이다.

결국 말의 내용도 중요하지만 말하는 자세에도 신경을 써야 한다는 뜻이다.

4) 커뮤니케이션과 메라비언의 법칙

가) 메러비언의 법칙

1971년 캘리포니아 대학 UCLA 심리학과 명예교수인 앨버트 메라비언은 커뮤니케이션 이론을「Silent Messages(1971)」라는 그의 저서를 통해서 한 단계 발전시킨 중요한 연구결과를 내놓았다.

그는 대화하는 사람들을 관찰, 상대방에 대한 호감을 느끼는 순간을 포착하여 누군가와 첫 대면을 했을 때 그 사람에 대한 인상을 결정짓는 요소(메시지의 전달요소)를 분석했다. 연구결과에 따르면, 결정적 요인은 상대방의 말의 내용이 아니라 이미지라는 것을 발견하였다. 서로 상대방의 인상이나 호감을 결정하는데 목소리는 38%, 보디랭귀지가 55%(표정이 35%, 태도가 20%)의 영향을 미친 반면, 특히 전화로 상담할 때에는 목소리의 중요성이 82%로 올라가며, '말하는 내용' 그 자체는 7%의 효과만 있었다고 한다.

즉, 효과적인 의사소통에 있어서 말투나 표정, 눈빛과 제스처 같은 비언어적 요소가 차지하는 비율이 무려 93%의 높은 영향력을 가지고 있다는 것이다. 이게 바로 "행동의 소리가 말의 소리보다 크다"는 명언을 탄생시킨 이론으로서 그 후 '메라비언의 법칙(The Law of Mehrabian)'으로 불리게 되었다. 이것이 최근 협상과 설득, 마케팅 분야에서 공식처럼 따르는 고 있는'메라비언 법칙'이다.

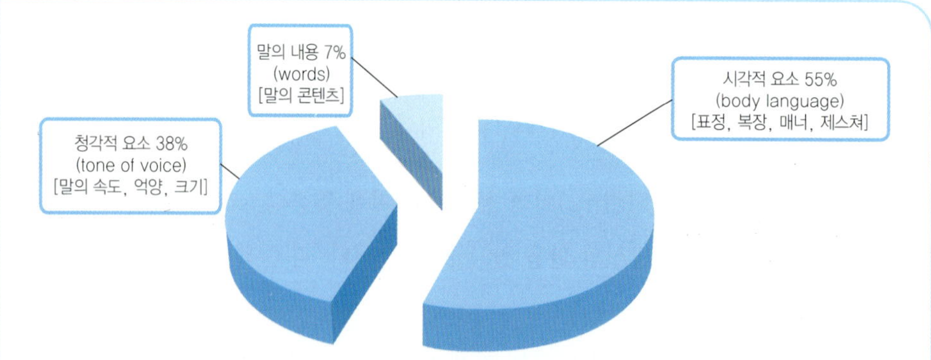

그림 7-1 ▶ 메라비언의 법칙

대화시에 언어적 표현으로 인한 말의 내용은 7% 전달력이 있고, 비언어적 요소들에 의해 대화의 내용이 93%나 전달된다는 것을 알수 있다. 메라비언은 "사람들은 상대에 대한 호감도를 결정할 때 상대가 하는 이야기의 내용보다 음성이나 시각 요소를 더 중요시 한다고 한다. 감정에 가장 효과적으로 호소하기 위해서는 메세지 Verbal, 음성 Voice, 시각 요소 Visual를 모두 '일치' 시켜야 한다. 이 3 V가 일치하지 않으면, 사람들은 혼란을 일으키기 시작하며, 내용보다 시각적 요소를 더 믿게 되는 것이죠"라고 하였다.

메라비언의 법칙은 현재 설득, 협상, 마케팅, 광고, 프레젠테이션, 사회심리, 인성교육 등의 분야에서 가장 많이 참조하는 이론으로서, 첫인상과 커뮤니케이션 방식을 파악하는 데 큰 기여를 하고 있다.

프리젠테이션에서의 메라비언 법칙을 활용한 황금율은 '7%-38%-55%'로

① 말(7%): 내용을 채우기보다는 내용을 전달하는 자료 중심으로 구성

② 소리(38%) : 어떻게 보다 왜 그런지를 피력

③ 몸짓(55%) : 실제와 같은 환경에서 반드시 리허설로 연습

나) 반(反) 메러비언의 법칙

그러나 메라비언의 법칙을 맹신하는 것은 위험하다는 견해도 있다. 이는 메라비언의 실험을 분석하여 보면 알 수 있다.

① 참가자들은 아홉 가지 단어를 듣고(녹음) 말하는 이의 감정을 평가했다. 단어-음성의 느낌은 달랐다. 예를 들어 '친애하는'이란 단어를 무서운 음성으로 말하거나, '끔찍한'이란 단어를 사랑스럽게 말하는 등으로

② 연구자들은 중립적인 단어 'maybe'를 선택해, 참가자들은 각기 다른 음성으로 녹음된 maybe를 듣고 동시에 다른 표정의 사진을 보고 평가를 하였다.

□ 1의 결과, 단어-음성의 느낌을 비교했을 때,
단어의 의미보다 음성의 느낌이 더 영향이 컸다는 것을 알아냈다.

□ 2의 결과, 표정:음성톤 = 3:2로 의사소통에 기여한다는 것을 알아냈다.

□ 1과 2의 결과를 합쳐서 7 - 38 - 55의 법칙을 만들어 냈다.

따라서, 메라비언의 법칙으로 '보이스'와 '용모'의 중요성을 강조하기에는 타당성이 확보되지 않는다. 연구모델이 단순하고(긍정 단어 - 부정감정 연결) 관찰자 특성이 고려되지 않았으며, 1과 2의 다른 결과를 조합해 비율을 산출한 것도 논리적이지 않는다.

그리고 메라비언의 실험에서처럼 사람들이 단순한 단어로 소통하는 것이 아니라 연결된 문장으로 커뮤니케이션하기 때문이다. 이 실험에서 비언어적 커뮤니케이션은 '표정' 뿐이었으며 복장이나 제스처 등은 포함되지 않았기 때문에 용모, 제스쳐의 중요성까지 말하는 것은 타당하지 않는다.

목소리가 중요하니 훈련해야 한다고 연결하는 것도 실험의 의미와는 관계성이 약하다.

메러비언의 법칙이 주는 시사점은 있다. 영혼 없는 목소리로 이야기를 하면 상대는 믿지 않고, 영혼 없는 표정으로 말을 해도 믿지 않듯이, 커뮤니케이션에서는 목소리와 표정도 메시지와 일치시켜야 하는 것이 중요하다.

비언어적인 부분도 영향력이 있다는 점은 충분히 고려되어야 한다. 단 메러비언의 법칙을 기준으로 하여 '말의 내용'이 중요함을 간과해서는 안된다.

주는 말의 내용이고 그 이외의 것들은 그 말의 가치를 돋보이게 하는, 의미를 보다 정확하게, 빠르게 전달하기 위한 부수적인 도구인 것이기 때문이다.

2 커뮤니케이션 유형과 네트워크

1) 공식적 커뮤니케이션유형

공식적인 커뮤니케이션의 유형으로는 상급자가 하급자에게 지시를 내리는 형식의 하향적 커뮤니케이션과 하급자가 상급자에게 유청하는 상향적 커뮤니케이션, 동일 직급 안에 이루어지는 수평적 커뮤니케이션, 서로 다른 라인조직 끼리의 대각적 커뮤니케이션의 형태로 나누어진다.

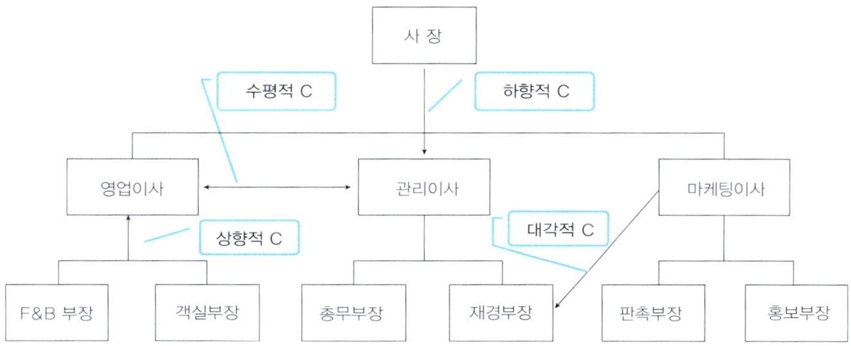

그림 7-2 ▶ 커뮤니케이션의 유형

① 하향적 커뮤니케이션: 대부분 명령과 지시의 형태로 상사가 부하에게 이르는 유형

② 상향적 커뮤니케이션: 하위계층에서 상위계층으로 이르는 유형으로 보고나, 아이디어 제안, 의견, 태도, 성과 등이 전달되는 형태

③ 수평적 커뮤니케이션: 동일계층에 있거나 유기적 업무관계끼리 업무조정이나 협조를 위해서 수행되는 유형

④ 대각적 커뮤니케이션: 조직구조상 부서와 직급이 다른 사람들 간의 커뮤니케이션을 말한다.

2) 비공식적 커뮤니케이션 유형

공식적인 조직구조에 의거한 것이 아닌 자연발생적으로 이루어진 의사소통을 말한다. 이는 인간으로서의 감정적인 친화 이회에 학연, 지연, 입사동기와 같은 계기에 의해 형성되는데 이러한 경로를 그레이프 바인(grapevine)이라고 한다. 커뮤니케이션의 경로가 포도넝쿨처럼 복잡하다는데서 유래되었다.

3 좋은 커뮤니케이션을 위한 방법

1) 좋은 커뮤니케이션을 위한 소통 4차원화

선순환이 가능한 완벽에 가까운 커뮤니케이션을 위해서는 무엇을 해야 하는 것인가? 먼저, 커뮤니케이션이 어떻게 이루어지는 지에 대하여 이해하고 있어야 한다. 커뮤니케이션이란 '소통'이다. 소통(疏通)이란 '막히지 않고 잘 통한다'는 뜻이고, 소통이 이루어지는 일반적인 경로는 다음 그림과 같다.

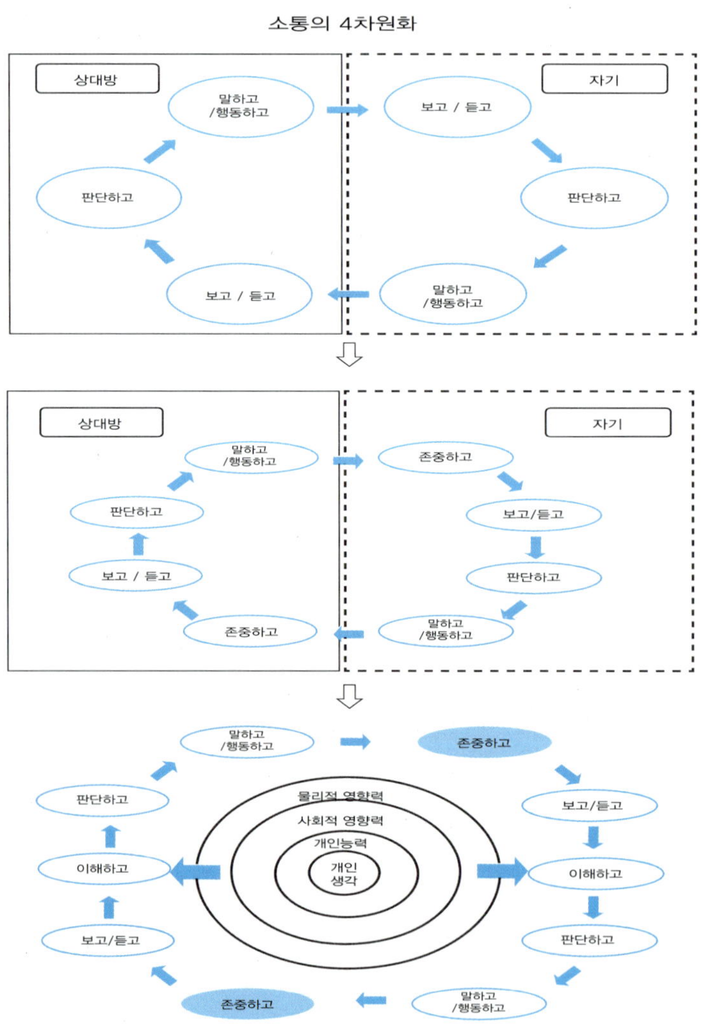

그림 7-3 ▶ 소통의 경로

※ 자료: 김휘경, 커뮤니베이터, 예문, 2012, p.194., 209.

상대방의 행동이나 일어난 사건을 보고/듣고 ⇨ 그것에 대하여 판단하고 ⇨ 그 판단 결과에 따라 행동을 한다. 그다음 이렇게 나타난 행동에 따라 상대방은 나의 행동을 보고 · 듣고 난후 동일한 경로를 통하여 행동하게 된다.[4)]

소통의 잠재적인 목적이 구성원의 변화임으로 어떤 형태로든 구성원을 자극하게 된다. 1차원적인 자극이 '말'과 '표정', '몸짓'이 된다.

일반적으로 가장 많은 자극은 '말'을 통하여 이루어지게 되는데, 여기에 많이 간과 되는 것이 있다. 바로 '상대방에 대한 존중'이다. 존중이 바탕이 되는 소통이 이루어져야 진정한 소통이 이루어 질 수 있다. 내가 할 수 있는 말 중에서 가장 중요한 말은 무엇일까? '사랑합니다와 고맙습니다.'가 아닐까?

나를 아는 것은 정말 가치 있는 것이다. 나를 알아야만 세상을 제대로 볼 수 있기 때문이다. 나의 장점, 단점, 상처, 나를 둘러싼 모든 것이 바로 나이고 이것을 제대로 볼 수 있어야만 타인을 제대로 볼 있게 된다.

그런데 우리는 '나'를 헤아리는데 서툴다. 소셜미디어로 타인과 소통하는데 상당한 시간을 할애하면서도 정작 자신과 소통하며 스스로 몸과 마음의 상태를 들여다볼 줄 아는 사람은 드물다.

성공한 사람들의 특징 중 하나가 자신에게는 엄격하고, 타인에게는 관대한 것이라는 말이 있다. 하지만 보다 슬기롭게 삶에 대처하는 자세는 자신에게 엄격한 것보다 자신과의 대화를 통해 방향과 방법을 찾는 것이 중요하다.

소통은 사람과 사람사이에 이루어진다. 그렇다면 먼저 사람에 대한 이해가 선행되어야 함은 주지의 사실일 것이다. 소통에 있어 상대방과 나의 생각과 능력이 어떤 것인지, 그리고 우리를 둘러싸고 있는 주변 사람들과 물리적환경은 상대방과 나에게 어떠한 영향력을 미치는지 등에 대하여 충분한 이해가 필요하다.

1단계에서는 상대방과 나의 생각에 대한 이해가 필요하다. 우리가 어떠한 행동을 할 때 상대방이 그 행동을 하게 하려면, 무엇보다 그 행동을 하고 싶도록 만들어야 한다. 즉 행동을 이끌어내려면 의지와 동기가 있어야 한다는 것이다.

따라서 상대방이 왜 그러한 행동을 했는지, 왜 그러한 대화를 하는지에 대한 동기를 제대로 파악해야 한다. 그래야 그 사람이 그 행동을 하는 이유와 그 사람이 그런 이야기

4) 김휘경, 커뮤니베이터, 예문, 2012, pp.188-190.

를 하는 이유에 대해 기본적으로 이해를 할 수 있다.

그 후에 그 사람이 어떤 것에 가치를 두는지, 우선순위는 어디에 두는지, 어떤 일에 시급성을 두는지, 그 사람이 가지고 있는 꿈과 비전은 무엇인지를 파악해야 한다. 이것을 이해해야만 왜 상대방이 나와 같이 또는 다르게 행동하고 말하는지를 이해할 수 있다.

2단계에서는 상대방과 나의 능력에 대한 이해가 이루어져야 한다. 어떤 행동은 마음만 먹으면 할 수 있지만, 마음만 먹는다고 할 수 없는, 특정한 역량이 필요한 행동도 있다. 그런데 문제는 사람의 능력에 대한 이해가 쉽지 않다는 것이다. 왜냐하면, 사람들은 능력이 없어서 어떤 행동을 하지 못한다는 사실을 밝히기를 원하지 않기 때문이다. 대부분의 사람들은 자신이 '무능력한 사람'으로 다른 사람들에게 받아들어지는 것을 두려워해서 이를 밝히지 않는다.

3단계에서는 그 사람의 사회적 영향력에 대해 이해하여야 한다. 개인의 사회적 영향력에 대해서 생각할 때는, 그 영향력의 원천이 어디에 있는지 파악하는 것이 가장 중요하다. 사회적 영향력의 원천은 직장상사, 직장동료, 배우자, 자녀, 부모, 친구 선후배관계, 각종 이해 관계자 집단 등으로 구분해 볼 수 있다.

직장에서는 '직장 상사'가 가정에서는 '배우자'가 미치는 영향력이 절대적이다. 이들이 상대방에게 긍정적인 영향을 미치는지 아니면 부정적인 영향을 미치는지에 대하여 제대로 파악하여야 상대방의 행동과 성향을 정확히 알 수 있기 때문이다.

상대방에게 영향력을 주는 존재와 당면문제가 해결되었을 때의 장단점을 대화의 주제로 삼아 상대방과 대화한다면 훨씬 더 설득력 있는 소통이 될 수 있다.[5)]

말을 통해 마음이 전해진다. 따뜻한 말은 관계를 열어주는 열쇠의 역할을 한다. 내 주변에 있는 사람들은 어떤 말을 주로 사용하는가?

말은 씨앗이 되며 사람을 변화시킨다. 따뜻한 말은 따뜻한 사람을 만든다. 의식적으로 따뜻한 말을 구사하게 되면 그런 언어를 구사하는 사람도 따뜻하게 변한다.

5) 김휘경, 커뮤니베이터, 예문, 2012, pp.202-208.

표 7-1 상대를 존중하는 말

따뜻한 말과 단어/상대를 존중하는 말	
3개	
13개	
23개	

예) 힘내, 사랑애, 괜찮아요, 감사합니다, 훌륭해, 보고 싶어, 고마워, 미안해요, 덕분이예요, 잘했어, 축복한다, 네가 최고가, 넌 할 수 있어, 우리 같이 식사하자, 파이팅 등

따뜻하고 상대방을 존중하는 말은 어떤 것들이 있는가? 〈표 7-1〉에 따뜻한 말과 상대방을 존중해주는 말을 써보자.

말은 우리 신체에도 영향을 미쳐서 질병의 원인이 되기도 한다. 『우리는 왜 아플까』의 저자인 대리언 리더(Darian Leader)와 데이비드 코필드(David Corfield)박사는 심리학과 정신분석학에 근거해 병의 원인을 밝히는 과정에서 '우리가 사용하는 언어가 몸에 직접적인 영향을 미친다.'고 주장하였다.

어떤 병에 잘 걸리는 이유는 바로 그 사람 말을 잘 들어보면 안다는 것이다. 즉, 관절염에 걸리는 사람들은 관절염을 가져오는 말을 자주하고, 암에 걸리는 사람들은 암을 유발하는 말을 한다는 것이다. 이처럼 말의 성격에 따라서 그 육신의 병들도 다르다는 것을 주장하였다.[6]

말과 사랑은 회귀본능이 있다고 한다. 법정스님은[7] 우리들이 보고 듣고 말하고 생각하고 행동하는 것은 곧 업이 되며, 우리 마음속에서 그와 같은 씨앗이 뿌려지게 된다고

6) 정병태, 언어의 품격, N넥스웍, 2018, pp.50-51.

7) 법정, 일기일회, 문학의 숲, 2009, p.51.

하였고, 그 씨앗이 어떤 상황을 만나면 예상치 못한 결과를 만들어 낸다고 하였다. 혜민 스님은[8)]화를 내면 그 화는 메아리가 되어서 반드시 나에게 되돌아온다고 하였다.

1995년 존 바그(John Bargh) 예일대학교 사회심리학과 교수는 대학생을 3그룹으로 나누어 한 그룹에게는 '공격적인, 대담한, 무례한, 귀찮게 하다, 방해하다, 침범하다'와 같은 부정적이고 무례하며 파괴적인 단어를 만들게 하고, 다른 한 그룹은 '예의바르다, 배려하는, 고마워하다, 참을성 있게, 다정하게, 사랑스러운, 양보하다.'와 같은 고운 말, 예의 바른 단어로 문장을 만들어 사용하게 하였다.

실험결과 부정적인 단어 혹은 문장을 말하면, 신체 능력이 떨어지는 반면에 긍정적인 단어나 감사의 문장을 말하면 뇌의 긍정적 영향과 신체에 예의바른 행동을 촉진하였음 건설적인 인생으로 이끌어주었다. 결국 긍정적이고 격려하는 말은 변화를 주게 된다는 사실을 밝혀냈다.

가장 먼저 커뮤니케이션을 하게 되는 관계는 부모와 자식관계이다.

조사에 따르면, 부모로부터 자녀들이 가장 상처를 많이 받는 말은 "네가 제대로 하는 게 뭐 있어?", "그것도 못해"라는 말이라고 한다. 반대로 가장 힘이 되는 말은 부모로부터 "이 세상에서 네가 가장 소중하다"라는 말을 듣는 것이라고 한다. 내가 내뱉은 언어는 그대로 적용됨을 잊어서는 안 된다.

보통 우리는 돈 많은 사람을 보면 잘산다고 한다. 그러나 이것은 그냥 부자라고 하는 것이 맞는 표현이다. 잘 산다는 것은 '사이가 좋다'라는 뜻이다. 人間(인간)은 사람과 사람사이에는 사이가 있다는 것이고 이 사이가 좋으면 잘 사는 것이라는 말이다.

소통은 사이가 좋은 것, 좋아지게 하는 것을 목적으로 이루어진다. 사람과 사람이 서로 관계를 맺을 때 지켜야 하는 좋은 교훈은

첫째, 자기랑 잘 맞는 사람을 찾아야한다. 나하고 잘 맞는 사람은 나하고 좋은 사이로 지내게 된다.

둘째, 세상에는 '좋은 사람, 나쁜 사람'이 있는 것이 아니라 나하고 '잘 맞는 사람, 안 맞는 사람'이 있을 뿐이다.

---

8) 혜민, 완벽하지 못한 것들에 대한 사랑, 수오서재, 2016, p.104.

통계청 인구동향조사 보도자료[9]를 보면 2017년 우리나라의 혼인건수는 26만 4500건이며, 이혼건수는 10만 6000건으로 나타났다. 결혼대비 이혼률이 무려 60.5%인데, 이 수치마저 전년대비해서 감소(-1.2%)한 것으로 조사되었다. 2017년 유배우 이혼율(유배우 인구 1천 명당 이혼건수)은 4.4건으로 전년과 유사하게 나타났다. 물론 그럼에도 불구하고 이혼율이 세계적인 수준으로 높은 것은 사실이다.

왜 이렇게 이혼율이 높은 것일까? 그것은 결혼을 하는데 있어 중요한 요인을 간과하기 때문이다. 그렇다면 결혼이라는 관계를 맺는데 있어 중요한 것이 무엇인지에 대해 보다 면밀한 조사와 가치판단이 필요한 것이다. 그런데 일반적으로 결혼이 상대방의 조건(여기에서 조건이란 상대의 외모, 재산의 정도, 직업 등 외형적으로 보이는 것들이 대부분을 차지한다)을 중심으로 이루어지고 있다 바로 이것 때문에 이혼율이 높은 것이다.

어떤 남자(여자)가 좋은 것인가? 사람이 매력적인 이성을 만나게 되면 뇌하수체에서 도파민이라는 호르몬을 분비하는데 이것은 환각물질의 일종으로 뇌가 정상적인 작동을 할 수 없도록 만들어 버린다. 이 도파민 때문에 뇌의 언어중추가 영향을 받아서 구사하는 언어체계를 바꾸어 버린다고 한다. 이성적으로는 할 수 없는 말을 하게하는데 이것은 상대방에게 현혹되었기 때문에 나타나는 현상이라고 한다. 언어의 핵심은 행동인데 언어중추가 비이성적으로 작동하여 행동(허세, 과장된 몸짓 등)까지 바뀌게끔 해버린다.

인간은 길들여지면 고맙다는 느낌이 사라진다고 한다. 처음에는 강력한 자극이었지만 그 자극이 반복되다보면 처음 느꼈던 느낌이 사라진다는 것이다. 외모가 좋고 몸매가 좋아도 자꾸 보면서 시간이 지나면 자극에 둔감해 질 수 밖에 없다. 외모가 아무리 예뻐도 그것만으로 사랑의 관계가 순환되기는 어렵다. 앞에서 언급한 것처럼 시각적으로 둔감해지기 때문이다.

사람이 이성의 매력에 무뎌지게 되면 나타나는 반응으로, 자신이 어렸을 때 보모님이 자기를 대해주었던 방식의 언어, 어린 시절을 보내면서 주변에서 보고 들었던 언어, 이런 환경이 인간의 모국이(mother tongue)를 형성하게 하는데, 이성의 매력에 둔감해지면 자연스럽게 인간은 자신에게 편안한 언어(행동, 말투, 얼굴표정, 단어선택, 문구 등)를 사용하게 된다고 한다. 따라서 모국어가 좋은 남자가 여성에게 좋고, 모국어가 좋은 여성이 남성에게도 좋다. 그런데 어렸을 때의 환경은 대부분 개인이 선택할 수 있는

9) 통계청 보도자료, 2018. 3. 21.

것이 아니다. 부모님이 처한 상황, 가족이 처한 상황, 개인적인 상황에 따라 어쩔 수 없는 최선의 선택이었을 뿐이다.

모국어가 좋지 않았던 사람(환경적인 문제)은 어떻게 하면 좋아지게 만들 수 있을까? 그 방법은 좋은 언어를 가진 사람을 자주 만나고, 좋은 책을 많이 읽고, 좋은 영상을 많이 보면서 노력한다면 바뀔 수 있다.

바로 좋은 소통은 사람을 변하게 만들기 때문이다.

상대방의 자존감을 세워주는 말과 행동을 하는 사람, 평가가 아닌 그 사람의 행동에 대해 자신만의 긍정적인 언어로 감탄해주는 사람, 바로 이런 사람이 상대의 자존감을 높이 세워주고 사이를 좋게 한다. 상대방의 존재자체에 대한 칭찬과 격려를 해줄 수 있어야 한다. 사랑하면 사이좋게 지낼 수 있지만 사이를 좋게 만드는 언어를 배우고 사용하다보면 사랑을 할 수도 있다. 결국 사랑만이 인간을 움직이게 하는데 이는 남녀의 문제가 아니라 모든 사람들에게 적용된다.[10]'

연세대학교 사회복지학과 김재엽 교수는 부부 사이에 주고받는 '감사합니다, 고맙다, 미안하다, 사랑한다'라는 긍정적이고 따뜻한 언어가 암 예방과 노화방지에 효과가 있다고 밝혔다. 또 노인 남성30명을 대상으로 실험한 결과 배우자에게 매일 이런 표현을 한 그룹 사람들의 스트레스 지표가 50% 감소하였다고 한다.

긍정의 언어가 물의 결정체 모양을 아름답게 만들고 부정적인 언어는 결정체 모량을 일그러뜨린다는 〈물은 답을 알고 있다〉의 저자 에모토 마사루(Emoto Masaru)박사의 유명한 실험이 있다.

말의 힘이 얼마나 대단하지를 보여주는 그의 실험을 보면 쌀밥을 두 용기에 담고 한 쪽은 "감사합니다, 고맙습니다, 사랑합니다, 예쁩니다"등과 같은 긍정적인 말을 해주고, 다른 한쪽은 "짜증나, 미워"와 같은 부정적인 말을 4주 동안 해준 결과 양쪽은 확연한 차이를 보였다.

"감사합니다"라는 언어에 물도 쌀밥도 이렇게 큰 차이를 보여주는데, 사람은 어떨까? 내가 습관적으로 사용하는 말 한마디가 가족, 친구, 동료들에게 직간접적으로 엄청난 영향을 미치고 있다는 사실이다. 이미 우리는 그 답을 알고 있다. 긍정의 언어를 사용하면 되는 것이다.

---

10) MBN 내멋대로, 2018.09.10., 김창옥'-우리가 사이좋게 지내야 하는 이유-.

이 실험을 재확인하기 위해 여러 실험이 있었는데, 양파, 꽃, 귀리 등에서 모두 같은 결과가 도출되었다.

심리학자 로젠탈(T. L. Rosenthal)교수는 학생들을 대상으로 칭찬과 관련된 실험을 수행하였다. 무작위로 초등학생들을 뽑아 교사들에게 교육을 맡기면서 "이 아이들은 지능검사 결과 매우 우수한 학생들입니다."라고 언질을 하였다. 사실 이 아이들은 또래집단의 평균 또는 평균보다 낮은 지능을 가진 아이들이었는데, 처음 로젠탈 박사의 말을 들은 교사들은 매일 그 아이들에게 "너희들은 우수한 아이들"이라고 칭찬과 격려를 해주었다. 그 후 8개월이 지난 후 지능검사를 했더니 이 아이들의 지능이 다른 아이들에 비해 눈에 띄게 향상되었다.

교사의 지속적인 기대와 칭찬, 관심을 받은 아이들의 지적능력이 8개월 만에 완전히 달라진 것이다. 아이들은 누구나 성장의 가능성을 가지고 있고 칭찬을 지속적으로 들으면 우수한 학생들로 변화될 수 있었는데 이 변화의 시작이 긍정적인 말이었다는데 주목할 필요가 있다.

말이 가지고 있는 영향력의 결과의 좋은 예

다른 가치관을 가지고 살던 두 사람이 있었다.

한 명은 기독교 신앙을 가지고 자신에게 주어진 인생을 진지하게 생각하는 조너던 에드워드라는 사람이었는데 그는 한번 주어진 삶을 어떻게 살아야 할 것인지에 대해 깊이 고민했고, 자신의 삶이 얼마나 소중한지를 깨닫고 최선을 다해 살아갔다. 그는 많은 결심들을 했는데 그중 특히 말에 관해서는 절대 남을 비방하거나 비판하지 말 것, 어떤 사실을 말할 때는 반드시 참된 것만을 말할 것, 내가 하는 모든 말이 다른 사람들에게 유익한 것이 되도록 할 것 등이었다고 한다.

또 다른 한 사람은 무신론자였고, 원칙 없이 되는 대로 살아도 된다는 가치관을 가진 맥스 주크라는 사람이었다. 그는 죽으면 모든 것이 끝나기에 사는 동안 후회 없이 즐기면서 자신이 원하는 대로 살겠다고 생각했고 자신의 소신대로 살았다.

족보를 연구하는 에드워드 윈십은 동시대에 같은 지역에 살았던 이 두 사람의 가문에 대해 조사하여 책을 썼는데, 책은 놀라는 결과를 보여주었다.

에드워드 가문은 1394명의 자손을 두었고 그중 목사와 선교사 신학교수가 300명, 대학교수 100명, 변호사 102명, 판사 30명, 작가 60명, 의사 56명, 대학총장 14명, 국회의원 3명, 부통령 1명을 배출했다.

주크 가문은 560명의 후손을 두었는데, 그중 거지가 310명, 범죄자가 150명으로 그중에 살인자가 70명, 사형당한 사람이 109명이었다. 후손의 절반이상이 문맹자로 마약사범, 알콜 중독, 범죄자였다.

이 두 가문은 긍정적인 생각과 말 부정적인 생각과 말의 결과가 시간이 지남에 따라서 얼마나 큰 영향을 미치게 되는지를 보여주는 사례이다. 긍정적인 생각을 하고, 긍정적인 말을 하면 우리는 긍정적인 방향으로 나아가게 된다. 긍정적인 말은 나와 나의 주변과 이후의 세상에 지대한 영향을 미칠 수 있다.

우리는 의도적으로 긍정적인 말을 할 필요가 있다. 왜냐하면 우리는 부정적인 말을 더 많이 하는 경향이 있기 때문이다. 인간의 감정을 나타내는 단어가 약 3000개 정도인데, 그중 긍정적인 단어가 1000개 정도이고, 부정적인 단어가 2000개 정도 된다고 한다. 보통 긍정보다 부정적인 단어를 2배 정도 더하면서 살고 있다고 할 수 있다.

〈정유희, 듣고 싶은 한마디, 따뜻한 말, 보아스, 2018, pp.63-65.〉

2) 첫인상

미국 다트머스 대학교에서 뇌의 특정부위를 촬영하는 첨단기기를 이용해서 첫인상에 대한 메커니즘을 연구했다. 우리의 뇌가 낯선 자극을 받았을 때 어떻게 반응하고 활동하는지를 연구한 것이다. 낯선 사람을 보고서 얼마 만에 호감과 비호감이 결정되는지를 알아본 결과 공포스러운 얼굴에는 1000분의 17초, 행복한 얼굴에는 1000분의 183초의 시간이 걸렸다고 한다.

첫인상을 판단하는 시간은 1000분의 17초밖에 걸리지 않는다는 사실을 알 수 있다. 이전의 많은 연구에서도 첫인상을 느끼는 시간은 아주 짧다는 사실이 확인되었다. 2006년 프린스턴 대학교 심리학과 알렉산더 토도로프 교수팀의 연구에서도 0.1초 미만이라는 연구결과를 발표한 적이 있다.

국내의 취업포탈 인사 담당자들을 대상으로 설문조사를 한 결과 면접시 첫인상을 판단하는 데 걸리는 시간은 "2분 이내"라고 하였고, 첫인상이 스펙보다 중요하다가 63.4%였으며, 면접 도중에 지원자의 인상이 바뀐 경우는 14.5%에 불가한 것으로 나타났다.

알렉산더 교수팀의 연구에서는 사람의 첫인상에서 느껴지는 느낌은 3초 이내에 머리에 각인되고, 별다른 소통 없이 첫인상을 바꾸는데 걸리는 시간은 무려 3개월이 걸린다고 하여, 3초 만에 결정된 첫인상이 부정적인 경우 이를 바꾸는 데 200배의 정보량이 필요하다고 하였다.

그럼 첫인상이 좋지 않으면 포기해야 하는가? 아니다 첫인상이 나빴더라도 반복해서 보이는 행동 태도가 첫인상을 좋은 인상으로 바뀌게 한다. 이것을 빈발효과(frequency effect)라 한다.

좋은 첫인상을 만드는 방법은

첫째, 시간, 장소, 상황(TPO)에 맞는 복장을 갖춰야 한다.

둘째, 상대를 배려하는 표정과 자세를 갖춰야 한다.

셋째, 상대에게 한 걸음 다가서는 것과 상대에 대한 환영표현이 첫인상을 결정짓는 데 중요하게 작용한다.[11)]

기억해야 한다. 첫인상이 인간관계의 시작이다.

3) 경청과 질문하기

가) 경청

경청(傾聽)의 한자를 풀어보면 경청의 의미가 더 잘 알 수 있다. '경(傾)'은 사람을 향해 머리가 기울어지는 것을 나타내는 한자로, 상대방 앞으로 다가가 귀와 관심을 기울인다는 뜻이다. '청(聽)은 귀이(耳), 임금 왕(王), 열 십(十), 눈 목(目), 마음 심(心)으로 이루어 져있다. '임금처럼 진득하게 귀를 기울이면서 눈을 크게 뜨고 사람을 바라보면 상대의 마음마저 얻을 수 있다'는 의미로 풀이된다.

우리는 우리의 이야기를 들어주는 사람이 없을 때 불안, 우울과 같은 정서적 문제에 빠지고 스트레스에 취약해진다. 경청해주는 누군가의 모습을 통해 우리는 타인의 모습에 비친 우리 스스로를 보고 자신의 존재감을 느끼게 되고, 경청함으로써 타인과의 관계에서 소통할 수 있게 되고 서로에 대한 타당화를 주고받는 경험을 하게 되는 것이다.

---

11) 김윤나, 말 그릇, 카시오페아, 2017, pp.79-85.

경청할 때는 판단이 아닌 포용의 태도를 가져야 한다. 영어의 hearing와 listening은 다른 뜻이다. hearing는 우연히 들리는 모든 것까지를 의미하는 수동적인 반면 listening은 선택과 집중을 통한 적극적인 듣기이다. 따라서 경청은 listening에 가깝다.[12)]

나) 질문하기

질문과 경청은 커뮤니케이션의 양대 축이다. 질문과 경청이라는 두 축으로 매트릭스를 만들어보면 네 가지 경우의 수가 나온다.

첫째, 질문도 없고 경청도 없는 상태다 이를 불통이라고 한다. 꽤 많은 조직이 이러하다.

둘째, 질문은 없는데 경청은 있는 경우다 이런 경우는 현실적으로 거의 없다.

셋째, 질문은 있는데 경청이 없는 경우다 이런 조직은 제법 많다. 뭔가 물어봐 놓고 듣지 않는다. 혹은 자기가 듣고 싶은 것만 듣는다.

넷째, 질문도 잘하고 경청도 잘하는 경우다. 이런 경우는 진정한 의미의 소통이 잘 이루어지고 있는 생산적인 조직으로 가장 이상적인 조직이다.

질문은 연결이다. 질문(質問)의 '질(質)'자는 두 개의 '도끼 근(斤)과 '조개 패(貝)사 합쳐진 글자다. 도끼는 다듬는다는 뜻이고, 조개는 돈을 의미한다. '물을 문(問)은 '입 구(口)가 합쳐진 글자로, 남의 집 대문 앞에서 묻는다는 의미다.

대문 앞에서 자꾸 서로에게 묻다 보면 서로를 알게 되고, 친해지게 되면 좋은 일이 많이 생긴다는 것이다. 즉, 질문을 많이 해야 친해지고 돈도 생긴다는 말이다.[13)]

그림 7-4 ▶ 질문과 경청의 메트릭스

12) 선안남, 자존감 어떻게 회복할 것인가, 소울메이트, 2018. pp.188-196.

13) 한근태, 고수의질문법, 미래의 창, 2018,pp.25-30.

질문에는 3가지 종류가 있다. 첫째는 자신이 모르는 것을 알고자 묻는 질문이다. 둘째는 자신은 알고 있지만 상대방에게 답을 생각해보도록 유도하기 위해 묻는 질문이다. 셋째는 자신도 모르고 상대방도 모르는 것을 알고 있지만 함께 답을 찾기 위해 던지는 질문이다.

3가지 질문에는 공통점이 있는데 바로 '의도'가 있다는 것이다. 질문에는 의도 즉 목적이 있다. 의도가 있는 질문을 적확한 때에 꼭 맞는 내용으로 하는 것이 필요하다. 말을 잘하는 사람은 많지만, 그중에서 질문을 잘하는 사람이 진짜 고수라 할 수 있다.[14)]

경청의 유익한 점으로

첫째, 경청을 해야 무언가 배울 수 있다. 말하는 동안에는 배울 수가 없다. 무언가 배우기 위해서는 입을 다물고 질문을 하면서 상대 이야기에 귀를 기울여야 한다.

둘째, 경청을 해야 상대와 친해질 수 있다. 경청해야 상대의 마음을 살 수 있고, 그래야 그 사람을 설득할 수 있다. 대인관계가 나쁜 사람들의 특징은 잘 듣지 못한다는 것이다. 관심을 가지고 들어주는 것은 대인관계의 시작이다.

셋째, 내 귀를 열어야 상대의 입을 열 수 있다. 넷째, 잘 들어야 사업을 잘 할 수 있다. 상대의 니즈를 정확하게 파악하기 위해서는 잘 들어야 하는 것이다

묻기와 듣기는 같은 무게를 지닌다. 잘 듣지 못하면 질문이 좋아도 소용없다. 대화할 때 말하는 사람만큼 중요한 역할을 하는 사람이 바로 듣는 사람이다. 열심히 들어야 적절한 시점에서 적절한 질문을 할 수 있다.[15)]

일부 뇌공학 전문가들은 경청이 어려운 이유를 인간의 고등한 뇌 메커니즘에서 찾기도 한다. 언어권마다 차이가 있지만 사람은 1분 동안 대략 200단어까지 말할 수 있다. 반면 우린 인간의 뇌는 그보다 4배 많은 800단어 정도를 받아들인다. 뇌 능력의 4분의 1만으로도 상대의 말을 충분히 해석할 수 있으므로 굳이 타인의 말을 경청할 필요 자세를 못 느낀다는 얘기다.[16)]

독일의 철학자 게오르크 헤겔은 "마음의 문을 여는 손잡이는 바깥쪽이 아닌 안쪽에

14) 한근태, 고수의질문법, 미래의 창, 2018,pp.5-6.

15) 한근태, 고수의질문법, 미래의 창, 2018,pp.108-111.

16) 이기주, 말의 품격, 황소북스, 2018, pp.34-39.

있다"고 했다. 상대가 스스로 손잡이를 돌려 마음의 문을 열고나올 수 있도록, 상대를 배려하고 존중해야 한다. 그런 뒤에야 마음을 얻는 것도 가능하다.[17)]

다) 경청의 기술

경청은 듣기 싫은 이야기도, 관심 없는 말도 그냥 참아내는 기술이 아니다. 말속에 숨어 있는 진심을 들을 수 있어야 한다. 즉, 상대방의 말을 제대로 이해하고 들으려면 다양한 능력의 조합이 필요하다. 이를 위해서는 경청을 하는 기술을 익혀야 한다.

① 상대를 정면으로 응시하고, 개방적인 자세를 취하며, 상대방 쪽으로 몸을 기울이고, 적당한 눈 맞춤을 유지하며, 편안하고 자연스럽게 관계 맺기를 시도하는 것이다.

② 관찰력이 필요하다. 상대의 눈빛, 손동작, 자세 등 비언어적인 표현도 놓치지 않고 읽어내는 능력이 필요하다.

③ 이해력과 상황판단 능력도 필요하다. 들을 때 단어 각각의 의미뿐 아니라 그 사람만의 독특한 표현방식 등도 파악할 수 있어야 한다.

④ 직관력과 상상력, 추리력도 필요하다. 상대방의 말을 들을 때 직관적인 느낌으로 상대가 하는 이야기를 가려내고 공감할 수 있어야 한다. 그리고 이러한 능력들이 조합될 때 비로소 가능해지는 게 경청이다.

대화법에 있어 자주 언급되는 것 중 하나가 '1-2-3법칙'이다. 1번 말하고 2번 듣고, 3번 맞장구치는 것이 이상적인 방법이라고 소개한다.

이방법보다 더 좋은 방법 중 하나로 '조율하기'가 있다. 조율하기는 '바라보기 - 같이 걷기 - 소리내기'로 구성된다.

첫 번째, 모든 대화는 눈 맞춤에서 시작된다. 시선은 말의 방향을 결정하고, 눈을 마주치면서 말을 해야 말이 상대방에게 온전하게 가 닿고, 말하는 상대방을 응시해야 '너의 말을 듣고 있다, 들을 준비가 되어 있다'는 메시지를 상대방에게 전달할 수 있다.

두 번째, '같이 걷기'로 대화는 산책과 같다. 혼자서만 앞으로 뛰어나가지 않고, 너무 뒤처지지도 않은 채 상대방의 속도에 맞추어 함께 가야 한다. 상대가 가쁜 숨을 몰아쉬거나 흥분할 때, 말이 느려질 때, 목소리가 커지거나 작아질 때 등 동작들을 살펴서 적

17) 이기주, 상게서, pp.25-27.

절하게 반응하여야 한다.

세 번째, 소리내기는 상대의 이야기에 끝까지 집중하고 있다는 신호를 '음성언어'로 전달하는 것이다. "그랬구나, 정말?, 맞아"등과 같은 추임새 등이 그것이다.

경청하기가 곤란한 경우가 발생하기도 하는데 대부분 불평불만이 많은 사람과 대화를 지속해야 할 때다. 이런 불평불만이 쏟아질 때 반응유형으로는 첫째, '나도야'유형은 자신도 그렇다고 맞장구를 치는 유형인데, 이런 반응을 보이면 더 이상 말을 터놓기가 어려워진다. 둘째, '미안해'유형으로 내가 챙겨주고 정리해주어야 하는데 미안하다고 반응을 보인다. 이때도 역시 상대방은 입을 닫게 된다. 셋째, '해결사 유형'으로 고민을 듣고 자신만의 방법을 제시하는 유형이다.

그러나 누군가가 고민을 털어 놓을 때 그것을 자신의 짐으로 받아들이거나 해결하기 위해 대신 애쓰기 시작하면 듣기 자체가 어려워진다. 마음의 공명이 잘 되려면 적당한 거리감이 확보되어야 한다. '너와 나는 하나'가 아니라, '너의 곁의 나'가 되었을 때 상대가 더 편안하게 이야기를 잘 할 수 있다.[18)]

4) 반응하기

가) 공감

공감은 연민이나 측은지심보다 '인(仁)'과 가깝다. 인(仁)'은 사람 인(人)에 두이(二)를 더해 만든 한자다. 여기에는 단순히 '마음 씀씀이가 야박하지 않고 인자하다'는 뜻만 있는게 아니다. 공자가 일찍이 인(仁)'을 인간이 지녀야 하는 가장 기본적인 덕목으로 간주했다.

인의 반대는 '불인(不人)'이다. 불인은 동의보감 등 동양 의학 서적에 자주 등장하는데 "신체의 일부가 마비되면 불인할 수밖에 없다. 그리면 다인과 정서적으로도 감정이 통하지 아니한다."사람은 몸과 마음의 상태가 온전하지 않으면 자신의 고통은 물론이고 상대방의 아픔과 속사정을 짐작하거나 공감하기가 어렵다는 얘기다.

18) 김윤나, 말 그릇, 카시오페아, 2017, pp.177-189.

상대의 말에 귀 기울이고 상황에 맞게 리액션을 주고받으면서 반응을 끌어내고, 그 반응이 솟아난 공간을 헤집고 들어가 서로 마음을 탐험하고 헤아릴 필요가 있다. 침팬지들은 서로 털을 고르고 만져주는 '그루밍(grooming)'동작을 통해 친밀함을 유지한다고 한다. 침팬지 사회에서 그루밍은 소일거리가 아니라 생존을 위한 행위이다. 집단에서 따돌림을 당하거나 쫓겨나는 것은 곧 죽음을 의미하기 때문에 틈만 나면 그루밍에 매달릴 수 밖에 없다고 한다.

일부 진화심리학자들은 인간의 언어가 이러한 그루밍에서 출발했다고 주장한다. 사람이 대화를 나누면서 상대의 말에 맞장구를 치는 것은 구성원 간 친밀감 형성이 주된 목적이며 큰 틀에서 보면 공동체 안에서 살아가기 위한 본능적인 행위라는 것이다.

가슴에 품고 있는 고민을 종종 타인에게 털어놓는 것도 어쩌면 이런 이유 때문인지 모른다. 고민을 해결하려는 목적보다는 마음을 쉬게 하려는 목적으로 말이다.

'공감한다'는 것은 상대방의 말을 모두 수용한고 무조건 옳다고 인정하는 것이 아니다. 상대방과 내가 좀 더 원활한 의사소통이 가능하도록 하나의 연결점을 만드는 것을 말한다. 그 연결점을 통해 서로에 대한 마음이 깊어지게 되고, 그러는 사이에 바람직한 대화의 토대가 만들어지게 된다. 공감은 '관계의 끈'이라 할 수 있다. 관계의 끈은 사람의집중력과 관심, 마음을 이끌어 내는 역할을 한다. 관계의 끈을 만들기 위해서는 상대방이 어떤 사람인지 미리 파악해두고 또 상대방의 상태를 배려하는 마음을 갖는 것이 중요하다.

상대의 공감을 불러일으키기 위해서는 경청하고 이정해 주는 것이 필요하다.

공감대가 형성된 사람들이 비슷한 행동을 하듯이 비슷한 행동을 하게 되면 공감대가 형성될 수 있다. 이는 상대방과의 관계의 끈을 의도적으로 만드는 가장 쉬운 방법이다. 이런 방법을 커뮤니케이션에서'페이싱(pacing)'테크닉이라고 하고, 심리학에서는 'mirroring effect'라고 한다. 공감대가 형성된 좋은 관계를 갖고 있는 사람들은 비슷한 행동을 하게 되며, 마치 거울을 보고 있는 것처럼 행동한다고 해서 붙여진 이름이다.

페이싱을 제대로 하는 3가지 방법으로는

첫째, 상대방의 자세, 몸짓, 표정 등 행동을 따라 하는 것이다.

둘째, 상대방의 신념이나 가치관에 맞춰보는 것이다.

셋째, 상대방의 말하는 방법을 맞추는 것이다.

유대인출신으로 미국으로 망명한 정치 이론가이자 철학자인 한나 아렌트(Hannah Arendt)은 타인에 대한 공감 능력을 상실한 메마른 가슴에 악(惡)이 깃들 수도 있다고 하였다. 2차 세계대전 전범 재판정에서 유대인을 학살 주범인 아돌프 아이히만의 재판에서 그가 "의무를 준수했고 명령에 따랐다"는 말만 되풀이하는 것을 보고, 거대한 악을 만든 것은 히틀러 같은 악인이지만, 거악과 손을 잡거나 그것을 실언에 옮기는 사람은 평범한 사람인지 모른다고 하였다.

공감으로 들어줄 때는 상대를 돕기 위해 문제해결 방안이나 부탁을 들어주는 쪽으로 관심을 돌리기 전에, 상대방이 충분히 자신을 표현할 수 있는 기회를 주는 것이 중요하다. 문제해결에 너무 서두르게 되면 우리는 진정한 관심이 상대방의 느낌과 욕구에 있다는 걸 제대로 전달할 수 없다. 상대방의 마음속에서 일어나는 일에 계속 관심을 둠으로써, 상대에게 자신의 마음속을 조금 더 깊이 관찰하고 표현할 수 있는 기회를 제공하게 된다.[19]

상대의 진심을 끌어올리는 듣기에 필요한 것은 주요한 내용을 요약하는 '사실듣기(Fact)'와 진짜 감정을 확인하는'감정듣기(Feeling)', (말하지 않더라도)알아주었으면 하는 핵심메시지를 발견하는 '핵심듣기(Focus)가 있다.

팀 과제를 해야 하는 상황에서 누군가가 자기 역할을 제대로 하지 않았을 때 팀장이나 팀원에게 해주는 3F의 예로 이렇게 연습해보면 경청을 높은 수준으로 끌어올릴 수 있게 된다.

표 7-2 경청수준을 높이는 3F

Fact(사실듣기)	"OOO이 맡은 일을 제대로 해오지 않았나 보네"
Feeling(감정듣기)	"너 많이 답답했겠다. 화도 나고"
Focus(핵심듣기)	"이번 과제 제대로 해보려고 하는 데 마음이 느껴진다"

경청은 상대의 마음속으로 들어가 상대가 느끼는 아픔을 느끼고 또 상대의 입장과 시선으로 사물과 현상을 바라보는 자세야 말로 소통의 정수이다.

19) 김윤나, 상게서, p.188.

공감능력을 키워 긍장관계 만들기

검은색 터틀넥과 청바지를 즐겨 입었던 스티브 잡스 그를 어떤 사람으로 기억하는가? 가장 창의적인 CEO, 세계를 바꾼 혁신적인 인물? 비즈니스에 크게 성공한 사람?. 그는 젊은 나이에 애플사를 창립하여 크게 성공한 사람이었다. 그렇지만 얼마 안가 그는 자신이 만든 회사에서 쫒겨났다. 그 이유가 독단적인 성격 때문이었다. 고객이 무엇을 원하고 있는지와 상관없이 자기 생각대로만 제품을 만들었고 결과는 참패였다.

나중에 애플에 복귀할 때 스티브 잡스는 애플의 CEO가 아닌 CLO(Chief Listening Officer)로 불러달라고 하였다. 자신의 실패가 독단적인 아이디어 때문이라는 것을 깨달고, 고객의 입장에서 생각하고 고객이 원하는 아이디어와 제품을 개발하여 큰 성공을 이루었다. 상대방의 입장에서 생각하지 않으면 사람과의 관계, 일까지도 실패하고 만다. 상대방의 마음을 느끼고 함께하는 것, 그것이 공감이다. 다른 사람의 마음을 헤아리는 것으로 이해심보다 차원이 높은 것이다. 특히, 다른 사람의 고통을 이해해줄 때 그 사람의 슬픔까지도 치유할 수 있다.

스티브 잡스가 애플에 복귀하여 성공한 것은 혼자만의 능력으로 이루어 진 것이 아니다. 최적의 사람들을 불러 모아 함께 노력했기에 가능했다. 그들 간의 관계 속에 공감이 녹아 있어 더 큰 성과를 도출해 낸 것이다. 이렇듯 공감 능력은 삶의 거의 모든 곳에서 영향을 미친다.[20]

나) 미소 짓기

미국 텍사스 대학교 타라 크라프드 교수팀에서 동일한 스트레스환경에서 웃는 표정과 무표정이 스트레스 지수와 어떤 상관관계가 있는지를 연구하였다. 163명의 대학생을 3개 그룹으로 나누어, 무표정한 그룹, 입가에만 미소를 띤 그룹, 얼굴 전체에 미소를 띤 그룹으로 나누었다. 실제로 웃는 것이 아니라 젓가락 등을 이용해서 의도적으로 웃는 표정을 마늘어서 조사를 했다. 그 결과 무표정한 그룹보다 다른 두 그룹의 스트레스 지수가 낮게 나타났다.

실제로 미소를 띠거나 웃는 것이 아닌 인위적인 표정만 만들었음에도 스트레스 지수가 낮데 나타났다면, 정말 웃을 때는 스트레스 지수가 더 낮아질 것이다. 뇌는 자연스러운 웃음과 억지웃음을 구별해내지 못하기 때문에 억지로 웃어도 자연스럽게 웃을 때와

20) 우문식, 행복 4.0, 물푸레, 2014, p.127.

비교해 90%의 효과를 볼 수 있다[21]는 것이다.

사람이 미소를 지으면 얼굴의 근육들이 움직이면서 뇌에 어떤 신호를 보내게 된다. 뇌는 실제로 즐거운지 아닌지를 판단하지 못한다. 미소를 통해 즐거운 일이 생겼다고 받아들인다는 것이다. 그 결과로 엔도르핀을 분비한다. 신경호르몬인 엔도르핀은 기분을 좋게 할 뿐만 아니라 통증을 감소시킬 때 진통제로 사용되는 모르핀보다 3배 이상의 효과가 있다고 한다. 웃음이 병을 치료한다는 말은 과학적으로 증명된 사실이다.[22]

고객 응대법에서 좋은 분위기를 만들기 위한 친절한 태도를 '6s'라고 한다.

① Stand : 사람이 다가오면 자리에서 일어서라,

② See : 사람을 향해 선한 눈길로 바라보라,

③ Smile : 사람을 향해 환한 미소를 지어라,

④ Speed : 필요한 것을 신속하게 해결하라,

⑤ Sincerity : 사람에게 성의를 다해서 대하라,

⑥ Satisfaction : 사람을 만족시켜라

이중 3가지(따뜻한 눈길, 환한 미소, 성의)가 미소와 마음에 관련되어 있다.

사람의 얼굴 근육은 80여개에 달한다고 하는데 그중에 좋은 인상을 만드는데 필요한 근육은 13개 이고(몸 전체에서는 230여개), 나쁜 인상을 만드는 데 필요한 근육은 64개로 약 5배라고 한다. 나쁜 표정은 만들 수 있는 근육이 많기 때문에 자연스럽게 만들어지지만, 좋은 표정은 만들 수 있는 근육이 적어서 그만큼 의식적인 노력을 기울여야 만들어진다는 것이다. 40대가 되면 자기 얼굴에 책임을 져야한다는 말이 있는데 이 말은 각자가 살아온 삶의 모습이 얼굴에 나타나기 때문일 것이다. 법정스님께서 인과경을 풀어쓰신 저서『인연 이야기』의 겉표지에 보면 다음의 문구가 있는데 조용히 읽어보면 가슴에 크게 와 닿는다.

---

21) http://www.allurekorea.com/2010.02.22., 기사, 2018.12.02. 참조.

22) 일본 오사카대학 신경기능학과 연구팀이 발표한 논문에 따르면, 웃음은 병균에 대항하는 항체인' 인터페론 감마'의 분비를 자극해 세균이나 이물질에 대한 저항력을 키워주며 세포조직의 증식에도 도움을 준다고 한다. 또한 재미있는 프로그램을 보면서 웃으면 암세포를 제거하는 면역세포인 자연 살상세포(Natural Killer)의 기능이 3.9%이상 활성화된다고 한다.

> 너의 과거를 알고 싶거든
> 지금 네가 받고 있는 것을 보고
> 너의 미래가 알고 싶거든
> 네가 지금 하고 있는 것을 보아라[23]

다) 말하기와 공간을 고려한 말하기

① 말하기

말은 감정을 불러일으킬 뿐만 아니라 그 감정에 기인한 행동을 하게 만든다. 차가운 말 한마디가 한 사람의 인생을 절망에 빠지게 할 수도 있고, 따뜻한 말 한마디가 한 사람의 생명을 살릴 수 있을 정도로 강력한 힘을 가지고 있다.

지지해주고, 이해해주고, 보듬어주고, 용기와 행복을 주는 그런 말은 사람에게 성장의 조건이 되어준다. 물론 칭찬의 말도 좋지만 더 나아가서 그 사람 자체를 인정해주는 말은 더 따뜻한 말이다.

상대를 지지해 주는 말도 따뜻한 말이다. 절망적인 상황에 처한 사람에게 해주는 희망의 말 또한 마음을 따듯하게 한다.

상황과 장소에 맞는 예의 바른 말과 행동을 하고, 상대방을 인정하는 말을 하며, 힘과 용기를 주는 격려의 말을 하는 것은 좋은 관계 형성을 위한 일차적인 요소들이다. 그러나 관계가 견고해지기 위해서는 한 가지 필요한 것이 있다. 신뢰감이다. 신뢰감은 어떻게 형성되는가? 먼저 말과 행동이 일치할 때 그 사람에 대한 신뢰감이 생긴다. 그 다음 신뢰감은 일관성이 있는 말을 할 때 생기게 된다.[24]

상대방을 설득하는 효과를 높일 수 있는 말하기 방법에 대해 세계 로비스트와 비즈니스 종사자들의 '멘토'라 불리는 리웨이원은 다음의 6가지를 제시하였다.[25]

첫째, 구체적인 데이터를 제시하여 상대방의 의심을 줄이고, 신뢰를 높일 수 있다. 이

23) 법정, 인연 이야기, 문학의 숲, 2009.

24) 김윤나, 말 그릇, 카시오페아, 2017, pp.49-50.

25) 리웨이원 지음/김락준 옮김, 하버드 말하기 수업, 가나출판사, 2015, pp.247-271.

때 최대한 정확한 숫자로 문제를 설명하는 것이 좋다.

둘째, 논리와 결론을 담은 프레젠테이션자료를 준비하면 좀 더 쉽고 재미있게 정보를 전달할 수 있어 설득력을 높일 수 있다.

셋째, 지루한 말보다 핵심적인 한마디가 더 효과적일 수 있다. 표나 그림을 제시하면 임팩트를 높일 수 있다.

넷째, 상대와 소통할 때 비유법을 쓰면 상대의 마음속에 구체적이고 선명한 상황이 떠올라 설득력을 높일 수 있다.

다섯째, 침묵은 고수가 쓰는 필살기다. 침묵은 상대방을 편안하게 하여 상대방이 초조한 마음으로 경솔한 결정을 하지 않도록 해준다.

여섯째, 주변에 있는 소품을 이용하면 더 명확하고 쉽게 설명 할 수 있게 되고, 상대방에 대한 설득력이 높아진다.

상대방과의 다양한 커뮤니케이션 상황에서 상대방의 사고를 통제하여 내가 원하는 데로 유인하기 위한 상대방의 사고통제방법으로는 다음의 7가지 요령[26]이 제안된다.

첫째, 채찍 같은 강한 언어와 당근같이 부드러운 언어를 모두 활용하여 상대의 감정을 흔들 수 있어야 한다.

둘째, 마음으로 설득해야한다. 상대의 본성에 접근하여 존중감과 만족감을 주고 행동하고 싶은 열정을 일으켜야 한다.

셋째, 권위 있는 사람의 말과 행동을 인용하면 권위의 효과에 의해 소통과정에서 주도적 위치를 차지할 수 있다.

넷째, 자신에게 이익이 된다는 프레임을 씌우면 쉽게 거절하지 못한다. 그 사람의 장점을 취하려면 그에게 이익이 되는 것을 제시하여야 한다.

다섯째, 강한 상대에게는 약함과 고요함으로 맞서면 자신의 페이스로 상대를 끌고 올 수 있다.

여섯째, 상대의 관점을 이해한다는 인상을 준 뒤에 요구사항을 전하면 쉽게 거절하지 못한다.

일곱째, 질문으로 상대의 선택을 내가 원하는 방향으로 유도함으로써 선택의 폭을 좁혀, 상대의 사고를 전환시킨다.

26) 리웨이원 지음/김락준 옮김, 하버드 말하기 수업, 가나출판사, 2015, pp.161-209.

② 상대의 공간을 존중하며 말하기

대화는 서로의 보이지 않는 마음의 공간을 존중하고 지켜주면서 시작해야 한다. 실제 공간에서도 필요 이상으로 상대방을 향해 다가가면 상대방은 뒤로 물러서는 것처럼 점차적으로 서로에게 편안한 선까지 서로의 공간을 좁혀 나간다면 대화가잘 이루어지고 좋은 관계로 발전할 수 있다.

사람의 공간에는 물리적인 공간과 심리적인 공간이 공존한다. 심리적인 공간은 외형적으로 보이지도 않고 쉽게 알 수도 없지만, 꼭 지키고 싶어 한다. 때문에 그것을 존중해주고 지켜주는 사람에게는 편안함을 느끼고 마음의 문을 열어 더 친밀한 관계로 발전한다. 심리적인 공간의 갭을 줄이기 위해서는 스몰토크를 활용하는 것이 좋다.

대화에 있어 사람이 가지는 물리적 공간은 관계와 상황에 따라 다르게 설정된다. 친밀한 관계에서는 60cm 이내이며, 사람들과의 편안하게 대화할 수 있는 거리는 60-120cm정도이고, 120-360cm정도는 사회적 영역으로 크게 상관없는 주변 사람들과의 거리이다. 360cm이상의 거리는 공공영역으로 강연자와 청중의 거리 정도라 할 수 있다. 이 정도의 거리가 확보되었을 때 안정감을 가지고 대화를 진행할 수 있다.

친밀한 사이일수록 서로의 공간을 지켜주어야 한다.

표 7-3 심리적 공간거리

관계수준	공간 거리
친밀한 관계	60cm
편안한 관계	60-120cm
사회적 관계	120-360cm
공공적 관계	360cm 이상

편안한 대화의 주제로는 상대도 알고 나도 알고 있는 내용, 상대방과 내가 서로 드러내도 거리낌 없을 만한 것들 중에서 선택하는 것이 좋고, 공통적인 부분으로 시작해서 상대방만 경험했지만 상대방이 그 내용을 알려도 좋을 만한 것에 대해 대화를 이어가는 것이 좋다.

라) 거절하기

대인관계에서 거절하는 상황은 빈번하게 발생한다. 그런데 거절할 때 "안됩니다", "못합니다.", "없습니다"라는 표현은 상대방에게 거절의사를 정확하게 전달한 것은 맞지만 상대의 기분을 상하게 할 수도 있다. 이럴 때 좋은 화법으로 다음의 몇 가지 방법이 제시되고 있다.

① 'Yes, but'화법이 도움이 될 수 있다. 일단 긍정표현을 한 다음 다른 대안을 제시하는 방법이다. 예를 들어 "네, 저희가게 피자 중에서도 맛있는 것을 잘 선택하셨네요, 그런데, 죄송하게도 준비에 시간이 좀 걸리는데, 기다리시겠어요? 아니면 A 피자도 인기 메뉴인데 어떠신지요" 등으로 대화를 유도하는 방법이다.

② 'Yes, but & How'의 기법도 도움이 된다. Yes단계에서 긍정과 호응을 해준 후에 자신의 이야기를 하고 상호간의 합의점을 찾아보는 방법이다.

③ '너-메시지'로 상대에게 생각을 전달하는 것보다 '나-메시지'의 형태로 전달하는 것이 좋다. "너, 이게 뭐하는 거야?", "도대체 네 나이가 몇 살이냐?"보다 "나는 ~~되면 너무 힘들어"라는 식의 표현으로 바꾸면 상대방과의 대립이 작아진다. '나-메시지'는 너는 틀렸고 나는 옳으니 내가 시키는 대로 하라는 것을 말한다. 그래서 듣는 사람은 일단 무시당하고 공격받는 것처럼 느끼기 쉽다.

④ '나-메시지'는 상대방의 행동과 상황을 있는 그대로 말해주면서 그 결과에 대한 자신의 감정을 말해주는 목적이 있다. 그 어디에도 조종하려는 말이 엇다. 그렇기에 사람의 마음을 움직이는 힘이 있다.[27)]

마) 칭찬하기

칭찬은 관계를 위한 하나의 중요한 대화법이다. 사람을 만났을 때 칭찬으로 시작하는 것이 관계의 문을 여는 매우 좋은 방법이다.

낭만주의 화가이자 작가인 윌리엄 블레이크는 "칭찬은 다른 무엇보다도 가장 좋은 음식이다"라고 하였는데, 몸에 이로운 음식을 먹으면 몸이 건강해지고, 해로운 음식을 먹으로 건강을 해치게 되는 것과 같다는 말이다. 그리고 칭찬은 당사자 앞에서 하는 것도 효과가 있지만 제3자에게 하면 그 효과는 배가 될 수 있고, 그냥 말만 하는 것 보다 행동이 뒷받침되면 더욱 효과가 있다. "멋지십니다"보다 "와, 정말 멋지십니다"라고 하면서 얼굴에 미소를 띠거나 제스쳐가 있다면 더욱 효과적이게 된다.

---

27) 김윤나, 말 그릇, 카시오페아, 2017, pp.199-212.

칭찬내용은 존재에 대한 칭찬, 결과에 대한 칭찬, 과정과 노력에 대한 칭찬, 구체적인 칭찬의 형태로 하는 것이 좋다.

바) 침묵

사람의 말은 무서운 힘을 가지고 있지만 그런 말보다 더한 위력을 보이는 것이 '말 없음'침묵이다.

모든 인간관계는 침묵을 수반한다. 침묵은 문화적, 사회적 정치적 본질을 가지고 있다. 명상하는 사람에게 침묵은 커뮤니케이션의 한가지 방법이다. 특히, 극동아시아지역에서는 침묵이 선호되기까지 한다.

종교나 철학적 상황에서의 침묵은 신과 커뮤니케이션하고 신에게 접근하는 수단이 되고, 자아커뮤니케이션 상황에서는 묵상과 명상을 통한 자아성찰이 되고, 다른 사람과의 커뮤니케이션 상황에서는 긍정, 또는 부정 등 다양한 의미를 가지고 있다.

서양의 저맥락(low-context) 커뮤니케이션 문화에서는 대화가 중단되면서 상대방의 말을 기다릴 때 침묵이 흐르면 그것을 부정적인 것으로 인식한다. 그들은 자신의 주변에서 늘 말이 오가기를 기대하기 때문에 이를 부정적으로 인식한다. 그러나 고맥락(high-context)문화권에서는 침묵을 대화보다 선호한다. 이 문화권에서는 침묵을 통해서 상대방의 내면의 진실을 발견하기까지 한다.

서구인들에게 침묵은 대화의 단절을 의미하지만 아시아인들에게 침묵은 대화의 한 부분으로 여겨진다. 물론, 침묵을 긍정적으로 여기는 문화권에서도 말에 대한기대감을 위반하는 침묵의 발생은 부정적 의미를 지닐 수 있다.

침묵의 힘을 증명하는 대표적인 것 중의 하나가 '평화의 소녀상'이다. 소녀상이 말없이 바라보는 서울의 일본대사관, 그 대사관에서 소녀상의 자리를 옮겨달라고 요청한 것을 보면 그 힘을 알 수 있다.

침묵과 커뮤니케이션

2011년 미국 애리조나주에서 발생한 총격사건 추모식에서 오바마 대통령이 한 연설이 지금까지 회자된다. '51초 무언연설'오바마가 연설을 멈추고 말없이 호흡을 가다듬었고, 그의 시선이 허공에 머물기도 했고, 눈물을 참으려는 듯 두 눈을 연신 깜빡였다. 51초의 정적이 흐른 뒤 그는 다시 연설을 이어나갔다. 그의 음성은 무거웠고 낮게 깔리며 천천히 추모객의 가슴에 퍼져나갔다.

사람의 가슴으로 번져와 또렷하게 새겨지는 말은 쉽게 잊히지 않는 법이다. 뉴욕타임즈는 이 순간에 대해"버락 오바마가 대통령이자 두 딸의 아버지로서 단호한 모습을 보여줬다. 대통령은 미국 국민과 말만 주고받은 게 아니라 마음을 나눴다. 오바마의 재임 기간 중 가장 극적인 순간이 될 것이다."

침묵이라는 '비언어 대화(non verbal communication)'의 힘은 강하다. 침묵은 말로 다 표현할 수 없는 다양한 의미와 가치를 함축하고 있으며, 종종 사람들은 백 마디 말보다 더 무겁고 깊게 받아들여진다.

〈영화판 최고라 불리는 스티븐 스필버그의 리더십〉

2011년너무나 유명한 스티븐 스필버그(Steven Spielberg)는 아카데미 영화상을 여러차례 받은 감독이다. 그가 만든 영화는 편당 평균 1억 5,600만 달러를 벌어들인다고 한다. 그는 어떻게 하여 이런 선공을 거두는 것일까?

어떤 사람은 그의 창조적 재능과 스토리를 만드는 능력 때문이라고도 하고, 또 어떤이는 그의 직업윤리 때문이라고도 한다.

그러나 그가 이런 성공을 거둘 수 있는 기반은 다른 감독들에 비해 스태프들로부터 더 많은 것을 이끌어 내는 능력에 있다고 한다. 스필버그와 함께 영화를 만들었던 사람들은 "그와 함께 일하면 최선을 다하게 된다"라고 입을 모은다.

최고의 생각을 이끌어내는 비법중 하나는 사람들이 무엇을 잘하는지 아는 것에서 비롯된다. 스필버그는 모든 사람이 하는 일을 자세히 알고 있으나 그들을 대신해 직접 일을 하지는 않았다. 항상 "당신의 능력을 존중하므로 고용했다"라고 말했다고 한다. 그는 영화에 대해 지식과 경험이 많았기 때문에 스태프가 해야 할 일을 잘 알고 있었고 각자가 할 일을 확실하게 제시했다. 이것이 최고의 성과를 이끌어 냈다.

그는 좋은 아이디어를 갖고 있었지만 나쁜 아이디어도 괜찮은 출발점으로 여겼다. "모든 좋은 아이디어는 나쁜 아이디어로부터 시작된다. 그래서 좋은 아이디어가 나오려면 그렇게 긴 시간이 걸리는 법이다." 그는 그의 팀에 창조적이고 열린 분위기를 만들어주면서도 동시에 탁월하게 일을 잘 해낼 것을 요구한다. 스태프 한명은 "그는 최선을 다할 것을 기대한다. 누구든지 최선을 다하지 않을 때는 스스로 그렇다는 것을 안다."라고 말했다.

스필버그감독의 성공의 일등공신은 바로 스태프들이다. 그와 함께 일할 때 생산성이 월등하게 높아진다. 이것은 예술가와 스태프가 최선을 다할 수 있는 환경을 만들어주었기 때문에 가능했으며, 이런 이유로 스태프들은 계속해서 그와 함께 일하고 싶어한다.

(리즈 와이즈먼의 멀티플라이어, 한국경제신문, 2012, pp.134-135.)

참고문헌

-MBN 내멋대로, 2018.09.10., 김창옥'-우리가 사이좋게 지내야 하는 이유-'

-김휘경, 커뮤니베이터, 예문, 2012.

-법정, 일기일회, 문학의 숲, 2009.

-이기주, 말의 품격, 황소북스, 2018.

-정병태, 언어의 품격, N넥스웍, 2018.

-통계청 보도자료, 2018. 3. 21.

-한근태, 고수의질문법, 미래의 창, 2018.

-혜민, 완벽하지 못한 것들에 대한 사랑, 수오서재, 2016.

-http://www.allurekorea.com/2010.02.22., 기사, 2018.12.02. 참조.

-KMAC CS경영혁신센터역, 고객만족경영의 추진방법, 21세기북스, 1992.

-MBN 내멋대로, 2018.09.10., 김창옥'우리가 사이좋게 지내야 하는 이유'

-김윤나, 말 그릇, 카시오페아, 2017.

-김휘경, 커뮤니베이터, 예문, 2012

-더글러스 코넌트 · 메트노가드 지음, 이찬 옮김, 짧지만 강한 리더의 1분 터치포인트, credu, 2013.

-레오나드 L. 베리저, 은종학역,초일류 서비스기업의 조건, 김앤김북스, 2001.

-리웨이원 지음/김락준 옮김, 하버드 말하기 수업, 가나출판사, 2015. 법정, 인연 이야기, 문학의 숲, 2009.

-법정, 일기일회, 문학의 숲, 2009.

-삼성에버랜드 서비스아카데미, 서비스리더십, 21세기북스, 2001.

-선안남, 자존감 어떻게 회복할 것인가, 소울메이트, 2018.

-송경근외, 리더십 불변의 법칙 5, 한 · 언, 2000.

-아서 R. 펠저, 조윤경역, 직원을 부리는 보스 인재를 디자인하는 리더, 시대의창, 2001.

-우문식, 행복 4.0, 물푸레, 2014, p.127.

-이기주, 말의 품격, 황소북스, 2018.

-이재규외, 리더십 엔진 핸드북, 21세기북스, 2000.
-잭 웰치와 GE방식 필드북, 로버트 슬레이터 著/ 물푸레, 2000.
-정병태, 언어의 품격, N넥스웍, 2018.
-한근태, 고수의질문법, 미래의 창, 2018.
-허승일, 증보 로마공화정 연구 , 서울대학교 출판부, 1995.
-혜민, 완벽하지 못한 것들에 대한 사랑, 수오서재, 2016.

제8장 고객만족

1 고객만족

1) 고객만족의 의의

고객만족이란 고객이 상품과 서비스에 대하여 기대이상으로 만족하게 함으로써 고객의 재구매율을 높이고 선호도를 향상시키는 일련의 활동을 의미한다. 기대수준과 비교하여 실제 서비스가 만족감을 느낄 수준에 이르렀을 때의 감정 상태를 말하는 것이다.

따라서, 고객의 기대보다 서비스가 높은 수준일 때 고객은 감동을 하게 되고, 고객기대와 기대한 서비스의 수준이 일치할 때 고객은 만족을 하게 된다. 반면, 기대했던 수준의 서비스가 제공되지 않았을 때 고객은 불만족한 상태에 이르게 된다.

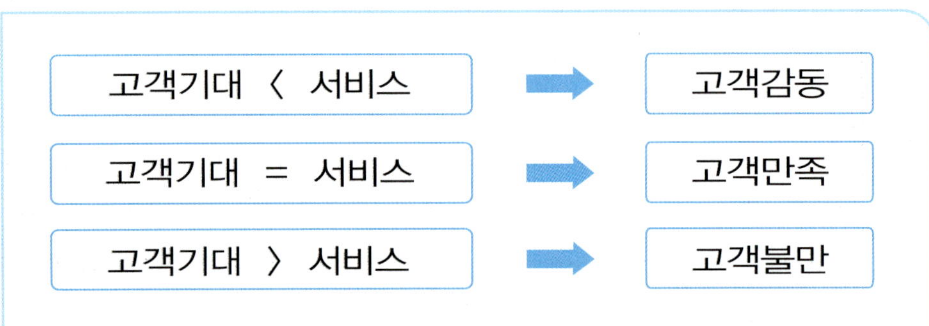

그림 8-1 ▶ 고객만족 수준

고객만족과 관련하여 앤더슨(Anderson)은 과정에 초점을 맞춰 개념화하였는데 고객의 만족과 불만족을 하나의 과정으로 이해하여 고객의 사용 전 기대와 사용 후 성과를 평가한 결과로 고객만족을 이해하였다.

밀러(Miller)는 소비자의 만족과 불만족은 제품이나 서비스에 대한 소비자의 기대수준과 지각된 성과수준과의 상호작용으로부터 나온다고 정의하였으며, 햄펠(Hempel)은 소비자가 기대했던 효익이 실현되는 정도라고 정의하고, 실제 성과와 기대했던 결과 사이의 일치정도를 나타낸다고 하였다.

2) 고객만족의 주요 포인트

고객만족을 이끌어내는 주요한 포인트는 다음의 10가지 요소로 정리될 수 있다.

첫째, 고객의 욕구를 파악하는데 지속적인 노력을 하여야 하며, 고객의 욕구는 시대에 따라, 상황에 따라 다양하게 변화하고 있어 이에 대한 능동적인 대처가 필요하다.

둘째, 상황에 따른 고객의 심리변화에 서비스요원이 민감하게 대처하여야 하며 이를 위해서는 고객의 심리상태 변화에 대한파악이 선행되어야 한다.

셋째, 고객이 상품과 서비스에 대해 직접 보고, 듣고, 냄새 맡고, 맛보고, 만져 볼 수 있게 하여 고객의 오감을 자극하여 만족수준을 높일 수 있어야 한다.

넷째, 상품과 서비스에 대하여 고객이 자연스럽게 주목할 수 있도록 언론노출 등을 통한 홍보활동과 사회적 기여 등 다양한 활동을 수행하여야 한다.

다섯째, 전사적인 교육훈련을 통하여 전체 사원이 고객에게 친절서비스를 제공할 수 있는 서비스 요원화가 이루어져야 한다. 어떤 상황에서도, 어떤 직원이라도 고객이 만족할 수 있는 서비스를 제공할 수 있도록 준비된 상태여야 한다.

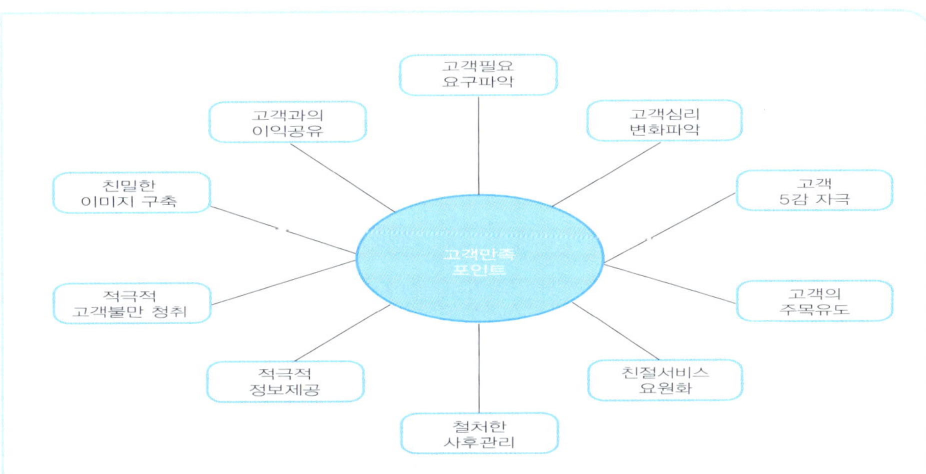

그림 8-2 ▶ 고객만족 포인트

여섯째, 방문고객, 이용고객에 대한 사후관리(AS)가 철저하게 이루어져야 한다. 방콕의 오리엔탈 호텔과 리츠칼튼 호텔 등은 한번 방문한 고객에 대한 고객 히스토리를 데이터 베이스로 구축하여 서비스를 제공함으로써 우수한 포객감동 사례로 꼽힌다. 향후, 모바일과 빅 데이터를 통한 AS가 이루어져 서비스 수준이 한층 제고될 것으로 예견된다.

일곱째, 고객에게 적극적으로 정보를 제공하여야 한다.

여덟째, 언제든, 어떤 상황에서든 불만을 가진 고객의 의견을 청취할 준비를 하고 있어야 하며, 불평고객이 제기한 문제에 대해서는 반드시 사후 처리 결과에 대해 고지해야 한다.

아홉째, 항상 고객의 입장에서 생각하는 기업, 고객에게 이익을 주는 기업, 사회를 이롭게 하는 기업, 떠올리면 미소가 지어지는 호감가는 기업의 이미지를 만들어야 한다.

열 번째, 기업경영 성과로 얻어진 이익을 다양한 프로그램을 통하여 사회에 환원하는 것도 필요하며, 기업의 고객들에게도 이익을 함께 나눈다는 것을 알 릴 수 있는 프로그램을 개발하여 운영하는 것도 필요하다.

3) 고객만족의 핵심요소

고객만족의 핵심요소는 전통적으로 상품적 요소, 서비스적 요소 그리고 기업이미지의 3가지 요소로 구성된다고 제시되고 있다.

상품요소는 상품의 품질, 기능, 가격 등이 차지하는 비중이 큰데 과거에는 상품의 품질이 우수하고 가격이 저렴하면 그것으로 고객만족이 달성되는 경우가 많았다. 그러나 상품의 다양성과 질적수준이 크게 제고된 현대에는 상품이 가지는 소프트적인 가치로서 디자인, 용도, 다양한 형태의 배려 등이 중요한 고개만족 요소로 부각되고 있다.

서비스요소는 소비트렌드의 변화로 상품자체만이 아니라 점포의분위기, 판매담당 서비스 요원이 차지하는 비중이 높아지게 되었다. 치열한 경쟁시장에서 상품의 기능적인 부분은 기본적인 경쟁력이 되어 고객만족의 비중이 상품에서 서비스로 이동하고 있다.

기업이미지 요소는 간접요소로 향후 그 중요성은 보다 커질 것으로 예측된다. 기업이미지를 제고하는 활동으로는 사회공헌활동, 환경보호활동, 공정무역 등이 있다. 이런 활동은 우리사회가 당면하고 있는 사회적 문제에 대해 기업이 진정성을 가지고 참여하거나 기여하고 있다는 것을 알림으로써 기업에 대한 우호적인 이미지를 형성하고자 하는 것이다.

그러나 현대에 와서는 다양한 관점에서 고객만족의 요소에 대한 재정의가 시도되고 있다. 레오나르도 인길레리(2012)는 고객만족은 '완벽한 제품'과 '정성담긴 전달', '적절한 타이밍'이라고 주장하였고, 이 3가지가 실패했을 경우 '효과적인 문제해결'을 통해서 고객만족[1]을 얻을 수 있다고 설명하고 있다. 또한, 서비스 실패는 기업차원에서 진심을 전하는 기회이며 이를 극복하여야만 충성도 높은 고객을 확보할 수 있다고 하고 있다.

4) 고객만족경영의 중요성

고객만족 경영은 상품과 서비스에 대한 고객의 만족도를 제고하여 반복적이고 지속적인 고매가 이루어질 수 있도록 하고 이를 통하여 기업의경영성과를 극대화 시키고자 하는 것이다.

소비자가 특정 기업의 상품과 서비스에 대해 만족하게 되면 고정고객이 되고, 고객만족은 가격우위 효과를 가져와 장기적으로 기업의 이윤을 창출할 수 있게 된다.

바이럴 마케팅이 가능하게 되고 고객의 기호변화를 파악하기가 쉬워지고, 불필요한 투자를 방지할 수 있게 되어 마케팅의 효율성을 높일 수 있게 된다.

미국의 노드스트롬 백화점은 할인 기간중 상품이 품절되자 다른 백화점에서 정상가격으로 구입한 뒤 할인 가격으로 고객에게 판매한 것으로 유명하다. 우리에겐 놀랍게 느껴지는 이야기지만 선진기업들 사이에서는 보편화된 고객제일주의 경영이다.

세계적인 특송 업체인 FedEx의 프레드릭 스미스 회장은 "99% 고객만족으로는 불충분하다"라고 강조 하였다. 언젠가 100%의 고객만족을 주는 기업이 나타나면 고객은 바로 그 기업으로 옮겨 갈 것이기 때문이다. 즉, 고객은 결코 2등 기업에 애정을 베풀지 않는다는 것이다.

미국품질관리학회(ASQC)는 고객이 어떤 기업과 거래를 중단하는 이유 중 첫 번째가(68%) 고객서비스의 문제였다는 조사결과를 내놓았다. 제품의 질(14%), 경쟁사 회유

---

1) 레오나르도 인길레리 · 마이카 솔로몬 공저, 임준영 옮김, 왜 그들의 서비스에 사람이 몰릴까?, 청림출판사, 2012, p.15.

(9%), 지인 권유(5%) 등 기타 요소는 거래 중단의 요인으로 극히 미미한 수준으로 평가되었다.

미국 전략기획연구소는 "미래에는 고객지향적 기업만이 살아 남는다"고 단언했다. 이 연구소는 450개 기업을 분석한 결과 "기업의 이익은 시장점유율보다 고객이 인식하는 품질, 서비스와 더욱 밀접한 연관이 있다"고 강조하고 있다.

5) 고객만족의 효과

기업들은 자사의 상품과 서비스를 구매한 고객의 만족도를 높이기 위하여 많은 비용을 들여 다양한 활동을 수행하고 있다. 고객만족의 효과에 대한 다양한 연구들이 수행되었고 이는 기업의 다양한 마케팅활동의 배경이 되었다. 고객만족의 효과는 다음 그림과 같이 5가지로 요약될 수 있다.

첫째, 고객의 충성도를 높여 재구매 고객을 확보할 수 있다. 구매 과정이나 구매를 통해 만족한 고객은 기업과 제품에 대한 좋은 이미지를 가지게 되어 다시 구매가 필요할 시 만족한 경험을 제공한 상품과 서비스를 구매할 가능성이 높아지기 때문이다.

둘째, 비용을 절감할 수 있다. 신규고개보다 기존고객의 재구매가 매출향사에 더큰 영향을 미치게 되고, 신규고객 창출을 위해 투입하는 비용보다 기존고객 관리를 통한 이윤창출이 비용절감에 있어 유리하다.[2)]

셋째, 마케팅 효과를 극대화 할 수 있다. 자신이 구매한 상품과 서비스에 대하여 만족한 소비자는 자연스럽게 구전마케팅을 수행하는 요원이 되어 이웃과 친지에게 권유하여 마케팅 효과를 기대할 수 있게 된다.

넷째, 시장우위를 가져와 경쟁기업의 시장진입을 막을 수 있다. 고객만족이 이루어지면 기업은 경쟁시장에서 가격우위 효과를 가지게 되어 경쟁사의 진입을 어렵게 하는 결과를 가져온다.

---

2) 미국의 3000개 기업의 재무자료에 따르면 신규고객 창출비용이 기존고객을 유지하는 비용의 5배가 들며, 현재 수익의 65%는 기존고객으로부터 창출되며, 상품개발 아이디어의 80%도 기존고객으로부터 나온다(매일경제신문 1999.10.27.)

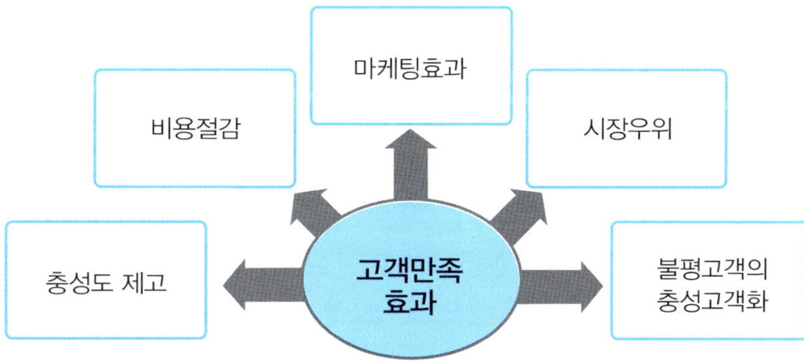

그림 8-3 ▶ 고객만족 효과

다섯째, 불만족고객의 활용을 통해 기업성장을 도모할 수 있다. 불만족한 고객의 불평불만을 청취하여 기업경영에 반영하면 기업성장에 도움이 된다.

불평고객에 대해 어떻게 대처 하는냐에 따라 고객은 충성고객이 될 수도 있고 영원히 상실된 고객이 될 수도 있다.

2 고객만족경영

1) 고객만족경영의 의의

고객만족경영은 기업이 실현하고자 하는 상품의 가치에 대하여 고객이 만족하는 상태를 만들어 충성고객을 확보하고자 하는 것으로 경영방식과 전략이 된다. 고객이 필요한 상품과 서비스를 이용하고 기대한 수준과 일치하거나 그 이상으로 만족한다는 것이 기업의목표이자 경영의 기준이 되는 것을 말한다.

2) 고객만족경영의 발전

표 8-1 고객만족경영의 발전

도입기 (1980년대)
◇도입업체 : 인적서비스를 주로 이용하는 레스토랑, 호텔, 백화점과 일부 대기업 ◇주요내용 : 판매증진을 위한 초보적인 친절서비스와 상품 사용안내 수준 ◇활용수준 : 소극적, 보조적인 수준 ◇C/S도입 : 기업중심 경영 – 1981년 스칸디나비아 항공(SAS 항공)의 얀칼슨 사장의 MOT도입으로 C/S 경영성공 – 1980년대 후반 일본기업들의 고객만족 경영 도입

⇩

성장기 (1990년대)
◇도입업체 : 공공기관 및 국내 대부분의 기업에서 도입, 서비스관련기업이 선도 ◇주요내용 : 내부고객의 중요성 인식 시작, 고객관리를 위한 DB구축과 활용, 온라인을 통한 고객관리 시작, 전사적 고객만족경영체제 개념과 A/S제도 도입 ◇활용수준 : 자율적, 적극적으로 사용 ◇C/S도입 : 고객중심 경영 – 1992년 LG에서 고객가치창조 개념도입 – 1993년 삼성의 신경영 개념 도입 – 1990년대 중반 공기업(KT, 코레일 등), 민간기업의 C/S 제도 도입 – 1997년 IMF로 인하여 C/S 침체

⇩

완성기 (2000년대)
◇도입업체 : TQM(Total Quality Management)과 고객관리시스템 기법의 활성화 ◇주요내용 : 내부고객, 외부고객의 만족까지 고려한 고객만족경영 시행, 고정고객관리에 있어 고객생애가치까지 고려한 고객만족경영 추진 ◇활용수준 : 생활화, 일반화, 보편화 ◇C/S도입 : 고객중심 경영

- 1992년 LG에서 고객가치창조 개념도입
- 1993년 삼성의 신경영 개념 도입
- 1990년대 중반 공기업(KT, 코레일 등), 민간기업의 C/S 제도 도입
- 1997년 IMF로 인하여 C/S 침체

표 8-2 고객 생애가치

▷ 화폐가치로 계산한 고객생애가치의 (예)
고객의 중요성을 화폐가치로 환산하면 그 가치를 실감할 수 있다. 동네 식당에 일주일에 한번 방문하는 고객이 있고, 방문할 때마다 10만원을 한 지역에 10년 정도 거주하다가 다른 곳으로 이사를 고 한다면, 이 고객의 생애가치는 10만원 × 52주 × 10년 = 5,200만원이라는 계산이 나온다 결국 고객 1명을 잃으면 10만원이라는 1회성 판매기회를 상실하는 것이 아니라 그 고객의 생애가치에 해당하는 5,200만원을 잃게 된다는 것이다.

3 고객만족과 사고의 전환

1) 사고의 전환

현대기업 경영은 고객을 중심으로 이루어지고 있다. 기업이 계속해서 생존하기 위해서는 고객과 함께하여야만 하며 이는 고객만족만이 그 대안이 된다는 것을 의미한다. 따라서 '고객중심의 신사고'는 싫든 좋든 간에 기업이 생존하기 위해서 이루어야 하는 과업이 되었으며, 상품과 서비스의 품질은 고객을 중심적 신사고를 하는데 있어 가장 기초적인 사안이 되었다.

오늘날 고객만족을 위해 기업이 혁신해야 할 방향성은 다음과 같이 제시될 수 있다.

첫째, 기업문화의 문제로서 '근본적인 문제의식의 결여'를 들 수 있다. 많은 기업들의 불행은 한때 자신들을 성장시켰던 일들 때문이라는 웃지 못할 결과가 있다. 과거 성장

의 환경과 타성이 가져온 사고의 틀을 벗어나기가 어렵다는 것이다.

- "설마 우리만 잘못될 이유가 있을까?",
- "남이 하는 것을 보고 따라 해도 늦지는 않는다." =〉 '안위형' 사고방식
- "우리는 잘하고 있다", "혼자 튄다고 잘된다는 보장도 없다"=〉 '소극적' 사고방식
- 문제 발생시 "남이 알아서는 안된다"는 =〉 보신과 임기응변 태도

이런 것들이 변혁의 시기에 스스로의 발목을 잡고 있는 것이다.

둘째, 인재관리의 문제로서 '팀웍과 전략 추진의 비효율성'을 들 수 있다. 「자본주의 이후의 사회」를 저술한 피터 드러커는 앞으로의 경제는 '지식' 자원이 좌우하므로 경영 혁신을 위해서는 지식을 가진 직원 확보와 전문 교육에 총력을 기울여야 함을 주장한 바 있다. 하지만 소극적인 기업일수록 "어학은 특수한 사람에게만 필요하다" 든지 "전략 분야의 우대는 당연하다"는 이유로 편중된 관심과 투자를 기울임으로써 기업내 권력을 조장하고 다량의 인재를 발굴하지 못하는 경우가 있다. 조직의 생명은 인화에 있으며 전략은 곧 총체적 업무력에서 나온다는 삼국지 철학을 참고할 필요가 있다.

셋째, 가치관의 문제로서 '소비자 및 사회에 대한 책임의식이 미약'하다는 점이다.

A. 마샬은 경제를 '인간에 관한 학문'이라고 하였다. 이는 경제나 사회가 지향하는 가치 기준과 인간 존재의 기본 가정에 부합되는 방향으로 나아가야 함을 지적한 것이다. 오늘날의 기업은 소비자 신뢰와 사회 환경에도 기여해야 하는 윤리적 과제를 동시에 안고 있다. 하지만 이윤만을 추구하는 기업들은 고객만족을 주창하면서도 실제로는 자기 보호적 서비스를 하고 있다는 사실이다. 때문에 고객으로부터 외면당하고 시장에서 밀려나고 있는 것이다.

모방에도 유익한 모방과 무익한 모방이 있다. 불완전한 모방은 오히려 조직의 창의성을 저해하고 조직내 열등감을 심어준다는 사실을 고려해야 한다.

넷째, 전략 운영의 문제로서 '차별성과 시스템 사고가 부족'하다는 점이다. 한 가지 기본을 갖춘 자는 여러 면에서 부족함이 없다는 말이 있다. 열세에 놓여있는 조직은 그 자체로서 철저함을 갖춘 전략적 차별화와 조직적 노력이 필요함은 당연하다.

하지만 만회의식이 강한 기업일수록 부족한 모든 것을 한꺼번에 찾으려 한다. 또한 경영 위기의 문제는 전체적 시각에서 고찰하여야 함에도 전통적 처방이나 일부의 책임을 제물로 삼는 경향이 있다.

모든 문제에는 연관이 있게 마련이다. 전체를 바라보되 하나 하나의 차별성과 프로세스를 혁신해 나가는 시스템 사고가 부족하기 때문에 이 같은 모순에 빠진다. 전략의 출발은 항상 작은 지렛대의 활용에 있음을 잊어서는 안 된다.

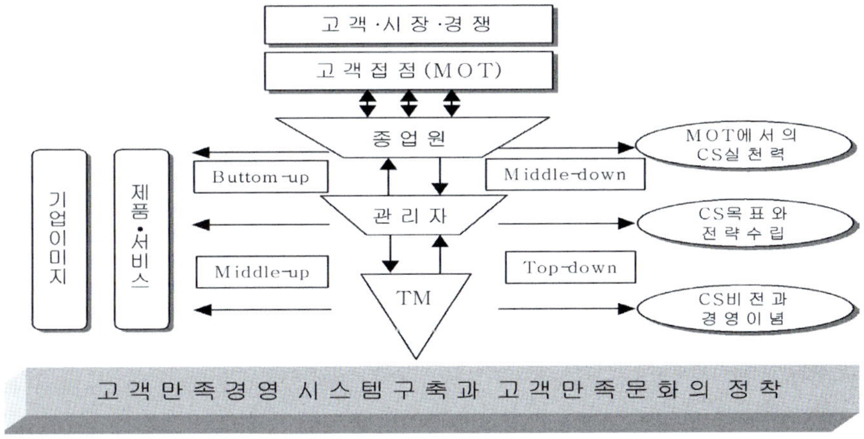

그림 8-4 ▶ 고객만족경영 체계도

※ 자료: 윤상근, 고객만족추진, 한국능률협회, 1997, p.99 참조

위와 같은 문제점이 발생하기까지는 기업내 리더십(경영의 전문성과 직제 구조), 정보인프라의 수용 개념(사이버 마인드), 경영방침과 주요 정책(업무 및 영업관리), 갈등완화 커뮤니케이션 구조(문제해결 프로그램과 의사결정기구), 급박한 세계화 추진에 대한 대응비전(기획 전문성) 등의 복합 요인이 체증되어 일종의 경화 현상을 가져온 것으로 판단된다. 결론적으로 어려움을 극복하기 위해서는 구조적 문제점을 인식하고 처음으로 되돌아가는 정신이 필요하다.

제품과 시스템, 서비스의 선택에 있어 기능과 신뢰성, 얼마나 사용하기 편리한가의 사용 편의성을 넘어 이제는 사용자의 감성을 자극하고 만족시키는 새로운 경험이 기업의 시장 성공요소 즉, 고객만족 성공요소로 자리 잡고 있다. 이것은 전 세계적으로 기술이 상향평준화되어 기능만으로는 차별화된 가치를 더 이상 소비자에게 제공하기 힘들다는 기능경쟁의 종식을 의미하며, 새롭고 독특한 경험을 제공하는 기업들만이 생존할 확률이 보다 높아짐을 의미한다.[3]

3) 차두원 · 진영현, 초연결시대, 공유경제와 사물인터넷의 미래, 한스미디어, 2015, p.274.

이뿐 아니라 생산자의 노력으로 기능, 성능, 품질 등이 충분한 수준에 경험 충족 욕구를 바탕으로 소비자는 프로슈머가 되어 생산자와 공동으로 생산과정을 수행하는 단계에 와있다. 애론 월터(Arron Walter)는 매슬로우의 욕구5단계를 활용해 사용자욕구 4단계를 하위욕구부터 '기능성 · 신뢰성 · 사용성 · 즐거움'으로 설명하는 등 최종 욕구는 즐거움으로 설정해 인간의 감성과 새로운 경험의 개념을 표현하였다.[4]

뉴로스카이 CTO 이구형도 소비자의 욕구를 4단계로 구분하였는데 1단계는 소유욕구로 시장에 신제품이 등장하는 순간 제품을 다른 사람보다 먼저 소유하려는 욕구로 파악하였고,

2단계는 제품 비교우위욕구로 제품 보급이 확대되어 주위 사람들도 동일 제품을 보유하는 단계에서 나타나는 욕구로 남들보다 기능, 디자인 등에서 더 우수한 제품을 가지려는 욕구라 하였다.

3단계는 제품 보급률이 포화상태에서 느끼는 욕구로 제품의 소유보다는 얼마나 잘 활용하느냐에 대한 관심이 높아지고, 자신의 생활에서 필요한 기능과 제품이 보유한 기능을 비교하면서 제품에 대한 사용을 평가하는 활용성 욕구로 진입한다고 하였다.

4단계는 제품보유와 기능, 활용 측면의 욕구가 충분히 만족된 후 제품 가격과 디자인, 환경의 분위기와 제품의 조화와 같은 심미적 부분들에 대한만족을 추구하는 감성욕구 단계로 구분하였다.

새로운 사용자 욕구는 최종적으로 경험으로 나타나고 있다. 사용자경험의 중요성은 현존하는 자동차와 자율주행차량 등 미래 자동차뿐만 아니라 사용자가 참여하는 대부분의 모든 서비스 섹터에서 가장 중요한 경쟁요소로 떠올랐다. 기존 택시보다 비싸지만 간편하고 고급스런 서비스 사용자 경험을 제공하는 우버의 인기와 기업가치 상승, 그리고 디지털 음원시장의 확장에 대응해 뮤지션과의 직접 상호작용이 가능한 프리미엄 경험을 제공하는 콘서트 시장은 전 세계로 확대되고 있다.

---

4) Arron Walter, Remap of Maslow Hierarchy Interface Design, 2010.

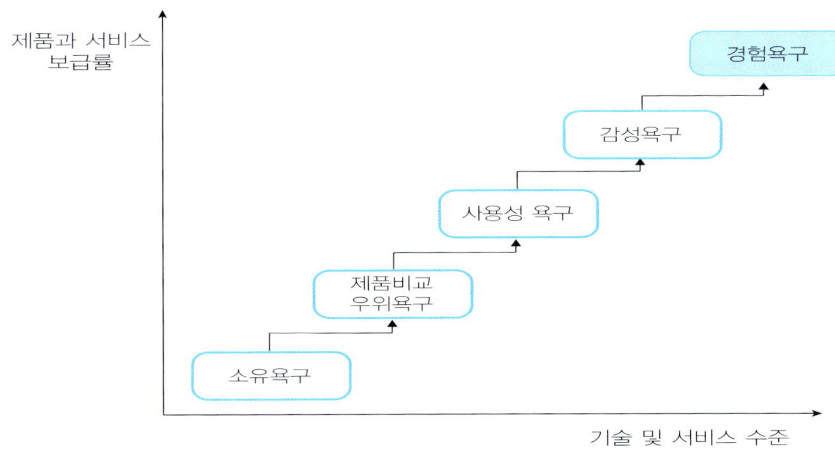

그림 8-5 ▶ 소비자 욕구의 진화

※ 자료: 차두원 · 진영현, 초연결시대, 공유경제와 사물인터넷의 미래, 한스미디어, 2015, p.275.

초연결경제 시대에서는 기업과 소비자와의 거리도 짧아지고 있다. 소비자의 경험 욕구를 충족시키기 위해서는 기업이 소비자와 협력할 수밖에 없다.

결국 소비자들과 기업이 제품과 서비스의 사용자 경험을 함께 설계하고 가치를 창출하는 방법으로 상호간 거리를 짧게 유지하고 민첩한 혁신을 유도하는 방법을 빨리 터득하는 기업들이 소위 시장에서 원하는 제품과 시스템, 서비스를 빨리 개발해 시장을 선점하는 시대가 되고 있다.

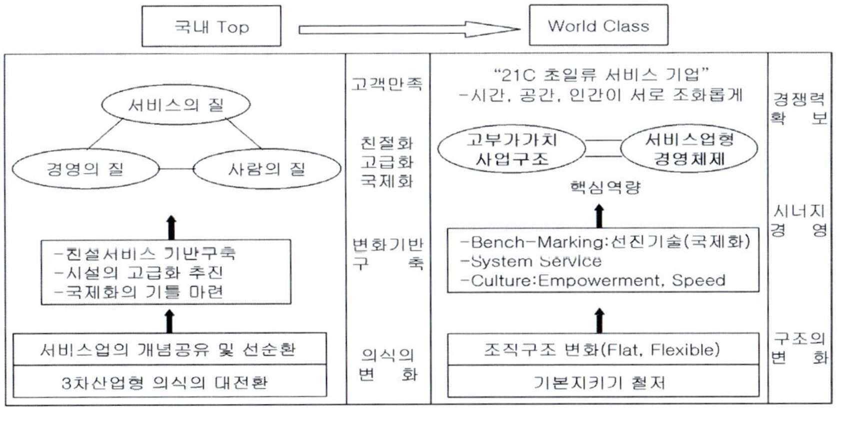

그림 8-6 ▶ 삼성 에버랜드의 고객만족경영 패러다임

2) 고객 불평 해결

침묵고객은 불만을 가진 고객은 침묵한 채 그대로 수용하고 다음번 서비스 구매 시 이미 가지고 있는 부정적인 이미지를 가지고 다른 문제점을 찾으려고 하고, 전환고객은 아무런 말없이 다른 기업으로 옮겨 가버려 기업은 어떻게 해서 고객을 잃어버렸는지도 모르는 채 고객을 잃는다.

전언고객은 자신의 불만을 친구와 친지, 이웃에 전하는 고객으로 한사람의 고객만 잃는 것이 아니라 다수의 잠재고객을 잃게 하는 고객이다.

불평고객은 회사에 불만을 털어놓는 고객을 말하는데 회사입장에선 고객이 무엇 때문에 고객이 불평하는지를 파악하게 되어 기업에 도움이 되는 소비자라 할 수 있다.

표 8-3 불평의 전달 속도

불평의 전달 속도
악평은 호평에 비해 전파속도가 2배 강하고, 27명의 고객 가운데 1명만이 기업에 불만을 호소하고, 4명은 각각 최고 20명에게 소문을 퍼뜨리고, 나머지 22명은 평균 5명에게 나쁜 소문을 전파한다.(전체의 4%이내만이 고충을 말하고 96%는 침묵한다는 예도 있음) *4 ×20 = 80명 *22 ×5 = 110명 *1 ×1 = 1명 즉, 1회의 컴플레인 발생으로 191명의 고객을 잃는다.

캘빈 켈리(Kevin Kelly).[5]는 "미국에서 기업들은 4년마다 고객의 절반을 잃는다. 불만고객의 96%는 조용히 그 기업과 인연을 끊는다. 신규 고객 유치는 기존고객을 관리하는 것보다 5배나 많은 비용이 된다. 반면, 충성도 높은 단골고객은 다른 고객들보다 4배나 많은 돈을 소비한다"라는 점을 강조하며, 고정고객을 많이 만들기 위해서는 변화를 통찰하고, 고객에게 창의적이고 혁신적인 새로운 경험들을 많이 주는 것이 유일한 방법이라고 하였다.[6]

---

5) IT전문잡지 '와이어드'를 창업했고 영화 '메트릭스'에 결정적 영감을 준 미 IT업계의 거장

6) 최윤식, thinking tool box, 지식노마드, 2012, p.12.

미국 소비자보호청의 조사결과와 TARP(Technical Assistance Resear -ch Programs Institute)의 연구결과를 보면 불만을 가진 고객은 기업에겐 폭탄과 같은 존재임을 확인할 수 있다.

표 8-4 고객 생애가치

MOT(Moments Of Truth;진실의 순간)
얀 칼슨은「고객을 순간에 만족시켜라:결정적 순간」이란 그의 저서에서 한해에 천만명의 승객이 각각 5명의 항공사 종사원과 접촉했다는 것을 강조하였다. 1회 응접시간은 평균 15초였고 그 15초라는 짧은 시간에 년 간 5천만회의 고객의 마음에 스칸디나비아 항공사의 이미지를 심었다. 그 결과 1년 민에 넌 긴 800만 달리의 적지에서 7,100만 달러의 이익을 내는 흑자경영으로 바뀌었다. 그는 서비스 접점에 있는 종사원들이 회사의 이미지와 상품의 품질에 대한 고객의 인식에 결정적인 역할을 한다는 사실에 주력하였고 그 결과 대성공을 거두었다.
고객과 접촉하는 15초의 시간, 그 시간동안에 회사의 모든 서비스 질이 평가된다.
ㅁ1회 여행시 종사원과 만사는 횟수 = 5번 ㅁ연간 이용객 = 1천만 명 ㅁ15초 짜리 진실의 순간은 오천만 번 창조
15초의 진실의 순간은 기업이 성공적으로 존립할 것이냐 아니냐를 판가름하는 절대적 순간이다.

'진실의 순간'(Moment Of Truth)[7]물을 창안한 리차드 노만은 "고객이 조직의 종업원과 접촉하거나, 무엇을 받거나, 회사 빌딩에 들어서는 것들이 진실의 순간이다. 고객은 조직의 내부를 모르며 단지 진실의 순간에 조직이 고객 자신을 위해 해주는 것만을 알뿐이다. 그것이 품질을 평가하는 유일한 근거다."라며 고객의 현장 인식을 강조하고 있다.

7) 리차드 노이만이 개발한 이론이나 이를 현장에 적용시켜 성공한 사람은 얀 칼슨(Jan Carlzon)이다. 그는 1981년 세계 최연소로 항공사 사장이 되었고 적자인 스칸디나비아 항공사를 세계 최고의 회사로 성장시킨 입지전적인 인물

4 내부고객[8] 만족과 외부고객 만족

1) 고객은 누구인가?

고객만족경영 체계를 구축하고 이를 실행하기 위해서는 먼저 고객이 누구인지에 대한 개념정립이 선행되어야 한다. 고객은 아래의 5가지로 정리될 수 있다.

① 고객은 어떤 비즈니스에서건 가장 중요한 사람들이다.

기업의 존재가치는 고객만족을 통해서 고객으로부터 사랑을 받으며 계속기업으로 존재하며 이익을 창출하는 것이다. 따라서 어떠한 상황에서든 어떠한 형태의 비즈니스에서건 고객이 가정 중요한 존재가 된다.

② 고객은 우리에게 의존하지 않는다.

우리기업이 혹은 내가 고객을 만족시키지 못한다면 고객은 언제든 자신을 만족시켜줄 수 있는 상품이나 서비스로 옮겨갈 생각을 가지고 있는 존재임을 기억해야 한다.

③ 고객은 우리의 목적이다.

과거의 기업경영에서 고객은 기업에서 제공하는 상품이나 서비스를 구매하는 존재였으나 이제는 상품판매나 서비스의 제공을 통해 이윤을 만들어내는 것이 아닌 고객이 목적이 되어야만 기업이 존속할 수 있는 시대가 되었다.

---

8) 직원상호간의 협조와 신뢰관계의 중요성을 두고 오늘날 서비스경영학에서는 직원만족을 고객만족의 기초라고 말한다. 즉, 기분좋은 직원, 분위기 좋은 회사가 고객에게도 좋은 인상을 남긴다는 이유다. 다시말해 직원을 가장 가까운 고객으로 보고 직원을 고객이상으로 대하는 관계를 '내부고객만족'이라고 부른다. 내부고객이란 '조직 구성원 각각의 관계'를 말하며 내부서비스란 '서비스를 제공하고 있는 사람들을 조직차원에서 적극적으로 지원하는 사고방식'을 말한다. 사람을 보려거든 먼저 그 집안을 보라는 속담이 있듯이 직원 상호간의 협력적인 내부문화가 정립하지 않고서는 결코 외부고객에 대하여 옳바른 서비스와 고객감동이미지를 빛낼 수 없다는 의미가 함축되 있다.

④ 고객은 감정을 가진 인간이며 존경심을 가지고 다루어야 한다.

고객은 언제나 존중받는 개인으로 남고 싶어 하며, 다른 사람과는 다른 대우를 받고 싶어 하며 인정받고 싶어 한다. 따라서, 고객 개개인에 대한 데이터를 중심으로 맞춤형 서비스가 이루어질 수 있도록 노력해야 한다.

⑤ 고객은 필요와 욕구를 가지고 우리에게 온다.

고객은 무엇인가 필요하여 기업의 상품이나 서비스를 구매한다. 따라서 필요한 욕구가 기대이상으로 충족되었을 때 고객은 ㅁ나족하게 되며 기업과의 관계를 지속적으로 유지하고자 한다.

자동차 세일즈맨으로 성공하여 기네스북에 오른 죠 지라드(Joe Girard)의 사례를 참고할 수 있다. 그는 수십가지 직업을 전전하다가 어느날 지인의 결혼식장과 장례식장에서 하나의 공통점을 발견하게 되는데 그것은 방문객이 수가 250명이라는 것이었다. 이것이 바로 죠 지라드의 '250의 법칙'이다. 그는 이 법칙을 비즈니스에 접목하였고 업계 최고가 되었으며, 자동차 세일즈 분야의 진설이 되었다.

2) 고객의 요구와 서비스 사이클

전통적으로 고객이란 '서비스 또는 제품에 대한 교환 대가로 요금을 지불하는 사람'이라고 정의된다. 그러나 현대에는 이 개념이 더욱 확장되었다.

① 직접고객

② 간접고객

③ 의사결정권자

④ 공급업자

⑤ 의견 선도자

⑥ 규제시행자

⑦ 경쟁자

⑧ 내부고객

고객이 기업에 요구하는 것은 크게 4가지로 구분된다.

첫째, 친절한 서비스다. 고객을 개인으로 인식하고 본인이 요구할 때 필요한 서비스를 친절하게 제공받기를 원한다.

둘째, 상품과 서비스에 대한 다양한 정보와 상품을 선택할 수 있는 권리가 보장되기를 원한다.

셋째, 고객이 구매하고자 하는 상품과 서비스에 대한 배송과 인수, 결재 등 다양한 내용에 대한 통제권을 갖고 직접 참여하기를 원한다.

넷째, 구매하고자 하는 상품과 서비스의 품질이 기대하는 수준 이상이기를 원한다.

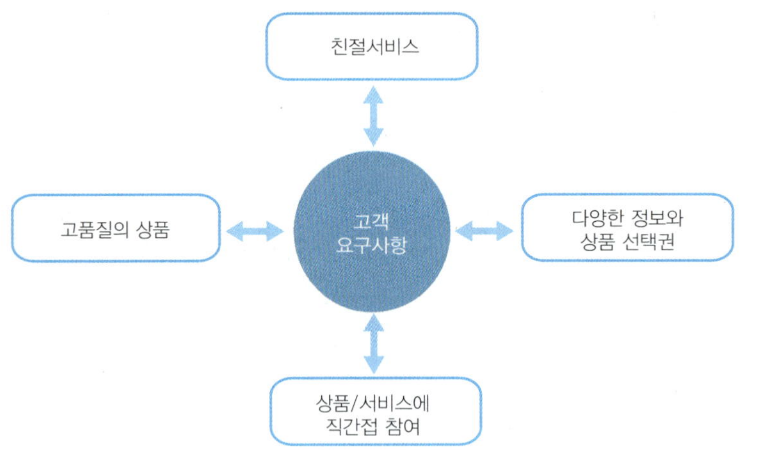

그림 8-7 ▶ 고객의 요구사항

서비스 사이클을 보는 관점은 내부고객부터 보는 방법과 외부고객을 먼저 보는 방법이 있다. 현재까지는 대부분 외부고객을 최우선으로 하여 서비스 사이클을 구상하였다.

외부고객만족을 추구하기 위하여 기업의 모든 역량과 구성원들의 역량발휘의 극대화를 추구하고, 개인적인 희생까지도 마다하지 않고 요구해온 것이 사실이다.

경기둔화와 침체, 성장률이 낮아지기 시작하면서부터 더욱 이런 양상이 많아졌다. 그러나 〈그림8-9〉에서 보는 바와 같이 내부고객만족이 이루어질 때 이직율이 낮게 나타나고 외부고객의 만족도가 커지게 된다. 자연스럽게 손실율이 낮아져 기업의 이익률은 상승하게 되는 선순환 사이클을 그리게 된다.

그러나 내부고객인 종사원이 불만족하게 되면 이직율이 높아지고, 전문성이 결여된 인력으로 인한 서비스 결품이나 접객서비스에서 문제가 발생하게 되어 서비스의 품질이 저하되게 된다. 그 결과 고객 불만족이 빈번하게 발생하게 나타나면 이는 악순환 사이클을 그리게 된다.

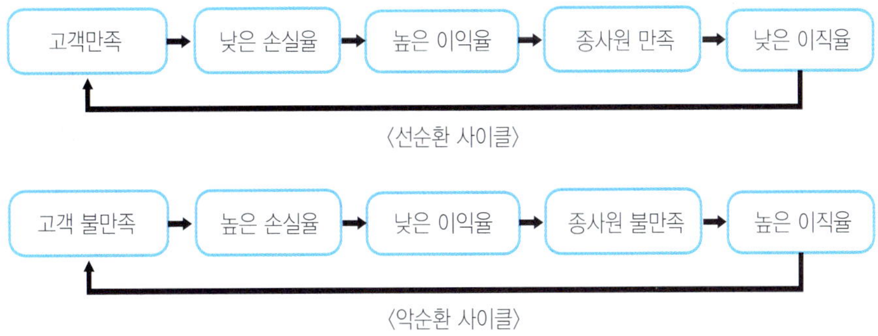

그림 8-8 ▶ 서비스 사이클

3) 내부고객 만족과 외부 고객만족

가) 1st Step 내부고객 만족

고객 만족을 중요한 경영 지표의 하나로 생각하지 않는 기업은 없다. 전 세계 우수의 기업들은 고객 만족도를 평가하고 고객 만족도를 높이기 위하여 다양한 실천을 하는 것은 물론 거액의 비용을 들여 정기적으로 각종 조사를 실시하고 있다. 특히 서비스 기업의 경우 고객 만족도를 높이는 데 사활을 걸고 있다.

그런데 문제는 고객 만족도의 내용이 대부분 외부고객을 대상으로 실시되고 있고 내부 고객에 대한 만족도 조사는 거의 이루어지지 않고 있다는데 있다. 여러 가지 경영 성과지표로 직접 보여 지는 외부고객의 만족에는 온 신경을 쓰면서 직접 보이지 않는 내부고객의 만족에는 별 관심을 보이지 않고 있는 것이 서비스 업계의 현실이다.

내부고객을 만족시키지 않고서도 외부고객을 만족시킬 수 있을 것인가? 이러한 질문을 해본다면 답은 명확하게 없다 이다. 왜냐하면 뿌리가 부실한 나무에서 좋은 열매가 맺힐 수 없기 때문이다.

대부분의 서비스 기업에서 내부고객 만족은 뒤로하고 외부고객의 만족에 온 힘을 기울이고 있다. 이는 외부고객이 만족하면 내부고객의 만족이 자연스럽게 이루어질 것이라는 판단 혹은 내부 직원의 만족은 중요한 문제가 아니라는 발상에 기인한다. 그리고 나아가 고객의 만족은 수익의 기반이 되는데 내부고객의 만족은 비용이라는 시각 때문에 나타난 결과이기도 하다. 이러한 시각은 매우 큰 문제를 내포하고 있다. 내부고객이 불만을 가진 상황에서 외부 고객의 만족을 위해 온힘을 기울인다는 것은 상식적으로 불가능하다. 이와 마찬가지로 외부고객이 만족하면 내부고객은 만족할 것이라는 시각 또한 논리적 타당성을 가지고 있지 않다.

물론 외부고객이 만족하면 내부고객의 만족도는 올라갈 수 있다. 그러나 그 가능성은 매우 희박하다.

내부고객의 만족이 상위에 있는 경우에는 이러한 선순환이 가능하지만 내부고객의 만족이 낮은 상태에서는 외부고객의 만족이라는 전제가 성립될 수 없다. 내부고객의 만족 없이 외부고객이 만족하는 경우는 제품 지체가 아주 희소하여 그 제품을 확보한 것만으로도 서비스에 상관없이 고객이 만족할 수도 있다.

이러한 경우 외부고객의 만족은 발생하였다고 할 수 있을 것이다. 그러나 그 외부고객의 만족이 내부고객의 만족으로 연결될 것인가 하는 문제에 대한 대답은 그렇지 않다는 것이다. 고객에게 비싸게 팔아서 많은 수익을 올렸으므로 쉽게 제품을 팔았으므로 만족할 수 있지 않느냐고 할 수 있겠지만 답은 그렇지가 않다. 즉 그렇게 확보한 고수익은 매부고객에게 돌아가지 않았을 것이며, 설사 돌아갔다고 해도 땀 흘리지 않고 쉽게 얻은 것은 만족과는 거리가 멀다. 그리고 가장 중요한 것은 그러한 현상이 그리 오래가지 않는다는 것이다.

결국 내부고객의 만족이 이루어질 때 외부고객의 만족이 이루어 진다 라는 공식만이 성립하게 된다. 이제 관심의 초점을 내부고객의 만족으로 돌려야 한다. 고객 만족도 조사도 이제는 그 방향을 돌려 내부고객 만족도 조사를 반드시 병행시켜야 한다.

나) 내부고객 만족의 중요성

서비스에 불만을 느낀 고객 한 명이 보통 10명 이상의 다른 사람에게 그 불만을 전한다고 한다. 그렇다면 회사에 불만을 느끼는 한 명의 사원이 기업에 미치는 영향은 어느 정도일까?

몇 가지로 정리해 보면 다음과 같다.

첫째, 회사에 불만을 느끼는 직원은 자사의 제품을 포함한 기업에 대한 불만을 주위 사람에게 이야기할 것이다. 이 경우 그 회사의 직원이 하는 말이기 때문에 불만은 훨씬 설득력 있게 전파된다.

둘째, 그 직원은 최선을 다해 업무를 수행하지 않는 경향이 있다. 불만을 가진 직원에게 효율적이고 자신의 성의를 다하는 업무를 기대한다는 것은 불가능할 뿐 아니라 창의성과 자율성이 보다 중요해지는 현재의 업무 패턴대로라면 그 차이는 점점 더 커질 것이다.

셋째, 조직 분위기의 약화이다. 조직의 업무는 조직 구성원들의 협력과 조화를 통해 이루어진다. 그런데 불만을 느낀 직원이 한 명이라도 있다면 원활한 업무 수행에 차질을 빚을 뿐 아니라 불만의 분위기까지 정상적인 다른 직원에게 전염된다.

넷째, 불만 고객의 양산이다. 서비스 기업에 종사하는 직원이 회사에 대해 불만을 느끼고 있다면 자신의 불만을 대개 고객에게 전가시키는 경향이 있다. 이처럼 기업에 불만을 가지고 있는 직원에게 고객 만족형 서비스를 기대하기란 어렵다.

다섯째, 많은 비용이 발생한다. 불만을 가진 직원은 이직률이 높다. 이직률이 높다는 것은 그만큼의 비용이 발생한다는 것을 의미한다. 이직으로 인한 업무 공백으로 발생하는 비용, 신규로 직원을 채용하는 데 발생하는 비용, 그리고 채용한 신규 직원에게 업무를 숙달시키기 위해 발생하는 교육비용 등 여러 가지 추가 비용이 발생한다.

이처럼 불만을 지닌 내부고객의 파괴적 영향력은 엄청나다. 그러면 내부고객의 불만을 줄이고 만족을 위해서는 무엇을 해야 하는가? 그 대답은 의외로 쉽다. 고객 만족을 위해서 해야 하는 일이 서비스이듯 내부고객도 고객이므로 서비스를 통해 만족을 만들어 내면 된다. 그러면 내부고객의 만족을 위해서는 누가 서비스해야 하는 것일까? 리더가 바로 그 일을 해야 한다.

다) 경쟁에서 협업으로, 경쟁자에서 파트너로

지금까지 조직사회는 경쟁의 논리가 지배적이었다. 생존을 위해 어떻게든 상대방을 쓰러뜨리지 않으면 안 되었고 그러한 경쟁 과정을 거치면서 오늘의 우리 모습을 만들어 왔다.

그러나 현재 우리 사회는 급격하게 변하고 있다. 세계 최강을 자랑하며 경쟁해 오던 기업들이 서로 손을 잡고 협력 관계를 구축하고 있다. 제너널 모터스, 토요타, 폭스바겐이 서로 경쟁 관계를 접고 협력관계를 구축, 차세대 자동차를 개발하는 전략적 제휴를 단행하였다.

이제 세계적인 기업들이 경쟁을 통해 상대방을 이기려는 전략보다는 협력을 통한 공생의 길을 선택하고 있다.

협력 네트워크의 연결고리를 잡지 못하면 생존이 어려워지고 있다. 전략적 제휴의 대상, 즉 파트너가 되느냐 아니냐가 기업 생존의 최대 조건이 되고 있는 것이다.

마찬가지로 조직 내 파트너들의 관계에서도 이러한 논리가 적용된다. 리더와 리더, 파트너와 리더, 리더와 고객 등 모든 관계가 경쟁 관계가 아닌 파트너의 관계로 전환되고 있다.

스스로 파트너와 경쟁하겠다는 생각을 버려야 한다. 경쟁을 조장함으로써 통제하기 쉬운 조직을 만들어 나가겠다는 생각을 버리고 서로를 파트너로 인정하고 협력하여 상호 서비스하는 관계를 만들어 가는 것이 중요하다.

자율과 창의력, 전문 기술과 능력을 가진 개인과 개인, 조직과 조직의 협력 네트워크 구축이 핵심이 되고 있는 상황에서 상대의 패배는 곧 나 자신의 패배로 연결될 수 있다.

개인이 보유할 수 있는 정보의 양과 질, 개인이 수행할 수 있는 업무의 양에는 한계가 있다. 과거 개인이 가진 육체적, 정신적 능력이 업무성과를 결정했지만 이제는 아니다. 얼마나 많은 사람과 파트너의 관계를 구축, 협력해 나가는가가 바로 업무의 성과로 연결된다. 이러한 상황에서 자신의 가장 가까운 파트너가 되어야 할 부하 직원과 파트너의 관계를 구축하지 못하고 적대적 혹은 경쟁적 관계에 머문다면 서비스 리더로서의 자격이 없다고 할 것이다.

리더와 파트너간에 파트너십이 구축될 수 없다면 고객 만족형 서비스는 기대할 수 없다. 내부적으로 서비스가 이루어지지 않은 상황에서 외부적으로 좋은 서비스가 창출될 수 없기 때문이다. 서로가 서로에게 파트너가 될 수 있다는 판단이 섰을 때 협력의 네트워크가 구축될 수 있고 서비스의 관계도 구축될 수 있다.

이제 리더는 '내가 타인과의 경쟁에서 이길 수 있는가, 없는가?' 하는 질문을 스스로에게 할 것이 아니라 '내가 파트너가 될 자격이 있는가, 없는가?' 그리고 '내가 파트너가 되기 위해서 무엇을 해야 하는가?' 등의 질문을 던져야 한다.

크게는 국가 간 업무에서 작게는 프로젝트 조직에 이르기까지 파트너가 된다는 것은 대단한 의미를 갖는다. 그것은 앞서 설명한 것처럼 아무나 파트너가 될 수 있는 것이 아니라 서로 합당한 자격과 능력을 갖추었다고 판단될 때 파트너가 될 수 있기 때문이다.

파트너의 조건으로는 여러 가지가 있겠지만 그 중에서도 가장 중요한 것은 '윈-윈(Win-Win)'의 마음자세, 협력의 자세가 되어 있느냐 아니냐에 달려있다. 경쟁만으로 이 세상을 살아가겠다는 생각은 등대가 비켜 주기를 기다리며 배의 크기만 믿고 앞으로만 나아가는 어리석은 생각과 같은 것이다.

이제는 어떻게 경쟁에서 이길 것인가를 연구하는 것이 아니라 어떻게 파트너 관계를 형성할 것인가를 생각해야 한다. 그리고 그것을 위해 무엇을 서비스할 것인가를 생각해야 한다.

라) 고객은 파트너

고객을 보는 시각이 바뀌어야 한다 고객을 왕의 위치에서 우리의 이웃, 파트너로 전환시켜야 한다. 파트너로 전환시킨다는 것이 고객의 중요성을 부정하거나 낮추라는 것이 아니라 그 중요성의 개념이 변화해야 한다는 말이다. 높다,

고객을 이웃으로 만들려면 어떻게 해야 하는가? 고객이 살고 싶은 깨끗한 마을을 만든 다음 스스로 좋은 이웃이 되면 된다. 고객이 어떤 기업의 제품이나 매장을 찾게 되는 것은 왕으로서 대접을 받았기 때문이 아니라 따뜻한 미소, 정감 있는 서비스, 언제 들려도 부담이 없는 분위기, 언제나 들를 수 있도록 편리한 위치 및 교통 그리고 상품의 신뢰성이 있기 때문이다.

내부고객과 외부고객, 리더 사이의 관계가 모두 동등한 파트너라는 새로운 관계로 탄생되어야 한다. 이러한 관계는 협력업체, 즉 외부의 모든 관계에도 동일하게 적용되는 서비스 리더십의 새로운 규칙이라고 할 수 있다.

파트너 관계란 파트너십에 기초한 동등한 관계의 형성을 말한다. 수평적 사고를 바탕으로 끊임없는 서비스를 통해 서로의 가치를 창조해 나가는 관계가 파트너 관계이다. 상하간의 수직적 관계 속에서 서비스를 통한 가치의 창조는 어렵다. 가치의 창조는 파트너십을 발휘, 서로의 만족을 위해 상호간에 서비스가 이루어질 때 창조될 수 있다.

과거에는 대등한 규모, 대등한 직위에 있는 사람이나 기관 사이에만 파트너 관계가 형성될 수 있었다. 그러나 지금은 어떤 위치에 있든, 어떤 규모이든 모두 다 파트너가 될 수 있다.

변화하는 시대 속에서 리더십의 개념도 조건도 계속해서 변해가고 있다. 변화를 외면하고 당위성을 부정하면 파트너십을 이룰 수 없고 이는 고객만족이라는 목표를 달성할 수 없게 만든다.

〈타고난 천재, 꾸준한 노력과 자기계발, 그리고 리더십〉

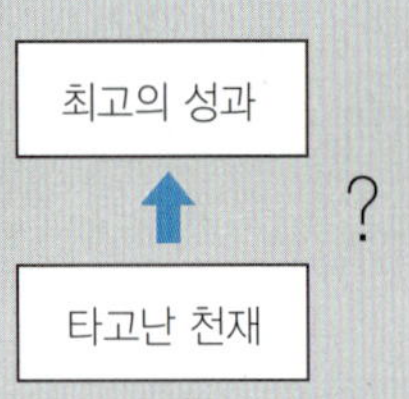

어떤 조직이든 뛰어난 인재를 구성원으로 맞아 최고의 성과를 내고자 노력한다. 학교에서 장학금을 주면서 우수한 인재를 유치하는 것(심지어 미국의 유수 대학들은 전세계를 대상으로 인재를 스카웃하고 있다.), 기업에서 외국의 대학들을 순회하면서까지 인재를 채용하고자 하는 것 등을 쉽게 볼 수 있다.

기업에서 선발하고자 하는 최고의 인재는 어떤 능력을 가진 사람일까하는 의문이 제기된다. 일반적으로 뛰어난 사람은 평범한 사람보다 상대적으로 더 큰 환영을 받지만 천부적인 재능을 가지고 있다고 해서 최고의 결과를 창출하는 인재로 성장한다는 보장은 없다.

그 일예로 스텐퍼드대학에서 진행한 루이스 터먼(Lewis Terman)의 천재연구를 들 수 있다. 이 연구에 따르면 지능지수(IQ)가 140–200에 이르는 천재하동 1,470명을 선발해서 실제 그들의 삶을 평생 추적 조사했는데 수십년이 지난 후, 그들은 전국적인 지명도를 갖는 수준의 인재로 성장하지 못했으며, 노벨상을 수상한 사람이 한사람도 없다는 것을 발견했다. 대부분의 사람들이 크게 성장하여 최고수준에 이르렀을 것이라 기대하였지만 결과는 그렇지 않았다.

리처드 린(Richard Lynn)등의 노벨상 수상과 지능지수에 대한 연구결과 지금까지 전체 노벨상 수상자중 유대인은 22%인데 유대인들은 세계인구의 0.2%에 불과하며, 유대인들의 IQ는 세계 13위로, 현재까지 가장 많은 노벨상 수상자를 배출한 미국은 10위,

대한민국의 IQ수준은 세계 2위로 나타났다. 세계 2위인 우리나라의 노벨상 수상자는 아직까지 1명뿐일까?

말콤 그래드웰(Malcolm Gladwell)에 따르면 최근 미국에서 배출한 25명의 노벨 화학상 수상자중 Ivy league 대학을 포함해서 명문이라 알려진 대학 출신자는 6명(24%)에 불과하며 나머지 76%는 우리나라 사람들이 이름조차 들어본 적 없는 대학을 졸업한 것으로 나타났다.

다시말해 이들중 24%는 대학입학시부터 뛰어난 재능을 인정받은 이들이었지만 76%는 대학진학시까지 그들이 가지고 있는 재능에 대해 충분하게 인정받지 못했지만 대학재학과 졸업한 후 그들에게 교육과 학습 그리고 어떤 특별한 계기가 그들을 변화시켜 최고의 결과를 도출한 것이라고 할 수 있다.

그렇다면 타고난 재능보다 더 중요한 어떤 요소가 이 사회가, 이 시대가 원하는 최고의 성취를 창출해 내는 것일까?

이에 대한 많은 연구와 견해가 있을 수 있이만 미래에 대한 명확한 비전과 스스로가 중심이된 자기계발 노력과 리더십에서 해답을 찾아야 할 것이다. 이런 리더는 주변사람들의 인생이 바뀌게 하는 슈퍼리더로서 영향을 미치게 될 것이다.

(리즈 와이즈먼의 멀티플라이어, 한국경제신문, 2012, pp.7-12. 참조)

이건희 회장의 메기론

삼성 이건희회장은 '메기론'을 역설하면서 끊임없는 경쟁을 통한 스스로의 단련을 삼성그룹 임직원들에게 주문했다. 이건희 자신도 끊임없는 단련과 훈련으로 3남이지만 삼성의 회장이 되었고, 삼성을 초일류 기업으로 이끌 수 있는 경영자로 도약했다. 그가 설파한 메기론은 『삼성인의 용어집』이라는 책에도 잘 정리되어 있다.

"논에 미꾸라지를 키울 때 한쪽 논에는 미꾸라지만 넣고, 다른 한 똑에는 미꾸라지와 함께 메기를 넣어 키우면 어떻게 될까요? 메기를 넣어 키운 쪽 논의 미꾸라지들이 훨씬 더 통통하게 살이 쪄 있다고 합니다. 그 미꾸라지들은 메기에게 잡혀 먹히지 않으려고 항상 긴장한 상태에서 활발히 움직이기 때문에 더 많이 먹어야 했고 그 결과 더 튼튼해질 수밖에 없었던 것이죠.

기업도 다르지 않습니다.

항상 적절한 긴장과 자극, 건전한 위기의식이 있어야 변화에 적응하는 늘역이 생기고, 치열한 경쟁에서도 뒤지지 않고 계속 성장할 수 있습니다. 온세계가 첨단기술을 중심으로 국경을 초월한 경쟁을 하고 있는 이때, 우리만이 여전히 '국내제일'을 자랑스러워하며 안주할 수는 없습니다. 이제부터라도 우리의 현 위치와 실상은 어떠한지, 세계의 초일류기업들은 어떤 전략과 기술을 가졌는지를 항상 비교하고 그것을 자극제로 삼아 잠시도 긴장을 늦추기 말아야 합니다.

안전하다고 생각되는 그 순간이 가장 위험하다는 말처럼 메기의 자극은 꼭 필요하며, 각자의 마음속에 메기를 키우고, 특히 관리자가 스스로 좋은 의미의 메기가 될 때, 우리가 지향하는 진정한 자율경영을 이룰 것입니다."

이건희 회장의 메기론은 삼성이라는 조직내에서의 건전한 선의의 경쟁의 필요성과, 국내시장을 넘어선 세계무대에서의 기술경쟁을 통해 조직과 구성원 개개인의 성장을 추구하는 기업문화를 만들고자 한 것이다.

이건희 회장은 그가 이끄는 삼성을 관리의 삼성에서 도전의 삼성으로 변화시켰다. 그가 이끌기 이전의 삼성은 '돌다리도 두들겨본다'가 아니라 '두들겨 본 돌다리도 다른 사람이 건너간 뒤 건넌다'라고 할 만큼 실수를 용납하지 않는 기업문화를 가지고 있었다. 그러나 그는 철학자 러셀의 "망설이기 보다는 차라리 실패를 선택하라"라는 말처럼 도전과 변화를 추구했다. 그는 "돌다리가 아니라, 나무다리라도 있으면 건너가야 합니다. 썩은 다리가 있으면 뛰어서 건너가야 합니다."라고 관료주의에 물든 조직을 역동적으로 살아있는 조직으로 만들고자 하였다.

'변화와 도전'은 새삼스러울것이 없는 이 시대의 화두이다. 자! 어떻게 할것인가 우리 모두가 고민하고 풀어야 할 숙제라 할 만하겠다.

(이건희 27법칙, 김병완, 미다스북스, 2012, pp.214-215. 참조)

참고문헌

-Arron Walter, Remap of Maslow Hierarchy Interface Design, 2010.

-KMAC CS경영혁신센터역, 고객만족경영의 추진방법, 21세기북스, 1992.

-Mark E. Patton, 댄싱 서비스, 가산출판사, 2001.

-최윤식, thinking tool box, 지식노마드, 2012.

-레오나르도 인길레리 · 마이카 솔로몬 공저, 인준영 옮김, 왜 그들의 서비스에 사람들이 몰릴까?, 청림출판사, 2012.

-레오나드 L. 베리저, 은종학역,초일류 서비스기업의 조건, 김앤김북스, 2001.

-리즈 와이즈먼의 멀티플라이어, 한국경제신문, 2012.

미이클J. 골드비그지, 박헌준역, 성공경영을 위한 에니어그램 리너십, 김영사, 2001.

-삼성에버랜드 서비스아카데미, 서비스리더십, 21세기북스, 2001.

-신경영혁신실천 매뉴얼, 한국능률협회 매니지먼트센터, 1998.

-이건희 27법칙, 김병완, 미다스북스, 2012.

-이유재, 서비스마케팅, 학현사, 2000.

-장세진, 경영전략, 박영사, 2000.

-차두원 · 진영현, 초연결시대, 공유경제와 사물인터넷의 미래, 한스미디어, 2015.

제9장 서비스리더십

1 서비스 리더십의 등장

1) 서비스 리더십 등장

서비스 리더십 이론은 2001년에 등장하였다. 지금까지의 수많은 리더십 이론들이 있었지만 서비스산업에 속하지 않는 산업분야에서도 큰 반향을 일으킬 이론이며 이를 현장업무에 적용시킨다면 각종의 경영혁신기법이나 전사적 활동보다도 큰 효과를 기업에 안겨줄 것이다.

국내에서는 삼성에버랜드에서 서비스리더십이론[1]을 받아들여 최초로 기업경영에 도입하고 있어 업계의 관심을 끌고 있다.

서비스는 인간관계의 기본이요, 기업경영의 핵심요소이다. 서비스 정신이 없으면 원만한 인간관계는 생각할 수 없으며 기업과 고객간의 관계가 지속적으로 유지될 수 없다.

서비스는 일상생활 속에서뿐만 아니라 기업경영, 조직에 활기를 붐업 시키는 윤활제 역할을 한다. 인간은 혼자서 살아 갈 수 없는 사회적인 존재이다. 이 말의 의미는 서로의 권리와 인격을 존중하며 상대방의 입장에서 살아갈 때 더 좋은 이상을 추구할 수 있다는 뜻이 함축되어 있다.

21세기 4차 산업혁명의 시대 혁신과 도전의 시대에 고객만족은 어떤 방법으로 이루어야 하는가? 많은 이들이 서비스 리더십이 아니면 어렵다고 이야기를 하고 있다.

현실적으로 서비스산업이 큰 비중을 차지하면서 산업의 중심을 이루고 있고, 근본적으로 조직의 변화가 급속도로 이루어지고 있다.

---

1) 삼성에버랜드 서비스아카데미 지음, 에버랜드 서비스리더십, 21세기북스, 2001.

서비스 리더십은 서비스 수익체인 관리 이론에서 출발하여 이론적으로 정립되었다. 서비스 수익체인은 첫째, 고객의 욕구를 찾아내고 표적고객의 만족과 충성도를 높이기 위해 무엇을 해야 하는가 둘째, 바람직한 고객에게 높은 가치를 전달하기 위해 종사원의 재량권과 지원능력을 어떻게 갖출 것인가가 관건이 된다.

서비스 리더십으로 성공한 대표적인 기업은 월마트, 사우스웨스트 항공, 로젠블루스 여행사[2], 서비스 마스터, 타코벨 등이 있다.

사우스웨스트 항공은 노동비용을 감축시키는 최선의 방법으로 높은 임금을 지급하는 방법을 선택하였는데 고위 경영자는 "우리는 가급적 우리가 지급할 수 있는 최대한으로 종사원에게 급여를 지급하길 원한다는 관점에서 임금 협상에 임한다"라고 하였다. 그 결과 사우스웨스트 항공은 주요 항공사들 가운데 가장 낮은 운행비용을 달성했으며 아무도 넘보기 힘든 경쟁 우위를 가지고 있다. 'Fun경영과 직원을 왕'으로 대접하는 기업문화를 가지고 1971년 창사 이래 44년간 연속 흑자를 기록하고 있고, '사우스웨스트 방식'이라는 용어를 만들어냈다.

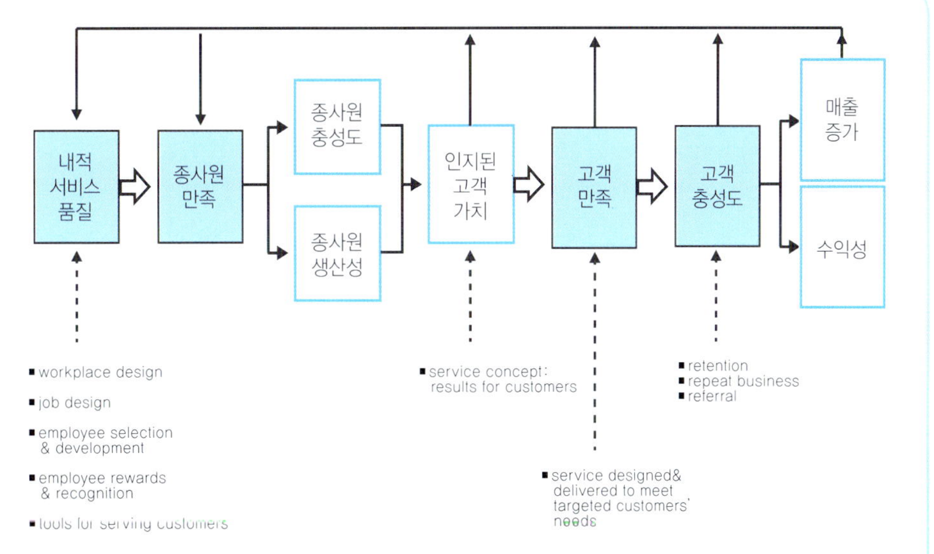

그림 9-1 ▶ 서비스 수익체인

※자료: Heskett James L., Jones, Thomas O., loveman, Gary W., Sasser, W. Earl, & Schelisinger, Leonard A., "Putting the Service Profit Chain to Work", Harvard Business Review, (March-April 1994), pp.164-174.

---

2) 로젠브루스 여행사의 CEO 할 로젠블루스는 "고객은 두 번째"라고 말하였는데 이는 고객을 무시한다는 말이 아니라 오히려 종사원이 고객의 마음에 이르는 경로이며, 고객이 경험하는 그 무엇이라는 의미이다.

2) 터치포인트 리더십

캠벨수프컴퍼니의 CEO인 더글러스 코넌트(Douglas Conant)는 세계적인 식품회사인 제너럴 밀스, 크래프트, 나비스코푸즈컴퍼니의 회장을 역임하면서 '기업회생의 귀재'라는 별명을 얻었으며, 아무도 결과를 장담하지 못할 만큼의 가파르게 추락하고 있던 캠벨사를 맡아 혁혁한 성과를 달성했다.

그는 '터치 포인트'라는 그만의 독특한 리더십 방법을 고안하여 적용시켰는데 이 터치 포인트 리더십모델은 기본적으로 머리, 가슴, 손을 기반으로 구성된다.

변화를 위해서는 먼저 사람들이 변화에 대해 인식하고 그 변화로 이끌어 줄 논리적인 모델을 갖추는 것이 필요한데 이것이 바로 '머리'이고, 또렷한 목표를 가지고 다른 사람들과 함께 호흡하는 진정성이 필요한데, 그것이 '가슴'이다. 이와 함께 그 순간에 대처하며 능숙함을 발휘할 수 있는 실행력을 가져야 하는데 그것을 '손'이라 명명하고 있다.

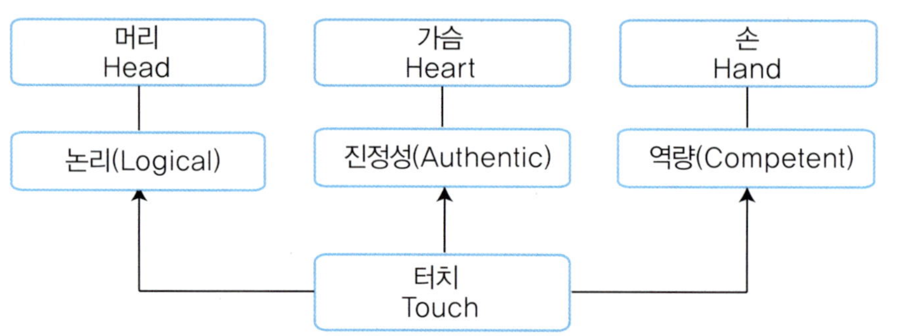

그림 9-2 ▶ 터치포인트 리더십의 리더십 핵심요소

※ 자료: 더글러스 코넌트 · 메트노가드 지음, 이찬 옮김, 짧지만 강한 리더의 1분 터치포인트, credu, 2013, p.62.

① 머리를 사용하라 – 자신만의 리더십 모델을 찾을 수 있다.

리더십을 위해서는 '자신만의 분명한 방침'이 필요하다 리더는 수많은 데이터를 분석하고, 유형을 찾아내며, 터치포인트 상황을 대비해야 한다.

또한 상황에 적합한 자신만의 리더십 모델을 만들어야 한다. 이는 신속하고 현명하고 일관성 있는 행동을 위해 반드시 필요하다.

머리는 논리적인 것을 의미한다. 과학적이고 합리적인 것에 기반 해야 한다는 것이다.

캐나다의 리치몬드 경찰서의 서장인 워드 클래펌은 자신만의 확고한 리더십 모델을 가지고 있었다고 한다. 그것은 '문제가 발생한 후에 대처하기보다 사전 예방에 최선을 다하자'였다. 이 모델은 그의 행동지침이 되었는데 그의 관할 구역 내에서 청소년문제를 다루는 일부터 범죄자들을 다루는 일까지 모든 일에서 이 원칙을 적용했다고 한다.

경찰내부의 문제를 다루는 '내부 수사과'를 '내부 예방과'로 명칭을 바꾸고 모든 업무 분야에서 선제적으로 대응해 나간 결과 시민이 경찰에 느끼는 불만이 불과 1년 만에 70%나 감소했다고 한다.

또한 리치몬드 경찰서의 모든 경찰관들은 이 리더십 모델을 이해하는 수준을 넘어 자발적으로 다른 경찰서에도 워드의 리더십 방식을 홍보했다고 한다.

우리가 속한 조직의 이끌어가기 위한 분명한 리더십 모델을 갖춘다면 어떻게 변화할까? 리더의 영향력은 어떻게 커질까? 자기만의 리더십 모델을 찾아서 적용시킨다면 변화의 중심에 설 수 있을 것이다.

② 가슴을 사용하라 – 함께 일하고자 하는 의욕을 높인다.

가슴을 순수한 진정성을 의미한다. 나 개인이 아닌 우리가 함께하기 때문에 서로의 관계에 있어서의 진심을 느낄 수 있어야 한다.

골퍼가 스윙을 할 때 몸 전체가 한 축을 중심으로 회전한다. 중심이 튼튼할 때 골퍼는 자연스럽고 절제된 힘을 발휘하여 공을 정확히 가격하고 회전을 마친다. 이렇게 타격이 이루어졌을 때 골퍼가 원하는 최적의 위치에 공을 보낼 수 있다.

무엇인가를 이루고자 할 때 리더는 리더로서의 중심이 확고히 서 있어야 한다. 이를 위해서는 리더십에 적합한 가슴을 지녀야 한다. 그것은 리더로서 분명한 목적의식을 가지고 다른 사람들과 함께 호흡하는 진정성을 의미한다.

③ 손을 사용하라 – 능숙한 해결사의 역할도 리더의 역할이다.

역량을 갖추고 그를 통해 모든 소통과정에서 확신을 가지고, 확신을 다른 사람에게 전염시킬 수 있어야 한다. 돌발 상황이 발생하면 다양한 기량을 발휘해 대처해 나갈 수 있어야 하며, 긴장감이 돌면 적절한 유머를 구사할 줄도 알아야하고, 정곡을 찌르는 질문으로 사람을 몰아세울 줄도 알아야 한다.

④ 핵심요소의 조화

우리는 가끔 일하면서 머리를 쓰지 않는 날도 있다. 가슴을 바쳐서 일하지 않을 때도 있고, 미처 준비할 시간도 없이 대응해야 할 상황도 있게 마련이다. 하지만 이것이 간혹 발생하는 패턴이 아니라 일상이라면 그 즉시 바꾸어야 한다.

누구나 약한 부분은 있을 수 있다. 그러나 리더로서 성장하고 발전하려면 이를 매번 관대히 넘겨서는 안 된다. 특히 한 요소에 유독 실수가 반복된다면 그 부분이 자신의 리더십에 있어서의 장애물이자 약점이라는 사실을 깨달을 필요가 있고, 이것의 해결을 위해 방법을 찾아야 한다.

머리-가슴-손은 리더십에 있어서 조화를 이루며 맞물려 돌아가야 한다. 하나라도 부족하면 분명 의도했던 결과는 이루어지지 않는다.

사람들이 갈팡질팡하는 것은 리더의 책임이다. 분명한 리더십이 발휘될 때 구성원들은 그 메시지의 이면에 담긴 이유까지도 알 수 있게 된다. 왜 프로젝트가 다른 부서로 넘어갔는지, 왜 그들은 보고서를 더 이상 볼 수 없는지, 왜 목표가 조정되었는지 사람들은 명령의 이면에 담긴 이유가 궁금하지만 그것을 알 아 차릴 수 없다.

분명하고 명확한 리더십을 발휘하고 싶다면 '머리'를 잊어서는 안 된다. 논리적으로 사람들을 설득할 수 없다면 신뢰받을 수 없고 사람들은 변화를 인식할 수 없게 되고 변화를 위해 어떻게 행동해야 하는지 모르게 되는 것이다. 따라서 구성원 전체가 인식할 수 있도록 논리적인 근거에 입각하여 조직을 이끌어야 한다.

자신의 감정을 파악하는 것이 미숙하고 다른 사람에게 자신의 감정을 보여주는 것을 두려워하는 사람에게 진정한 소통을 기대하기는 어렵다.

팀원들에게 관심이 있다고 하더라도 표현하지 않으면 그들은 그 마음을 알 수 없다. 그리고 내가 나의 관심사에 대해 말하지 않는데 상대방이 알아서 찾아와 나의 관심사와 걱정을 이야기하지 않는다.

상대방이 결코 먼저 찾아오는 일은 없다.

내가 먼저 찾아가야 하며, 내가 먼저 이야기를 걸어야 한다. 관계의 시작은 내가 먼저 주는데서 시작된다. 먼저 마음을 보여주는 것을 할 수 없다면 과감히 리더이기를 포기해야 한다.

사람은 누구나 약점이 있다. 또 누구나 실수를 한다. 중요한 것은 계속 발전해 나가려는 의지이다. 리더십의 세가의 핵심요소를 곰곰이 살펴보면, 설명하는 능력을 향상시키고 보다 적극적인 태도를 길러야한다는 생각이 들 수 있다. 말은 많이 하기 보다 더 많이 들어야 한다고 느낄 수도 있다.

리더는 완벽해야 한다고 생각하는 사람은 아무도 없다. 사람들은 리더가 계속해서 발전하는가를 지켜볼 뿐이다.

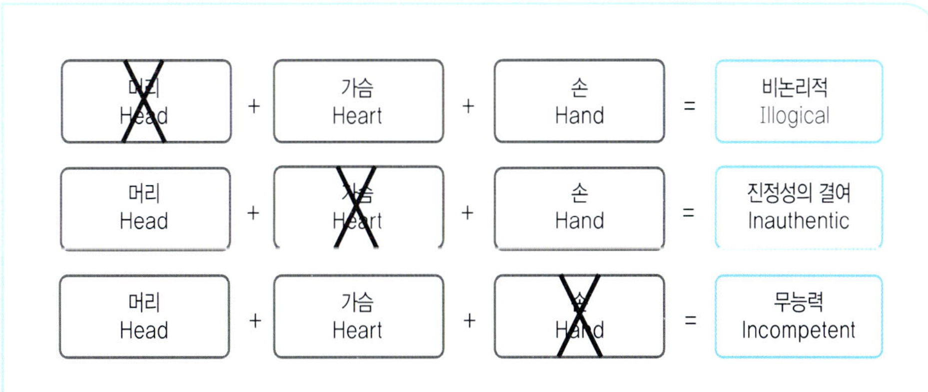

그림 9-3 ▶ 핵심요소의 결여 결과

※ 자료: 더글러스 코넌트 · 메트노가드 지음, 이찬 옮김, 짧지만 강한 리더의 1분 터치포인트, credu, 2013, pp.68-74.

3) 일본의 심(心) · 기(技) · 체(体) 서비스

『서비스철학』의 저자인 구보야마 데쓰오는 그의 저서에서 심(心) · 기(技) · 체(体) 서비스라는 개념을 제시하였다. 심 · 기 · 체는 스모나 무도(武道)에서 출발한 개념으로 상대와 맞서 싸우는 강한 정신력(心), 피나는 연습으로 배양한 훌륭한 기술(技), 그리고 튼튼한 체력(体)을 의미하는 말로 그 중요도가 심기체의 순서로 따르게 된다고 하였다.

그는 심기체를 서비스에 응용하여 심(心)이란 고객이나 함께 일하는 직원에 대한 애정을 말하고, 기(技)란 실제 서비스를 실천할 때의 기술적인 부분, 체(体)는 마음과 기술을 담는 건전한 육체를 말한다고 하였다.

그런데 서비스에 대한 확고한 철학이 없는 사람은 마음보다는 기술이 앞서는 경향이 있다고 하면서, '나는 테이블 세팅의 대가야', '와인에서는 나를 따라올 사람이 없지', '

영어회화는 내가 최고야'등의 기술습득만으로 최고의 서비스맨이 된것처럼 생각[3]하는 많다고 지적하였다. 기술에 앞서 고객에게 편한하면서도 세련된 서비스를 제공할 수 있도록 마음이 준비되어 있어야만 진정성 있는 서비스를 제공할 수 있다고 하였다

각 영역에서 패러다임을 바꾼 50여 명의 탁월한 리더를 집중적으로 연구한 로저 마틴은 탁월한 리더의 특징으로 "대립하는 두 가지 선택 중에서 하나를 선택하는 것이 아니라, 새로운 차원에서 두 안의 장점을 모두 통합해내는 창조적 사고 능력"을 꼽았다. 예를 들어, 소프트웨어의 무료공개정신과 수익성이라는 회사의 필요를 창조적으로 통합해낸 레드헷 리눅스 의 봅 영, 대형 호텔의 다양한 편의성과 작은 호텔의 친근감을 모두 살린 포시즌스 호텔의 이사도어 샤프 등이 이런 혁신적으로 생각하는 능력으로 성공한 전형적인 사례이다.[4]

직원들의 '생각하는 능력'만 더 훈련시켜 주어도 기업은 자연스럽게 혁신을 만들어낼 수 있다. 1990년 후반에 지역산업인 벌목사업이 쇠퇴하면서 고객들의 형편이 나빠져 자연스럽게 퇴출 1순위 은행이 된 움프쿠아은행(Umpqua Bank)은행이 대표적인 사례이다.

이 은행은 '은행의 개념'을 파괴한 과감한 생각으로 혁신을 이루었다. 그들은 "은행도 커피 전문점이 될 수 있다"라는 광고를 보내고, 언제든지 고객이 편안하게 은행에 들려 쉬고, 대화하고, 책을 볼 수 있도록 하였고, 부수적으로 금융거래 서비스를 제공하였다. 은행에 들어가면 특급호텔처럼 고급 소파와 테이블, 대형 벽걸이 TV가 설치되어 있고, 은은한 음악이 흐른다. 새로운 생각을 실천에 옮기자 그들은 고객의 시간도 얻고, 지갑도 얻었다.

움푸쿠아 은행은 1995년부터 2010년까지 연평균 29%씩 고속 성장을 하면서 지점수도 10배 이상으로 증가하였다. 2008년 미국의 글로벌 금융위기를 격는동안 뱅크오브아메리카(Bank Of America) 등 미국의 대표은행들이 생존을 위해 지점 수를 10% 줄이고 감원을 할 때, 그들은 지점과 직원수를 늘였다. 한계만 없다면 얼마든지 재창조, 재성장, 재기가 가능함을 보여주는 사례이다.[5]

---

3) 구보아먀 데쓰오 지음/황소연 옮김, 서비스 철학, 넥서스BIZ, 2005, pp.32-33.

4) 로저 마틴 지음/김정혜 역, 생각이 차이를 만든다, 지식노마드, 2008.

5) 최윤식, thinking tool box, 지식노마드, 2012, pp.102-103.

2 파트너 십

성장논리가 무엇보다도 우선시 되었던 시대에는 개인은 조직을 위한 하나의 부속처럼 취급받았다. 그러나 지금의 지능정보화시대, 4차 산업혁명의 시대에는 이러한 조직논리는 완전하게 변하여야 한다.

서비스리더십에서는 부하들을 조직을 구성하는 구성요소만이 아니라 조직을 함께 완성해 나가는 파트너로 인식해야 한다. 고유한 역량과 개성을 가진 전문가로 함께 과업을 수행해 나가는 동반자로 받아들여야 한다.

세계는 여러 전환적 변화를 동시에 겪고 있다. 이런 변화에는 도시화, 세계화, 인구통계학적 변화, 기후변화, 점점 고도화되는 파괴적인 기술 등이 있다. 이런 추세들이 한데 어우러져 만들어지는 영향력에 제대로 대처하기 위해서는 전통적인 국경개념을 초월한 지속가능하고 포용적인 파트너십이 필요하다.[6] 이것은 국가뿐만 아니라 기업차원에서도 적용된다.

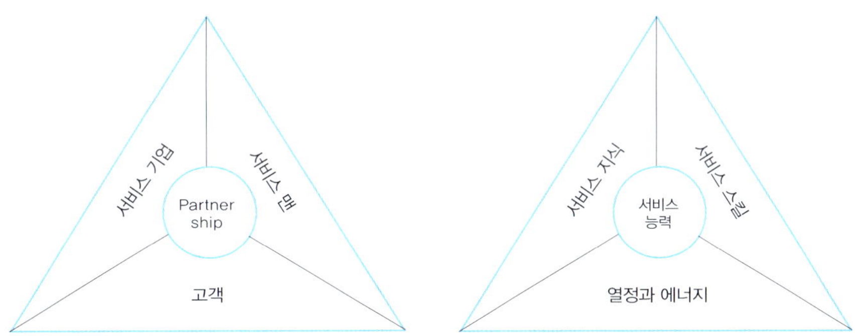

그림 9-4 ▶ 파트너십 주체와 서비스맨의 서비스 능력

의사결정권자들은 당면 과제에 대한 모든 이해당사자들과 소통할 수 있는 능력과 의지를 반드시 가져야 한다. 4차 산업혁명시대가 주는 기회는 모든 이해관계자들에게 소득, 기회, 자유라는 경제사 · 회적 가치를 분배하는 기술이다. 누가 얼마나 더 빠르게 이 기회를 적용하느냐에 따라 기업의 미래, 조직의 미래가 결정될 것이다.

---

6) 클라우드 슈밥 지음, 김민주 · 이엽 옮김, 클라우드 슈밥의 제4차 산업혁명 THE NEXT, 새로운현재, 2018, pp.80-81.

서비스 기업에서의 세 구성주체인 고객, 서비스 기업, 서비스 맨 간의 관계도 새롭게 정립되어가고 있다. 이제는 고용주와 고용인, 소비자의 관계에서 3주체가 서로 파트너십을 가지고 있음을 자각하여야 한다. 각 주체간의 관계가 상호이익을 주고 받으며, 더 크게 키워갈 수 있다는 사실은 지금까지의 챕터에서 확인한 바 있다.

3 서비스 리더십 모델

1) 서비스 리더십 개발 과정

서비스 리더십의 구성주체인 고객과 서비스 기업, 서비스 맨의 상호관계에서 출발한다.

고객만족을 통하여 기업의 성과를 달성하고, 구성원들과의 이익의 분배를 통하여 주체간의 성장과 발전을 도모한다.

서비스 리더십 모델의 1단계는 서비스 철학으로 서비스 맨이 가져야할 명확한 자기 비전과 서비스에 대한 정립된 마인드, 스스로를 소중하게 여기는 자존감을 분명하게 하는 단계이다. 철학적인 내용으로 흔히들 간과하기 쉬운 내용이고 어려워한다. 그러나 이 단계가 정확하게 정리되어 있지 않으면 서비스분야에서 서비스를 소명으로 삼아 평생을 투자하고 무엇인가를 이루어 가는 것은 불가능에 가깝다.

서비스 철학은 서비스에 대한 신념 = 나의 가치, 비스맨으로서의 비전과 서비스로 스스로의 꿈을 이루는 삶의 목적달성, 행복을 추구하는 노력이 담겨있어야 한다.

서비스 마인드는 진정성있는 서비스을 통해 고객이 행복과 나의 행복 추구하고자 하는 마음과 신념이 있어야, 고객과의 파트너 십, 동료와의 파트너 십을 통해 상생을 할 수 있게 된다.

자동차판매왕 조 지라드는 15년 동안 13,001대의 자동차를 팔아 이 분야 기네스에 등재되어있다. 하루평균 4대를 판 셈이다. 그는 어떻게 이런 기록을 달성했을까? 그에게는 분명한 철학이 있었고, 고객을 대함에 있어 진실한 모습으로 가슴으로 커뮤니케이션을 하려고 한 결과 이런 성과를 갖게 된 것이다.

2단계는 서비스에 필요한 지식과 전문적인 각분야의 스킬, 그리고 고객에게 제대로

된 서비스를 제공하면서 스스로 기뻐하고 성장할 수 있는 열정이 필요하다. 전문지식은 알고 있는 수준이 아닌 메타지식으로 타인에게 자신이 가지고 있는 서비스에 대한 지식을 자세하게 설명할 수 있는 정도의 지식을 말한다. 서비스가 고객에게 전달되면서 종료되는 것이 아니라 스스로를 자극하고, 만족시켜 더 나은 형태로 발전할 수 있도록 동기부여해줄 수 있는 열정도 필요하다.

3단계는 고객에게 서비스를 제공하는 데 필요한 능력으로 서비스기업내에서의 관계, 고객과의 관계, 동료와의 우호적인 인간관계능력과 지속적으로 변화하는 문화, 사회, 산업분야의 전문서비스에 대한 학습을 계속하는 능력이 필요하다. 그리고 이런 변화에 대응한 창의적인 서비스를 개발하는 능력으로 분야를 선도해 나갈 수 있게된다.

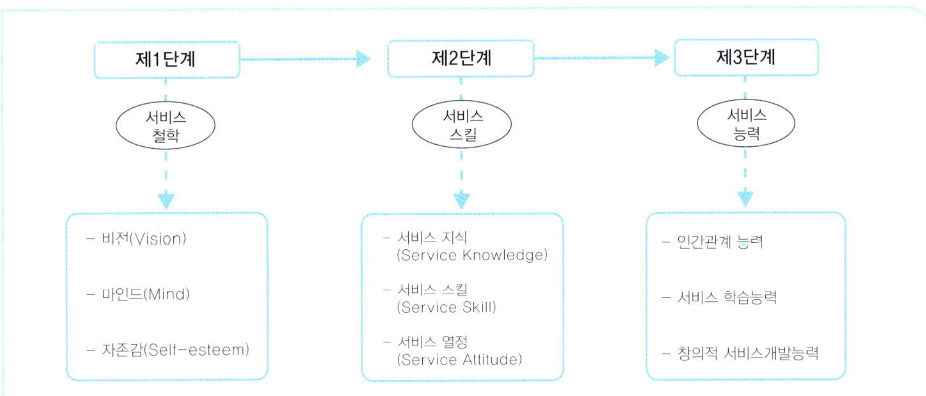

그림 9-5 ▶ 서비스리더십 개발과정

2) 서비스 리더십 모델

서비스 리더십 모델은 서비스리더(맨)이 가지고 있는 서비스 비전과 서비스 마인드 그리고 자존감이 지속적으로 자기개발과 학습능력, 서비스능력을 제고하는 활동을 함으로써 변화하는 서비스분야의 구조를 개편하고 해당 기업의 서비스 문화를 새롭게 조명하고 재정립하는 활동이 수행된다.

이런 서비스리더의 행동이 내부고객(기업, 동료, 관계자 등)의 만족을 도출하고 이는 자연스럽게 외부고객만족으로 선순환하는 구조를 가지게 된다.

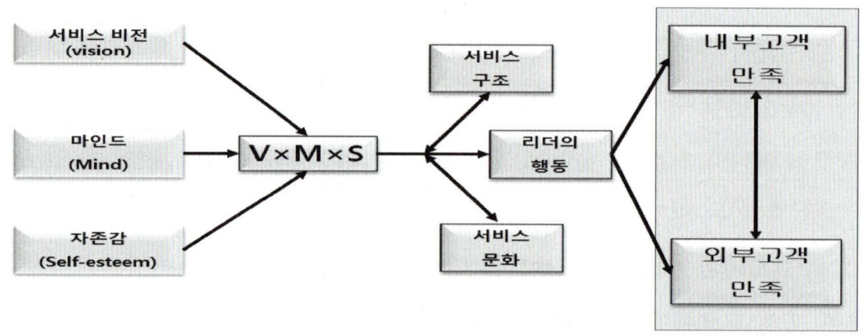

그림 9-6 ▶ 서비스리더십 모델

2) 서비스 리더의 비전

서비스 리더의 비전은 리더 혼자만의 신념이 아닌 조직과 공유되고, 고객과 함께 나눌 수 있는 비전이어야 한다.

확고한 서비스 철학을 바탕으로 ⇨ 고객만족 ⇨ 기업경영성과제고, 기업측면에서는 내부고객만족 ⇨ 외부고객 만족 목표로 하는 비전이 수립되어야 한다.

미국의 디즈니사가 내걸고 있는 기업 비전 중에 '모두를 행복하게 하자'라는 것이 있다. 이에 반해 한국의 많은 기업들은 '세계 초일류기업'이라는 비전을 가지고 있다.

① 파트십에 기반한 비전(고객, 서비스 기업, 동료)
② 변화와 혁신을 기반으로 자기발전을 지향하는 비전
③ 열정을 바탕으로 하여 지속적인 학습과 자기계발을 하는 비전
④ 자기를 넘어 지역과 나라, 인류에 기여할 수 있는 비전

4 서비스 리더의 능력

1) 전문 서비스 제공 능력

서비스리더는 서비스를 통해서 말한다. 서비스 리더는 파트너에 대한 행위 하나하나가 바로 서비스라는 사고를 가지고 있어야 한다. 리더는 파트너에게 하는 자신의 모드

행위를 내가 지금 고객에게 서비스를 하고 있다는 생각으로 임해야 한다. 서로 만족을 추구하는 서비스의 정신이 내부 구성원 모두에게 실천되어 서로에게 서비스하게 된다면 그 조직은 고객만족이 넘치는 공동체가 될 것이다.

철학이 없다면 제대로 된 서비스가 이루어질 수 없고 제대로 된 서비스가 이루어지지 않으면 고객만족도 이루어질 수 없을 것이다.

서비스 리더는 담당 업무를 정확하게 알고 있어야 하며 자신이 담당하고 있는 업무영역에 있어서는 최고의 전문지식(Knowledge)과 전문서비스 스킬(service skill), 그리고 에너지를 느낄게 할 수 있는 열정을 가지고 고객에게 서비스를 제공할 때 고객에게 신뢰를 줄 수 있다.

2) 인간관계 능력

좋은 인간관계는 리더의 필수적인 요소 중 하나이다. 리더 스스로 좋은 인간관계를 형성하는 것은 파트너들이 좋은 인간관계를 형성해 갈 수 있도록 지원하는 중요한 덕목이 된다.

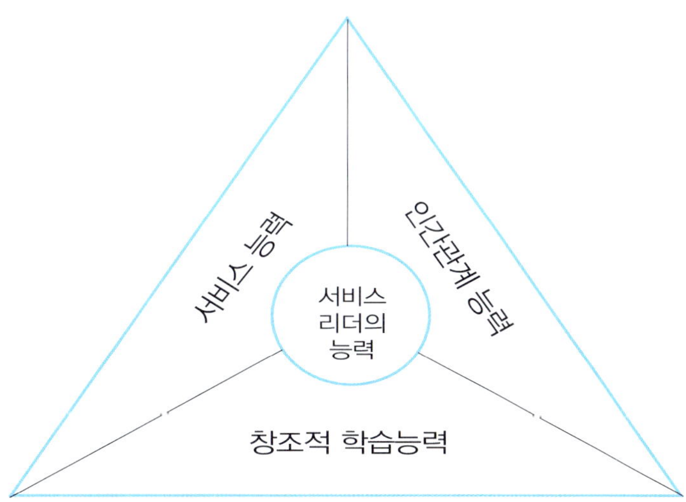

그림 9-7 ▶ 서비스리더의 능력

성공적인 인간관계를 만들어 가기 위해서는 문제해결의 신속성이 요구된다. 이러한 원리는 고객 서비스에도 적용시킬 수 있다.

심리학자 메이슨 헤이어는 '효과의 법칙'이란 이론을 주창하면서 "상을 타게 되는 행동은 강화되고, 벌을 받는 행동은 행동계열에서 점차 탈락되어간다"라고 하였다. 조직 구성원간의 [칭찬은 만족을 낳고] ⇨ [만족은 성과를 낳고] ⇨ [성과는 칭찬을 낳고] ⇨ [칭찬은 존경을 낳고] ⇨ [존경은 조직의 공동목표성취를 창출]한다고 하였다.

3) 창조적 학습능력

『천재들의 창조적인 습관』의 저자인 미국의 유명한 안무가이자 현대 무용의 대가인 트와일라 타프는 "창조성은 규칙과 습관의 산물이다."라고 했다. 통찰과 창조는 많은 사람들이 생각하는 것보다 훨씬 규칙적이라는 결론에 도달하게 된다.

통찰과 창조의 근본은 '나와 주위에 전혀 없었던 새로운 무엇을 새로운 무엇을 만드는 것'이 아니라 이미 나와 주변에 있는 것들을

'어떻게 보느냐? ⇨ 어떻게 생각하느냐? ⇨ 어떻게 학습하느냐? ⇨ 어떻게 일하느냐? ⇨ 어떻게 진화시키느냐? ⇨ 어떻게 이끄느냐?' 등에 달려있다.

미래는 학습하지 않는 사람은 낙오자가 될 것이다. 일하지 않는 자가 아니라 학습하지 않는 자가 빈민이 될 것이다.[7)]

서비스리더로서 사람을 이끌어가는 구체적인 방법으로 다음의 7가지 기술이 제안된다.[8)]

① 자아존중감을 회복시켜라.
- 자신의 현실에 대해 객관적으로 관조하고
- 미래에 대해 다양한 가능성을 조사하고
- 자신의 선택과 행동을 책임지고, 목적을 가진 삶을 추구

7) 최윤식, thinking tool box, 지식노마드, 2012, pp.9-11.

8) 최윤식, thinking tool box, 지식노마드, 2012, pp. 285-304. 참조.

② 비전을 자극하라.
- 자기 삶의 목적 인식하기
- 비전 설정하기(why: 비전이 있어야 행복한 삶이 되기에)
- 모든 자극(도전받고, 감동받고, 깨닫고, 다짐하고, 해보고 싶고, 할 수 있다고 생각되는 모든 것)을 글로 된 자료화를 통해 지속적 자극

③ 나다운 비전을 발견하게 하라.
- 자극이 많을수록 '나다운 나'를 발견
- 나에게 어울릴 것 같은 직업은?,
- 나에게 가장 잘 어울릴 것 같은 역할은?
- 내가 세상에, 이웃에, 가족에게 없어서는 안 될 사람이 되기 위해서 반드시 해야 할 일은?
(나는 가족을 위해 _____~한 역할을,
나는 이웃을 위해 _____~한 역할을,
나는 세상을 위해 _____~한 역할을 하여 소중한 사람이 될 것이다)
- 나의 강점은?
- 나의 약점은?

④ 미래의 방향을 잘 잡아주어라.
- 자기만의 비전 재정의(가치 있는 시대적 소명)
- '올바른 자기이해'와 '나다운 나' 의 일치(비교하기 X)

⑤ 개인과 팀의 비전을 공진화 시켜라.
- 개인의 비전과 조직의 비전을 한 방향으로 만들기
(직원을 복종시키는 조직은 3류)
(직원들이 자기일을 근면성과 전문성을 가지고 잘 하기만을 바라는 조직은 2류)
(올바른 방향과 가치로 구성된 비전안에서 조직과 구성원들이 함께 자신의 열정을 발산하도록 해주는 기업이 초일류 기업)

⑥ 혁신적으로 일하는 기술을 훈련시켜라.
- 비전달성을 위한 구체적 능력 개발하기
- 좋은 언어습관 훈련
- 사람들과 좋은 관계 형성을 할 수 있는 훈련

⑦ 비전 네트워킹으로 이를 지속가능하도록 하려라.
- 비전을 조직(기업)내의 다른 사람들과 나누고,
- 비전을 조직 밖의 협력사 및 고객과 나누고,
- 비전을 경쟁자들과도 나눔으로써 비전의 영역을 확장시키기

〈유재석의 서번트 리더십〉

많은 사람들로부터 호평받는 국민MC, 유느님, 유라인으로 널리 알려진 유재석은 메인 방송사를 오가며 절정의 인기가도를 달리고 있다.

유재석은 카메라 울렁증까지도 가지고 있었다고 한다. 한때의 무명시절을 극복하고 초심을 잃지 않고 활발하게 활동하고 있는 매력 있는 방송인이다.

유재석을 리더십의 관점에서 평가해보면 아주 훌륭한 서번트 리더라 할 수 있다. 어떠한 경우라도 먼저 다가가고 손을 내밀며, 같이 방송하는 파트너들의 마음을 편안하게 해준다.

자신이 가지고 있는 핸디캡을 자연스럽게 꺼내놓는다. 신인 때 실수 했던 이야기, 본인의 외모, 신체적 특징 등을 소재로 하여 출연자들이 자연스럽게 이야기에 편승할 수 있는 분위기를 조성한다.

이런 분위기가 조성되고 나면 출연자들이 자연스럽게 자신의 이야기를 편안하게 꺼내 놓을 수 있게 되고 여기에 유재석의 유재석의 특유의 입담을 섞으니 시청자들의 시선을 붙잡을 수 밖에 없다. 이렇게 분위기가 조성되면 출연자들이 더 진솔한 이야기들을 꺼내게 되는데 이런사연으로 인해 그가 진행하는 프로그램은 단명(?)하는 코너가 없는 것으로도 기록을 세우고 있다.

그리고 그는 출연한 모든 이들의 개인적인 특징을 잘 살릴 수 있도록 배려하니 출연한 모든 이들과의 인간적인 관계가 좋을 수 밖에 없다고 한다. 입담이 좋은 사람은 물론 예능감이 떨어지는 출연자들도 자연스럽게 유도하여 프로그램에 참여하도록 하니 한번 같이 방송한 사람들과는 자연스럽게 인간관계가 형성되고 이런 관계를 꾸준하게 유지하는 것으로 인해 연예계 마당발로 통한다.

유재석의 리더십 유형은 전형적인 서번트 리더이다. 같이 일하는 이들을 섬세하게 섬길 줄 아는 섬김의 리더이다. 하늘같은 선배가 후배들을 챙기니 자연스럽게 후배들로부터 존경받는 선배가 되었고 그의 그림자는 당분간 크게 드리워질 것 같다.

반짝 스타가 몇 년째 고정 프로그램을 진행하는 그는 그가 가진 성실성과 노력, 그리고 함께하는 이들을 배려하고 섬기는 데에 그 원동력이 있지 않을까 생각된다.

우리의 일상생활에서 소속된 조직에서 섬김의 리더로서의 역할을 해본다면 우리는 어떻게 변화할까요? 조용히 방송인 유재석씨를 떠올려 봅니다.

〈사우스웨스트 항공의 서비스리더십〉

- 공항에 먼저 도착한 사람 먼저 탑승하십시오.
- 우리는 기내식을 제공하지 않습니다.
- 끝내주게 웃겨줍니다.
- 고속버스보다 더 쌉니다.

바로 사우스웨스트 항공입니다.

사우스웨스트항공은 1971년 파격적인 운임과 상식을 뛰어넘는 엉뚱한 경영전략으로 항공업계 새바람을 일으킨 기업이다.

사우스웨스트항공의 성공 기반은 '사람의 회사(people company)다'라는 사람중심의 사상과 사람에의 권한위임 등으로 알려져 있다. 사람을 중시한다는 의미에서 매년 발렌타인데이에 텍사스 러브필드에 있는 사우스웨스트항공 본사 로비에서 고객접점 활동을 하고 있는 사람과 고객의 눈에 띄지 않는 이면에서 훌륭하게 공헌하고 있는 사람을 표창하는 '마음의 영웅상'을 성대하게 축하하고 있는데 이는 CS(고객만족)은 ES(종업원만족)이 있고 나서야 가능하다는 허브 켈러허 회장의 신념이 배어 있는 행사라고 한다.

직원을 모욕하는 고객에게는 "죄송합니다"라가 아니라 "더 이상 우리 항공사를 이용하지 않으셔도 괜찮습니다. 다음부터는 다른 항공사를 이용해 주십시요"라고 말하는 회사, 유머경영과 펀경영을 실천하는 기업, 손님이 왕이 아니라 직원이 왕인 기업 바로 사우스웨스트 항공이다.

옳은 일을 하면 회사에서 우리를 보호한다는 원칙에서 자신의 신념대로 일을 하고 결정을 한다. 자신이 회사의 부속품이 아닌 회사의 얼굴이라는 것을 자각한 직원, 그리고 스스로가 자발적으로 신나서 제공하는 서비스 그런 서비스에 녹-다운되지 않는 고객은 없을 것이다.

현재 사우스웨스트 항공은 미국에서 가장 일해보고 싶은 회사로 손꼽히고 있고, 미국 항공사 시가총액의 73%을 차지하고 있고, 최근 20년 주가 수익률 1위를 기록하고 있다.

사우스웨스트항공의 허브 켈러허 전회장은 이렇게 말했다고 한다.

"직원들에게 경고나 지시 없이 자유를 제공함으로써, 스스로 의사결정을 하고 더 불어 실수할 수 있는 자유를 줌으로써 생각과 행동에 융통성이 생긴다. 이렇게 될 때 고객의 입장에서 무엇이 최고인지 스스로 생각할 수 있다."

무한 경쟁의 시대, 온갖 마케팅 기법이 판치는 시대, 조용히 그 의미를 되새기게 한다

참고문헌

-KMAC CS경영혁신센터역, 고객만족경영의 추진방법, 21세기북스, 1992.

-Mark E. Patton, 댄싱 서비스, 가산출판사, 2001.

-구보야먀 데쓰오 지음/황소연 옮김, 서비스 철학, 넥서스BIZ, 2005.

-김경자외역, 세계 최고의 고객만족, 시그마프레스, 2001.

-김윤섭, 리더십 개발, 영진서관, 2000.

-더글러스 코넌트 · 메트노가드 지음, 이찬 옮김, 짧지만 강한 리더의 1분 터치포인트, credu, 2013

-레오나드 L. 베리저, 은종학역,초일류 서비스기업의 조건, 김앤김북스, 2001.

-로저 마틴지음/김정혜 역, 생각이 차이를 만든다, 지식노마드, 2008.

-박경록, 21세기 신사고 비전혁명, 리더, 1999.

-박선호, 훌륭한 리더가 되는 길, 삼우사, 1999.

-삼성에버랜드 서비스아카데미, 서비스리더십, 21세기북스, 2001.

-송경근외, 리더십 불변의 법칙 5, 한 · 언, 2000.

-안은표, 나의 가치를 높여주는 리더십, 시아출판사, 2001.

-오준석외, 경영학, 웅지경영아카데미, 2001.

-이재규외, 리더십 엔진 핸드북, 21세기북스, 2000.

-조광행, 고객만족경영 왜? 실패할까, 들녘미디어, 2000.

-최윤식, thinking tool box, 지식노마드, 2012.

-클라우드 슈밥 지음, 김민주 · 이엽 옮김, 클라우드 슈밥의 제4차 산업혁명 THE NEXT, 새로운현재, 2018.

-Heskett James L., Jones, Thomas O., loveman, Gary W., Sasser, W. Earl, & Schelisinger, Leonard A., "Putting the Service Profit Chain to Work", Harvard Business Review, (March-April 1994)

제10장 전통적 리더십이론

본격적인 리더십 연구는 1900년대부터 이루어지기 시작하였다. 초기부터 1980년대까지 많은 연구가 진행되었는데 그 흐름을 보면, 특성이론 ⇨ 행동이론 ⇨ 상황이론의 순으로 연구의 경향이 변하였으며, 내용적인 면에서도 많은 발전이 있었다.

리더십 특성이론은 리더는 태어나는 것이지 만들어지지 않는다고 믿는 것에서 출발하였다. 리더들은 무엇인가 공통점이 있고 이를 추출함으로써 리더십을 체계화하려고 시도하였는데 이것이 특성이론이라고 한다.

리더십 행동이론은 1950년대에 시작된 리더십 연구로 리더의 특성이나 영향력 같은 내부적 원천이 아닌 구성원들 앞에서의 리더행동에 포커스를 맞춰 어떻게 행동해야 효과적인지를 밝히려는 연구였다. 특성이론이 '리더는 선천적으로 타고 난다'라는 가정에서 출발했다면, 행동이론은 '리더는 교육과 훈련을 통해 만들어질 수 있다'라는 가정에서 출발하였다.

표 10-1 전통적 리더십 3대 기초이론 비교

내용 / 접근법	연구모형
특성이론 (1930 ~ 1950년대)	개인적 특성 ⇨ 리더/비리더 구별
행동이론 (1950 ~ 1960년대)	리더 행위 ⇨ 조직성과, 종업원 만족유지
상황이론 (1970 ~ 1980년대)	리더행위 ⇨ 성과, 만족유지 관련변수 ⇧ 상황요인: 과업, 개성, 집단성격 등
1980년대 중반이후 ~ 현재	새로운 리더십 이론들: 비전과 정서적 반응 유도 등

※ 자료: 박계홍, 김종술, 변화와 혁신을 위한 리더십, 학현사, 2013, p.59. 참조.

리더십 상황이론은 1960년대부터 본격적으로 연구된 것으로 연구의 초점을 리더 개인뿐만 아니라 리더십이 발휘되는 순간의 주변상황과 환경에도 둔 것이다. 즉, 상황을 파악하고 그 상황에 맞는 리더 특성, 리더 행동이라면 효과적인 리더십이며, 그에 맞지 않는다면 아무리 좋은 리더행동이나 권한위임도 비효율적 리더십이 된다는 것이다.

1 리더십 특성이론

1) 특성이론의 의의

특성(자질)이론은 리더십 연구의 초기에(1930~1950년대) 학자들의 관심대상이 되었던 것으로 리더십이론을 위한 최초의 체계적 시도라는데 그 의의가 있다.

초기의 리더십 연구는 '무엇이 위대한 리더를 만드는가'를 규명하는데 포커스가 맞춰져 있었다. 리더가 되기 위해서 어떤 고유한 개인적 특성이나 자질이 필요한지를 알아내기 위해서 널리 알려진 위인들을 대상으로 하여 그들의 자질과 성장배경 등에 대한 연구를 수행하였고 이때 개발된 것이 '위인이론(great man theory)'이다.

연구자들은 그들의 연구를 통하여 리더가 될 수 있는 고유한 개인적 자질 내지 특성이 존재한다는 가정하에 리더의 겉모습이나 개인적 특성에서 공통점을 도출하여, 어떤 사람이 그러한 특성을 가지고 있다면 그 사람이 리더가 될 수 있다는 것을 제시하고자 하였다.

그러나 스톡딜(Stogdill, 1948)등에 의해 리더와 리더가 아닌 사람을 구분하는 일관된 특성이 없다는 것이 제시되었다. 어떤 특정한 리더십 특성을 가진 사람이 어떤 상황에서는 리더가 될 수 있지만 다른 상황에서는 리더가 되지 못할 수도 있다는 것이다.

최근 리더의 특성에 대한 연구가 다시 관심을 받고 있다. 리더의 개인적 특성이 리더십에 어떤 영향을 미치는지에 대하여 로케(Locke, 1991)는 유능한 리더는 실제로 여러 중요한 측면에서 다른 사람들과 구별되는 사람들이라고 주장했다. 새로운 특성연구의 결과 제시된 대표적인 이론으로는 비전리더십과 카리스마적 리더십이 있다.

2) 리더십 특성요소

스톡딜은 1904년부터 1974년 사이에 연구된 287건의 특성연구를 분석하여 일련의 리더십 특성을 발견하여 1-2차로 결과를 제시하였다. 다음은 1차 연구 결과 조직에서 훌륭한 리더로서 역할을 하고 있는 사람들이 일반 집단 구성원들과 차이가 있는 것으로 다음과 같이 8가지를 제시하였다.

① 지능(intelligence)

② 각성도(alertness)

③ 통찰력(insight)

④ 책임감(responsibility)

⑤ 주도성(initiation)

⑥ 지속성(persistence)

⑦ 자신감(self-confidence)

⑧ 사교성(sociability)

이후, 리더의 리더십은 성격특성보다는 주로 상황요인에 의해 결정된다는 것을 2차 연구결과로서 리더의 특성과 상관관계가 있는 것으로 확인된 아래의 10가지 항목을 제시하였다[1].

① 과업관성을 위한 책임감과 추진력

② 목표추구에 있어서 활력과 지속성

③ 문제해결에 있어서 모험성과 독창성

④ 사회적 상황에서의 솔선수범과 주도성

⑤ 자신감과 자기정체성

⑥ 의사결정과 결과를 수용하려는 자발성

⑦ 대인간 스트레스 완화를 위한 준비성

⑧ 욕구불만과 지연을 참아내는 수용성

⑨ 다른 사람의 행동에 영향을 미치는 능력

⑩ 목표를 위해 사회적 상호작용시스템을 구조화하는 역량

---

1) 변상우, 글로벌 리더를 위한 리더십 개발과 훈련, 도서출판 청람, 2012, p.146.

Mann(1959)은 성격특성과 리더십에 관한 1,400건의 연구결과를 검토하여 지능(intelligence), 적응성(adjustment), 지배성(dominance), 외향성(extroversion), 보수적 기질(conservatism)등 6가지 항목이 리더와 비리더를 구분하는 기준으로 사용될 수 있다고 제언하였다.

이후, Load(1986)등은 메타분석(meta-analysis) 방법을 이용하여 Mann의 연구결과를 검증하여 지능, 남성적 기질, 지배성 등이 유의한 관계가 있음을 발견하여 이용될 수 있는 항목이라고 주장하였다.

Kirkpatrick & Locke(1991)는 리더와 비리더는 분명하게 서로 다른점을 가지고 있다고 주장하면서 이들 6가지 특성에 있어서의 차이가 리더십과정의 중요한 부분으로 인정될 필요가 있다고 주장하였다.

리더십 특성이론을 연구한 학자들이 공통적으로 제시하고 있는 리더의 리더십 특성을 보면 지능(intelligence), 자신감(self-confidence), 결단력(determination), 성실성(integrity), 사교성(sociability)으로 정리할 수 있다.

3) 리더십 성격모형

리더십 특성에 관한 연구들이 정성적 연구를 중심으로 수행되었는데 리더십 특성에 대하여 정량적 연구결과 제시된 것이 성격의 5요인 모델이다. 연구결과 성격요인으로 신경질적 성질(neuroticism), 외향성(extroversion), 개방성(openness), 동조성(agreeableness), 성실성(conscientiousness)의 5섯 가지 요인이 제시되었다.

표 10-2 5대 주요 성격요인

구분	개념
신경질적 성질	의기소침하고 불안해하며 자신감이 없고 상처받기 쉬운 성격
외향성	사교적이고 적극적이며 자신감과 활기가 넘치는 성격
개방성	창의적이며 직관력(통찰력)이 있으며 호기심이 강한 성격
동조성	수용적이고 순응적이며 잘 믿어주는 성격
성실성	매사 철저하고 감정을 잘 조절하며 신뢰할 만한 성격

※ 자료: 김남현, 리더십 4판, 경문사, 2009, p.32., 변상우, 글로벌 리더를 위한 리더십 개발과 훈련, 도서출판 청람, 2012, p.146.

2 리더십 행동이론

1950~60년대 심리학자들은 리더의 행동에 대해 관심이 많았으며 이에 대한 연구는 주로 오하이오주립대학교와 미시간대학교의 연구결과로 정립된 연구패턴을 따르고 있다. 초기의 리더십연구가 특성연구에서 행동연구로 바뀐 것이다.

리더십 행동연구자들은 리더십행동이란 '과업 지향적 행동'과 '관계 지향적 행동'의 두 가지 종류의 행동으로 구분된다고 단정하였다. 이들의 연구목적은 리더가 어떻게 하면 이들 두 가지 유형의 행동을 잘 조합하여 하위자들이 과업목표를 달성하기 위한 노력에 영향력을 미칠 것인가를 설명하는 것이었다.

1) 리더십 행동연구

(1) 민주적, 권위적, 자유방임적 리더십 연구

① Lewin · White · Lippitt등의 연구

리더십 행동이론의 초기연구들은 리더십 스타일을 대부분 정치지도자의 행동에서 찾았으며, 리더십 스타일을 권위주의형, 민주형, 자유방임형의 3가지로 구분하여 제시하였다.

표 10-3 민주적, 권위적, 자유방임적 리더십의 특징

구분	개념
권위주의형	– 주요결정 리더의 독단적 결정 ⇒ 구성원은 결정 사항 수행 – 리더가 모든 세부적 활동 지시 – 미래 계획 등을 구성원들이 모르게 수행
민주형	– 모든 결정 집단토의를 통해 결정, 구성원의 적극적 참여 – 구성원의 창의력과 생산성 제고, 구성원간 인간관계를 중시 – 집단활동 독려, 기술적 조언 필요할 시 여러 대안을 제시
자유방임형	– 작업 수행 시 구성원의 질문이 있을 때에만 응답 – 구성원들에게 주요 권한을 위임 – 구성원들이 목표를 설정 ⇒ 수행

※ 자료: 변상우, 글로벌 리더를 위한 리더십 개발과 훈련, 도서출판 청람, 2012

리더가 거의 모든 의사결정권을 가질 경우 권위주의적 리더라 하고, 의사결정권을 하위계층으로 대폭적으로 이양하면 민주적 리더라고 하며, 의사결정의 문제를 구성원 개개인에게 맡겨두고 리더가 관여하지 않은 형태를 자유방임적 리더라고 하다.

② Tannenbaum과 Schmidt의 연구

탄넨바움과 슈미트는 리더십 유형을 독재형, 민주형, 자유방임형으로 나누어 제시하고 있는데, 리더가 의사결정권을 어떻게 행사 하느냐가 리더십 유형을 결정하는데 중요한 요소로 작용하고 있다. 리더가 독단적인 의사결정을 하고 이런 의사결정과정에 리더의 개인적 고려가 많이 작용할수록 독재형 리더로, 구성원들에게 자유를 최대한 허용하는 형태를 자유방임형으로 구분하였다.

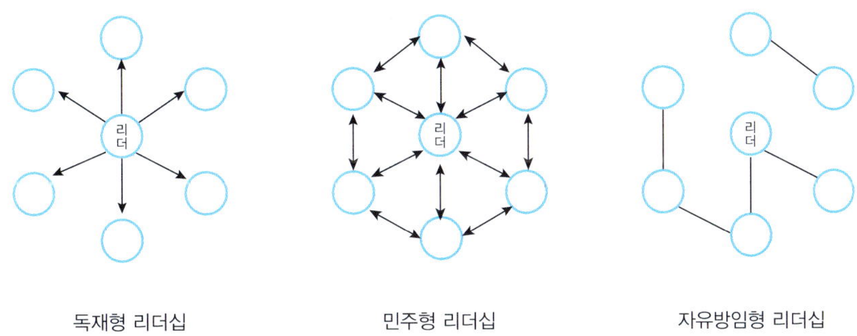

그림 10-1 ▶ 탄넨바움 & 슈미트의 리더십 유형

(2) 미시간대학교의 리더십 연구

미시간대학교의 연구는 리더행동, 집단과정, 집단성과간의 관계를 파악하는데 포커스가 맞춰져 있었다. 리더의 행동이 집단의 성과에 미치는 영향을 중심으로 연구되어 리더의 리더십행동을 '종업원지향(employee orientation)'과 '생산지향(production orientation)'의 2가지로 구분하였다.

종업원 지향적 행동은 리더가 종업원들에 대하여 좋은 인간관계를 강조하는 행동으로 종업원들에 대한 관심이 많고, 그들의 개인적 개성을 존중하며, 개개인이 가지고 있는 욕구에 대해 특별한 관심을 보이는 것을 말한다.

생산 지향적 행동은 직무의 기술적 측면과 생산측면을 강조하는 리더십 행동을 말하는데 종업원을 과업을 달성하기위한 수단으로 여기는 것이다.

표 10-4 미시간대학의 리더십 행동유형

행동유형	구체적 행동의 (예)
종업원지향	- 지원과 격려를 해준다. - 부하에게 도전적 목표가 달성될 수 있다는 자신감을 표현한다. - 관계를 구축하기 위해 사람들과 친목을 도모한다. - 공헌과 성취를 인정해준다. - 코치와 후견인 역할을 한다. - 중요한 사안에 대해 서로 협의한다. - 중요한 정보를 공유한다. - 갈등을 해결하도록 도움을 준다. - 모범적인 행동의 롤 모델이 된다.
생산지향	- 효율성을 높이기 위해 업무활동을 체계화 한다. - 단기운영계획을 세운다. - 업무를 집단이나 개인에 할당한다. - 역할기대와 과제목표를 명료화한다. - 집단의 활동을 지휘하고 조정한다. - 운영과 수행을 점검한다. - 효율성, 생산성, 품질의 중요성을 강조한다. - 집단의 수행에 대해 높은 기준을 설정한다.

※ 자료: 변상우, 글로벌 리더를 위한 리더십 개발과 훈련, 도서출판 청람, 2012, p.165.

(3) 오하이오주립대의 리더십연구

오하이오대학의 연구자들은 리더십행동의 범주를 확인하고 이를 측정하기 위하여 1,800개 문항의 리더십 행동목록을 수집한 다음 150개의 문항으로 이를 압축하여 리더 행동에 대한 분석도구인 리더행동기술설문지(Leader Behavior Description Questionnaire : LBDQ)를 개발하였으며, 이설문지를 개량한 설문지가 현재까지도 리더십행동을 측정하는데 이용되고 있다.

요인분석결과 리더의 행동을 '구도 주도적(initiating structure)행동'과 '배려(consideration)적 행동'이라는 범주로 지각되고 있다고 주장하였다.

리더의 구조 주도적 행동은 리더가 조직의 공식적인 목표를 달성하기 위하여 자신의 역할과 부하의 역할을 정의하고, 과업수행의 중요성과 결과에 대한 비판, 명확한 성과 기준 제시, 문제에 대한 새로운 접근방식 제안, 부하들의 활동에 대한 조정 등을 하는 것을 말한다.

리더의 배려적 행동은 조직구성원에 대한 관심과 대인관계에 대한 것으로 부하에게 개인적 호의를 보이는 것과 의견을 들어주는 것, 부하의 제안을 수용하고, 공평하게 대해주는 것 등을 말한다. 리더의 배려행동은 기본적으로 관계성 행동인데 여기에는 종업원들 간의 관계를 형성케 하고 서로 존경하게하며, 상호간의 신뢰를 구축하는 등의 인간관계 등이 포함된다.

(4) Blake & Mouton(브레이크와 무톤, 1964)의 리더십 행동모형

브레이크와 무통은 1960년대 초에 리더십 그리드모형(leadership grid model)을 제시하였다. 이 모델은 이후 계속 정제되어 현재까지도 조직의 관리자훈련이나 리더십 개발 분야에서 광범위하게 이용되고 있다.

리더십 그리드 모형은 '생산에 대한 관심(concern for production)'과 '사람에 대한 관심(concern for people)'을 통해 리더가 어떻게 하면 조직의 목표를 달성할 수 있도록 할 것인가를 설명하기 위하여 고안되었다. 이 모델은 리더십의 지향성에 대하여 설명하고 있지만 이 요인은 과업행동과 관계성 행동과도 일치한다.

이 모델에서는 두 가지 요인의 구성정도에 따라 다음과 같이 다섯 가지 리더십 유형을 제시하고 있다.

① 무관심형(1 • 1): 과업수행이나 대인관계 어느 쪽에도 관심이 없는 유형으로 리더이기는 하나 업무에 관여하지 않고 소극적이며, 조직구성원과의 관계에도 무관심한 유형

② 과업형(9 • 1) : 과업완수와 직무상의 요구에 따를 것을 매우 강조하는 유형으로 종업원들을 과업완수의 수단으로 생각하여 사람에 대한 관심이 매우 낮은 유형

③ 인기형(1 • 9) : 과업완수에 대한 관심은 낮고 대인관계에 대한 관심이 매우 높은 유형으로 구성원들의 태도와 감정에 대해 관심이 많고 추종자들의 개인적 요구와 사회적 욕구가 충족되도록 노력하는 유형

④ 중도형(5 • 5) : 절충형 리더유형으로 과업수행과 인간관계와 관련하여 균형감각을 가지고 있는 리더의 유형

⑤ 팀 형(9 • 9) : 가장 이상적인 리더유형으로 구성원들의 참여와 팀워크를 촉진시켜 전체 구성원들의 참여와 헌신을 통하여 종업원들의 욕구를 충족시키고 과업을 완수시키는 리더의 유형

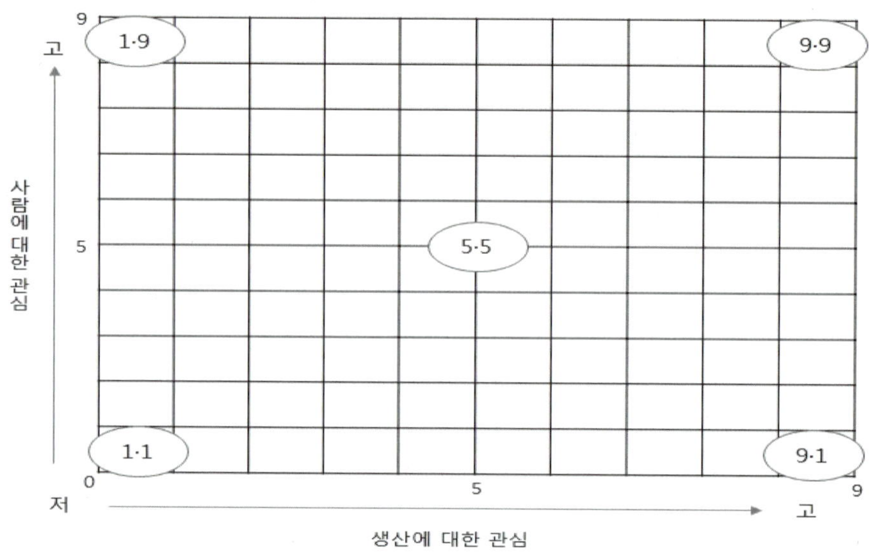

그림 10-2 ▶ Leadership Grid Model

※ 자료: 변상우, 글로벌 리더를 위한 리더십 개발과 훈련, 도서출판 청람, 2012, p.171.

〈토요토미 히데요시의 리더십〉

토요토미 히데요시는 미천한 농가출신 사무라이가 되었고 그를 따르는 심복도 생겼다. 그의 휘하에 있는 사람들과 생사고락을 함께 하며 점점 세력을 키워 가고 있을 즈음 어느 추운 겨울이었다. 그가 휘하의 다른 부하들과 식사를 마치고 나왔을 때 댓돌 위에 있어야 할 신발이 보이지 않았다. 마침 그의 심복이 히데요시의 신발을 가슴에 품어 따뜻하게 녹이고 있었던 것이다. 그의 귀한 신발을 천한 종놈이 더러운 가슴에 넣고 있었다는 사실에 순간 화가 나 심복의 가슴을 냅다 걷어차 버렸다. 이것은 그의 일생일대의 실수였으며 또한 그의 인생을 크게 돌이키게되는 계기가 되었다.

얼마 지나지 않아 그를 시기하고 공격하는 무리들로 인해 그가 그 동안 쌓아 왔던 모든 것이 일시에 무너져 버렸다. 그가 참담하고 암담한 심정으로 혼자 술을 마시며 눈물 젖은 눈으로 달빛을 바라보고 있을 때 일전에 히데요시가 발로 걷어찼던 바로 그 심복이 등뒤로 다가와서 차분히 말을 건넸다.

"주인님, 너무 상심하지 마십시오. 처음부터 다시 시작하면 되지 않습니까? 주인께서 처음 출세의 길로 들어 올 때에도 주인님과 저 단 둘 뿐이었습니다. 이제 우리는 다시 둘이 되었습니다. 이제부터 다시 시작하면 되지 않겠습니까? 너무 심려하지 마십시오"

히데요시가 망했어도 떠나지 않고 주인을 위로한 심복은 히데요시보다 더 훌륭한 사람이었다. 히데요시는 그의 심복으로부터 전 일본을 통일시킬 수 있는 힘이 바로 이것이다라는 것을 온몸으로 느낄 수 있었다.

여기에서 히데요시가 남긴 그 유명한 말이 나온다.

"망해서 소매에 눈물이 떨어질 때 사람의 마음을 알 수 있나니" 그 날 이후 히데요시는 목숨이 위태로울 망정 결코 신의를 저버리는 행위를 하지 않았다. 히데요시가 선 일본을 통일시킬 있었던 힘은 바로 참된 벗을 구축한 힘이었다. 그는 부하가 생기면 집으로 데려가 그들과 함께 자고 함께 식사하며 얼굴과 얼굴을 맞대고 기쁨과 슬픔을 함께 나누었다. 그에게 상금이 내려지면 함께 나누어 갖고 각자의 성격을 이해하고 개인적인 사정을 돌보아 주었다. 때문에 그의 부하들은 이러한 히데요시에게 감격했으며 스스로 분발하여 대장인 히데요시에게 성의를 다했다.

여기서 중요한 사실은 히데요시가 부하들을 분발시키기 위해 일부러 그렇게 했다면 큰 성과가 없었을 것이라는 사실이다. 그렇게 하면 진정한 인간의 정분이 흘러 넘치지 않았을 것이기 때문이다.

최고 경영자는 리스트럭처링, 팀조직, 분사화 등 각종 경영 기법을 도입하기에 앞서 사람들이 화합할 수 있는 근본적인 세계를 먼저 갖추어야하며 이를 통해 진정한 통솔력을 발휘할 수 있을 것이다.

3 상황이론

어떤 상황에서는 최적이라고 여겨지던 리더십 유형이 다른 상황에서는 전혀 적합하지 않다는 것이 발견되었다. 어떤 상황에서도 이상적이고 효과적인 리더십 유형이란 존재하지 않는다는 것을 인지하고 리더십의 효과성과 유효성을 상황과 연계시키고자 등장한 것이 리더십 상황이론(contingency theory)이다.

아래의 그림은 일반적 리더십 모형과 상황적 리더십 모형의 비교로 일반적인 리더십 모형은 리더의 자질과 행동에 따라 결과가 도출되지만, 상황적 리더십 모형은 보다 다양한 상황적 요인들이 투입되어 결과에 영향을 미친다는 것을 설명하고 있다.

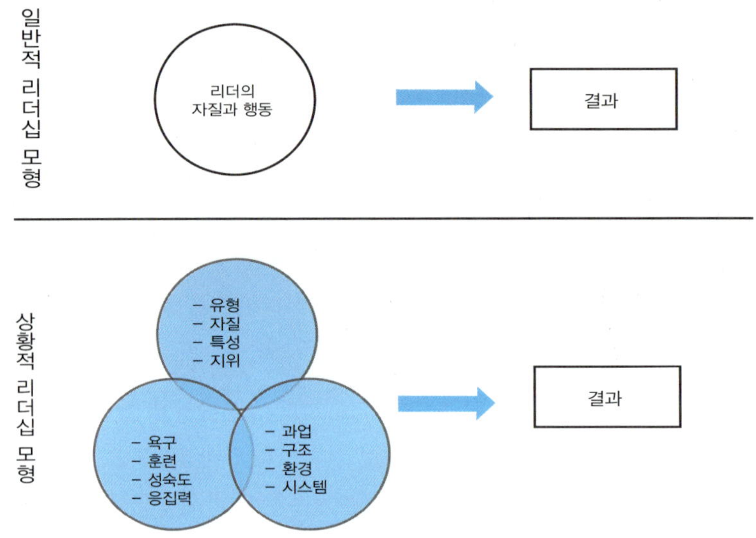

그림 10-3 ▶ 일반적 리더십과 상황적 리더십 모형

※ 자료: Daft & Lim, 2004, p.82., 변상우, 글로벌 리더를 위한 리더십 개발과 훈련, 도서출판 청람, 2012, p.184.

상황이론은 Fiedler의 상황적합이론, House의 경로-목표이론, Hersey와 Blanchard의 상황이론, Kerr & Jermier의 대체이론 등이 있다.

1) Fiedler의 상황적합이론

피들러의 상황적합이론은 리더-적합이론(leader-match theory)라고도 하는데 이것은 리더가 자기의 리더십을 적절한 상황에 적합하게 발휘하여야 한다는 것이다. 리더십의 효과성을 이해하기 위해서는 리더가 리더십을 발휘하고 있는 상황에 대한 이해가 필수적이다. 주어진 상황에 따라 리더의 행동유형이 적절할 수도 그 반대일 수도 있기 때문이다.

피들러의 상황적합 이론에서의 리더십 유형은 과업지향형(task motivated)과 관계지향형(relationship motivated)으로 구분된다. 과업지향형 리더는 목표달성에 관심이 있지만 관계지향형 리더는 보다 친밀한 인간관계를 개발하는데 주된 관심을 가진다.

리더의 유형을 측정하기 위하여 피들러는 LPC(Least Preferred Co-Worker scale: 가장선호하지 않는 동료)조사표를 개발하여 사용하였다.

〈LPC 척도 사례〉

지금까지 당신은 어떤 목표를 이루기 위하여 다른 사람들과 함께 일을 해 보았을 것입니다. 어떤 동료와는 함께 일하기가 쉬고 즐거웠을 것이며 어떤 동료와는 일하기 어려웠거나 기분이 나쁜적도 있었을 것입니다.

지금까지 함께 일해 보았던 사람중에 가장 싫었거나 힘들게 하였던 사람을 생각하고, 그 사람을 가장 잘 설명한다고 생각되는 점수에 체크(√)를 해 주십시오.

응답시 특별히 주의할 점은 척도 양쪽에 있는 형용사를 읽고 하나도 빠뜨지리 않고 응답해 주시기 바랍니다. 그리고 가능한 한 빠른 속도로 응답해 주시기 바랍니다. 왜냐하면 맨 처음에 선택한 응답이 가장 정확한 핀딘일 가능성이 높기 때문입니다.

〈LPC 척도 표〉

유쾌한(사람)	8	7	6	5	4	3	2	1	불쾌한(사람)
친절한	8	7	6	5	4	3	2	1	불친절한
거부적인	1	2	3	4	5	6	7	8	포용적인
도움을 주는	8	7	6	5	4	3	2	1	좌절시키는
열의가 없는	1	2	3	4	5	6	7	8	열성적인
긴장시키는	1	2	3	4	5	6	7	8	편안한
소원한	1	2	3	4	5	6	7	8	친근한
냉정한	1	2	3	4	5	6	7	8	다정한
협조적인	8	7	6	5	4	3	2	1	비협조적인
지원적인	8	7	6	5	4	3	2	1	적대적인
따분한	1	2	3	4	5	6	7	8	재미있는
호전적인	1	2	3	4	5	6	7	8	화평한
자신있는	8	7	6	5	4	3	2	1	주저하는
능률적인	8	7	6	5	4	3	2	1	비능률적인
우울한	1	2	3	4	5	6	7	8	명랑한
활달한	8	7	6	5	4	3	2	1	소심한

총점 : (   )점

LPC 점수 해석

점수가 64점 이상인 응답자는 관계지향적 리더로 간주되며, 57점 이하의 응답자는 과업지향적 리더로 간주된다. LPC점수가 58점에서 64점 사이의 응답자 비율은 약 16%이며, 이들은 관계지향적 리더나 과업지향적 리더로 분류할 수 없으며, 상황적합이론의 예측가능한 범위 밖에 있다고 하겠다.

피들러는 상황적합이론에서 리더십 상황을 리더-구성원관계(leader-member relation), 과업구조(task-structure), 지위권력(position power)의 3가지 요인으로 구분하였다.

첫째, '리더-구성원관계'는 집단 분위기, 신뢰정도, 충성도, 하급자들이 갖는 리더에 대한 호감정도를 가리킨다. 조직의 분위기가 긍정적이고 하급자들이 리더를 신뢰하고 친밀하게 지내고 있다면 리더-구성원 관계는 좋은 것으로 판정한다.

둘째, '과업구조'는 과업의 내용이 명확하고 그 과업수행 절차가 잘 기록되어 있는 정도를 말한다. 과업상의 요구가 분명하게 기술되어 있고 그것에 대해 구성원들이 잘 이해하고 있는지, 완성된 과업의 모습이 명확하게 표시되어 있는지 등 내용이 구조화 되어 있는지에 대한 내용이다.

셋째, '지위권력'은 리더가 하급자들에게 상벌을 줄 수 있는 권한을 의미하며, 개인이 조직 내의 어떤 지위에 올라감으로써 얻게 되는 합법적인 권력이 포함된다.

리더가 하급자들을 채용하고, 해고할 수 있는 권한을 가지고 있고 승진이나 연봉계약 등과 관련한 권한을 가지고 있다면 그 리더의 지위권력은 매우 강하다고 할 수 있으며 그 반대의 경우는 지위권력이 약하다고 할 수 있다.

2) House의 경로-목표이론

경로-목표이론은 종업원의 동기유발에 초점을 두고 종업원의 업적과 만족도를 증진시키고자 개발되었다. 다른 이론과 달리 리더의 리더십 유형을 하위자들의 특성과 과업특성 간의 관계를 강조한다. 이 이론은 기대이론(expectancy theory)에서 유래된 것으로 기대이론에서는 하위자들은 다음과 같은 경우에 동기유발이 된다고 하고 있다.

첫째, 노력하면 그 과업을 수행해 낼 수 있다고 생각할 때, 둘째, 노력의 결과가 어떤 보상을 초래하게 될 것이라고 믿을 때, 셋째, 과업수행의 결과로 얻은 보상이 가치 있는 것이라고 믿을 때 등으로 제시하고 있다.

목표-경로이론의 기본개념은 아래의 그림과 같이 도식화 될 수 있다. 하위자가 조직 목표를 달성하는 과정에서 여러 가지 장애요소가 등장하게 되는데 이때 리더가 하위자에게 목표를 명확하게 설정해주고, 그 장애를 제거해주며, 다양한 지원을 제공하였을 때 조직이 원하는 방향으로 목표가 달성된다는 것이다.

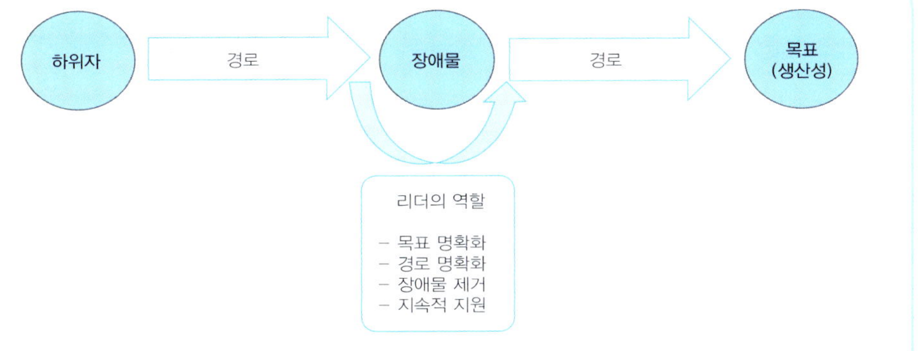

그림 10-4 ▶ 경로-목표 이론의 기본개념

경로-목표이론의 모형은 하위자의 특성과 환경요인을 고려한 적합한 리더십 행동을 발휘하게 됨으로써 리더십의 효과를 극대화 시킬 수 있는 것이다. 경로-목표이론에 의하면 리더의 행동은 하위자들의 동기유발에 상이한 영향을 미친다. 이 이론에서의 행동유형은 지시적 행동(directive behavior), 지원적 행동(supportive behavior), 참가적 행동(participative behavior), 성취적 행동(achievement oriented behavior)의 4가지로 구분하고 있다.

① 지시적 행동: 하위자에게 과업수행지시를 내리고 기대수준이 어디까지이고 과업수행이 어떻게 이루어져야 하는지에 대해 알려주며, 분명한 업적기준을 설정하고 하위자들이 지켜야할 규칙과 규정을 명화하게 알려준다.

② 지원적 행동: 추종자들에게 친절하고 쉽게 접근할 수 있도록 하며 부하들의 복지와 욕구에 관심을 가지며 구성원 상호간의 만족스러운 인간관계의 발전을 강조한다.

③ 참가적 행동: 하위자들이 의사결정과정에 참여할 수 있도록 하며, 그들의 의견과 아이디어를 청취하고 정보를 공유하는등 하급자들이 의견과 제안을 받아들여 조직이 수행하는 과업에 반영한다.

④ 성취적 행동: 하위자들에게 과업에 대하여 도전적인 자세를 요구하며 가능한 한 최고수준으로 과업을 완수하도록 한다. 부하들에게 높은 수준을 기대하며 지속적인 개선을 추구하도록 하며 높은 수준의 신뢰를 보인다.

3) Hersey와 Blanchard의 상황이론

Hersey & Blanchard(1982)의 상황이론은 부하의 준비성 수준에 따라 적절한 리더십 형태가 결정된다는 이론이다. 어떤 특정 상황에 어떤 리더십유형이 요구되는가를 결정하려면, 리더는 부하를 평가하고 그가 특정한 과업의 수행을 위해 어느 정도로 유능성과 헌신성을 가지고 있는가를 측정해야 한다.

종업원들의 유능성과 동기유발의 수준은 시간의 경과와 함께 달라진다는 가정에 기초하여, 변화하는 유능성과 헌신성의 수준에 맞추기 위해 리더는 지시적 행동의 정도와 지원적 행동의 정도를 변경시켜 가야 한다는 것이다. 유능한 리더는 종업원들에게 요구되고 있는 것이 무엇인가를 부하의 유능성 및 헌신성에 비추어 확인하고 나서 자기 자신의 리더십유형을 거기에 맞추어 나가야 한다는 것이다.

이모형은 1962년에 개발되어 최종적으로 1985년에 수정 보완된 모델로 Situational Leadership Ⅱ(SLⅡ) 모형이라 불린다. 이 모델에서는 리더십 유형과(leadership style) 부하의 발달수준(development level of subordinates)을 분리하여 접근하고 있다.

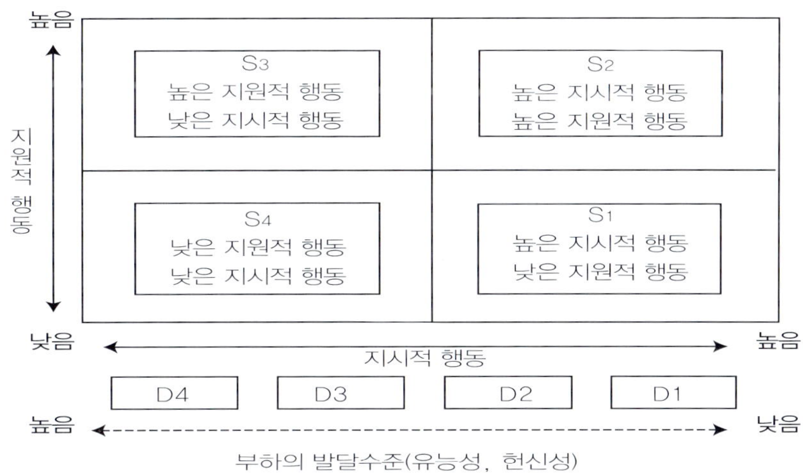

그림 10-5 ▶ 상황적 리더십

※ 자료: K. Blanchard, P. Zigrmi and D. Zigrmi, Leadership and the One Minute Manager: ncreasing Effectiveness Through Situational Leadership, New York: William Morrow, Used with permission, 1985., 변상우, 글로벌 리더를 위한 리더십 개발과 훈련, 도서출판 청람, 2012, p.203.

① 리더십 유형

리더십 유형은 다른 사람들에게 영향을 미치려고 시도하는 한 개인의 행동양식으로 지시적(과업적) 행동과 지원적(관계적) 행동으로 나누어진다.

이 유형은 크게 4가지 범주로 나누어진다.

첫째, S_1 유형은 '높은 지시적 - 낮은 지원적 행동유형'으로 지시적 리더십 유형이다. 대부분의 의사소통의 초점이 목표달성에 맞추어져 있어 집단 구성원들에게 목표를 어떻게 달성해야 하는가에 대한 작업지시를 하고 구성원들의 작업 활동을 감독하는 유형이다.

둘째, S_2 유형은 코치형 접근법이라 불리는데 유형으로 '높은 지시적 - 높은 지원적 행동유형'을 보인다. 이 유형의 리더는 의사소통의 초점을 목표달성과 지원 양쪽을 모두에 맞추고 있다. 코치형 리더는 종업원들의 참여를 고무하고 아이디어의 제출을 권유함으로써 자신과 구성원들이 모두 참여하는 팀 정신을 촉구한다. 그러나 이 유형은 S_1 유형을 확대한 것으로 어떤 목표를 어떻게 달성할 것인가에 대한 최종결정을 리더가 내려야 한다.

셋째, S_3 유형은 지원적 접근법으로서 '높은 지원적 - 낮은 지시적 행동유형'이다. 리더는 목표에만 초점을 맞추지 않고 지원적 행동을 통해 구성원들이 달성해야 할 과업을 위해 능력을 발휘하도록 동기유발을 시도한다. 이 유형의 리더는 일상적인 의사결정의 책임을 하위자들에게 넘기지만 문제해결을 촉진하는 책임은 그대로 리더 자신이 가지고 있으며, 하위자들의 우수한 업적에 대한 신속한 피드백 및 인정과 사회적 지원을 제공한다.

넷째, S_4 유형은 '낮은 지원적 - 낮은 지시적 행도유형'으로 위임적 접근법이라 부른다.

② 부하의 발달수준

부하의 발달수준이란 부하가 특정한 과업을 수행하기 위해 숙달된 기술이나 역량을 가지고 있는지의 여부와 과업수행에 대한 긍정적 태도와 자발성을 가지고 있는지의 여부를 말한다. 자신이 맡고 있는 일에 대한 흥미와 자신감을 가지고 있고 과업을 수행할 방법을 잘 알고 있다면 그들은 높은 발달수준에 와 있는 것이라고 본다. 그러나 과업수행에 필요한 기술이 거의 없고 과업을 완수하기 위한 동기유발이나 자신감을 느끼지 못한다면 그들은 낮은 발달수준에 있는 것이다.

부하의 발달수준은 다음의 네 가지로 구분된다.

첫째, D1은 유능성은 낮고 헌신성(자신감, 동기유발)도 낮은 사람들로 이들은 주어진 과업이 생소하고 그 과업의 수행방법을 정확하게 알지 못한다.

둘째, D2는 새로운 과업수행에 대한 의지가 있고 자신감은 있지만 능력이 부족하다.

셋째, D3는 중간정도에서 높은 정도의 유능성이 있으나 아직도 헌신성은 결여된 종업원들이다. 이들은 직무수행을 위한 기술이나 노하우를 기본적으로 잘 습득하고 있으나 자기 스스로 그 과업을 완성할 수 있는지에 대한 확신이 없다.

넷째, D4는 직무수행을 위한 기술이나 노하우를 다 터득하고 있고 그 과업을 완성하려는 동기유발의 수준이 높은 사람들이다.

4) Kerr & Jermier의 대체이론

Kerr & Jermier(1978)는 리더십행동의 효과성을 대체 또는 소멸시켜 저리는 상황을 다루는 대체이론으로 발전시켰다. 이 이론은 기존 리더행동의 효과가 제한되는 상황을 찾아내는 것에 주목한다. 대체요인(substitute)과 중화요인(neutralizer)이라는 두 가지 상황변인을 제안하고 있다.

표 10-5 리더십 대체요인과 중화요인

변인		과업지향적 리더십	관계지향적 리더십
조직특성	집단응집성	대체요인	대체요인
	공식성	대체요인	영양요인 아님
	경직성	중화요인	영양요인 아님
	낮은 지위권리	중화요인	중화요인
	물리적 격리	중화요인	중화요인
과업특성	고도로 구조화된 과업	중화요인	영양요인 아님
	자동적 피드백	중화요인	영양요인 아님
	내재적 만족	영양요인 아님	중화요인
부하특성	전문가의식	대체요인	대체요인
	훈련과 경험	대체요인	영양요인 아님
	낮은 보상가치	중화요인	중화요인

※ 자료: Daft, R. L., The Leadership Experience, Mason, OH: South-Western, 2008, p.86.

대체요인은 리더행동을 불필요하게 하거나 중복되는 것으로 부하들의 명확한 역할인지, 작업방법 숙지, 고도의 동기화, 높은 수준의 직무만족 등이 여기에 해당된다.

중화요인은 리더행동을 방해하거나 좌절시키는 것으로써 높은 성과를 달성한 부하에게 상을 줄 수 있는 권한이 없다면 리더의 보상부여행동을 못하게 하는 것 등이 중화요인에 속하며, 리더가 제시한 보상에 대해 구성원들이 아무런 관심을 갖지 않는다면 리더의 보상행동의 효과를 약화시킨다.

과업지향적 리더십과 관계지향적 리더십에 대한 대체요인과 중화요인에 대한사항의 구체적인 내용은 다음 표와 같이 정리된다.

조직특성에서 집단응집성이 매우 높은 경우에는 구성원들 간에 심리적 안정감과 서로 간의 신회로 인하여 리더의 인간관계적 행위가 별로 필요 없게 된다. 조직의 공식화된 정도가 높은 경우에는 과업지향적 리더십 행위는 불필요하게 만든다. 이미 규칙, 규정, 정책 등이 세부적으로 공식화된 조직에서 리더의 지시와 통제가 크게 필요하지 않기 때문이다. 리더의 지위권력이 낮은 경우 리더의 간계행동과 과업행동의 효과는 줄어든다.

또한, 구성원들이 지리적으로 멀리 떨어져 있어서 접촉이 매우 제한된 상황은 리더의 관계행동이나 과업행동의 영향력은 크게 약화된다.

과업특성에서 보면 과업이 단순하고 반복적인 상황은 부하들이 단기간에 필요한 지식과 기술을 습득할 수 있어 과업지향적 리더십이 거의 불필요하게 만든다. 과업수행 결과가 자동적으로 피드백 되는 시스템을 갖추고 있다면 리더의 과업 지향적 리더십 행위는 거의 불필요하게 된다. 과업이 흥미를 유발하고 만족을 주는 경우, 부하들의 지루함을 달래주기 위한 과업지향적 리더십은 불필요하다.

부하특성에서 보면 전문적 직업주의정신이 투철하다면 과업지향적 리더십 행동과 관계지향적 리더십 행동은 불필요하다. 또한 풍부한 경험이나 훈련은 리더의 과업지향적 리더십 행동에 대체요인이 된다. 보상에 대해 부하들이 무관심하다면 리더의 관계행동과 과업지향적 행동의 효과를 약화시키는 중화요인으로 작용하게 될 것이다.

〈홍명보 감독의 소통과 팀 중심의 리더십〉

축구를 좋아하거나 자주 관람하는 사람이라면 경기장에서 감독이 어디에 앉는지 쉽게 알수 있다. 벤치의 맨 끝자리가 일반적으로 감독의 자리로 인식되어있고 관례처럼 그 자리에 대부분의 감독들이 앉는다.

그런데 홍명보감독은 코치들 사이에 앉는다. 공격담당 코치와 수비담당 코치사이에 자리한다.

런던올림픽이 끝나고 대표팀 스태프 중 한 명이 궁금해 하며 홍명보감독에게 그 이유를 물었다고 한다.

홍명보 감독의 대답은 다음과 같았다. "코치들과 이야기를 하고 싶고 그렇게 해서 답을 내리고 싶다. 경기 도중일수록 더 필요한 일이다. 경기 상황에 따라 순간순간 빠르게 상의해 가장 효과적인 답을 내놓아야 한다. 나 혼자서는 잘 할 수 있는 일이 아니다. 근데 만약 내가 끝에 앉아 있다면 바로 옆에 있는 코치하고만 이야기 할 수밖에 없지 않겠나. 멀리 있는 코치하고는 걸러 얘기해야 하는데 효과적이지도 않고 또 불편한 일이다.

양 쪽에 코치가 있다면 이야길 하는 걸 가까이 들을 수 있고 또 코치끼리 의견을 주고 받을 수 있다. 양 쪽의 코치는 수비(김태영)와 공격(박건하) 전문가로 한 쪽이 수비나 공격을 말하면 다른 쪽에서 그에 대응하는 대처법이나 상황을 제시해 더 좋은 답을 내올 수 있다. 최종 결정은 감독의 몫이기 때문에 내가 가운데 앉아 있지만 중요한 건 최대한 다양한 의견을 나눠 최선의 답을 찾는 그 과정이다."

이것은 다양한 채널을 통해 해당분야의 전문가들과 소통하고 이를 통해서 빠르고, 정확한 의사결정을 하고자 하는 홍감독의 소통의 리더십을 보여준 단면이라 할 수 있다.

그는 또한 경기 전후 벤치에 앉아 있는 선수들에게 일일이 다가가 악수를 나눈다. 선발로 나서지 못한 교체 선수들에게 존중의 의미로 담고 있다고 한다. 선발로 나서 경기를 치르는 선수들이 중요한 만큼 벤치에서 뒤를 받치는 선수들이 선발 못지않게 중요한단 마음에서다. 강한 팀이 되기 위해선 주전 몇 명이 아니라 백업 선수들을 포함한 팀 전체 선수들이 하나로 강하게 묶여야만 한다는 걸 너무나 잘 알고 있는 감독이기에 가능한 것이리라.

홍명보 감독에게 중요한 건 선발이냐 교체냐가 아니고 하나의 팀으로 팀 구성원 전체가 무엇보다 우선한다고 한다. 실망하거나 사기가 저하될 수 있는 벤치 선수들에게 일일이 다가가 악수를 나누는 것도 이 때문이며 존중과 소통의 리더십을 통해 One Team을 지향한다.

Team Work, Team Spirit을 강조하는 홍명보 감독의 지향점은 경기 내용과 전술에 있어서도 고스란히 담겨있다. 스타 플레이어 한명보다는 팀 중심 경기 팀 중심 플레이를 통해 하나되는 팀의 축구를 하고자 하는 것이다.

홍명보감독이 이끄는 대한민국 축구팀의 다음 경기가 벌써부터 궁금해진다.

(2013. 07. 20. 홍명보 감독의 첫 번째 A 대표팀 경기를 보고)

참고문헌

-박계홍 · 김종술, 변화와 혁신을 위한 리더십, 학현사, 2013.

-변상우, 글로벌 리더를 위한 리더십 개발과 훈련, 도서출판 청람, 2012.

-김남현, 리더십 4판, 경문사, 2009.

-K. Blanchard, P. Zigrmi and D. Zigrmi, Leadership and the One Minute Manager: Increasing Effectiveness Through Situational Leadership, New York: William Morrow, Used with permission, 1985.

-Daft, R. L., The Leadership Experience, Mason, OH: South-Western, 2008.

-스튜어트 프리드먼 지음, 홍대운 옮김, 와튼스쿨인생특강, 비즈니스북스, 2013.

-현미숙, 뛰어난 리더는 어떻게 만들어 지는가, 원앤원북스, 2013.

-매일경제신문사, 세계의 작은 거인들, 매일경제신문사중소기업부편, 1996.

-이유재, 서비스마케팅, 학현사, 2000.

-장세진, 경영전략, 박영사, 2000.

-마이클J. 골드버그저, 박헌준역, 성공경영을 위한 에니어그램 리더십, 김영사, 2001.

제11장 현대적 리더십이론

1 미래 경영자의 요건 슈퍼 리더십

자기 밑에 뛰어난 인재가 없다고 말하는 관리자는 무능한 관리자이다. 성공적인 관리자가 되기 위해서는 평범한 사람을 인재로 키울 수 있는 능력이 있어야 하며, 이것이 바로 수퍼 리더십의 요체이다.

슈퍼 리더십(super leadership) 이론을 체계화하고 최초로 주장한 Manz와 Sims(1980)는 리더십에 대한 전통적인 개념과는 근본적으로 다른 접근을 수행했다. 슈퍼 리더십은 셀프 리더십을 자극하고 활성화 하는 데에 주요 목표가 있으며, 외부 영향력은 셀프 리더십을 이끌어내기 위해 과정한 필요한 것으로 보고 있다.

장애를 극복한 헬런 켈러의 전기에서 헬렌 켈러가 위대했지만 리더십 관점에서는 그렇게 할 수 있도록 열성적으로 지도했던 앤 설러번선생이 더 위대하다고할 수 있다.

우리의 조직구성원들은 매일 바쁘게 움직이고 있다. 그럼에도 불구하고 기업의 성과는 나아지지 않는다. 왜 그럴까? 전략이 문제인가? 조직이 문제인가? 이제는 보다 근본적으로 우리의 위치를 재점검하고 나아가야 할 방향을 다시 설정해야 할 때이다.

1) 인재육성과 수퍼 리더십 효과

가) 인재육성

그렇다면 어떻게 하면 경쟁우위를 가질 수 있는가에 대한 해답은 자명하다. 바로 가치창출에 결정적 차이를 가져올 수 있도록 조직구성원들의 역량을 키우는 것이다.

이를 위해 필요한 것이 수퍼리더십(Super Leadership)이다. 수퍼 리더는 자기 부하를 Self-Leader로 키우는 리더를 의미한다.

미래에는 눈에 보이지 않는 자산으로 경쟁을 하게 된다. 더하여 조직의 규모가 커지고 환경변화 속도가 빨라지면 한 사람이 중앙에서 지시 · 통제하는 스타일로는 성공적인 경영을 할 수 없다. 따라서 조직구성원 개개인이 충분한 역량을 가지고 제 역할을 충실히 수행해 주어야만 기업이 성장할 수 있다.

예를 들어 고객을 직접 접촉하는 일선 부서의 중요한 사명중의 하나는 고객만족도의 제고이다. 이를 위해서는 고객의 요구사항을 정확히 판단하여 즉시에 해결해 주는 능력과 권한이 요구된다. 과연 지금 우리의 구성원들은 이에 걸맞은 역량을 구비하고 있는가?

역량이 구비되지 않은 상태에서는 아무리 많은 권한을 부여한다 해도 의미가 없다. 자율경영도 역량 구비라는 요건이 선행되어야 그 효과를 발휘한다. 과거 리더의 역할이 현 시대에 잘 맞지 않는 것도 바로 이 때문이다. 앞에서 '나를 따르라'는 식으로 구성원들을 끌고 가는 역할이 아닌 스스로 문제를 파악하고 해결할 수 있는 능력을 배양해 주는 역할이 더욱 중시되는 것이다.

수퍼리더와 다른 유형의 리더를 비교하면 [표11-1]와 같다. 수퍼리더가 다른 유형의 리더와 근본적으로 다른 점은 자율경영이 가능해 지도록 능력을 개발하는데 초점을 두고 있다는 것이다. 부하직원들의 잠재능력을 최대한 발휘할 수 있도록 자극을 주고 스스로 모범을 보이며 궁극적으로는 관리가 필요 없는 그러한 수준으로까지 조직의 힘을 키우는 것이 바로 수퍼리더의 역할이다.

표 11-1 4가지 유형의 리더십

구분	강자형리더	거래형리더	영웅형리더	수퍼리더
초점	명령	보상	Vision	Self-Leadership
권력유형	직위/권환	보상	관계적/영갑적	공유가치
추종자반응	강압에의한 복종	계산상 복종	리더 Vision에 기초한 감정적 동화	주인의식에 기초한 동화
리더의 전형적 행동	- 지시/명령 - 목표 부여 - 협박 - 징계/질책	- 상호교환적 - 목표선정 - 조건부 보상 - 조건부 징계/질책	- vision의 교감 - 리더 가치관 강조 - 훈계 - 교화적 설득	- 유능한 Self-Leader 되기 - 긍정적 사고패턴의 창출 - 보상/건설적 징계를 통한 Self-Leadership 개발 - Self-directed Team 조성 - Self-Leadership 문화의 촉진

나) 슈퍼리더십의 효과

슈퍼 리더십의 효과로는 구성원들의 열의와 동기, 능력으로부터 얻어지는 성과의 향상과 혁신성의 증가를 들 수 있다. 뛰어난 직원들을 배출하기 위한 가장 실행 가능한 매커니즘을 제공하고, 각 개인 내부에서 작용하는 셀프 리더십 시스템을 촉진함으로써 성취된다.

다른 사람으로 하여금 스스로를 리드하도록 이끌어 주는 것이야말로 활기, 창의성, 열정 그리고 무엇보다도 개개인 고유의 무한한 잠재력을 발굴하게 하는 열쇠이다. 슈퍼 리더십이란 바로 구성원의 상상을 초월할 정도의 뛰어난 능력을 발굴해 내는 것을 의미한다.

2) 슈퍼 리더십의 제반 요소와 슈퍼리더의 3가지 역할

가) 슈퍼 리더십의 제반요소

만쯔와 심스(1991)는 슈퍼 리더십을 달성하기 위해서는 단계별로 '셀프리더가 되어라', '셀프 리더십 모델이 되어라', '자신의 목표를 설정하게 하라', '긍정적인 사고를 하게하라', '보상과 건설적 질책을 통해 셀프 리더십을 개발하라', '팀 워크를 통해 셀프 리더십을 증진 시켜라', '셀프 리더십 문화를 촉진하라'라는 슈퍼 리더십 달성을 위한 7단계 과정을 아래와 같이 제시하였다.

① 모델링

모델링은 슈퍼 리더십의 첫째이자 여러 면에서 가장 중요한 단계이다. 관리자는 다른 사람들을 성공적으로 리드할 수 있기를 기대하기 전에 자기 자신부터 효율적으로 리드하는 방법을 배워야 한다. 결국 리더 자신의 셀프 리더십 행동이 다른 사람들에게 효과적인 영향력을 미칠 수 있는 강력한 모델이 되는 것이다.

② 목표 설정

부하의 셀프 리더십 발현을 위해 목표 설정 역시 중요한데 목표 설정은 성과 목표뿐만 아니라 독창성, 책임의식, 자율적인 동기부여 및 지시를 지향하는 목표 또한 슈퍼 리더십의 중요한 요소가 된다. 이 목표는 도전할 만하면서도 성취가능하고, 부하들에게 구체적이면서 의미 있는 것으로 설정되어야 한다.

③ 격려와 지도

효율적인 셀프 리더십 발휘를 위해서는 격려와 지도를 필요로 한다. 리더는 부하들의 독장성화 자율성을 격려하고 확신시켜야 한다. 따라서, 셀프 리더십 기술을 발전시키도록 지도하고 돕는 것이 리더의 역할이 된다.

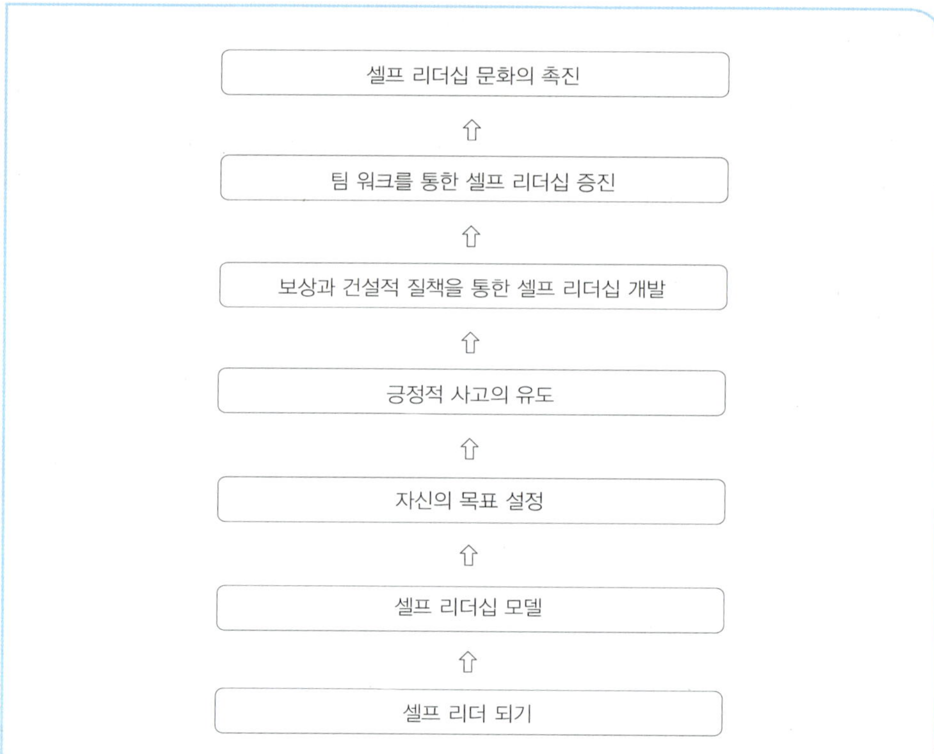

그림 11-1 ▶ 슈퍼리더십 달성 7단계

※ 자료: 안상준 · 박경록 · 서규훈 공저, 리더십 핵심이론과 실무, 동방의 빛, 2013, p.101.

④ 보상과 질책

슈퍼리더는 보상과 질책을 능숙하게 이용할 수 있어야 한다. 부하들이 독창성을 발휘하거나 자기설정 목표, 자기관찰, 자기보상 등과 같은 리더십 전략들을 효율적으로 이용했을 때는 적절한 보상이 주어져야 한다. 특히 셀프리더로 발전시키려는 목표와 균형을 이루는 것이 필요하다.[1]

1) 안상준 · 박경록 · 서규훈 공저, 리더십 핵심이론과 실무, 동방의 빛, 2013, pp.101-102.

나) 수퍼리더의 3가지 역할

첫째, 슈퍼리더는 스스로 훌륭한 셀프리더의 모델이 되어야 한다. 슈퍼리더가 효과적인 셀프 리더십을 보이게 되면 하급자들은 그들을 자신의 롤 모델로 생각하고 관찰과 실습을 통해서 그 내용을 하나씩 터득하게 된다. 이를 위해서 리더는 자기개발을 통해 자질과 능력을 개발하여 부하들로부터 인정받고 신뢰받는 리더가 되어야 한다.

둘째, 스스로가 셀프 리더가 된 리더는 부하들을 셀프 리더로 만들어야 한다. 이를 위해서는 부하들 스스로 목표를 설정하게 하고 목표 달성에 대한 의욕과 책임의식을 심어주어야 한다. 하급자들을 셀프 리더도 육성하는 단계에서는 슈퍼리더의 안내와 격려가 필요하다. 슈퍼 리더는 하급자가 스스로 과업에 대한 방향을 설정하며 개선방안을 고안해내고 과업을 재설계할 수 있는 역량을 갖추도록 유도해야 한다.

셋째, 집단을 부하들의 자발적 활동을 격려하고 자극할 수 있는 자율적인 운영체제로 전환시키는 것이 필요하다. 조직구성원들이 자발적 리더가 되고자 하지만 조직의 문화나 시스템, 권한관계, 조직체계가 이런 성향을 용인하지 않는다면 조직 구성원들의 자발적인 리더십은 구체화되고 현실화되기 어렵다. 따라서 이러한 자율적인 분위기를 인정할 뿐 아니라 이를 고무시키는 조직내부의 여건 조성이 필요하다.

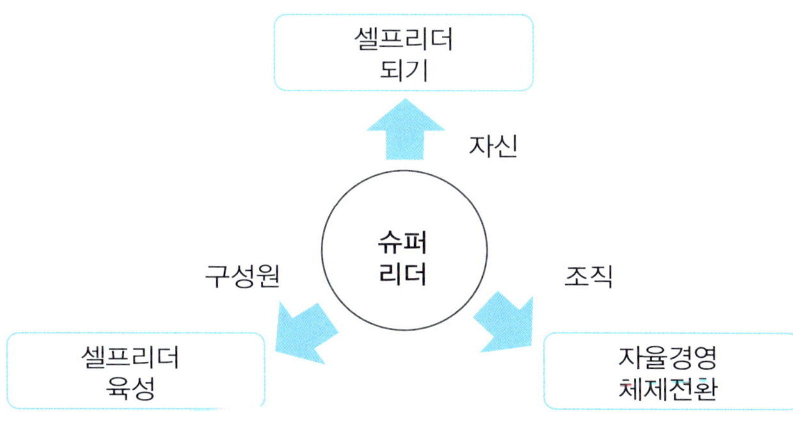

그림 11-2 ▶ 슈퍼리더의 3가지 역할

※ 자료: 안상준 · 박경록 · 서규훈 공저, 리더십 핵심이론과 실무, 동방의 빛, 2013, pp.103.

2 셀프 리더십(Self-Leadership)

1) 셀프 리더십 개념

사회가 변화하면서 조직구성원들의 자발적인 노력과 조직에 대한 열정을 이끌어내기 위해서는 조직 구성원이 다른 사람뿐만 아니라 자기 자신에게도 영향을 줄 수 있다는 새로운 관점이 바로 셀프 리더십이다.

여기서 셀프의 의미는 '자아'의 개념으로 이해할 수 있는데, 이는 인간 내부의 기본적인 성향인 '자율성'을 강조한 것으로서, 피동적인 성향에서의 리더십이 아니란 점을 강조하는 것이다. 이런 셀프 리더십을 타고나는 것이 아니라 학습을 통하여 얻어질 수 있다.[2)]

그러나 이 셀프리더십은 개인의 특성으로서 누구나 가지고 있지만 개인에 따라 그 잠재력에 큰 차이가 있으며 상습이나 교육에 의해 고무되거나 발전되고, 개인적 수용력에 따라 성과가 달라진다.

셀프 리더십은 과업이나 직무를 수행하기 위해 필요한 자기주도와 자기 동기 부여을 이루기 위해 스스로 자신에게 영향력을 행사하는 과정으로 자신의 개인적인 목적을 달성하는 데 스스로에게 동기를 부여할 수 있도록 자신의 틀을 개발하는 것이 중요하다.

셀프 리더십은 차여와 권한이양(Empowerment)을 넘어서는 개념이며 자기경영(self management)를 포함하는 개념이다. 셀프 리더십은 자신을 변화시키고 기준을 평가할 수 있게 하며 조직이 무엇을 해야 하고, 왜 해야하며 또 그것을 어떻게 할 것인지를 알 수 있게 해준다.

셀프 리더십은 "스스로 자기 자신에게 영향을 미치기 위해 사용되는 행위 및 인지전략을 통틀어서 일컫는다"고 하였으며 이것은 사람들로 하여금 높은 성과를 올리도록 이끌어주는 자율적인 힘을 셀프 리더십이라고 한다.

전통적 관리기능과 셀프 리더십의 개념을 비교해 보면 가장 큰 차이는 외부의 통제와 내부의 자율이다. 셀프 리더십은 인간의 근본적인 자기통제시스템을 자극하여 스스로

---

2) 허갑수 · 변상우, 파워 리더십, 도서출판 청람, 2013, p.366.

동기유발하게 되는 자유의지의 실현을 도입한 결과이다. 전통적 관리기능에서 셀프 리더십 기능으로의 변하는 인간에 대한 인식의 근본적 변화이다. 전통적 관리기능과 셀프 리더십의 개념을 다음의 표와 같이 정리할 수 있다.

표 11-2 전통적 관리기능과 셀프 리더십의 비교

전통적인 관리기능	셀프 리더십
외부관찰	자기관찰
주어진 목표	자기설정 목표
과업수행에 대한 외부강화	셀프 리더십 행동에 대한 자기강화
외부보상에 따른 열중	일 자체의 자연적 보상에 근거한 열중
외부로부터의 비판	자기비판
외부로부터의 문제해결	스스로의 문제해결
외부로부터의 직무할당	스스로의 직무할당
외부로부터의 과업계획	스스로의 과업계획
부정적 관점	긍정적 관점
조직의 비전에 의존	종업원이 함께 창조한 비전에 대한 헌신

※ 자료: 허갑수 · 변상우, 파워 리더십, 도서출판 청람, 2013, pp.366-367.

타인을 Self-Leader로 만드는 수퍼리더가 되기 위해서는 스스로가 먼저 Self-Leader가 되어야 한다. 스스로 일을 찾아서 해결하지는 못하면서 부하직원에게만 강요를 해서는 신뢰감을 얻을 수 없다. 자신의 행위가 과연 부하직원들이 보고 배울만한 가치가 있는 행위인가, 고쳐야 하는 행위는 없는가에 대한 깊은 성찰을 통해 강점은 잘 발휘하고 약점은 최대한 보완하는 자기계발의 노력이 필요한 것이다.

이를 위해서는 먼저 자신이 고쳐야 하는 행위에 대해 되도록 객관적인 관점에서 정보를 모아야 한다.

그러나 스스로 자각하지 못하는 것이 보통이므로 부하직원들로 하여금 자신을 평가하게 하는, 즉 상향평가방식을 도입하는 것도 좋은 방법이 된다.

변화시키고자 하는 행위가 파악되면 여기에 대해 스스로 목표를 설정하는 것이 필요하다. 이때 목표는 될 수 있는 대로 구체적이어야 하며, 많은 노력을 기울여야 달성할 수 있을 정도로 어려운 수준이어야 한다. 그리고 이렇게 설정된 목표는 부하직원들에게 공표 하는 것이 좋다. 부하직원들에 대해 자신이 노력하는 모습을 보임으로써 귀감이 될 수 있으며, 또한 스스로에게 약속을 더욱 강하게 하는 효과가 있기 때문이다. 목표에 대한 평가 또한 매우 중요하다. 특히 외부로부터의 평가가 없기 때문에 자기평가를 엄격하게 하지 않으면 변화의 노력을 계속 유지하기 어렵다.

부하직원들에게 생산성을 강조하고 채찍질하기 전에 먼저 자신에 대한 깊은 성찰과 자기계발의 노력이 선행되어야 하는 것이다.

2) 셀프 리더십 전략

셀프 리더십은 개인이 스스로 자신에게 영향력을 행사하는 방법에 대한 행동적, 인지적 부분 모두를 포괄하는 넓은 개념으로 개인 유효성에 긍정적 영향을 줄 수 있도록 설계된 구체적인 행위적, 인지적 전략들로 구성되어있다. 이러한 셀프 리더십 전략은 행동전략, 내적 보상전략, 인지적 전략의 세 가지 범주로 구분될 수 있다.

3) 셀프 리더십의 핵심 조건

모든 사람들은 스스로에게 자신이 리더이다. 자기의 삶의 목표에 맞추어 성과를 올릴 수 있도록 하는 것이 바로 자기 자신이기 때문이다. 셀프 리더십은 자신에게 영향을 미치는 지속적인 과정으로 셀프 리더가 되기 위해서는 몇 가지의 조건이 필요하다.

① 자기관찰을 통한 목표 설정하기

"당신의 목표는 무엇입니까?"라고 질문을 받았을 때 스스로에게 목표가 없다면 아직까지 스스로에 대하여 충분한 고민을 하지 않은 것이다.

셀프 리더는 끊임없는 자기관찰을 통해 자신의 목표를 설정하고, 스스로를 철저하게 관리하고 통제하며 지속적인 개선을 도모한다. 이러한 행동전략은 구체적인 목표설정에서 기인한다.

성공적인 셀프 리더는 매우 구체적인 목표목록을 가지고 있다.

지금이 자신을 위한 구체적인 목표목록을 작성할 때인 것이다.

② 매 순간 자기목표 상기하기

설정된 자기목표를 항상 상기하고 있어야 한다. 셀프 리더는 스스로 자신이 무엇을 원하는지 늘 관심을 기울인다. 이를 위해 하루의 시간계획, 주간계획, 월간, 연간계획과 중장기계획이 수립되어있어야 하며, 이 모든 것들은 자기목표달성을 위한 단계로서 가능한 한 시각적으로 확인할 수 있도록 하여 비치하는 것이 좋다.

표 11-3 셀프 리더십 전략

전략유형		과업지향적 리더십
행동전략	자기목표설정	자신이 직접 스스로의 목표를 설정함.
	자기존중	긍정적인 자기 가치관 평가를 통해 자기존재 인식
	자기연습	과업수행 전 과업에 대한 선제적 학습을 수행
	자기보상	목표성과 도달 시 스스로에 대한 보상실시
	자기비판	부정적 결과도출시 스스로에 대한 비판실시
내적 보상전략	자율과업 재설계	내적 보상수준 제고을 위한 과업 재설계
	작업환경 재설계	작업환경 재설계를 통한 내적보상 증진 노력수행
인지적 전략	건설적 사고패턴	건설적이고 효과적인 습관이나 패턴을 확립 (신념, 이미지 트레이닝, 자신과의 대화 등)

※ 자료: 허갑수 · 변상우, 파워 리더십, 도서출판 청람, 2013, p.369.

③ 부정적 요소는 제거하고, 긍정적 요소는 배가시키기

셀프 리더는 자신의 환경을 통제할 줄 알아야 한다. 무슨 과업을 수행하던 여기에는 부정적인 요소와 긍정적인 요소가 공존한다. 셀프 리더는 긍정적인 행동을 유발할 수 있는 동기들로 자신의 환경을 채워나갈 때 자신이 기대하는 것보다 더 높은 수준의 성과를 달성할 수 있게 된다.

부정적인 요소는 개인의 사기와 동기를 부여하는데 있어 저해요인이다. 부정의 마인드는 부정적인 요소들을 양산하는 생산라인인 것이다. 따라서 '나는 할 수 있다'라는 긍정의 마인드가, '해내고야 만다'는 신념이 자신의 행동을 변화시키게 되고 이는 큰 성과로서 나타나게 된다.

④ 인생의 목적에 부합하는 목표설정하기

목적이란 인생전체를 통해 얻고자하는 것이다. 이것을 '삶의 목적'이라고 하고 목표는 목적을 이루어가는 하나하나의 계단 내지는 단계라고 할 수 있다. 따라서, 단기적인 목표들을 잘 설정하여야 하고 이렇게 설정된 단기목표를 하나하나 달성해 나갈 때에 인생전체에서 목적하는 바가 조금씩 달성 될 수 있도록 짜임새 있게 설정이 되어야 한다.

⑤ 반복연습하기

스스로의 행동을 개선하기 위한 가장 좋은 방법은 지속적인 연습 내지는 학습이다. 단기적인 결과에 만족하지 않고 지속적이고 끊임없이 연습하는 자세는 셀프 리더에게 반드시 필요한 자질이다. 연습과 학습은 자신의 한계를 확인하고 이를 극복하는 시간이다. 이를 통하여 개인의 역량과 능력이 확대 재생산되고 스스로 성장하는 방법이다.

⑥ 보상과 벌칙 활용하기

셀프 리더가 가지는 작은 단위의 목표가 달성될 때 스스로에게 적절한 보상과 벌칙이 주어져야 한다. 물론, 이것은 스스로의 기준에 의해 자신에게 적용된다. 보다 의미 있는 개선을 위해서는 자신의 특성을 반영한 효과적인 보상과 벌칙규정을 정할 필요성도 있다.

크게 성공한 사람들의 공통적인 특징중 하나가 '스스로에게는 엄격하고, 타인에게는 관대한 사람'들임을 잊어서는 안된다.

⑦ 긍정적인 자기암시하기

스스로에게 할 수 있다는 자기암시를 통하여 자신을 응원하고, 자신감을 배양시키는 것이 필요하다. 내가 나를 믿지 못하면 누가 나를 믿어주고 응원할 것인가? 바로 나 자신이 나를 믿고 응원하고 용기를 북돋아 줄 때 타인에게도 내가 자신감 넘치는 리더로 보이게 되고, 그들도 나를 응원하게 되며 따르게 된다.

4) 셀프리더의 역할 모델

부하직원들에게 Self-Leadership을 행동으로 보여주는 것이 필요하다. 조직구성원들은 상급자의 행위에 많은 영향을 받기 마련이다. 특히 상황이 불확실한 경우에는 상급자의 행위 하나 하나가 그대로 바람직한 행위로 인식되어지는 경우도 있다.

역할모델이 되기 위해서는

① 문제를 찾아서 해결하려는 적극적인 자세

어느 부서나 업무를 보다 효율적으로 수행하기 위해서 해결해야 할 과제는 산적해 있다. 문제의 일부는 자체적인 노력으로 해결될 수 있을 것이고, 또 자체의 힘만으로 풀리지 않는 과제도 있다.

어떠한 문제이든 간에 부서의 장이 앞장서서 해결하려는 자세를 가져야 한다. 먼저 자체적으로 해결할 수 있는 과제들에 대해 집중하고 해결하자.

부서 내부에서 발생하는 문제들의 대부분은 부서장에게 책임이 있다. 부서의 업무분장이나 효율적인 수행방식에 대해 깊이 생각해 보지 않았다거나 부하직원들에게 불필요한 일을 지시함으로써 발생하는 문제들이 많은 것이다.

자기의 스타일에 문제가 있어 발생하는 문제에 대해서는 스스로를 변화시킴으로써 해결하려는 노력을 보여야 한다.

부서 차원을 넘어서는 문제는 상급자에게 적극적으로 건의하고 대안을 제시함으로써 해결의 실마리를 찾아야 한다. '나서기 싫다'는 식의 소극적이고 현실 안주하는 자세로는 부하직원의 신뢰감을 획득하지 못한다. 이렇게 앞장서서 문제를 해결하는 자세를 보임으로써 부하직원들에게 도전적이고 적극적인 태도를 키워 줄 수 있다.

② 항상 학습하는 자세

앞에서도 지적했듯이 앞으로의 사회에서는 눈에 보이는 자산보다는 보이지 않는 인간 자산이 경쟁우위의 핵심이 된다.

이를 확보하기 위해서는 '학습이 가능한 조직'이 되어야 하며, 이때의 학습은 환경의 변화에 소극적으로 적응하기 위한 배움의 차원을 넘어서는 창조를 가능하게 하는 학습이 되어야 한다.

수퍼리더로서의 관리자는 이러한 조직으로의 변화를 앞장서서 이끌고 가야 할 책임이 있다. 자신이 맡고 있는 업무를 충실히 수행하기 위해 공부하는 것도 중요하지만 미래의 성공적인 관리자가 되기 위해서는 부하직원들에게 미래를 창조할 수 있는 능력을 갖도록 해주는 것이 더욱 중요하다.

관리자 스스로 이러한 분위기를 조성하고 나아가 부하직원들을 가르쳐 줄 수 있는 실력을 배양하는 것이 무엇보다도 필요한 것이다. 관리자 자신을 포함해서 조직구성원들이 입사 후 조직에서 수년 동안 근무하면서 과연 무엇을 배웠는가, 배우려는 노력을 얼마나 경주했는가를 반성해 보자. 물론 조직에서 배움의 기회를 얼마나 제공했으며, 체계적인 교육을 위해 얼마나 투자했는가 하는 점에도 비난의 여지는 있다. 그러나 각자가 맡고 있는 일을 Off-JT[3]와 같은 교육방식으로 완벽하게 터득할 수 있는가를 생각해본다면 결국 실력배양은 주로 OJT[4]를 통해서 이루어질 수밖에 없다는 사실을 인정해야 할 것이다.

OJT의 주체는 바로 관리자이다.

맡고 있는 부서의 업무에 정통한 관리자가 이를 부하직원들에게 전수함으로써 실력배양이 이루어지는 것이다. 이처럼 담당분야의 전문가가 되기 위해서, 나아가 담당업무를 보다 효율적으로 수행하기 위해서도 끊임없는 학습이 필요하다.

외부적인 자극 때문에 공부를 하는 관리자는 성공할 수 없다. 스스로의 성공을 위해, 성취감을 맛보기 위해 노력하는 관리자만이 미래의 지식사회에서 성공할 수 있을 것이고 이러한 관리자가 많이 모인 조직이 성공하는 조직이 되는 것이다.

3) 셀프 리더십의 중요성

셀프 리더십이란 자기 스스로 자신의 인생의 방향을 설정하고 자신에게 주어진 일에 최선을 다하는 자기경영 마인드이다. 최근 기업이나 대학에서 자기계발에 대한 관심과 필요성이 높아지면서 '셀프 리더십'이란 용어를 많이 사용하고 있다. 자기 자신을 바꿈으로써 다른 사람들을 변화하게 할 수 있다는 셀프 리더십은 자기 영향력을 행사하기 위해 사용되는 사고 및 행동전략을 통틀어 일컫는다.

즉, 리더가 상대방에게 영향을 미치는 것에 관련된 일반적 리더십과는 달리 한 개인이 자기 스스로에게 영향을 미치며 리드하기 위해 취하는 행동으로서, 책임 있는 행동이라고도 할 수 있다.

---

3) Off-JT(Off the Job Training:실습위주의 현장교육이 아닌 이론위주 교육)

4) OJT(On the Job Training:실습위주의 현장교육법)

일본에는 '코이(koi)'라는 잉어가 있다고 한다. 일본인들이 관상용으로 즐겨 기르는 물고기 인데 이 물고기는 작은 어항에 넣어두면 5~8㎝ 정도밖에 자라지 않지만, 연못에 넣어두면 15~25㎝까지 자란다고 한다. 그런데, 이 물고기를 강물에 풀어주면 90~110㎝ 이상으로까지 자란다고 한다. 코이는 자기가 숨쉬고 활동하는 세계의 크기에 따라 아주 작은 물고기가 되기도 하고 대어가 되기도 한다는 것이다.

어떤 꿈을 꾸느냐에 따라 작게도 혹은 크게도 될 수 있는 것이다. '코이'의 크기를 결정하는 것은 환경이지만 스스로 어떤 환경을 선택할 것인가를 결정할 수 있는 것은 '우리자신'[5]이기 때문이다.

셀프 리더십에서의 통제는 궁극적으로 구성원 스스로가 자신에게 부과하는 자유통제이다. 통제가 어디로부터 나오든 그 효과는 전적으로 구성원들의 평가와 수용 여부, 그리고 의욕에 달려있다. 스스로 자발적으로 목표를 설정하고 스스로가 설정한 목표를 향해 능동적이고 자율적으로 움직인다. 스스로가 원하는 무엇인가를 달성하기 위하여 하는 자기활동인 것이다.

따라서 만족스러운 효과를 얻으려면 리더는 사람들이 스스로에게 영향을 미치는 방법을 파악해서 구성원들이 스스로 의사결정을 하고 자발적으로 참여하고 활동하게 하여야 하는 것이다.

쉬어가기

가장 좋은 리더는
부하들이 리더가 있는지 모르는 경우이고
그다지 좋지 못한 리더는 부하들이 순종하고 리더에게 박수를 보내는 경우이며, 가장 나쁜 리더는 부하들이 그를 경멸하는 경우이다.
그러나 좋은 리더들 중에서도 더 좋은 리더는 거의 말이 없이도 일이 완성되게 하고 목적을 달성하는 리더이다. 그리고 부하들이 일을 완성하고 나서 우리들 스스로 그 같은 일을 해냈다고 말할 수 있게 만드는 리더가 가장 훌륭한 리더이다.

5) 자료: 안상준 · 박경록 · 서규훈 공저, 리더십 핵심이론과 실무, 동방의 빛, 2013, pp.106.

주인의식으로 재탄생한 할리 데이비스

1969년 자전거 및 스포츠 용품제조사인 미국의 AMF 사는 이름값을 기대하며 할리 데이비슨을 인수한다. 이후 비용감축을 위한 구조조정을 했고 낮은 단가의 부품을 사용하여 제조비용을 낮추고 공정을 간소화 했다.

그 결과 창업 이래 80년 동안 지켜왔던 할리 데이비슨의 명성은 바닥으로 추락했으며, 일본 제품들이 미국시장을 잠식했고, 할리는 오토바이 업계의 웃음거리가 되었다. 심지어 할리의 충성고객인 호그(HOG: Harley Owners Groups)도 외면하기 시작한다.

이때, 할리 데이비슨의 창업자 손자인 윌리 데이비슨이 투자자들과 함께 1981년 8000만 달러에 AMF로부터 다시 사들여 새 출발을 하게 된다. 새주인들은 어떻게 해야 기업이 회생할 수 있는지를 잘 알고 있었다. 비용을 줄이면서도 품질을 높이는 데에 주안점을 두고 품질관리와 관련한 의사결정 권한을 일선 근무자들에게 맡겼다. 부품이나 납땜 상태가 새로운 할리의 기준에 걸맞지 않으면 누구라도 어느 단계에서나 생산을 중단하고 최종 상품을 교정할 수 있게 하였다.

일선 근로자들은 자긍심과 목적의식을 되찾고 주인의식을 발휘하기 시작했다. 그 결과로 할 리가 다시 훌륭한 오토바이를 생산한다는 입소문이 퍼져나갔다. 기업내부를 손보고 난 할리는 브랜드에 대한 고객의 인식을 바꾸는 일을 수행한다. 레이싱 행사나 호그 랠리에도 참여하여 고객을 직접 만나고 직접 소비자들의 불평과 쓴소리를 경청하여 하나하나 수정해 나갔다. 이것이 할리의 브랜드 충성도를 다시 높일 수 있는 계기가 되었고, 할리의 고객층이 대폭 늘어났다. 사회 변두리 계층이나 타던 저렴한 오토바이 이미지를 벗고 의사, 변호사 등 경제력이 있으면서도 강한 남성성을 되찾고 싶어 하는 이들을 유혹하는 고급 브랜드로 재탄생하였다.

하마하(Yamaha), 가와사키(Kawasaki), 혼다(Honda)가 현대적인 경주용 오토바이 시리즈로 미국 시장을 공략할 때 할리 데이비슨은 정반대의 브랜드 이미지를 구축했다. '마초'이미지의 복고풍을 추구하여 성공하였다.

할리 데이비슨의 성공은 구성원 하나하나가 스스로 주인으로 리더십활동을 할 수 있도록 권한을 부여한데에서 출발했다. 우리는 지금 우리가 속한 조직에서 주인인지 방관자인지, 구경꾼인지 다시 한번 생각해 보아야 겠다.

(리퀴드 리더십, 브래드 스졸로제 지음, 이주만 옮김, 유아이북스, 2013, pp.160-162, 참조)

3 변혁적 리더십과 리더십 카리스마

1) 변혁적 리더십의 개념

변혁적 리더십은 Downton(1973)에 의해 처음 주창된 이후 1980년대 초부터 많은 연구의 초점이 되었으며 최근 가장 많은 연구가 이루어지고 있는 분야중 하나이다.

변혁적 리더십은 부하의 정서, 가치관, 윤리, 행동규범 그리고 장기적 목표 등을 바꾸어 줌으로써 개인을 변화시키고 변혁시키는 과정이다. 여기에는 부하의 개인적 동기를 평가하고 그 욕구를 충족시키며 그들을 완전한 인격체로 대우하는 것이 포함된다.[6]

기업내부의 리엔지니어링, 인수합병, 조직의 분사 등으로 인한 많은 변화가 있어 리더에게는 어떻게 변화를 이끌지, 혹은 어떻게 적응해야 할지가 최대의 관심사이다. 변화란 쉽지 않은 일이다. 그러나 변화하지 못하는 기업은 도태되거나 사라질 수밖에 없는 것이 현실이다. 2009년 상반기까지 휴대전화 시장에서 세계 1위 자리를 고수하던 스웨덴의 노키아는 2013년 적자를 보이다가 2015년 매각되었고 2017년 현재는 노키아라는 브랜드를 기억하는 이들 마저도 거의 없게 되었다.

잭 웰치가 말했듯이 자기 쇄신을 하지 않는 조직은 소멸한다. 따라서 변화에 적긍하는 것을 넘어서 변화를 이끌어내는 리더십이 필요하다.[7]

변혁적 리더십은 통상의 기대한 것 이상의 성과를 창출해 내도록 하는 리더의 영향력으로 리더는 부하들에게 비전공유를 통해 조직 몰입도를 높여 부하들로 하여금 평소 기대했던 성과 이상을 달성할 수 있도록 부하들의 동기를 유발시키게 된다.

변혁적 리더는 부하들에게 조직성과의 가치와 의미, 성과 달성방법 등에 대한 인식수준을 높이고 집단이나 조직의 이익이 개인적인 이익보다 우선시 하며, 또한 개인의 욕구수준의 범위를 향상시킴으로써 조직목표달성에 기여할 수 있게 한다.

변혁적 리더십은 부하들의 업적과 관련되어 있으며, 부하들이 가진 잠재력을 초대한

6) 변상우, 글로벌 리더를 위한 리더십 개발과 훈련, 도서출판 청람, 2011, p.265.

7) 서성교, 하버드 리더십 노트, 원앤원북스, 2003, pp.161-162.

개발하는 것과도 관련이 있다. 변혁적 리더는 강한 내적 가치관과 궁극적 목표를 가지고 있으며, 부하들이 자신의 이익보다 먼저 공동체의 이익을 위해 행동(헌신)하도록 만드는 데 뛰어난 자지를 보인다.

변혁적 리더십의 구성요소로 Bass(1985)는 다음의 4가지를 핵심요소로 제시하였다.

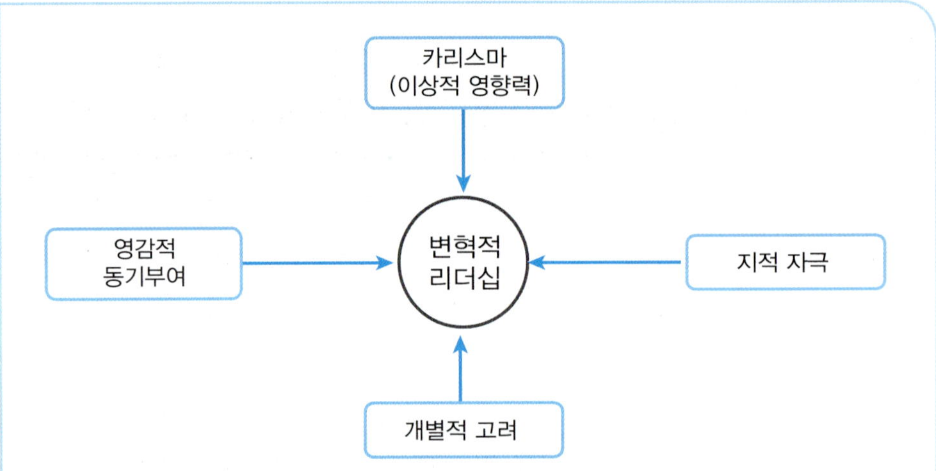

그림 11-3 ▶ 변혁적 리더십의 구성요소

① '카리스마'는 일반적으로 '개인이 지닌 신비로운 후광이나 위엄' 또는 '신의 은총' 등의 의미로 받아들여졌으며, 독재적인 리더십 또는 권위적인 리더십을 표현할 때 이용되었던 용어이나 Bass & Avolio(1990)는 '이상적인 영향력'이라는 용어로 사용할 것을 권장하였다.

변혁적 리더십에서의 카리스마란 바로 리더가 구성원들에게 미치는 이상적 영향력이다. 리더는 구성원 전체가 조직변화의 필요성을 인식하게 하고 동참하게 할 수 있는 비전을 제시해야 하며, 구성원들에게 비전과 사명감을 부여하여 공통의 지향점을 향해 매진하게 하여야 한다.

이를 위해서 높은 수준의 윤리적 행동기준을 가지고 있어야 하며 현실에 안주하지 않는 도전적인 자세를 견지하여야 한다. 따라서 구성원들은 리더가 항상 올바른 일을 하는 것으로 여겨 깊은 신뢰와 존경을 보낸다.

② 변혁적 리더는 영감적 동기부여(inspirational motivation)를 통해 구성원들에게 높은 수준의 기대감을 심어주고, 그들이 자신들의 비전과 미션달성을 위해 능력과

노력을 집중할 수 있도록 하는 것을 말한다.

따라서, 변혁적 리더는 구성원들이 개인적 이익을 넘어 조직의 목표달성을 위해 매진할 수 있도록 정서적으로 호소를 하거나 상징적인 행동을 한다. 대표적으로 팀 정신을 증진시키는 것을 들 수 있다.

③ 개별적 고려는 구성원 개개인이 가지고 있는 개인적 욕구를 인정하고 이를 받아들여 개별적 차원에서 조언과 지도를 하며 권한위임과 동기를 부여하는 것을 말한다. 때문에 리더는 부하가 자신의 과업에 익숙해지도록 돕는 코치와 조언자의 역할을 수행하며 이것은 개인적인 관계로 받아들여져 보다 높은 수준의 성과를 도출하게 한다.

④ 부하직원들의 창의성과 혁신을 유발하고 자극하는 지적 자극은 구성원들이 가지고 있는 신념과 가치를 새롭게 변화시키려고 노력하는 리더십을 말한다. 리더는 구성원들이 조직의 문제점을 발견하고 이를 해결하는데 보다 혁신적인 방법을 개발할 수 있도록 지원하고 시도할 수 있도록 격려한다. 그 결과로서 부하지원은 스스로 판단을 내리고 보다 신중한자세로 문제해결을 도모하게 된다.[8] .

하버드 경영대학원의 존 코터 교수는 기업이 원하는 변화를 성공적으로 이끌어가기 위한 방안으로 다음의 8단계 방안을 제시하였다.

1단계는 '위기감을 조성하는 단계'로 구성원들에게 변화하지 않으면 도태될 수밖에 없다는 위기의식을 조장하는 것이 필요하다. 스스로 변화에 대한 고민을 하게하고 조직이 변화하는데 자발적으로 참여토록 하여 스스로 변화의 주체가 될 수 있게 하여야 한다.

2단계는 '변화 선도팀 구성'으로 조직내에서 평판과 자질, 대인관계 능력이 뛰어난 사람들을 중심으로 팀을 구성하여 이들이 조직 전체의 변화를 선도할 수 있도록 하여야 한다. 이들은 조직 전체가 변화하는데 씨앗과 같은 역할을 수행하게 한다.

3단계는 '비전 재정립단계'로 현재의 비전을 뛰어넘는 변화하는 상황을 고려한 조직의 비전과 전략을 개발한다. 현재의 변화수준과 경향을 충분하게 반영하고 전체가 공감할 수 있는 명확하고 간결하게 작성하며, 비전의 달성가능성을 높이기 위한 구체적이고 상세한 계획과 예산을 편성하여 추진하여야 한다.

4단계 '커뮤니케이션' 단계로 재정립된 비전과 전략을 다양한 채널을 통하여 구성원들이 자발적으로 참여할 수 있도록 전파하여야 한다. 이런 커뮤니케이션을 통하여 구성

8) 변상우, 글로벌 리더를 위한 리더십 개발과 훈련, 도서출판 청람, 2011, p.267.

원들의 자발적 참여를 유도하고 비판적 세력을 설득할 수 있다.

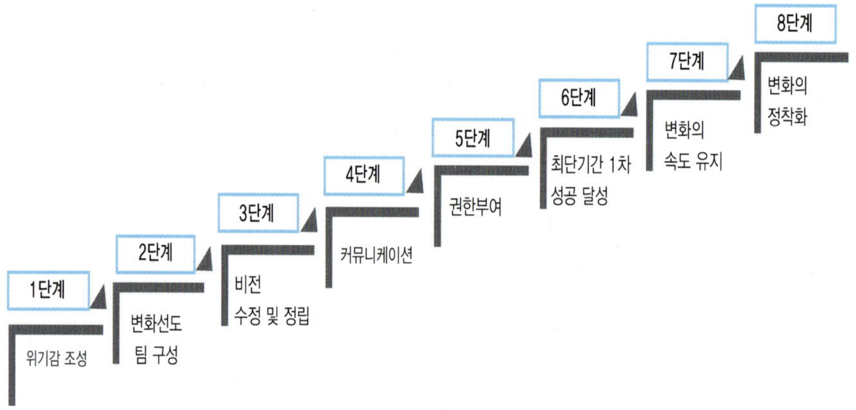

그림 11-4 ▶ 코터의 변화의 기술 8단계

※ 자료: 서성교, 하버드 리더십 노트, 원앤원북스, 2003, pp.164-167. 참조

5단계는 '권한부여'단계로 설정된 비전에 따라 자발적이며, 적극적으로 행동할 수 있도록 권한부여가 수반되는 단계이다. 일반적으로 책임은 크게, 권한은 작게 주어지는 것이 일반적으로 우리가 보아왔던 경향인데, 이제는 이런 형태로는 변화하는 환경에서 살아남는 조직이 될 수 없는 것이다. 따라서 구성원들의 자발적이고 능동적인 변화가 필요하다.

6단계는 최단기간에 1차 성공을 이루는 것으로, 이를 통해 구성원들의 신뢰가 형성된다. 또한 성공하는 조직은 더 많은 성공을 이룰 수 있으며, 성공해본 사람은 성공의 '맛'을 알게 된다. 이렇게 될 때 더 나은 결과를 창출해 내기 위해 더 많은 노력을 경주하게 될 것이다.

7단계는 '변화의 속도를 유지하는 것'으로 1차 성공에 도달하게 되면 이를 자양분으로 삼아 수정 제시된 비전의 달성을 위하여 지속적인 노력이 수행 되어야 한다.

8단계는 '변화의 정착화'로 이렇게 변화시킨 조직이 계속해서 선순환을 이루어가 수 있도록 하는 것이다. 시장의 변화, 기업간의 경쟁환경, 기업이 원하는 인재상, 기업문화 등 모든 분야에서 변화의 속도는 빨라지고 있다. 따라서 변화는 1회성의 이벤트가 아니라 지속적으로 수행되어야 하는 개인과 조직의 성장 사이클이 되어 지속되어야 한다.

2) 거래적 리더십과 변혁적 리더십의 비교

리더십 이론은 크게 두 가지로 대변되는데 첫째로는 조직의 목표와 일의 방향을 정해 놓고 구성원들에게 직무를 할당하고 그에 따라 직무를 수행하게 해서 그 결과로 나온 성과에 따라 보상을 하든지, 아니면 불이익을 주는 전통적인 거래적 리더십이다.

둘째로는 조직구성원들이 자발적으로 일할 수 있는 분위기를 만들어 주고 각자 자신의 목표를 설정하고 자신이 가지고 있는 능력 이상의 열정을 발휘하도록 하는 변혁적 리더십이 있다..

본질적으로 변혁적 리더십과 거래적 리더십은 큰 차이를 가지는데 그 내용은 아래의 표와 같다.

표 11-4 거래적 리더십과 변학적 리더십의 차이

구분	거래적리더십	변학적 리더십
현재노력	현상유지를 위해 노력	개선된 미래를 위해 노력
목표지향	현재 기준 높지 않은 목표설정	이상적인 목표설정
시간범위	단기적 전망	장기적 전망
동기부여	즉시적/가시적 동기부여	높은 수준의 개인적 동기부여
행동지향	규칙과 관례 준수	새로운 도전 지원/격려
문제해결	해답을 제시	질문으로 스스로 해결방안 모색 격려
영향기반	규칙과 전통에 의존	가치관과 감동을 통해 영향력 행사

※ 자료: 변상우, 글로벌 리더를 위한 리더십 개발과 훈련, 도서출판 청람, 2011, p.267.

변혁적 리더십은 구성원들이 자신들에게 기대되는 것보다 더 많은 것을 달성하게 하고, 구성원들은 자신이 속한 조직의 이익을 위해 개인적인 이익을 초월하려는 의지를 갖게 한다.

3) 리더십 카리스마의 개념

가) 리더십 카리스마의 개념과 특징

카리스마란 용어는 1947년 Weber에 의해 사용되었는데 이는 사람에게 초인간적이거나 비범한 능력이 부여된 특별한 성격이라는 것이다. 그리스어인 'charisma'는 은

혜, 신의 은총, 선물 등에서 유래된 단어로서 '보통사람들이 갖지 못한 어떤 능력이라 힘', '사람의 마음을 끄는 개인적인 독특한 힘'등을 의미한다.

카리스마적 리더십이론을 연구한 House는 카리스마적 리더는 부하들에게 특유의 영향력을 미치는데 있어 독특한 방법으로 행동한다고 주장하였다.

카리스마적 리더는 개인적 특성이 지배적이며 자신감에 차있고 다른 사람들에게 영향력을 행사하려는 강력한 욕망을 가지고 있으며, 도덕적으로 옳다는 강한 확신을 가지고 있다고 보았다. 이런 성격상의 특징은 아래의 표와 같이 정리된다.

카리스마적 리더십의 주요 이론들은 긍정적인 결과를 강조하고 있지만 부정적인 내용들도 간과할 수 없다.

카리스마적 리더십의 부정적인 내용을 보면,

첫째, 구성원들이 리더를 두려워해 좋은 제안을 내지 않는다.

둘째, 구성원들이 리더의 측근에 서기 위해 비판을 억제한다.

셋째, 무작정 리더를 숭배하여 오류를 발생시킨다.

넷째, 리더의 과도한 자신감과 낙관주의로 위험을 무시하거나 간과한다.

다섯째, 문제와 실패를 부정하여 조직학습이 감소된다.

여섯째, 위험하고 거창한 계획으로 실패할 가능성이 높다.

일곱째, 충동적이고 불합리한 행동은 지지자뿐 아니라 적도 만들게 된다.

여덟째, 리더 한사람에게 의존함으로써 유능한 후계자의 개발이 어렵다.

아홉째, 후계자 양성실패로 궁극적인 리더십 위기를 유발한다.

표 11-5 카리스마적 리더십 특징

구분	거래적리더십
성격특성	• 타인을 지배하고자 하는 우월감 • 영향력 행사에 대한 강력한 욕망 • 강한 자신감 • 확고한 가치관 확립
행동양식	• 강력한 역할모델로서 행동함. • 자신의 역량을 보여주고자 함. • 목표에 대한 자신의 주장이 분명함. • 구성원에 대한 높은 기대를 보임. • 부하에 대한 신뢰를 표현함. • 부하의 동기를 일깨워 줌.

구성원에 대한 영향력	• 리더의 이상이나 이념을 신뢰하게 됨. • 리더-부하간 신념의 유사성이 생김. • 리더의 목표나 주장을 망설임 없이 수용하게 됨. • 리더를 향한 애정/복종하게 됨 • 리더와 정서적인 일체감 형성/자신감이 커짐

지금까지는 카리스마를 특정한 개인만이 가지고 있는 특성으로 '바꿀 수 있는 여지가 전혀 없다고 생각했지만 최근에는 '카리스마'를 어떤 개인의 특성이 아니라 어떤 한 사람이 다른 사람에 대해 느끼는 개성이나 매력에 대한 인식으로 다루고 있다.

카리스마는 인식에 영향을 미친다. 따라서 카리스마는 어떤 사람이 그것을 가지고 있거나 없다고 하는 특정 자질을 일컫는 말이 아니라, 행동에 기초한 것이므로 단연코 선천적인 것이 아니라 개발될 수 있는 것이다.

탁월한 웅변술, 외모, 그리고 연기능령을 자기계발한 누군가가 수백명의 군중 앞에서 연설할 때는 대단히 카리스마적이다. 하지만 그 사람과 일대일로 대화할 때는 전혀 카리스마적으로 보이지 않기도 하는데 이는 일대일 사교 및 커뮤니케이션 기술이 없기 때문이다. 비슷한 상황에서 어떤 사람은 카리스마적이라는 평을 할 수 있지만, 또 다른 사람은 전혀 그런 매력을 느끼지 못하기도 한다.

우리의 모든 행동은 우리 스스로의 카리스마 형성에 기여하기도 하고, 카리스마를 희석시키기도 한다. 카리스마적인 사람들은 타인에게서 '카리스마적인 반응'을 조장하는 행동을 더 많이 보여준다. 어떤 사람들은 이런 행동을 거의 노력하지 않고 해내는데 이는 그들이 성장하는 과정에서 그런 가르침을 꾸준히 받았기 때문일 것이다. 다시 말해 누구라도 그 방법을 학습한다면 그처럼 해 낼 수 있는 것이다.

따라서, 카리스마는 행동에 기초한 것이기 때문에 측정이 가능하고 충분히 육성될 수 있다는 사실이다. 누구나 카리스마적인 사람으로 성장하겠다는 결심을 할 수 있고, 카리스마적인 행동들을 소화해 냄으로써 어떤 상황에서도 자신의 카리스마를 발휘할 수 있다.

카리스마는 비즈니스의 성공을 위해 필수적인 요소이므로 비즈니스 리더라면 특별히 관심을 가지고 주목해야 한다.[9]

9) 이용광 · 노주선역, 버드 해니 · 짐 서바스쿠 · 데릭 맥켄 저, 리더십 카리스마, 시그마북스, 2011, pp.17-21.

나) 리더십 카리스마 모델

카리스마 리더가 되겠다는 결심을 하는 1단계에서는 리더십 카리스마의 중요성을 확실하게 인식하여야 하며 리더십 카리스마 피라미드 모델에 대해서도 이해하고 카리스마 리더가 되겠다는 결심을 하여야 한다.

2단계 카리스마 기반다지기에서는 스스로에 대한 확고한 자신감을 갖는 단계이다. 비즈니스 환경에서의 카리스마에 대한 연구와 세계적으로 유명한 카리스마 리더들에 대한 관찰결과 카리스마 형성에서 결정적인 요소는 확고한 자신감으로 나타났다.

카리스마를 가진 사람 중 자신감이 없는 사람, 불안해 보이는 사람, 걱정이 많아 보이는 사람을 만나본적이 있는가? 당연히 없을 것이다. 외부에 드러내는 많은 행동은 우리의 내면세계를 반영한 것이다. 이는 우리의 모든 생각 및 행동을 규정하는 '좋아하는 것, 싫어하는 것, 태도, 기분' 등이 포함된다. 지속 가능한 카리스마의 개발을 촉진하는 수많은 내적요소가 있지만 자신감보다 더 중요한 것은 없다.[10)]

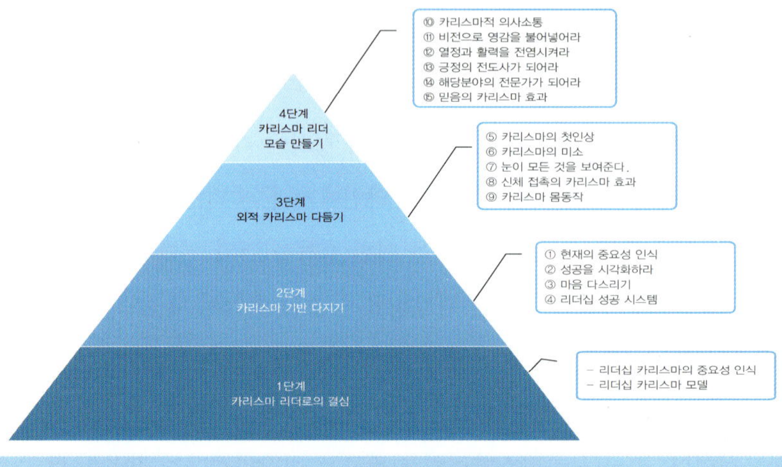

그림 11-5 ▶ 리더십 카리스마 모델

※ 자료: 이용광 · 노주선역, 버드 해니 · 짐 서바스쿠 · 데릭 맥켄 저, 리더십 카리스마, 시그마북스, 2011, p.32.

여기에 좋은 사례로는 잭 웰치나 스티브 잡스를 들 수 있다.

확고한 자신감은 다른 사람들에게 신뢰와 희망이라는 메시지를 전달한다. 이를 통해 카리스마적 반응을 유발하고 자기 확신을 높여준다.

---

10) 이용광 · 노주선역, 버드 해니 · 짐 서바스쿠 · 데릭 맥켄 저, 리더십 카리스마, 시그마북스, 2011, pp.45-46.

이를 구체적으로 나누어보면

(1) 현재의 중요성을 인식하는 것이다. 지금 현재가 내가 가진 전부인 것이다. 지금을 기준으로 내가 이루고자 하는 목표를 세워야 한다. 이때 목표는 일생동안 달성하기 힘든 목표를 세워야 한다. 이를 통해 항상 무엇인가 해야 할 일을 갖게 된다.

구체적으로

- 경력관리 및 비즈니스
- 인간관계와 가족
- 재정
- 건강
- 개인의 발전

등으로 나누어 설정해야 한다.

이때 중 · 장기 목표를 종합적으로 세워야 하며, 부수적으로 월별, 주별, 날짜별 이정표를 설정하여야 추진하여야 한다.

(2) 성공을 시각화 하여야 한다. 인간의 두뇌는 실제와 상상속의 사건을 구분하지 못한다고 한다. 두뇌는 실생활에서 경험한 모든 기억을 유지시면서, 동시에 상상한 적이 있는 모든 경험을 기억 속에 유지시킨다.

자신에 대한 믿음, 태도, 자신에 대한 강점과 약점에 대한 인식 등은 모두 두뇌 안에서 수년에 걸쳐 형성된다. 실제로든 상상 속으로든 인식해 온 모든 것은 현재의 우리를 만드는 데 영향을 미쳐왔다.

만약 나의 이미지가 긍정적이고 자기 확신적이라면 나의 외적인 행동은 이를 반영해 나의 내면에서 보고 느낀 것들을 외면의 거울로 나타낸다. 하지만, 자신에 대한 내면의 이미지가 생각보다 덜 긍정적이고 활력적이라면 이 역시 보여주는 행동에 반영된다.

시간이 경과하면서 자신에 대한 이런 해석은 더욱 강해시며 고착되어 바뀔 가능성이 점점 낮아진다. 두뇌는 점점 더 익숙한 방법으로 문제를 이해하고 해결하려고 할 것이다.

따라서, '프로그래밍'을 바꾸기 위한 결정을 의식적으로 노력하지 않는다면 세월이 지나도 같은 인생패턴을 지속하게 될 가능성이 높다.

우리의 두뇌가 실제와 상상속의 경험을 구분하지 못하는 점을 이용해 완전히 다른 프로그램으로 무장하여야 한다.

목표를 세우고 나서 시각화 과정을 통해 두뇌에 인식시켜야 한다. 성공적 경험을 지속적으로 두뇌에 인식시켜 실제로 겪었던 성공보다 더 많은 성공을 즐긴 것처럼 속이는 것이다. 이렇게 되면 '망상활성화계'가 활성화되고 두뇌는 목표달성을 위해 모든 가능한 기회를 찾아보도록 지시를 하게 된다.

시각화는 단순히 집중하고자 하는 것에 대한 분명하고 의미 있는 사진을 가장 기본적이고 접근 가능한 형태로 매일매일 눈앞에 나타나게 하는 기능이다.

(3) 마음 다스리기는 스스로의 마음을 긍정적인 방향으로, 선순환 할 수 있도록 하는 것이다. 사람은 끊임없이 자신과의 대화를 한다. 스스로에게 하는 말은 자신의 생각, 감정, 행동 양식을 지배하며, 매 순간 자신의 기분을 대변하고 자신이 처한 환경에 대응하는 방식을 좌우한다. 따라서 자신과의 대화를 통제하는 것은 스스로 추구하는 목표를 성취하는데 있어 매우 중요하다.

자기 자신에 대한 부정적인 대화를 하지 않아야 한다. '긍정적 단언'을 통하여 '자기 대화'를 긍정적으로 바꾸어 나가야 한다. 긍정적 단언은 자기 자신에 대한 스스로의 믿음을 설명하는 글을 작성하고, 기술한 내용을 정기적으로 상기하는 것이다. 시간이 지나면 자기 대화는 자연히 긍정적으로 바뀔 것이며 더 이상 부정적 사고를 허용하지 않게 된다.

긍정적 단언문을 작성은 1인칭 인물과 현재시제를 사용한다. '나는 000이다.' 그리고 '나는 000을 할 수 있다.'등으로 작성하며, 반드시 긍정적이어야만 한다. 그리고 자신의 감성을 담은 언어를 사용하여 문서로 작성하고, 짧고 핵심을 찌르는 단어로 작성하여 쉽게 기억하고 자기 것으로 소화하기 쉽게 만들어야 한다.

긍정적 단언의 사례로는

> 나는 카리스마적인 사람이다.
> 나의 자신감과 열정은 내가 하는 모든 일에서 빛을 발한다.
> 나는 친절하고, 진정으로 다른 사람들에게 관심이 있다.
> 나는 경청 능력이 뛰어난 사람이다.
> 나는 활력 넘치고 주목받을 만한 사람이다.

보다 카리스마적인 리더가 되는 단언의 예로는

> 나는 직원들이 최선을 다하도록 고무시킨다.
> 나는 나의 팀과 교류를 할 때마다 팀원에게 긍정적 변화를 이끌어 낸다.
> 나는 항상 직원들이 가진 가능성을 찾는다.
> 나는 직원들이 개인적으로 성공하도록 돕는 데 관심이 있다.
> 나는 내 팀에 없어서는 안 될 사람이다.
> 팀은 나를 긍정적 사고의 전도사이자 안내자로 본다.
> 나는 직원들로 하여금 그들이 할 수 있는 모든 것을 성취하도록 돕는다.
> 나는 전 팀원을 위한 역할모델이다.

등을 들 수 있다.

스스로가 조금이라도 덜 낙관적인 전망을 하는 순간, 카리스마를 약화시킬 수 있다. 다음 글은 보다 긍정적 전망을 조장하고, 자기 확신과 긍정적 성향을 강화시켜 주는 것들이다.

> 나는 항상 자신 있으며 뭐든지 해낼 수 있다.
> 나는 낙관적이며 어떤 어려움도 항상 긍정적으로 대응한다.
> 나는 내 감정을 통제하고 항상 긍정적인 쪽을 선택한다.
> 나는 나 자신을 대단하다고 느낀다.
> 나는 믿기 어려울 만큼 큰 능력을 가지고 있다.
> 나는 나 자신을 전적으로 믿는다.
> 나는 모든 일에 자신이 있다.
> 나는 내가 하는 모든 일에 성공적이다.

(4) 리더십 성공 시스템은 성취내용, 현재목표, 중기목표, 장기목표, 꿈, 자기암시로 구성된다. 성취내용은 말 그대로 오늘까지 스스로 성취 한 것에 대한 생각을 강화하는 것이다. 이 섹션을 꼼꼼하게 작성하고, 신중하게 읽어나가는 것이 무엇보다도 중요하다.

이것은 성취한 모든 것들에 대한 기억을 세밀하게 되살려주는 것으로 앞으로 일을 해 나가는 동안 부딪치게 될 부정적인 요소를 떨쳐버리는데 도움이 될 것이다.

현재목표 섹션은 어떤 일을 앞으로 추진해 나가거나 마무리하기 위해 오늘 당장 할 수 있는 활동에 대한 기록이다. 스스로 이 일을 하는 동안 목표에 한발 더 다가가는데 더 유리한 것이 있을지 살펴보도록 두뇌의 망상활성화계를 프로그래밍 시키는 것이다. 이런 과정을 통해 어떤 목표가 성취되면 스스로 그 성취를 기념할 필요성도 있다. 그 보상으로는 커피 한잔일 수도 있고 일주일간의 휴가일 수도 있다.

중장기 목표 섹션은 천천히 읽어야 한다. 각각의 목표를 성취했을 때의 느낌이 어떨 것인지에 대한 가시적 모습을 충분히 만들 수 있도록 그 내용에 집중해야 한다. 언젠가 어떤 중기 목표는 단기 목표가 될 수 있을 만큼 진행이 많이 된 것을 깨달을 수도 있다. 이 또한 성공의 하나다.

자기암시는 자기가 설정한 목표를 달성하고, 그 순간의 승리를 재생산할 수 있는 능력을 확인하기 위해 어떠한 부정적 자기 대화라도 기를 죽일 수 있는 자기 암시를 가지고 세상에 나아가라. 하루하루를 긍정적이 기분으로 출발하라.

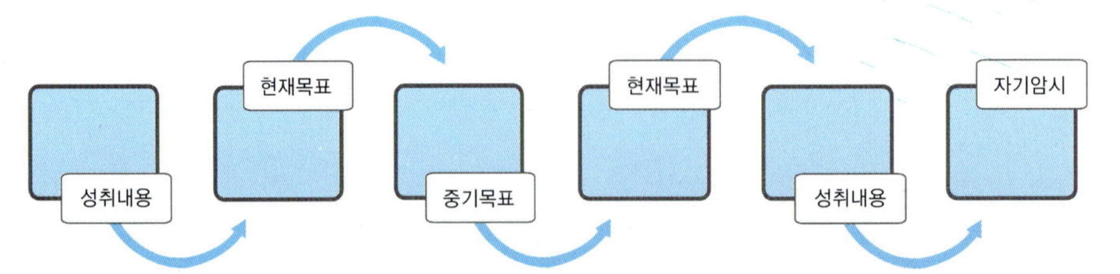

그림 11-6 ▶ 하루 15분 – 리더십 성공 시스템

※ 자료: 이용광 · 노주선역, 버드 해니 · 짐 서바스쿠 · 데릭 맥켄 저, 리더십 카리스마, 시그마북스, 2011, p.94. 참조.

3단계 외적 카리스마를 다듬는 단계에서는 외적 카리스마를 나타내는 요소로서의 몸동작, 신체접촉, 시선과 미소, 그리고 첫인상에 관한 것들을 다룬다. 카리스마 효과를 나타내는 요소들이 비언어적이라는 것과 비언어적인 행동들이 한데 모여 다른 사람들에게 카리스마적 메시지를 전달한다는데 주목해야 한다.

잘생긴 사람이나 세련된 옷차림 등은 다른 사람들의 시선을 주목 시키기가 용이하다. 그러나 어느 정도의 시간이 지나고 나면 그것만으로는 사람들의 주의와 흥미를 끌지 못한다. 그러나 카리스마적인 사람은 훨씬 더 오랫동안 사람들의 주의를 집중시키는데, 여기에는 외적인 매력이외의 어떤 이유가 있기 때문이다.

카리스마적 요소는 그 사람의 외양, 의상 보다는 몸짓(body language)과 더 관계를 가지고 있다. 카리스마적 사람의 미묘한 표정과 몸짓의 변화가 복합적으로 작동하여 전달하는 메시지에 결합되고 이것이 다른 사람과의 관계에서 교감하는 것이다.

이를 구체적으로 나누어보면

① '카리스마적인 첫인상'으로 자신감, 에너지, 젊은, 절제와 강렬한 이미지를 전달할 수 있도록 해야한다. 처음 보았을 때 만들어진 첫인상은 마지막까지 영향을 미친다. 따라서 서있는 자세를 바르게 하는 것과 신체를 곧게 펴는 것, 운동, 걸음속도, 앉는 자세를 체크하여 자신의 신체를 충분하게 가다듬어야 한다. 예로부터, 건강한 육체에 건강한 정신이 깃든다고 하였으며, 바른 자세는 스스로의 건강과 좋은 이미지를 만들어 낼 수 있다.

② '카리스마적인 미소'를 들 수 있다. 세계적인 인간관계 전문가이자 강사인 데일 카네기(Dale Canegie)는 "사람의 얼굴에 나타난 표정은 우리의 몸에 걸치고 있는 의상보다 훨신 중요하다"고 하였다. 웃음과 관련한 많은 관련자료를 보면 웃음은

- 기분을 좋게 하고, 보다 긍정적으로 만들어준다.
- 면역기능을 강화시킨다.
- 혈압을 낮춘다.
- 자신감을 높여준다
- 젊어 보이게 하고 좀 더 매력적으로 만든다.

고 한다.

프랑스의 신경학자 기욤 뒤셴(Guillaume Duchenne)은 '뒤셴 미소'와 '사교성 미소'의 2가지로 웃음의 유형을 구분했는데, '뒤셴미소'는 마음속에서 우러난 진짜 웃음으로 눈과 입이 함께 웃는 것으로 입 꼬리가 올라가고 뺨을 끌어올려 눈가에 주름이 만들어지는 것으로, '사교성 미소'는 입과 눈이 전혀 연결되지 않는 것으로 입 꼬리만 끌어올려지는 웃음이다. 몇몇 학자들에 의하면 '사교적 웃음' 일지라도 두뇌의 화학작용과 기분전환에 긍정적 효과를 가지고 있다고 한다.

③ '눈 맞춤(eye contact)'은 상대에게 '자신감'과 '신뢰'를 심어줄 수 있다. 눈 맞춤이 없다면 부정직, 신뢰할 만한 가치 부재, 책임회피, 교활함 등으로 해석될 수 있다. 반대로 적극적으로 눈을 마주칠 수 있는 사람은 상대방에게 높은 자신감가 신뢰도를 보이며, 이는 더욱 강력하고 오래 지속되는 인상을 준다.

미소와 마찬가지로 눈 맞추기와 자신감은 서로 긍정적인 관계가 있다. 자주 눈을 마

주치면 스스로의 자신감도 커지고, 더욱 커진 자신감으로 앞으로 점점 더 눈을 맞추는 행동이 쉬워진다.

긍정적인 눈 맞춤을 하는 방법으로는

- 상대방과 대화하는 동안 계속 편안한 눈길을 지속한다.
- 눈을 고정시켜 응시하지는 마라
- 3초에서 5초 간격으로 상대의 눈을 떠나도록 하라
- 왼쪽 눈을 3초에서 5초 쳐다본 다음 눈을 부드럽게 하여 상대방의 우측어깨부분으로 3초에서 5초 옮긴다.
- 다시, 오른쪽 눈을 3초에서 5초 응시한 다음 왼쪽어깨부분으로 3초에서 5초 옮긴다.

전체적으로 상대방과 대화하는 동안 약70에서 80%의 시간을 눈 맞춤하는 것을 목표로 하는데, 이보다 부족하면 관심이 덜한 것으로 받아들여지고, 이보다 많으면 지나치게 공격적인 인상을 줄 수 있다.

④ '신체접촉의 카리스마 효과'로 간단한 신체접촉만으로도 상대방을 안심시키고, 지지해주며, 칭찬과 위로, 또는 충고를 할 수도 있다. 슬픔에 빠져있는 사람에게 어깨를 감싸주는 접촉만으로도 큰 위안을 줄 수 있다. 인디애나 드포 대학의 심리학자인 매튜 허텐스타인(Matthew Hertenstein)은 눈을 가린 사람들에게 전혀 모르는 사람들이 접촉했을 때 실험자들은 사랑에서부터, 고마움, 역겨움 등 8가지의 전혀 다른 정서적 반응을 보인다는 것을 발견했다.

적절한 장소에서 적절한 타이밍에 함께하는 사람과의 긍정적 접촉은 인간관계를 개선할 뿐아니라 다양한 메시지와 신뢰감을 형성시킨다. 보디랭귀지의 대가인 앨런 피즈(Allan Pease)는 "여성은 대화중 신체접촉을 남성에 비해 4배나 더 한다"고 하였다. 신체접촉의 효과가 개인의 카리스마에 기여한다는 점에서 볼 때 주의해야 할 내용이다.

⑤ '몸동작'과 카리스마에 대한 이해가 필요하다. 아주 오래전부터 다윈과 같은 과학자들은 사람들 간의 관계에 있어 비언어적인 커뮤니케이션의 중요성을 강조했다. 그러나 아이러니컬하게도 현재까지 이런 주제에 대한 연구가 별로 수행되지 않았다. 리버사이드 캘리포니아 대학의 심리학과교수인 하워드 프리드먼(Howard Friedman)은 카리스마가 뜻하는 많은 부분은 비언어적인 커뮤니케이션을 구연할 수 있는 보디랭귀지

의 사용 능력이라고 판단하여 이를 측정하는 도구로서 '정서적 시험(ACT; Affective Communication Test)'을 개발하여 대화중 접촉 빈도나 표정, 진심으로 우러나는 웃음, 감성표현 등 다양한 비언어적 신호를 측정하였다.

그의 연구결과를 종합해 보면 '카리스마적인 사람은 자신의 기분을 말없이 다른 사람에게 전달한다'는 것이다. 고대 그리스에서는 카리스마를 '신으로부터 받은 선물'이라고 하였지만 다양한 연구결과 노력에 의해 달라질 수 있음을 알게 되었다.

손바닥을 상대에게 보이는 것으로 '나는 감추는 것이 없다'라는 메시지가 전달되며 '나를 믿으라', '나는 친밀감을 가지고 있다' 등의 말을 전하는 것과 같은 효과 있으며, 상대가 이야기를 할 때 살짝 상체를 앞으로 숙이는 것만으로도 '나는 당신이 하는 말에 대해 관심을 가지고 있다'라는 의미가 전달된다. 이때, 적당한 상황에 머리를 끄덕여주는 것 또한 좋은 방법이 될 수 있다.

다른 사람과의 관계에 있어서 심도 있게 고려해야할 것 중 하나가 거리이다. 개인적으로 누구나 '이동 금지구역'이 있다. 이 제한구역이 커지면 커질수록 다른 사람들이 당신과 더 친밀한 분위기를 만들기 어려워진다.

'개인공간' 개념의 창시자인 에드워드 홀(Edward Hall)은 모든 비언어적인 커뮤니케이션 중 가장 강한 도발은 상대방의 공간을 침범하는 것이라고 하였다. 이 공간에 대한 개념을 문화나 지역에 따라 아주 다르게 나타난다. 인구밀도가 높은 지역과 낮은 지역은 상대적으로 다른 결과가 나올 수도 있다.

다음은 북미지역에서의 개인공간의 한도에 대한 기준이다.

- 친숙한 공간 : 46㎝ 이내
- 개인 공간 : 46㎝ ~ 111㎝
- 사교 공간 : 1m ~ 4m
- 공공 공간 : 4m ~ 가시권까지

표 11-6 카리스마에 긍정적 몸동작과 부정적인 몸동작

긍정적인 몸동작	부정적인 몸동작
– 나는 아무것도 숨길 것이 없다: 양팔을 들어 상대에게 손바닥을 보여주는 동작 – 나는 진심이다: 양손을 자신의 가슴에 모으고 손가락이 거의 흉골에 닿게 – 내가 상황을 통제하고 있다: 손바닥에 농구공을 든 것처럼 팔은 가볍게 구부려 명치앞쪽에 위치 – 이것은 충분히 검토한 사안이다: 오른손 검지로 외손의 손가락을 차례로 헤아리는 것으로 하나하나의 사안을 충분히 점검했음을 강조 – 그게 바로 그것: 마치 태권도의 수도 내려치기와 같이 내려서 상체 앞에서 멈춘다. '내말은 끝났다', '맞아, 바로 그거야'등의 사인 – 양손의 손가락 끝 맞대기: 양 손가락 끝을 서로 맞대는 동작, 메세지에 대한 확신을 주는 것으로 메시지 신뢰도에 영향을 미치는데, 가슴높이에서 실시	– 양손을 얼굴 가까이 가져하기: 코를 만지거나 귀를 만지는 등의 동작은 '나는 거짓말을 하고 있다'라는 의미 – 손으로 입 가리기: '나는 무엇인가 속이려고 한다'라는 의미 – 팔짱끼기: 어떤 문화에서는 편안함을 주는 자세이기도 하지만, 다른 문화에서는 이 동작은 방어적이고 폐쇄적인 것으로 해석되기도 함. – 양손으로 배꼽아래 부분 가리기: 대단히 방어적이며 불안한 모습 – 손을 주머니 속에 넣는다: '무언가 숨기고 있다'는 몸동작 – 주먹을 쥐는 동작: 화가 났다는 의미 – 손가락 두드리기: '참지 못함', '아직 안 끝났어'라는 의미 – 두 팔을 등 위로 돌리는 자세: '내 입장은 분명하다', '당신과 말하고 싶지 않다'라는 의미의 메시지를 전달

※ 자료: 이용광 · 노주선역, 버드 해니 · 짐 서바스쿠 · 데릭 맥켄 저, 리더십 카리스마, 시그마북스, 2011, pp.105-168. 참조.

4단계는 '카리스마 리더의 모습 만들기'로 카리스마적 의사소통, 비전으로 영감 불어넣기 열정과 활력의 전염, 긍정적 전도사, 업무분야의 전문가 되기, 믿음의 카리스마 효과로 나눌 수 있다.

① '카리스마적 의사소통'

의사소통은 카리스마 리더로 인식되는 데 있어 가장 큰 영향을 미치는 것으로 나타났다. 카리스마적인 리더라 일컬어지는 사람들은 의사소통에 있어 탁월한 것으로 나타난다.

카리스마적 의사소통은 개인과 개인간의 의사소통과 일대 다수의 소통으로 나누어

볼 수 있다. 사업가들이 카리스마적 의사소통이라 할 때 대부분은 회의장에서 청중을 사로잡는 훌륭한 프레젠테이션을 떠올리게 된다. 그러나 프레젠테이션 기술만으로는 충분하지 않다

단상에서는 훌륭한 프레젠테이션을 하지만 일상적인 상황에서는 거의 카리스마가 없는 사람, 연설은 잘 못하지만 일상에서는 진정한 카리스마적 매력을 발산하는 사람도 있다.

개인적 차원에서 카리스마적 의사소통을 위한 7가지의 지침으로,

- 긍정적 관점을 견지하라
- 경청하라.
- 1 : 1로 소통하라
- 다른 사람들의 생각, 의견, 제안을 구하라
- 민감한 주제를 다룰 때는 솔직하게 대화하라
- 이의를 제기할수 있는 편안한 분위기를 조성하라
- 보편적인 예의를 지켜라

가 있다.

대중적 카리스마 의사소통을 위한 9가지 지침으로는

- 자신감을 갖도록 준비하라
- 만점을 받을 수 있도록 준비하라
- 열정과 활력을 자아내라
- 미소를 띠고 분위기를 만들어라
- 몸을 효과적으로 사용하라
- 영혼의 창을 활용하라(eye contact을 통해 모든 사람이 개인적으로 직접 말했다는 느낌을 받도록)
- 긍정적 언어를 사용하라
- 상상력을 동원하라
- 목소리를 카리스마의 도구로 사용하라

가 있다.

② '비전으로 영감을 불어넣기'

현재와는 다른 비전을 제시함으로써 구성원들이 행동에 나서도록 하는 것이다. 분명하지 못한 비전 때문에 많은 사람들이 스스로 무엇을 원하는지 혹은 어느 곳으로 가야하는지 알지 못해 방황하기도 한다. 이런 사람들이 흥미진진하고 분명한 비전을 가지고 있는 사람을 만나면 바로 매력을 느낀다.

강력한 리더의 비전은 현재로부터 미래에 이르기까지 모든 책임을 리더에게 맡기고 싶은 강한 충동을 갖게 한다.

카리스마 리더들은 단순한 회사의 비전을 만들거나 도입하는 것보다 한발 더 진일보해야 한다. 제시된 비전에 대해 사람들이 매력을 느끼고 이루어내기 위하여, 성취하기 위하여 자발적으로 참여하도록 만들기 위해서는 리더가 각각의 구성원들에게 매인 맞춤화시키는 작업이 필요하다.

그렇게 하기 위해서는 다음의 조건을 충족하여야 한다.

- 그 일이 중요하고, 의미 있어야 하며 사명감을 고취시켜야 한다.
- '그래서, 그게 나한데 뭔데?'라는 질문에 답해야 한다.

첫 번째 사항을 충족시키도록 다듬는 다면 일에 있어 고무적이게 될 것이다. 그리고 나서 두 번째 사항을 다루어라, 그러면 카리스마를 가지게 될 것이다.

카리스마적 비전이란 '직원들에게 그들 자신이나 생계보다 어떤 더 중요한 일에 종사하고 있다는 정신적인 보상과 느낌을 주는 것'이다. 물론 개인적인 차원의 보상도 뒤따라야 한다. 그래서 비전을 두단계로 나누어 전달할 필요가 있다. 먼저 조직전체의 큰 비전을 제시하고, 공감대를 형성시킨 후, 비전을 개인화 시키는 것이다. 이렇게 하여 구성원들의 삶에 대한 방향과 의미의 원천이 되었을 때 진정한 카리스마를 갖게 된다.

③ '열정과 활력을 전염시켜라'

열정은 전기와 같다 눈으로 볼 수는 없지만 그 힘을 볼 수 있고 무엇을 할 수 있는지도 알 수 있다. 열정을 가지고 대화를 하면 모든 청중에게 큰 효과를 줄 수 있고, 활기를 내뿜는 사람들에게서는 거부할 수 없는 매력이 느껴진다. 이런 것들은 전염성이 매우 강하여 조직 전체의 태도를 바꿀 수 있다.

열정은 행동을 촉구하고, 행동은 카리스마와 성공을 가져온다. 활력을 지속하는 동안 계속해서 발전하고 있다는 느낌을 갖게 된다. 여기에 분명한 비전, 시간대별 목표, 오늘의 할 일과 목록, 하나하나의 작은 성공들이 활력을 높여줄 수 있다. 이러한 열정이 큰 의미를 갖는 목표와 부합되었을 때 그것을 성취하고자 하는 충동이 생기게 되고 이렇게 고무된 활동성은 큰 에너지를 끌어내게 된다.

이런 열정을 배양하기 위해서는 다음과 같은 방법이 있다.

- 목표를 매일 매일 상기 시켜라
- 성공 경험을 매일 되돌아보라
- 크든 작든 성공을 기념하라
- 주변에 열정의 전염 구역을 만들어라
- 비전을 밖으로 표출 시켜라
- 비즈니스에 대한 지식을 축적시켜라
- 체력을 관리하라
- 열정적인 사람들과 어울려라

④ '긍정의 전도사가 되어라'

낙관적인 사람이 그 주변 사람들을 고무시킨다는 것을 다양한 연구결과를 통하여 확인할 수 있다. 낙관적인 사람이라면 매사가 좋은 방향으로 귀결될 것이라는 믿음을 가지 있으며, 설령 일이 잘못 진행되고 있을 지라도 그 상황을 개선하기 위하여 어떠한 조치를 취하고 일을 성사시키고자 한다. 역경과 곤란을 헤쳐 나가는 행동은 사람들에게 대단한 카리스마를 느끼게 한다. 이것이 바로 낙관적인 사람들이 비관적인 사람들보다 훨씬 더 성공적인 이유이다.

나폴레옹이 "리더는 희망의 분배자다"라는 말을 했다고 한다. 낙관, 희망, 미래에 대한 더 좋은 비전을 나누는 사람이라면 , 사람들을 더 낙관적이고, 활력 넘치며, 열정적으로 변화시키는 진정한 카리스마 리더가 될 것이다.

⑤ '해당분야의 전문가가 되어라'

직원들은 자신의 발전을 위해 집중하고 있는 리더들에게서 카리스마를 발견한다. 자기 자신을 지속적으로 개발하겠다는 결의를 보이는 리더, 지식 향상을 지속적으로 추구하는 리더들은 그렇지 않은 사람들보다 더 카리스마적이다.

전문성을 가진 사람이 다른 사람들에게 매력적인 이유는 간단하다. 누구나 평균이상의 성과를 내고 싶어 하며, 그런 역량을 갖춘 사람들로부터 배울 기회를 갖거나, 그들이 이루어 내는 성과와 관련되기를 원하기 때문이다.

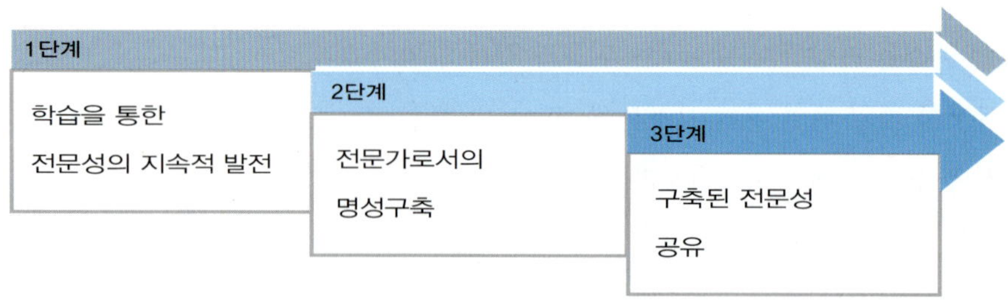

그림 11-7 ▶ 전문가로서의 역량 구축

※ 자료: 이용광 · 노주선역, 버드 해니 · 짐 서바스쿠 · 데릭 맥켄 저, 리더십 카리스마, 시그마북스, 2011, pp.173-299. 참조.

1단계에서 해당 분야에 관련된 다양한 지식을 습득하고, 이를 확대 재생산하기 위하다 지속적으로 이를 수행 하여야 한다. 2단계에서는 당해 분야의 전문가로서의 명성을 구축하는 것인데, 같음 부서 근무자, 동종업계 등 다양한 사람들에게 인정받는 단계이다. 3단계는 구축된 전문성을 다른 사람들과 공유하는 단계로 개인의 블로그에 글을 올리거나 해당분야의 전문지 등에 글을 기고하는 것 등의 방법이 있을 수 있다.

⑥ 믿음의 카리스마 효과

피그말리온은 그리스 신화 속 조각의 달인이다. 현실의 여인들에게서 환멸을 느낀 피그말리온은 완벽한 아름다움을 소유한 여인상을 대리석을 만들어 갈라테아라는 이름을 지어 주었다. 피그말리온은 칼라테아와의 완전한 사랑에 빠져 최고의 의상과 최상급 보석으로 치장하고 으리으리한 선물을 선사했고, 그 사랑에 감동한 사랑의 여신 아프로디테가 갈라테아에게 생명을 부여했다.

피그말리온의 믿음과 기대를 바탕으로 조각된 완벽한 여인 갈라테아는 생명을 얻게 되었고 이후 둘은 아주 행복하게 살았다는 신화이다.

피그말리온 효과는 리더로서 구성원들에게 갖는 기대에 관한 것이다. 의식적이든 무의식적이든 구성원들에 대한 의견, 인상, 기대치를 가지고 있다.

결국 사람들은 그들을 이끌어가는 리더의 기대치와 연관시켜 성과를 만들어 내고자 한다는 것이다. 만약 리더로서 당신의 기대가 긍정적이고 일관되게 높은 수준을 유지한다면, 직원들의 자부심도 일관되게 올라가고 기대에 부합하는 성과를 내기 위해 노력하며 업무에 긍정적으로 몰입할 가능성이 훨씬 높아진다.

잭 웰치(G.E 전 회장)는 "더욱 빠르고, 더욱 생산적이며, 더욱 경쟁력을 얻는 방법은 미국 근로자들의 에너지, 지성, 순수한 자부심에 불을 붙이는 것이다."라고 하였다. 직원들로부터 직무몰입이나 생산성 향상을 바라는 카리스마 리더들은 사람들에 대한 낮은 기대가 비즈니스에 도움이 되지 않는 다는 것을 알아야 한다.

피그말리온 효과는 직원들의 높은 능력에 대한 리더의 높은 기대를 노출시킴으로써 그들 스스로 자부심과 자신감을 쌓게 하는 것이다. 따라서 리더가 해야 할 일은 그들이 스스로의 능력과 그 능력엔 대한 믿음을 갖도록 지속적으로 지원하는 것이다.

〈유한킴벌리의 소통과 협의의 리더십〉

우리강산 푸르게 푸르게

유한킴벌리는 상화관계를 허물고 수평적으로 일하는 회사로 널리 알려져 있다.

전 직원이 이름 뒤에 직책을 떼버리고 '님'자를 붙인다. 지정좌석도, 임원실도 없애고 수평적인 커뮤니케이션으로 협력한다. 말단 사원에서 CEO까지 소통의 프로세스에 참여하고 있다.

유한킴벌리처럼 많은 기업들이 전통적인 수직구조의 조직에서 점차 수평적 구조로 조직을 재편하고 있다. 이런 변화를 위해서 가장 중요한 일을 하는 사람은 CEO다. 과거처럼 일방적으로 본인이 하고 싶은 말마 하고 사라지는 CEO의 시대는 지나갔다.

과거의 CEO는 지시하고 통제했으나, 지금의 CEO에게는 사원들이 마음을 열고 생각을 공유하게 하는 일이 보다 더 중요해 졌다.

소통을 통해 구성원들의 자발적인 참여를 이끌어내고, 그들이 가진 잠재력을 발휘시키고, 창조성을 개발해야만 무한경쟁의 체제에서 살아남을 수 있는 것이다.

유한킴벌리는 또한 매년 우리나라에서 가장 일하기 좋은 기업으로 선정되고 있다. 그 비결은 무엇일까? 바로 사원의 행복이 곧 고객의 행복이라는 믿음 때문이다. 그 믿은 자체로 그치는 것이 아니라 실행으로 이어지기에 매년 일하기 좋은 기업으로 선정되는 것이다.

유한킴벌리는 리더십 관점에서 보았을 때 많은 부분에서 모범적인 해답을 제시하고 있다. 회사의 비전을 만들 때도 사원들에게 뿌리 낼리 수 있는 방법을 찾기 위해 노력했다. 그 노력은 회사의 비전을 만드는데 사원 잠여를 통해 시작되었다.

최근 부각되고 있는 '집단지성'을 통해서 시작된 것이다. 다수가 서로의 지혜를 모으고, 협력하거나 경쟁하면서 최선의 지적 결과를 가져오는 집단지성을 발휘하는 과정에서 탄생한 것이다.

머리 좋은 몇몇에 의해서 만들어진 것이 아니라 전 사원의 힘으로 비전이 만들어졌다. 하향식의 탑다운 방식이 아니라 상향식의 바텀업 방식으로 진행되었다. 이것이 유한킴벌리가 가진 비전의 특징이며, 구성원 전체가 하나로 똘똘 뭉쳐 어려움을 해쳐나가는 근본적인 힘이 되고 있다.

–정혁준, 착하면서 강한 기업 유한킴벌리 이야기, 한스미디어, 2013. 사례 발췌–

4 감성리더십

1) 감성지능

가) 감성지능의 개념

감성리더십을 이해하기 위해서는 감성지능에 대해 우선적인 이해가 필요하다. 리더가 갖추어야 할 많은 능력 중에 집단과 조직구성원들의 감성을 조절하고 영향력을 미칠 때 보다 효과적으로 조직을 이끌 수 있다. 효율적인 리더는 구성원들의 감성을 올바른 방향으로 이끌어 갈 수 있는 능력을 가지고 있어야 한다. 감성리더는 자신의 감성을 바탕으로 자신이 맺고 있는 여러 관계를 조직목적을 달성하는 방향으로 결집시킬 수 있다.

감성지능은 마음의 질과 관련된 것으로 감정조절, 동기부여, 타인의 감정인식, 원만한 대인관계와 같은 능력이며, 성공적인 조직생활에 매우 중요한 요소이다.

Mayer와 Slovey(1990)는 감성지능이란 "감정을 정확히 지각하고 인식하여 표현하는 능력, 감정을 생성하거나 이용하여 사고를 촉진시키는 능력, 감정과 감정지식을 이해하는 능력, 감정발달과 지적발달을 촉진시키기 위해 감정을 조절하는 능력"이라고 정의하였다.

Goleman(1998)은 감성지능을 일반화시켰는데 그는 "감정지능이란 좌절상황에서도 개인을 동기화시키고, 자신을 지켜낼 수 있게 하고, 충동의 통제를 가능하게 하며, 기분상태나 스트레스로 인해 합리적인 사고를 억누르지 않게 하고, 타인에 대해 공감할 수 있으며 희망을 버리지 않는 능력"이라고 하였다.

사우스웨스트항공사는 신입사원을 채용할 때 '유머감각'항목을 매우 비중 있는 요소로 평가하고 있으며, 많은 기업들이 감성지능의 중요성을 높게 평가하고 있다. 하버드대학 교수이며 행동심리학자인 대니얼 골먼박사는 "인간의 총명함을 결정하는 것은 지능지수(IQ)가 아니라 감성지수(EQ; Emotional Quotient)라고 제창해 커다란 반향을 일으킨 바 있다.

EQ란 감정을 통제 · 조절하고 타인과 원만한 관계를 유지할 수 있는 능력을 말한다. 자기의 느낌을 솔직하게 인정하고 마음으로부터 납득할 수 있는 판단을 내리는 능력, 불안이나 분노 등에 대한 충동을 조절할 수 있는 능력, 궁지에 몰렸을 때에도 자기 자신에게 힘을 북돋아 주고 낙관적인 생각을 유지할 수 있는 능력, 남을 배려하고 공감할 수 있는 능력, 집단 속에서 조화와 협조를 중시하는 사회적 능력 등을 말한다.

연구결과에 의하면 IQ 높은 것이 그 사람의 성공적인 삶과 행복을 누리는 삶에 기여하는 정도는 불과 20%에 미치지 못하며, 나머지 80%는 EQ가 결정한다는 것이 제시되었다. IQ는 타고난 것이지만 EQ는 자신의 노력과 주위 사람들의 도움에 의해 개선되거나 발전될 수 있다.

나) 감성의 유형과 조절

감성의 유형은 매우 다양하며 유사한 감정의 경우 표현하기 어려울 정도로 미묘한 차이를 가지고 있다. Goleman(1995)은 감성을 기쁨, 사랑, 노여움, 슬픔, 두려움, 놀람, 싫음, 부끄러움의 8가지 범주로 구분하였으며, 이중 사랑과 두려움이 전통적으로 리더십의 주요한 감성으로 널리 활용되고 있다.

표 11-7 감성의 유형과 세부내용

유형	거래적리더십
기쁨	행복, 즐거움, 안심, 만족, 환희, 재미, 긍지, 쾌감, 스릴, 희열, 도취 등
사랑	용인, 존경, 우정, 친절, 헌신, 동경, 심취 등
노여움	격노, 격분, 분개, 의분, 앙심, 성가심, 흥분, 적개심 등망
슬픔	비탄, 비애, 침울, 우울, 자기연민, 고독, 실의, 절망, 의기소침 등
두려움	걱정, 우려, 불안, 근심, 대경질색, 경계심, 무서움, 공포, 당황 등
놀람	충격, 멸시, 증오, 혐오, 불쾌 등
부끄러움	죄의식, 창피, 억울, 후회, 모욕, 유감, 굴욕, 뉘우침 등

주요한 8개 항목과 세부적인 내용은 미묘한 차이를 가지고 있으며 따라서 리더가 구성원과의 관계설정과 리더십을 발휘하기 위해서는 그 세부적인 내용까지도 고려하여야 한다.

감성은 조절될 수 있는 반응성향이기 때문에 조절되고 관리될 수 있다. 감성조절(emotion regulation)이란 자신이 감성을 경험하고 감성을 표현하는 것이다. 감성을 조절하기 위해서는 먼저 자신의 감성에 대해 잘 이해하여야 한다.

대부분의 감성적 반응은 다른 사람과의 관계에서 기인함으로 자기의 감성을 이해하는 것은 다른 사람의 감성을 이해하는 것과 관련이 있다. 따라서 감성지능이 높은 사람일수록 반응성향을 조절하고 효과적으로 조정할 수 있다. 감성적 반응성향은 시스템적 관점에서 투입요소를 변화시킴으로써 조절되거나 결과물을 변화시킴으로써 조절될 수 있다.

- 1 단계: 감성적 충격을 고려하여 어떤 상황이나 사람을 회피하거나 선택적으로 접근한다.
- 2 단계: 감성적 영향을 변화시키기 위해 환경을 변화시킨다.
- 3 단계: 감성을 조절하기 위해 어떤 것에 대해 주의를 기울이거나 회피한다.
- 4 단계: 자신이 처한 상황관리능력이나 상황을 재평가하는 인지적 변화를 시도한다.

다) 감성지능의 구성요소

감성지능의 구성요소에 대하여 Goleman[11] 은 〈그림 11-8〉과 같이 4가지로 구분하여 설명하였다.

첫째, 자기인식(self awareness)으로 자신의 감정에 대한 강점, 약점, 필요, 동인 등에 대한 깊은 이해를 말한다. 자기인식수준이 높으면 지나치게 비판적이지 않고 비현실적으로 희망적이지도 않는다. 자기자신과 타인의 직무성과에 영향을 주는지에 대해 이해하게 되면, 과업수행을 위한 시간계획을 수립하고 이를 완수하기 위하여 최선을 다한다.

자기인식은 개인의 목표와 가치를 이해하는 능력이다. 자기인식수준이 높은 사람은 자신이 어디를 향해 가고 있는지 무엇 때문에 가고 있는지에 대한 분명한 이해를 가지

11) Goleman, D., "Leadership that gets results", Havard Business Review, April, 2000.

고 있어 쉽게 실패하지 않는다. 반면, 자기인식수준이 낮은 사람은 자신을 향상시키는데 필요한 외부의 메시지를 위협이나 실패의 증거로 받아들이기 때문에 긍정적인 성과를 달성하기 어렵다.

둘째, 자기관리(self management)로 자신의 감정이나 기분을 효과적으로 통제하는 것을 말한다. 자신의 감정을 균형있게 조절하여 걱정, 근심, 두려움 노여움 등을 드러내서는 안될 때 감정을 억제하게 한다. 리더가 구성원의 작은 실수에 쉽게 흥분하고 감정을 조절하지 못하여 모욕적인 언사를 행한다면 조직의 목표를 달성하는데 지장을 줄 뿐 아니라 개인적 관계에 있어서도 부정적인 영향을 미치게 된다.

셋째, 사회적 인식(social awareness)으로 관계하고 있는 구성원들이 가지는 느낌과 욕구, 그들의 관심을 알아내고, 이에 대해 적극적으로 대응하려고 하는 능력이 발휘될 때 구성원들은 리더와 공감대가 형성되고 공동의 지향점을 향해 매진할 수 있게 된다.

넷째, 관계관리(relationship management)로 구성원들을 조직의 비전과 목표에 공감할 수 있도록 이끌어 가는 능력으로 설득능력, 갈등관리능력, 협동능력을 말한다. 과업수행과 관련되어 많은 이해관계자들과의 관계, 팀원들과의 관계에 있어 긍정적인 결과를 도출할 수 있도록 관계를 유지관리 하여야 한다.

	자 신	타 인
인지와 인식	자기 인식	사회적 인식
관리와 조정	자기 관리	관계 관리

그림 11-8 ▶ 감성지능의 구성요소

라) 감성지능 개발방안

감성지능은 자신과 타인의 감성을 이해하고 이를 구분하여 사고와 행동을 인도하는 능력으로 다른 사람들에게 영향력을 행사하는 리더에게는 필수적인 요소이다. 감성능력은 선천적으로 타고나는 부분도 있지만 후천적으로 개발되거나 학습되는 부분이 있다. 따라서 개인이 가지고 있는 감성지능을 개발하고 발달시킬 필요성이 있다.

감성지능의 개발은 다음의 4가지를 기반으로 개발된다.

첫째, 감성적 현실인식으로 리더는 조직구성원들의 행동에 영향을 미치는 조직문화와 감성적 현실에 대해 주의 깊게 관심을 기울여야 한다. 구성원 전체에게 공감대가 형성된 감성지능을 갖춘 조직체를 만들려면 구성원들이 조직문화에 대해 서로 의견을 나눌 수 있도록 기회를 주어야 한다. 감정은 타인에 의해 강요되어서는 안 되며 이런 경우 역효과가 나타난다.

감성리더는 조직의 감성적 현실에 대해 제대로 알고 이상적 전망에 대한 공감대를 형성하여야 한다. 쌍방향적 커뮤니케이션이 이루어질 수 있어야 하며 이를 통해 조직전체가 공감할 수 있도록 하여야 한다.

둘째, 구성원전체가 함께할 수 있는 공감이 형성되어야 한다. 이를 위해서는 자신의 감정과 구성원의 감정에 주의를 기울여야 한다. 따라서 리더는 구성원을 감성의 차원에서 살펴보고 이를 바탕으로 조직의 비전과 목표를 수립해야 한다. 리더가 구성원들에게 관심을 가지게 되면 감성적 유대가 형성되고 그것을 바탕으로 공감의 분위기가 만들어지게 된다. 공감의 분위기가 조성되면 조직구성원들은 상호간에 강한 유대감을 느끼게 된다. 이런 유대감은 자신의 일과 다른 사람들에 대한 믿음을 바탕으로 형성된다. 이런 전제가 이루어질 때 조직전체가 목표를 향해 지속적이고 긍정적인 방향으로 선순환 할 수 있다.

셋째, 감성적 현실인식과 공감대가 형성된 이후에야 조직 구성원들의 감성지능을 개발할 수 있다. 구성원들의 감성지능을 높이기 위해서는 먼저 자기각성능력을 갖출 수 있도록 인도하여야 한다. 이를 위해서는 리더가 조직의 감성적 기조가 어떤 상태인지를 확인하고 구성원들로 하여금 그들에게 어떤 부조화가 존재하는지를 지각하여야 한다. 조직구성원들이 자신들의 감성적 현실을 직시하게 되면 변화를 향해 마음을 움직이게 된다.

감성 리더는 자신의 감정뿐만 아니라 조직의 감정을 잘 다스림으로써 구성원의 감정적 에너지를 소모하지 않고 변화를 극복할 수 있으며, 조직의 감성적 기조를 잘 관찰함으로써 긍정적 에너지를 포착하고 부정적 감성을 탈피할 방안을 찾을 수 있게 된다.

넷째, 조직의 감성지능이 유지되어야 한다. 조직의 감성적 분위기를 유지하기 위해서 리더는 민주적 방식으로 조직을 운영하여야 한다. 구성원상호간에 신뢰의 분위기를 정착시키며, 서로를 존중함으로써 인간적인 관계가 형성되도록 이끌어 나가야 한다. 리더가 조직의 감성지능을 유지시켜야 하는 중요한 이유는 구성원들이 긍지를 가지고 자신이 하는 일에 보람을 느끼게 해주는 것이다.

따라서 조직의 감성지능을 지속적으로 유지시키기 위해서는 조직에 대해 자랑스러워할 수 있는 것을 가시적으로 나타나게 할 필요성이 있다. 감성지능과 공감의 분위기를 뒷받침해 줄 수 있는 상징을 통해 조직에 대한 긍정적인 감성을 지속적으로 유지 할 수 있게 된다.

2) 감성리더십

감성리더십(Emotional Intelligence Leadership)이란 자신과 구성원의 감성에 대한 이해를 바탕으로 한 관계형성과 유지를 통해 구성원으로부터 공감을 얻어냄으로써 자신의 과업에 몰입하게 하여 높은 수준의 성과를 창출하게 하는 리더십을 말한다.

따라서 감성 리더십을 발휘하기 위해서는 전문적인 지식과 함께 감성지능을 가주고 타인의 감성을 긍정적으로 이끌 수 있는 능력을 갖추어야 한다.

감성리더십은 감성지능에 기초한 리더십으로 감성지능은 훌륭한 리더십을 발휘하기 위한 도구라 할 수 있다.

감성리더십은 리더 자신의 내면에 대한 깊이 있는 성찰로부터 시작된다. 자기성찰 이후 부하직원이나 구성원들의 감성과 욕구를 이해하고 배려하는 과정에서 조직의 목표를 달성해 나가는 것이 감성리더십의 본질적 내용이다. 따라서 감성 리더십은 개인적 측면에서 조직구성원들이 열정을 다해 업무에 몰입하게 함으로써 높은 성과를 창출하게 되는 것이며, 조직적 측면에서는 신나게 일 할 수 있는 조직문화를 만드는 기반을 제공하게 된다.

감성리더십의 차원은 Goleman & Boyatzis 등[12]이 제시한 자기인식능력, 자기관리능력, 사회적 인식능력, 관계관리 능력의 네 가지 영역으로 크게 구분된다.

상부에 사회적 관계를 다스리는 능력이 위치하고 하부에 개인적 능력으로 자기 자신을 다스리는 능력이 위치하고 있다.

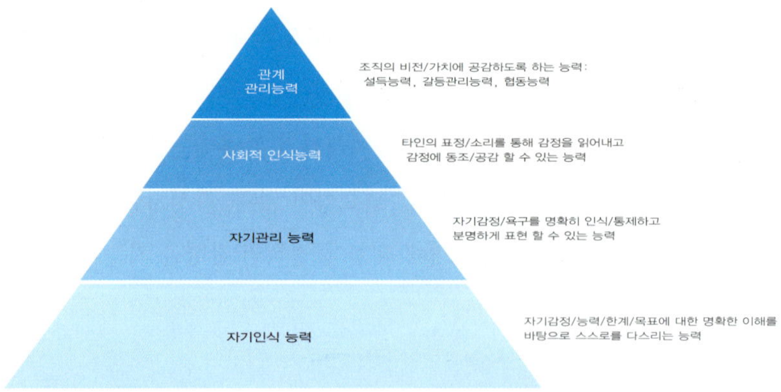

그림 11-9 ▶ 감성 리더십의 차원

※ 자료: Goleman, D.. & Boyatzis, R., McKee, A., Primal Leadership: Realizing the Power of Emotional Intelligence, Harvard Business School Press, 2002.

감성리더십의 4가지 영역을 구체적으로 구분해보면, 다음의 〈표 11-8〉과 같이 나누어 볼 수 있다.

표 11-8 감성 리더십의 영역

개인적능력: 자신을 다스리는 능력	자기인식능력	– 감성적 자기인식능력: 자신의 감정을 읽고 그 영향력을 인식하고, 결정에 있어 본능적인 감각 이용 – 정확한 자기평가: 자신의 평가를 통해 장단점과 한계 인식 능력 – 자신감: 자신의 가치와 능력에 대해 긍정적으로 생각하는 능력
	자기관리능력	– 자제력: 충동을 억제하고, 냉철함을 잃지 않는 능력 – 투명성: 감정, 믿음, 행동을 솔직하게 보여주는 능력 – 적응력: 상황변화에 유연하고 기민하게 적응/대처하는 능력 – 성취력: 높은 목표를 설정하고 달성하기 위해 노력하는 능력 – 주도력: 주도적으로 나서며 기회를 포착하는 능력 – 낙천성: 모든 사물을 긍정적으로 보고, 실패를 기회로 여기는 능력

12) Goleman, D.. & Boyatzis, R., McKee, A., Primal Leadership: Realizing the Power of Emotional Intelligence, Harvard Business School Press, 2002.

사회적 능력: 관계를 다스리는 능력	사회적 인식 능력	– 감정이입능력: 타인의 느낌, 욕구, 관심을 읽는 능력 – 조직적 인식능력: 정치적으로 기민하여 사회적 네트워크를 간파하고, 핵심 적 권력관계를 인식하는 능력 – 서비스능력: 구성원과 고객의 요구를 알아 차리고 부응하는 능력
	관계 관리 능력	– 감화력: 구성원의 공감을 유도하여 일을 흥미 있게 만드는 능력 – 영향력: 사람을 끄는 설득력과 매력을 지니는 능력 – 타인 능력개발: 타인의 목적/욕구 이해하고 조언과 개발지원 – 변화촉진: 변화필요성을 느끼고 현상에 도전하는 능력 – 갈등관리: 서로 다른 이해를 공동의 비전을 향하도록 하는 능력 – 협력: 동료애를 창출, 구성원의 능동적/열적정 협력 유도 능력

※ 자료: 변상우, 글로벌 리더를 위한 리더십 개발과 훈련, 도서출판 청람, 2011, p.311.

5 코칭 리더십

빠르게 변화하고 있는 글로벌 경영 환경하에서 살아남기 위한 기업들 간의 경쟁은 날로 치열해 지고 있다. 이러한 경영환경 속에서 생존하기 위해서는 조직의 생산성이 높아져야 하며 이를 위해서는 조직이 유기적이고 역동적으로 움직일 수 있엉 한다.

과거의 조직은 상사가 정보를 독점하고 자신의 경험을 바탕으로 부하직원을 교육함으로써 자신의 입지를 견고하게 할 수 있었다. 그러나 오늘날 글로벌 경쟁 환경하에서는 기존의 경영방식과 리더십 스타일로는 많은 불확실성을 극복하고 기업을 성장시키는 것이 불가능하게 되었다.

다양한 이해관계 속에서 유익한 사람이 가치 있는 사람으로 그 관점이 변화하였다. 이러한 경영환경의 변화는 과거의 조직관리 기법으로는 구성원들을 관리하여 효력을 발휘할 수 없게 하였다. 따라서, 이에 대한 다양한 연구들이 서구사회를 중심으로 수행되었고 그 내안으로 등장한 것이 코칭(coaching)이다.

미국의 비즈니스 코치인 존 이튼과 로이 존슨은 비즈니스 코칭을 "업무 현장에서의 코칭이란 직원들의 잠재력을 불러오기 위해 당신을 돕는 것을 말한다."고 정의 하였다[13].

13) John Eaton, Roy Johnson, Coaching Successfully, New York; Dorling Kindersley Publishing, 2001, p.6.

코칭은 상대의 자발적인 행동을 촉진시키기 위한 커뮤니케이션 기능으로 대화와 질문을 통해 구성원의 자발적인 행동을 촉진시키고, 자발적인 문제해결을 도모하는 새로운 관리 및 교육활동이다. 잭 웰치는 코칭의 중요성을 크게 강조하며, "관리자는 직원의 꿈과 능력을 최대한 펼칠 수 있도록 하는 코칭이 필요하며 직원은 능력을 무한히 발휘하도록 끊임없이 노력해야 한다"고 하였다.

따라서, 코칭은 21세기를 주도할 리더십의 과정이며 조직의 경쟁력을 향상시킬 수 있는 중요한 수단이 되고 있다.

1) 코칭 리더십의 개념과 특징

가) 코칭의 개념

원래 코치라는 말은 짐을 싣고 한 지점에서 다른 한 지점으로 옮겨다 주는 마차를 뜻한다. 이후 이를 스포츠에 적용하여 선수들에게 목적의식을 심어주고, 목표를 설정하며, 목표를 달성하도록 이끌어주는 사람이라는 뜻으로 코치라 불었다. 그래서 축구나 농구 등의 감독을 영어로는 헤드코치(Head Coach)라고 부른다.

그러나 스포츠 심리학이 발달하면서 코치는 단순히 선수들을 관리하는 수준에 머물지 않고 선수들을 이해하고, 선수들의 수준에 맞추어 목표를 설정하고 훈련하는 역할을 하는 것으로 코칭의 개념이 발전되었다. 1960년대에 뉴욕에서 라이프 코칭이라는 것으로 노인들의 성인 교육 프로그램으로 확대되었고, 이후 교육학, 심리학, 사회학, 커뮤니케이션 이론, 경영학, 행정학 등 다양한 분야[14]로 확대 재생산되고 있다.

코칭이 비즈니스에 적용된 시기는 1980년부터이며, 우리나라 기업에서 코칭이라는 용어가 사용되기 시작한 것은 2000년대 초반이다.

인재전쟁이라는 신조어가 등장할 만큼 기업의 경쟁력이 사람에 의해 좌우되는 오늘날에 코칭은 핵심 인재양성 가장 효과적인 방법으로 각광받고 있다. 미국, 일본, 유럽 등에서는 20년 전부터 코칭기술을 활용하여 조직문화를 바꾸고, 새로운 차원의 조직성과를 달성하고 있다. 이러한 현상은 세계적인 추세가 되었으며, 우리나라에서도 많은 기

14) 김창범 · 선종욱, 새로운 리더십의 혁명 코칭의 힘, 글로리아 북스, 2006, p.29.

업들이 코칭기술, 코칭 리더십, 코칭 경영 등의 용어로 코칭의 실제적인 방법을 도입하고 있다.

코칭은 리더와 조직구성원과의 쌍방향 커뮤니케이션을 통해 조직구성원 스스로가 문제에 다가서고, 그 해결방안을 찾게하는 방법으로 리더는 구성원의 잠재력을 발견하고 신장시켜주는 역할을 수행한다. 이는 일회성의 대화가 아닌 지속적인 관계 속에서 심도있게 발전해 나가는 것이다.

스토웰(Stowell;1986)은 코칭이란 "행동적인 프로세스로써 리더가 토의나 대화로 개입 혹은 중재하는 것으로 구체적인 기능이나 행동을 포함하는 프로세스"라고 정의하면서 코칭은 구성원의 행동이나 태도를 변화할 수 있도록 긍정적인 영향력을 발휘하는 것이며 구두나 행동으로 구성원들에게 대화를 통해서 역량을 개발하고 동기를 부여하며 자발적으로 일할 수 있도록 지원하고 격려하며 수시로 피드백을 해주는 것이라고 하였다.

데이(Day;2001)는 "리더의 행동과 긴밀한 관계를 가지며 리더의 행동은 구성원에게 관심을 가지고 실제로 협력과 조력을 하고 동기부여를 하는 것"이라고 정의하였다.

이런 정의를 종합해 보면 코칭은 리더와 구성원 간의 쌍방향 커뮤니케이션과 피드백을 통해 혁신적인 사고와 개방적 태도를 발전 강화시켜 조직의 문제해결 및 성과향상을 도모하는 과정으로 정의할 수 있다. 따라서, 코칭 리더십이란 조직구성원과의 신뢰 속에서 구성원들의 숨은 잠재력을 개발, 향상시키고 자신의 임무를 스스로 완수, 해결할 수 있도록 구성원의 학습능력을 키워주는 과정이다.

나) 코칭의 특징

강력한 신뢰를 전제로 하는 코칭은 책임분담의 가속화와 사회변화에 발맞추어 리더가 코칭을 주도하는 것이 아닌 많은 조직구성원들이 코칭을 요구하고 있는 상황으로 전개되고 있다. 리더는 자신의 역할과 관점에서 구성원에게 어떤 요구와 기대가 존재하는지 명확히 알려 주어야 하며 그에 관해 토론하고 조정해야 한다. 즉, 신뢰를 전제로 하는 코칭은 리더와 구성원 간의 원활한 대화가 필수적이며 개방성, 파트너십 그리고 자발성이 생길 수 있는 분위기가 조성되어야 한다.[15)]

15) 허갑수 · 변상우, 파워 리더십, 도서출판 청람, 2013, pp.394-401.

코칭의 특징은 다음의 8가지로 설명될 수 있다.

첫째, 객관적인 데이터가 기반이 되어야 한다. 어떠한 코칭과정이든 객관적인 사실에 바탕을 두어야 하며, 리더는 상황이나 사건을 객관적이고 실제적인 용어로 표현해야만 한다.

둘째, 조직구성원의 행동변화를 통해 성과 향상을 도모한다. 코칭은 계획하였거나 계획하지 않았거나 구성원의 태도변화를 추구한다. 이를 통해서 얻어지는 것은 구성원 개인의 이득이 되며, 조직의 성과향상에도 크게 기여하게 된다.

셋째, 인간관계 중심이다. 코칭은 신뢰를 기반으로 하는 과정이다. 코칭의 좋은 결실은 상호간에 신뢰학 모든 것을 털어 놓을 수 있을 때 가능하다. 즉, 상호간에 존중하고 긴밀한 유대감을 형성하는 의사소통이 중요한 요소이다.

넷째, 대화로 이루어지며 과정이 느리게 추진된다. 코칭은 당면한 문제를 구성원 스스로 해결하는 과정을 중시한다. 따라서 구성원이 문제를 해결하고 능력을 발전시키는 형식으로 이루어져야 한다. 코칭은 공동 발전과정이며 리더에 의해 강요될 수 없다. 서로에게 여유를 가지고 상대방의 의견에 귀 기울이는 법을 배우고, 서로간의 반발을 최소화시키면서 문제를 스스로 해결하게 하는 분위기를 조성하는 것이 중요하다.

다섯째, 열린 마음이 필요하다. 리더는 구성원의 가치를 인정하고 평가하며 열린 마음과 겸허한 자세로 구성원 개개인을 대하여야 한다. 이는 친밀감을 높이고 개방적인 분위기를 유도하는 좋은 토양이 된다.

여섯째 겸허해야 한다. 코칭은 리더의 개인 의견만을 고집하고 옳다고 생각하기 이전에 구성원의 의견을 반영하고 같이 비교하고, 분석하는 자세가 필요하다. 코칭은 대화를 바탕으로 두고 상호간의 이해를 증진시켜나가면서 자신의 주장을 내세우는 상호간의 배움의 과정이다.

일곱째, 조화와 균형을 요구한다. 코칭은 리더와 구성원이 조화를 이루고 업무성과와 인간관계의 균형을 목표로 삼는다. 코칭은 훈련받은 구성원들이 가정, 재정, 업무 등에 있어 균형을 이루게 하는 작업이다. 건설적인 피드백을 통하여 스스로 자신이 부족한 부분을 보충할 수 있고 그 균형을 유지할 수 있도록 도와주는 것도 좋은 방법이다.

이때, 리더와 구성원은 각자의 목표와 욕구를 공개적으로 명확히 논의하여, 변동될 수 있는 조건에 대한 오해의 여지가 없도록 분명히 제시하여야 한다. 이런 바탕 위에서 리더와 구성원은 서로 존중하는 조화 속에서 공정한 관계를 지속할 수 있다.

여덟째, 자기책임을 요구한다. 코칭은 수동적인 대상이 아닌 적극적인 참여자가 되어 조직의 목표달성을 위해 최선을 다해야 한다. 또한 리더와 충분한 대화를 통해 설정된 목표를 이룩하는 과정에서 발생하는 문제에 대해 적극적인 책임을 요구한다.

2) 코칭과 유사개념

코칭과 유사한 영역으로는 카운슬링, 멘토링, 컨설팅, 티칭, 트레이닝 등이 있다. 카운슬링은 코칭과 가장 유사한 특징을 가지고 있다. 내담자의 현재 상태를 좀 더 발전시키기 위해 카운슬링과 커뮤니케이션 과정을 통하여 문제를 이해하도록 촉진하고, 변화된 행동을 보이기 위한 기법들을 사용한다는 점에서 비슷하다.

코칭은 기본적으로 성장과 변화의 동기를 가진 사람들을 돕는 데 초점을 두며, 카운슬링에 비해 심리적인 측면에 대한 탐색이나 해석보다는 행동적인 변화에 더 많은 비중을 둔다. 즉, 카운슬러처럼 상대방의 심리를 파고들지 않고 구성원들의 드러나 행동을 토대로 피드백을 제공하며 미래지향적 생각과 행동을 유발하게 하는 데 그 특징이 있다.

표 11-9 카운슬링과 코칭의 개념 비교

구분	카운슬링	코칭
차이점	– 심리적으로 건강치 못한 사람들이 자신의 문제를 치유하려는 것 – 심리적 측면의 탐색이나 해석, 상대방의 심리를 파고 듦	– 기본적으로 성장과 변화의 동기를 가진 사람을 돕는데 초점 – 구성원들의 들어난 행동을 토대로 피드백 제공, 미래지향적
유사점	현재 상태를 좀더 발전시키기 위해 커뮤니케이션 과정을 통해 문제를 이해하도록 촉진하고, 변화된 행동을 보이기 위한 기법을 사용하는 점	

※ 자료: 허갑수 · 변상우, 파워 리더십, 도서출판 청람, 2013, p.402.

멘토링과 코칭의 개념은 〈표 11-10〉과 같이 나누어 볼 수 있다. 멘토링과 코칭은 변화와 진보에 초점을 두는 성장지향적 관계이다. 두 영역은 1:1 관계를 가지며 변화와 진보에 초점을 둔다는 점에서 유사점을 가지고 있다. 멘토링은 학습자에게 기술과 정보적 안목을 갖게 하는데 비중을 두지만, 코칭은 사람들이 어떻게 성장하고 변화하는지에 대한 기본적인 원리를 삶의 모든 영역에 적용하는 데 중점을 둔다.

또한 멘토링 과정에는 멘티가 멘토의 기술과 정보와 시각을 학습하는 과정에서 멘토를 닮아가도록 만드는 데 주안점을 둔다. 반면, 코칭은 코치를 닮아가기 보다는 스스로의 모습을 발견하고 개발시킴으로써 독특한 개성을 가진 존재로 성장하는데 주안점을 두고 있다. 멘토링에서의 멘토는 멘티의 상위개념이지만, 코칭은 서로 동등한 관계로 생각한다는 것에 그 특징이 있다.

표 11-10 멘토링과 코칭의 개념 비교

구분	멘토링	코칭
차이점	– 학습자에게 기술/정보에 대한 안목을 갖게 하는데 비중을 둠. – 멘티는 멘토를 닮아가도록 만드는데 주안점을 둠.	– 개인의 성장과 변화하는지에 대한 원리를 삶의 모든 영역에 적용 – 스스로를 발견하고 개성 있는 모습으로 개발/성장하는데 주안점
유사점	변화와 진보에 초점을 두는 성장지향적 관계로 두 영역은 1:1의 관계를 가지며 변화와 진보에 초점을 둔다는 점	

※ 자료: 허갑수 · 변상우, 파워 리더십, 도서출판 청람, 2013, p.403.

컨설팅은 전문지식을 가진 사람이 상담과 자문에 응해 상황을 듣고 분석해 대안을 제시하는 것으로 인도자의 역할을 한다. 따라서 컨설팅은 특정한 문제에 대한 전문가의 조언과 답을 제공하는 것에 주안점을 둔다. 모든 일련의 결과는 컨설턴트 개인이 가진 지식, 경험, 시각 등에 따라 그 성패가 갈린다. 그러나 코칭은 구성원에게 새로운 각도에서 문제를 보고 질문을 통해 자신의 해결책을 개발하도록 돕는 것이다. 즉, 컨설팅은 문제 해결자가 컨설턴트이지만 코칭에서는 문제 해결자가 본인인 것이다.

티칭은 가르치는 것으로 지식을 전달하는 것이다. 일반적인 티징은 정해진 학습내용을 교실 안에서 전달하거나 혹은 교수자가 학생들에게 강의하는 것이다. 티칭은 가르치는 사람의 생각과 방법에 의해 학생들을 이끌어 나간다. 티칭의 주요 내용이 지식전달인데 비해, 코칭은 인격과 일에 관한 기술을 개발하고 발전시키는 것이다.

트레이닝은 목표를 설정하고 그것을 달성하기 위해 인간의 신체를 반복적으로 훈련시키고 습관화시켜 감각적으로 강하게 만드는 것이다. 이것은 인간의 신체뿐만 아니라 특정한 기술을 연마하고 정신적으로 사고하도록 하는 훈련에도 적용된다. 반면, 코칭은 인간의 신체보다는 전반적인 능력에 집중하고 인격발달과 함께 특정한 일을 잘하기 위해 인간관계의 기술을 개발시킨다. 트레이닝을 통해 잠재력이 길러지지만 코칭은 잠재된 능력을 발견하는 데 초점을 둔다.

3) 코칭 마인드

왜 코칭을 해야 하며 무엇을 코칭해야 하는가? 언제 코칭을 할 것인가? 개인이든 기업이든 코칭의 필요성이 제기되는 시기와 실제적으로 코칭을 해야 할 시기가 있으며, 그에 따른 구체적인 코칭의 주제가 있다.

기업이라는 조직 내부에서 구성원들 간에 코칭 마인드가 하나의 자연스러운 문화를 정착하게 된다면 그 성과는 경영전반에 걸쳐 자연스럽게 나타난다. 코칭은 사람의 마음가짐에 따라 그 성과가 크게 다르게 나타난다. 따라서 코칭의 철학과 목적가치를 정확하게 이해하고 코칭 마인드를 가질 때 그 효과가 크게 나타날 수 있다.

4) 코칭 리더십 과정과 한계 및 개선방안

코칭 리더십 프로세스는 크게 3단계, 5단계, 8단계 등으로 나뉜다. 각각의 프로세스 설정은 전문가에 의해 시행되어야하며 조직의 특성에 맞게 선택할 수 있다.

가) 3단계 모델

변혁적 코칭모델이라 알려진 3단계 모델은 기반조성단계, 학습고리단계, 행동촉진단계로 구성된다.

1단계 기반조성은 코칭이 일어날 수 있는 분위기를 조성하고, 인간관계를 형성하는 단계로 만남, GRRATE 기대치 설정, 관찰, 준비의 과정으로 이루어진다. 기대치 설정에서는 성공적인 코칭관계를 위해 매우 중요한 것으로 동료 간에 기대치를 명백하게 언급함으로써 어떤 방식으로 협력해서 일해야 더 효율적인지와 업무상 갖는 관계의 본질을 이해하는데 도움을 준다.

GRRATE는 목표(Goal), 역할(Role), 자원(Resources), 책임(Account -ability), 시간(Time-frame), 권한위임(Empowerment)을 말한다.

2단계 학습고리단계는 리더의 수집 자료와 전략을 공유하고, 코칭을 받는 자의 말에 귀 기울이고, 의사교환을 통해 서로를 배울 수 있도록 대화에 참여하는 단계이다. 이 과정에서 리더는 조직구성원의 반응에 세심하게 귀 기울이고 상대방의 의사를 존중하면서 조직구성원의 입장을 잘 이해하고 대화가 효과적으로 이루어졌다면 리더와 조직구성원은 공감대가 형성된 것이다.

3단계 행동촉진단계는 변화를 위해 몰입하고 실행할 수 있도록 동기를 부여하는 단계이다. 행동촉진은 조직구성원이 성공을 향해 뚜렷하게 초점을 맞추고 달려갈 수 있는 추진력을 창조하는 것을 의미한다.

표 11-11 변혁적 코칭 모델

단 계	내 용
제1단계	만남, GRRATE 기대치 설정, 관찰, 준비
제2단계	몰입하고 양해를 구하라 목적과 의도를 말하라 성과와 행동, 인간관계에 대해 이야기 나눠라 학습 질문을 던져서 신념을 탐색하라 존중심을 갖고 경청하라
제3단계	선택가능한 방안을 묻고 제안하라 구체적인 변화를 요청하라 성과를 더 올릴 것을 요구하고 그 중요성을 다짐해 두라 실천에 대한 다짐을 받고 후속계획을 확정지어라 격려하고 칭찬하라

※ 자료: Thomas G. Crane(2006), 코칭의 핵심, 예토, pp.57-100., 허갑수 · 변상우, 파워 리더십, 도서출판 청람, 2013, p.411.

나) 5단계 모델

5단계 모델은 GRROW 모델로 목표설정하기(Goal), 현실 파악하기(Reality), 핵심니즈 익식하기(Recognition), 대안탐색하기(Options), 실천의지 확인하기(Will)로 이루어진다.

1단계 코칭목표 정하기는 리더와 조직구성원이 코칭이슈에 대해 논의하고, 코칭의 방향과 목표를 명확히 하는 과정으로 리더와 구성원은 신뢰관계를 형성할 수 있다.

2단계 현실 파악하기에서는 개선하고자 하는 목표를 정의한 후에 구성원의 현실을 구체적으로 알아볼 필요가 있다. 이슈 주변이 현상들을 통찰하여 목표와 현실간의 갭을 인식하는 단계이다.

3단계는 핵심니즈를 인식하는 단계로 코칭목표에 관한 구성원의 경험 및 사건들을 이전보다 분명하고 통합된 시야로 재인식시키는 과정이다. 리더는 구성원이 좀 더 객관적으로 주변 환경을 인식하도록 하고 구성원의 내면의 욕구를 직면하는 단계이다.

4단계 대안 탐색하기는 구성원 스스로가 문제에 대한 인식을 새로이 하고 통찰력이 생겼다면 이제 구체적으로 어떤 변화된 행동을 함으로써 목표를 실현시킬 수 있을 것인지에 대한 대화를 나누도록 한다. 브레인 스토밍을 하듯 자유로이 대안에 대한 대화를 통해 구성원은 합리적이고 현실적인 대안을 발견할 수 있으며 목표달성을 위한 보다 분명한 행동지침을 갖게 된다.

제5단계 실천의지 확인하기는 가장 중요한 단계로 구성원의 행동을 요구한다. 대안 탐색을 통해 많은 계획이 수립되어도 조직구성원의 행동변화가 없다면 목표와 현실의 차이는 계속될 것이다. 따라서 리더는 계획의 시행을 위해 계속해서 조직구성원을 강력하게 개입시키는 것이다. 변화된 행동으로 인해 발생할 새로운 장애물의 등장도 항상 염두에 두면서 코칭 전체의 과정을 구성원 스스로가 마무리 짓도록 지지한다.[16)]

다) 8단계 모델

코칭 8단계 모델은

1단계: 지지하라

2단계: 주제와 요구사항을 확인하라

3단계: 파급효과를 알게 하라

4단계: 계획을 세우게 하라

5단계: 실천 약속을 받아내라

6단계: 변명과 저항에 대처하라

7단계: 결과를 명확히 하되 질책하지 마라

8단계: 포기하지 마라

이상의 코칭 모델에서 공통적으로 발견할 수 있는 것은 다음과 같다.

첫째, 리더와 구성원 상호간에 신뢰관계가 형성되어야 한다.

둘째, 코칭의 방향과 목표를 명확히 결정한다.

셋째, 리더는 구성원의 입장에서 조직구성원에 대한 정보를 수집한다.

---

16) 이희경, 코칭입문, 교보문고, 2006, pp.95-106.

넷째, 리더는 구성원과의 커뮤니케이션을 통해 문제를 재인식하고 객관적 문제인식에 힘쓴다.

다섯째, 지속적인 질문을 통해 리더는 구성원에게 정보와 방법을 제공하고 구성원은 스스로 판단하여 업무를 수행한다.

여섯째, 리더는 구성원을 지지하고 후원하여 구성원의 사기를 진작시키고 잠재력을 발휘하도록 한다.

일곱 번째, 지속적인 건설적 피드백을 통해 행동 실행 과정 및 결과와 개선점을 확인하고 구성원 스스로 마무리 하도록 유도한다.

라) 코칭 리더십의 한계와 개선방안

리더가 코칭활동을 지속할 수 없는 상황은 언제든 발생할 수 있다. 이에 대한 보편적인 기준이나 룰은 없지만 리더가 가지고 있는 개성, 주변 환경 등에 따라 달라진다. 일반적으로 이런 상황이 전개되는 경우는 구성원의 이야기가 리더의 과거 경험 등에 관계되어 리더가 코칭에 관심을 집중할 수 없게 되는 경우, 코칭의 대상자가 되는 사람에 대한 개인적인 감정을 조절하지 못하는 경우, 코칭의 대상자와 극단적을 상반된 입장과 견해를 가지고 있는 경우 등을 들 수 있다.

만약에 이런 경우가 발생한다면 기업내부에서 이 문제에 대한 해결방안을 모색하기 보다는 외부엣 코치를 초빙하여 진행하는 것이 보다 효과적이다.

조직이든 개인이든 변화하는 데에는 그에 맞는 시간이 필요하다. '로마는 하루아침에 이루어지지 않았다'라고 격언처럼 무엇인가를 이루기 위해서는 충분한 시간일 필요하면 이를 위해서는 인내심이 필요하다. 너무나 짧은 시간에 많은 것들을 달성하고 이루고자 하는 것을 흔히 보아 왔다. 그 결과로서 여러 가지 폐단과 폐해 발생했고 이 문제를 해결하기 위하여 많은 인력과 비용을 들인 경험을 바탕으로 개인의 삶과 조직의 목표를 달성하는데 있어 질적인 부분에 대해서 심도 있는 관심을 가져야 한다.

〈KT의 코칭 리더십사례〉

2003년 완전 민영화된 KT는 우리나라에서 아직 코칭의 개념이 크게 알려지지 않았을 때인 2003년부터 코칭과정을 실시하여, 2004년 부터는 신임임원에게 필수로 코칭제도를 적용하고 있다.

KT의 코칭은 크게 4단계로 구성되어 있다. 1단계에서는 진단평가과정으로 임원과 코치가 서로에 대해 알아가는 단계로 인터뷰과정을 거치면서 스타일, 원하는 것, 어떤 점을 보완하면 역량을 높일 수 있는지 등을 분석한다.

2단계에서는 임원과 코치 간에 계약이 이루어진다. 계약이 체결된 후 임원은 어떤 부분을 집중적으로 코치 받을 것인지 분석하게 된다. 즉, 임원 스스로 자신의 행동계획(Action Plan)을 작성한다.

3단계는 구체화된 행동계획에 대한 상담이 이루어진다. 임원이 구성한 행동계획에 수정할 부분은 없는지, 좀 더 보완해야할 부분은 무엇인지, 어떠한 부분에 역량을 집중해야 하는지 등에 대한 질의과정을 갖는다.

4단계는 구체화된 행동계획의 완성본을 종합 검토하는 과정이다. 이 과정에서는 행동계획의 최종 수정이 이루어지면 이것이 완성되면 코치는 임원이 실제로 행동에 옮길 수 있도록 도와준다.

여기에서 중요한 포인트는 KT의 장기적인 코칭계획이다.

KT는 코칭 프로그램을 이수한 임원이 셀프코치 능력을 갖추어 팀장 및 부장급 조직구성원을 대상으로 코칭을 실시해 전 조직구성원의 능력을 업그레이드한다는 계획이다. 2005년에 교육대상을 부장급까지 확대했으며 2박 3일의 교육과정을 만들어 연중 운영하고 있다.

표 11-12 KT의 코칭 4단계

단 계	내 용
1단계: 진단평가과정	• 임원 코치간 상호 이해단계 • 인터뷰로 임원의 스타이 분석, 원하는 것, 보완해야할 점 분석
2단계: 임원 코치간 계약과정	• 계약 후 집중코치 부분 분석 • 임원 스스로 자신의 Action Plan 작성
3단계: Action Plan 상담과정	• 작성된 계획의 수정필요부분이나 보완사항 체크 • 역량 집중 부분 등의 확인을 위한 질의과정
4단계: Action Plan 종합검토	• 최종 수정 Action Plan완성 후 추진가능토록 지원 • 장기적인 코칭 계획으로 추진 (셀프코치 능력 도달 후 ⇨ 슈퍼코치 역할 임무 부여)

※ 자료: 허갑수, 변상우, 파워리더십, 도서출판 청람, 2013, p.416. 참조.

〈LG전자의 코칭 리더십사례〉

2002년부터 1000명이 넘는 임원과 그룹장을 대상으로 대대적인 코칭교육을 실시하는가 하면 전사적인 코칭문화를 정착시키기 위해 사내 코치를 양성하고 있다.

특히 LG전자는 코칭으로 '자발적 몰입'을 유도하는 것이며, 경영혁신을 위한인프라가 바로 '코칭'으로 삼았다. LG전자의 코칭교육은 LG전자가 추구하는 관리방식과 가치를 담고 있는 LG WAY에도 구체적으로 나타나 있다. LG WAY의 실행을 위해 임원과 관리자에게 요구되는 리더십은 TBL(Trust Based Leadership)이다. TBL은 솔선수범, 코칭, 임파워먼트 요소를 효과적으로 발휘해 구성원들을 몰입시키는 리더십을 말한다.

특히 코칭 리더십 발휘가 구성원들의 개인 경쟁력 제고를 위해 가장 중요한 리더십의 요소라는 판단하에 조직의 책임자들이 현업에서 코칭 리더십을 자연스럽게 발휘할 수 있도록 다양한 코칭 스킬 교육을 마련하여 추진하고 있다.

LG전자의 코칭교육의 특징은 직급이나 필요역량에 따라 집체교육과 1:1 코칭을 동시에 진행하고 있다는 점이다. 경영진이 바뀌어야 조직문화가 바뀐다는 판단아래 200여명에 달하는 임원을 대상으로 코칭스킬 교육을 받게 하였으며, 리더십 측정에서 다소 점수가 떨어지는 임원 30명에 대해서는 '부하직원과의 갈등 해소'라는 주제로 6개월에 걸쳐 1:1코칭교육을 실시하였다.

집체교육으로는 2003년 프로세스 학습, 2004년 코칭스킬 심화학습 및 현업적용 팔로업, 코칭리더십 진단 및 피드백, 2005년 코칭스킬의 일상화 추진, 3개월에 걸쳐 코칭 스킬 학습, 진도평가, 코칭스킬 현업적용시 개선점 파악 등 코칭에 대한 소집단 학습, 적용 활동을 전개하였다.

6 서번트 리더십

1) 서번트 리더십의 개념

서번트 리더십은 리더십의 패러독스이다. 원래 리더십이란 리더가 다른 사람들 앞에서 그들을 이끌어 가는 것을 의미한다. 그러나 서번트란 타인에게 서비스를 제공하고 봉사하는 것을 의미한다.

리더가 제대로 된 리더십을 발휘하는 것은 쉬운 과제가 아니다. 현재까지 많은 리더십 연구가 수행되었고 많은 리더십의 방법론을 생산해 냈지만 이를 우리 개인의 삶과 조직에 적용하여 실천하는데 있어서는 많은 애로점과 문제점이 있어왔다.

리더십은 이론으로 시작하여 실천을 통해서 완성된다. 이 실천은 '솔선수범'이라 정리할 수 있는데 이것이 바로 서번트 리더십의 출발이 된다. 리더십은 자기 자신과의 싸움이며 수련과정이다. 이를 위해서는 무엇보다도 스스로에 대한 바른 자기인식이 필요하다.

리더의 솔선수범의 대표적 이론이 서번트 리더십이다. 서번트 리더십은 1977년 미국의 AT&T사에서 경영관련 교육훈련 담당자였던 로버트 그린리프(Robert K. Greenleaf)에 의해 처음으로 그 개념이 제시되어 오늘에 이르고 있다. 그는 서번트 리더십은 타인을 위해, 타인을 섬기는 봉사에 포커스를 맞추고 있다. 리더는 구성원과 고객을 우선적으로 섬기고 그들과의 커뮤니티를 우선시하며, 그들의 욕구를 만족시키기 위해 헌신하는 섬기는 리더십이라고 정의하고 있다.

서번트 리더십의 창시자이자 현대 경영학에서 임파워먼트 운동의 주창자로 불리는 로버트 그린리프는 서번트 리더십이 보여주는 패러독스야말로 급격한 변화와 치열한 시장경쟁에서 기업의 생존을 가능하게 만드는 리더십의 유일한 대안이라고 하고 있고, 그린리프는 헤르만 헤세의 「동방으로의 여행」이란 소설의 레오[17]라는 주인공에서 개념 성립을 하였고 서번트 리더십 이론을 주창하고 있지만 실질적으로 서번트 리더십의 기원은 예수 그리스도에서 유래한다. 서번트리더십는 다른 사람들을 배려하고 봉사하며 헌신하는 데서 출발한다.

2) 서번트 리더십과 기존 리더십 비교

서번트 리더십은 기존의 리더십과 크게 3가지 측면의 인식체계를 중심으로 비교할 수 있다. 리더 자신에 대한 인식체계, 부하에 대한 인식체계, 리더-부하간의 관계에 대한 인식체계에 대해 비교해 볼 수 있다[18]

---

17) 레오는 순례자집단의 하인으로 그들의 여행을 도와주는 역할을 하여 순례자집단이 그들의 목적을 이루는데 많은 도움을 주었는데 어느 순간 레오가 사라지고 엉망이된 순례자집단이 교단의 후원을 얻어 몇 년 후 레오를 찾게되지만 그 교단의 최고책임자이자 정신적 지도자가 레오임을 알게된다.

18) 배정훈, 리더십 에센스, 형설출판사, 2009.

가) 리더자신에 대한 인식체계

서번트 리더십은 리더가 자신에 대한 인식을 어떻게 하느냐에 따라 기존 리더십 이론과 구분된다. 기존 리더십은 리더를 중심으로 사고가 이루어지며, 어떻게 해야 부하 직원들을 잘 관리하고 통제하며, 리더로서 인정을 받을 수 있는지에 대한 것이 주요한 관심사였다.

이에 비해 서번트 리더십은 서번트를 우선시하며 어떻게 해야 서번트로서 조직과 직원들을 위해 잘 헌신하고 봉사할 수 있는지에 대한 것이 주 관심사이다. 따라서 리더십을 발휘하는 과정에서 구성원들에게 봉사하고, 기여하는 형태로 나타난다.

표 11-13 자신에 대한 인식체계 비교

단계	기존 리더십	서번트 리더십
개요	리더의 우선의 사고	서번트 우선의 사고
관심	어떻게 직원을 잘 관리하여 리더로서 인정을 받을지에 대한 관심	어떻게 하면 조직과 직원들을 위해 잘 헌신하고 봉사할 수 있을지에 관심
지위와 권한 및 권력	지위와 권한은 자신의 능력에 의해 주어진 것으로 지위 = 자신 동일시	지위와 권한은 조직이 맡긴 일시적인 위임임으로 자리에 연연하지 않음.
리더십 발휘과정	어떻게 부하를 관리 통제할 것인가의 형태로 표출	부하에게 봉사하고 기여하는 형태로 나타남.

※ 자료: 허갑수 · 변상우, 파워 리더십, 청람, 2013, p.434.

나) 부하에 대한 인식체계

리더가 부하나 조직구성원들에 대해 어떻게 인식하고 있느냐에 대한 비교로서 기존 리더십에서는 부하를 조직의 목표를 달성해 나가는데 있어 필요한 자원과 수단으로 보면서 대상에 대해 복종적, 수동적인 추종자의 개념으로 보고 있다. 이들에 대한 관리방법으로는 적절한 보상과 처벌을 통해 관리하며 명령계통을 따라 지시하고 통제한다.

이에 비해 서번트 리더십에서는 부하와 조직구성원들을 자신의 일에서 성공하고 성장하기 위해 섬겨야 하는 대상으로, 사람을 목적으로 인식하고 존중한다. 이를 위해 부하들이 자신들의 업무에서 성공하고 성장할 수 있도록 코칭을 강화하고 부하들에게 있을 수 있는 욕구나 문제를 해결하기 위해 노력하는 리더십을 말한다.

표 11-14 부하에 대한 인식체계 비교

구분	기존 리더십	서번트 리더십
개념	– 목표 달성을 위한 자원과 수단 – 복종적, 수동적인 추종자	– 섬겨야 하는 대상 – 사람을 목적으로 인식
관리방법	– 보상과 처벌을 통해 관리 – 명령계통을 따라 지시통제	– 성장할 수 있도록 코칭/지원 – 상호작용을 통해 이해증진

※ 자료: 허갑수 · 변상우, 파워 리더십, 청람, 2013, p.435. 참조.

다) 리더-부하간 관계에 대한 인식체계

기존의 리더십에서는 리더와 부하간의 관계에 있어 항상 리더를 중심으로 우선시하고, 수직적 상하관계로서 조직체계가 이루어지며 피라미드 형태로 조직이 구성된다. 관계에 있어서도 부하위에 위치하며 리더는 권력과 권한을 가지며 이를 통해 구성원들을 지시하고 통제하는 일련의 평가받는 자와 평가받는 자의 관계로 정리된다.

이해 비해 서번트 리더십은 뒤에서 부하의 성공과 성장을 지원하는 형태로 역피라미드 형태의 조직체계를 가지며 팀 워크와 공동체 중심의 사고가 이루어진다. 리더는 부하를 위해 존재하며 그들이 성장하고 성공할 수 있도록 봉사하고 헌신하는 것을 자신의 사명으로 간주한다.

표 11-15 리더-부하간 관계에 대한 인식체계 비교

구분	기존 리더십	서번트 리더십
개념	– 리더우선, 수직적 상하관계 – 피라미드형 조직체계	– 성장과 성공을 지원하는 조력자 – 역피라미드형, 팀워크와 공동체형성
관리방법	– 수직적 관계 – 평가받는 자와 평가하는 자 – 관리하는 자와 통제받는 자	– 성장과 성공을 지원하는 자 – 부하를 위해 헌신/봉사하는 자

※ 자료: 허갑수 · 변상우, 파워 리더십, 청람, 2013, p.436. 참조.

이를 종합해 보면 전통적인 리더와 서번트 리더의 차이점을 〈표 11-16〉와 같이 정리할 수 있다.

표 11-16 전통적 리더와 서번트 리더의 비교

구분	기존 리더십	서번트 리더십
개념	- 리더우선, 수직적 상하관계	- 성장과 성공을 지원하는 조력자
관리방법	- 수직적 관계	- 성장과 성공을 지원하는 자

※ 자료: 허갑수 · 변상우, 파워 리더십, 청람, 2013, pp.436-437.

3) 서번트 리더의 기본정신

가) 존재적 평등

존재적 평등은 사람이 가지고 있는 보편적이고 기본적인 가치의 평등성을 의미한다. 직급에 따라, 직무에 따라, 근무연차에 따라, 부서에 따라 근무환경도 다르고, 주어진 혜택도 다르지만 모두들 보다 크고 특별한 혜택에 대한 욕구를 가지게 된다. 사회나 조직 내에서 어떤 일을 맡고 있든, 직급의 차이가 있는 없든, 중요한 일이건 보다 덜 중요한 일을 수행하건 누구나 가지고 있는 평등하며, 개개인에게 자신의 일은 소중하고 이를 통하여 개인의 성장과 발전이 이루어진다. 이때 개개인이 가지는 인격은 모두 동등하다.

서번트 리더가 가져야 할 기본적인 가치의 핵심은 존재적 평등성에 기초하여 타인을 대하는 것이다.

나) 자기 수련

사람은 자기가 경험한 경험과 학습한 지식, 성장배경 등에 의하여 자신만의 고유한 인지구조를 갖게된다. 가장 확실한 변화는 스스로의 필요에 의해 경험하고, 경험한 것을 바탕으로 무엇인가를 깨닫게 될 때 나타난다.

생각이 바뀌게 되면 행동이 바뀌게 되고, 행동이 바뀌면 인생이 바뀌게 된다. 외부의 자극에 의해 일시적으로 바뀌게 되는 것은 일정한 시간이 지나거나 자극이 약해지면 다시 본래의 상태로 회귀하게 된다. 때문에 사람의 행동이 계속해서 유지되기 위해서는 부단한 자기성찰과 노력이 필요하다.

리더의 위치에 있는 사람들이 섬김의 리더십을 발휘하기 위해서는 자신의 부단한 노력과 깨달음을 얻었을 때 가능해지고, 그런 노력들의 결과가 장시간에 걸쳐 축적되고 이것이 외부로 분출되는 것이 서번트 리더십이다.

리더는 부단히 자신의 성신을 성찰하고 자신의 리더십이 다른 사람의 성장과 태도에 어떤 영향을 미치는지를 관찰한다. 이것 또한 리더가 내면적으로 더욱 성숙해져가는 과정이다.

리더는 갑자기 만들어지는 것이 아니라 스스로 자신이 누구인가를 깨달아가는 과정을 거치면서 더욱 훌륭한 리더로 성장하게 되는 것이다. 여기에 지적자극을 위한 교육이나 훈련 등이 수반된다면 보다 큰 효과를 볼 수 있다.

4) 서번트 리더의 행동 특징

가) 경청(내면으로 다가가기)과 공감(내석 동기 유발)

스테판대학의 도날드 베트 박사의 연구결과에 의하면 일반적으로 사람들은 일과 시간 중 언어적 커뮤니케이션은 쓰기가 4%, 읽기가 11%, 말하기가 22%, 듣기가 63%라고 한다. 전통적으로 대인관계가 좋은 사람들은 다른 사람들보다 듣는 능력이 발달해 있다. 이는 다른 사람의 말을 들어 줌으로서 그 사람과의 관계의 시작을 우호적으로 할 수 있으며 이는 내가 무엇인가를 주장하고 말할 때에도 영향을 미치게 되는데 이것이 바로 경청이다.

경청은 서번트 리더의 행동에서 요구되는 가장 큰 특징이다. 단순하게 다른 사람의 이야기를 듣고 이해하는 것과는 의미가 다르다. 상대방의 말의 내용은 물론, 그의 의도, 욕구, 내면의 감정까지 이해하려는 적극적인 커뮤니케이션 활동을 의미한다.

경청이 듣기와 구분되는 것은 그 활동의 중심이 다르기 때문이다. 듣는 사람이 자신의 입장에서 상대방의 이야기를 듣는 것이 아니라 상대방의 경험과 입장에서 그 사람의 이야기를 듣고 이해하려는 것이기 때문이다.

진정한 경청이 존재할 때 의견이나 정보의 교류는 물론 말하는 사람의 심적 교류까지 이루어지게 된다. 그 결과는 조직의 생산성이 높아지고 일터의 생동감이 넘치게 된다.

서번트 리더는 다른 사람을 이해하고 공감하기 위해 노력한다. 공감은 높은 차원의 이해수준이라고도 할 수 있다. 상대방의 행동이 선의에 기초할 것이란 믿음에서 출발하여 그의 행동을 진심으로 이해하려는 자세를 가짐으로 상대방과 공감하려고 한다. 공감이라는 것은 상황이나 이야기를 논리적으로 분석하려는 것보다는 그 사람의 입장이 되어 그가 경험한 것을 자신도 공유하고 공통의 느낌을 느끼고자 하는 것이다. 이 과정에서 감정이입이 일어나고 관계의 질적 수준이 깊어지게 된다.

서번트 리더는 공감 활동을 통해 구성원들의 정신적, 심리적 에너지의 분산을 막고 조직과 업무에 몰입하여 높은 성과를 창출하게 만든다. 이를 위해서 먼저 경청과정이 필요한데 이때 상대방 이야기의 부분이 아니라 전체를 이해하도록 노력해야 한다. 그리고 기존의 경험이나 인식에 의한 고정관념이나 편견을 버리고 열린 마음으로 경청함으로써 상대의 입장에서 느끼고 있음을 전달해야 한다.

일의 결과만을 가지고 부하를 평가하지 않고 그가 어떤 방법과 과정으로 일을 추진하였는가에 관심을 가지고 지켜보아야 한다. 인간을 인간답게 인식한다면 그 사람의 생각과 감정에 공감하려는 태도가 자연스럽게 우러날 것이다.

나) 치유와 자기인식

서로간의 관계를 치유할 수 있는 능력은 조직의 변화와 통합을 위한 아주 강력한 원동력이 된다. 구성원들의 정신적, 심리적인 상처를 이해하고 그들을 더 밝고 긍정적인 방향으로 변화시키는 일은 서번트 리더의 중요한 역할이라 할 수 있다.

구성원들이 제대로 업무를 수행할 수 있도록 하기 위해서는 먼저 구성원들의 심리 상태에 대한 관심과 배려가 선행되어야 한다. 그리고 그들이 잠재적 능력을 발휘할 수 있도록 지원하고 환경을 조성해 주어야 한다. 구성원의 마음의 상처를 치유하는 것은 조직 전체를 변화시키고 하나로 통합하는데 큰 힘이 된다.

서번트 리더는 상황에 대한 분명한 자기인식을 바탕으로 근거가 타당한 대안을 제시하여 구성원의 성장과 성공을 위해 조력한다. 자기 스스로에 대한 자기인식은 서번트 리더를 더욱 강하게 만든다. 서번트 리더는 가정 먼저 자신이 서번트라는 자기인식에서 시작된다. 진정한 리더는 먼저 다른 사람에게 봉사하고 지원하는 가운데 조직을 이끌어간다. 이를 통해 부하와 구성원들이 업무를 잘 추진할 수 있도록 서비스를 제공함으로써 목적을 달성한다.

부하에 대해서도 서번트 리더는 성공과 성장의 대상으로 인식한다. 이들이 성장하기 위해서 가장 먼저 필요한 것이 무엇인지를 살피고 작업현장에서 그 요소들이 충족될 수 있도록 충분한 지원을 한다. 이런 과정을 통하여 부하 역시 섬김의 리더로 성장할 수 있도록 지원한다. 자신을 서번트로 인식하고 부하를 성공과 성장의 대상으로 인식하는 관계 속에서 업무를 추진하는 가운데 어떻게 하는 것이 자신의 지식과 경험을 부하들에게 가장 잘 전해주는 것인지를 고민하게 된다.

다) 설득과 비전 구체화

서번트 리더는 조직내에서 의사결정을 할 때 직위나 권위에 의존하지 않고 설득에 의존한다. 복종을 강요하기 보다는 다른 사람들 확신시키기 위해 노력한다.

모든 합의나 설득은 반드시 논리적이고 합리적인 내용으로 이루어지지는 않는다. 논리적으로 맞는 내용이고 필요한 자료를 충분히 제공했다 하더라도 구성원들의 감정과 정서가 고려되지 않는다면 그 설득은 성공하기 어렵다. 감정이나 정서가 배제된 상태로 설명하면 이성적으로는 받아들이지만 그들의 감정이나 마음을 움직이지는 못한다는 것이다. 때문에 논리와 더불어 상대방의 감정까지도 이끌 수 있도록 노력해야 하며 이런 한계를 극복해 내는 리더가 바로 서번트 리더이다.

서번트 리더는 보다 큰 꿈을 꾸고 그것을 달성하기 위해 스스로의 능력을 계발해나가며 그것을 구체화 하려고 노력한다. 비전이란 조직이 달성하고자 하는 꿈을 구체화한 것으로 짧은 기간의 목표가 아닌 장기적인 관점에서 이루고자 하는 목표이다.

서번트 리더는 구성원들이 조직의 비전을 스스로의 비전과 동일시하도록 노력한다. 이렇게 형상화되고 가시화된 비전은 구성원들에게 큰 영향력을 미치게 되고 그 결과 강한 응집력이 만들어지고 장기적으로 전략적이 사고와 계획을 가능하게 하는 원동력이 된다.

라) 통찰력과 공동체 형성

통찰력은 비전을 가지고 그것을 형상화시키는 능력과 깊은 연관이 있다. 어떤 상황에서 예상되는 결과를 예측하는 능력을 정의하기는 쉽지 않다. 통찰력을 반드시 미래와 관련된 것으로 국한할 필요는 없다. 그것은 과거로부터의 교훈을 이해하는 능력이며, 현실상의 교훈을 정확히 파악하는 능력이다. 과거와 현재 대한 명확한 이해와 파악이 곧 미래를 대처하는 의사결정을 가능하게 하는 것이다. 서번트 리더에게는 그런 통찰력이 필요한 것이다.

이를 기르기 위해서는 사물과 타인에 대한 애정 어린 시선과 관심이 필요하다. 통찰력은 순수한 관찰의 결과이며 경험으로부터 단련되는 직관이기 때문이다.

조직이 성장하고 발전하기 위해서는 기본적으로 공동체 의식이 필요하다. 조직은 목적이나 사업방향 등에 뜻을 같이하는 사람들이 모여 공동의 목적을 달성하기 위해 상호작용을 하는 곳이다. 그러므로 조직에는 구성원들이 공동으로 추구하는 목표가 있고 이를 위해 상호 배려하고 협력하는 공동체 의식이 기반이 되어야 한다.

이런 공동체 의식은 업무수행의 기본으로 성과를 창출하는 원동력이 된다. 서번트 리더는 개인적인 이기주의나 부서의 부서이기주의로 인해 팀 공동체가 무너지는 것을 경계해야 한다. 자기에게 주어진 일만 완수하면 조직에서의 임무는 끝났다고 생각하는 이기심을 갖지 않도록 조직분위기를 만들어 나가야 한다. 항상 조직 구성원들이 서로의 관심사항을 공유하고 공동의 목표에 대해 인식하도록 격려해야 한다.

업무를 추진함에 있어 경쟁을 부추기는 것이 아니라 협력을 권장하며 상대방을 배려하고 협력을 통해 팀워크가 발휘됨으로써 공동체 의식을 강화해야 한다.

5) 서번트 리더십 모델

그린리프가 서번트 리더십을 주창한 이래 많은 서번트 리더십에 관한 많은 논의가 있었지만 서번트 리더십 모델에 관해 후속연구가 없었는데, 국내에서 이관응박사가 서번트 리더십 모델을 발표하였다.

리더십이 리더가 부하를 이끄는 영향력이며 리더의 인식, 가치, 행동이라는 3차원으로 나누어지고 이 세가지는 근원적으로 차이를 가지고 있다. 서번트 리더와 관계를 갖는 모든 사람에 대한 인식이 지금까지의 리더십이론과의 차이점이라 할 수 있다. 이를 그림으로 보면 다음과 같이 정리된다.

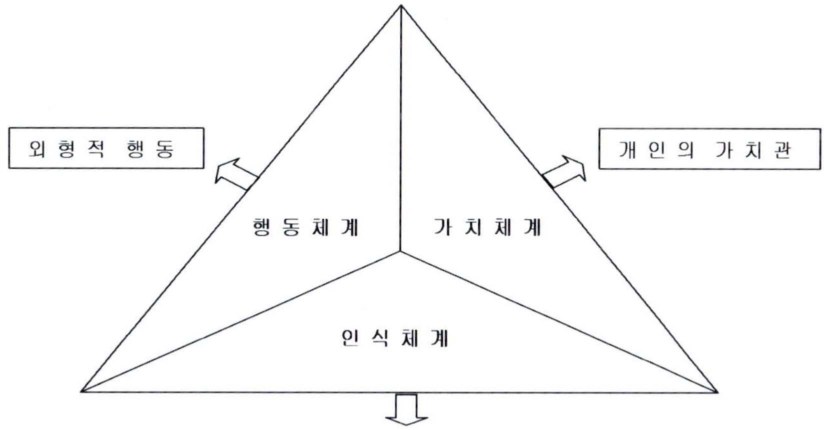

그림 11-10 ▶ 서번트 리더십 모델(Servant Leadership Model)

※ 자료: 이관응, 신뢰경영과 서번트 리더십, ELTech Trust Management Institute, 2002, p.179 참조.

〈비전 있는 리더십 10가지 교훈〉
1. 장기적인 비전을 고수하라.
2. 위험을 회피하기보다는 위험을 감수하라.
3. 창조적인 도전을 중시하라.
4. 방만한 분석보다는 신속한 결정을 선호하라.
5. 불필요한 복잡성보다는 단순성을 추구하라.
6. 스마트한 사고를 높이 평가하라.
7. 조용하고 효과적인 행동을 지향하라.
8. 팀웍을 중시하라.
9. 빠른 성취보다는 수준 높은 성취를 추구하라.
10. 지속적인 헌신을 찾으라.

6) 서번트 리더십 개발

① 서번트 리더는 다른 사람을 지원하는 것을 최우선 임무로 생각한다. 사람은 누구나 다른 사람을 돕고 싶어 하는 자연적인 욕구가 있다. 리더는 다른 사람을 돕고 지원하는 과정에서 자연스럽게 리더십을 발휘하게 된다. 그러나 무조건 다른 사람을 돕는 것

이 아니라, 그 사람이 가장 필요로 하는 것을 먼저 도와주어야 한다. 자신이 서번트 리더인지 아닌지는 바로 지금 자신이 지원하고 돕는 것이 그 도움을 받는 사람을 성장시키는가, 도움을 받는 사람이 보다 건강해지고, 현명해지며, 자율적인 사람이 되어 가는가 그리고 도움을 받는 사람 스스로 다른 사람을 도와주는 서번트로 성장하는가에 달려 있다.

② 서번트 리더십은 조직의 성장에 가장 중요한 철학이다.

서번트 리더십을 발휘하기 위해서는 조직차원의 원칙이 있어야 한다. 그것은 바로 신뢰이다. 즉, 조직 구성원들이 스스로 역량을 발휘할 수 있다는 믿음이 조직 전반에 뿌리 내려 있어야 한다. 리더는 구성원들과의 신뢰가 높을 때, 코칭과 임파워먼트, 사례를 통한 시범, 그리고 설득력을 발휘할 수 있다. 이것이 바로 서번트 리더십이다.

③ 서번트 리더십을 조직의 리더십 철학으로 실천하는 회사

포천 100대 기업 중의 3분의 1 이상이 서번트 리더십을 조직내에서 실천하고 있다. 2000년포천 100대 기업들 중에서 10위안에 드는 기업의 1/2 이상이 서번트 리더십을 문헌으로 명시화하고 있다.

7 리더-구성원 교환이론

1) LMX이론의 개념(Leader-Member Exchange: LMX Theory)

대부분의 리더십이론들은 리더십과정을 리더의 관점(리더십 특성연구, 리더십유형연구)이나 혹은 하위자와 상황의 관점(상황이론, 상황적합이론, 경로-목표이론)을 강조하였다. 그런데, 리더-구성원 교환이론은 리더십을 리더와 하위자 간의 상호작용을 중심으로 나타나는 과정으로 개념화 하였다.

LMX이론은 리더와 부하들 개개인 사이의 역할형성 과정 및 리더와 부하간의 교환관계가 시간이 지남에 따라서 발전되어 가는 것을 설명한다.

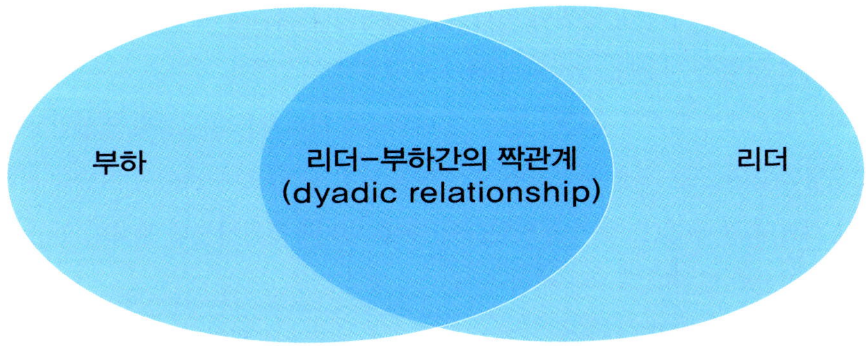

그림 11-11 ▶ 리더십 차원

※ 자료: G. B. Graen & M. Uhl-Bien, Relationship-Based Approach to Leadership: Development of Leader-Member Exchange Thoory of Leadership Over 25 Years: Applying a Multi-Level, Melti-Domain Perspective, 1995.

초기 교환이론에서는 '수직짝 연계이론'이라고 불렀다. 아래 그림과 같이 리더가 하위자들 각자와 형성하고 있는 수직적 관계의 성질에 초점을 맞추었다. 리더는 하위자들 각자와 개별적인 작업사의 관계를 형성한다. 이후, 리더와 작업단위 전체의 관계를 '일련의 여러 수직짝 연계'로 보았다.

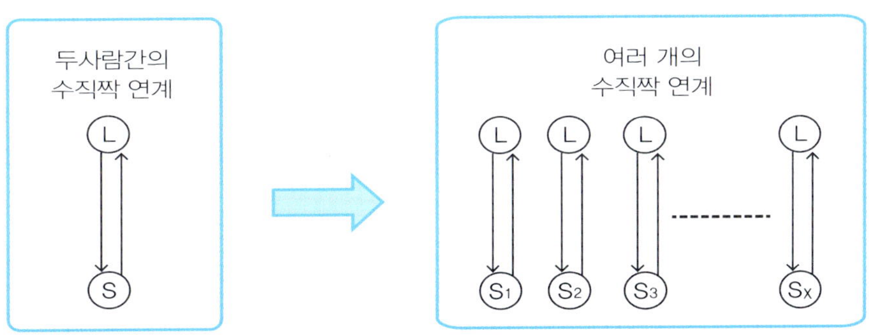

그림 11-12 ▶ 초기 LMX

'수직 짝 연계'의 특성을 측정하는 과정에서 일반화되는 두 가지의 관계유형이 도출되었다. 첫째는 역할확대와 역할협의 즉 공식적 역할 이외의 역할에 근거한 관계유형으로 이것을 내집단(in- group)관계라고 하였고, 둘째, 공식적 고용계약에 의해 명시된 역할에 근거한 관계유형으로 이를 외집단(out-group)관계라고 규정하였다.

조직의 작업단위 내에서 하위자들은 리더와 그들 간의 작업상의 관계에 따라 내집단의 일원이 되거나 외집단의 일원이 된다. 성격특성이나 개인적 특성의 유사성이 이 같은 과정에서 영향을 미친다. 상사와 부하가 유사한 성격특성을 가지는 경우 상사와 부하 간에 교환관계가 형성될 확률이 높다. 이 이외에서 하위자들이 그들의 역할임무를 어떻게 수행 하는가 또는 열중 하는가 등도 영향을 미칠 수 있으며, 소속된 집단을 위하여 자신이 기꺼이 할 수 있는 일이 무엇인가에 대해 리더와 협의하는데 관심이 있는 하위자들은 내집단의 일원이 될 가능성이 높다.

후속연구결과로 제시된 내용을 보면 내집단의 하위자들은 외집단의 하위자들보다 리더로부터 더 많은 정보와 영향, 신임을 받게되고 더 많은 관심의 대상이 된다고 한다. 리더와 하위자들 간의 관계형성에서 내집단은 +3으로 양질의관곌ㄹ 형성하고 있으나 외집단은 0으로 낮선 관계를 형성하는 것을 알 수 있다.

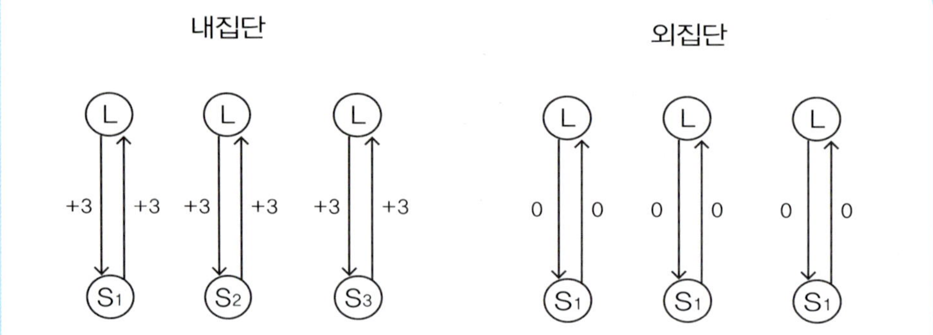

그림 11-13 ▶ 내집단과 외집단간 영향력 비교

2) 내집단과 외집단 비교와 진입과정

가) 내집단과 외집단의 비교

내집단(in- group)의 특징은 리더가 부하들 중 특별한 대인적 관계를 유지하고 있는 부하집단으로 리더와 부하사이 신뢰와 존경의식이 강하고, 리더와 부하는 공동운명체의식과 긴밀한 교류관계를 유지하게 된다. 이들 사이에는 높은 수준의 사회적 관계 및 교환관계가 유지된다.

이에 반하여 외집단(out-group)은 리더가 부하와 특별한 관계를 유지하는 것이 없으며 어느 정도의 거리감을 유지하면서 공식적으로 대하는 집단이다. 리더와 부하사이의 신뢰와 존경의식이 약하고 상호간 긴밀한 결속력이 유지되지 못한다. 따라서 리더와 부하사이에 꼭 필요한 경제적 교환이외의 상호작용이 일어나지 않는다.

이들 두 집단사이의 차이점은 아래의 〈표 6-17〉과 같이 정리된다.

대우와 역할 수행, 의사결정과정에서의 참여와 리더의 권한행사 및 재량권부여, 리더-부하간의 관계에 있어서 완전하게 다르게 나타나는 것을 확인할 수 있다. 또한 하위자 자신의 갖는 책임감과 직무성과, 만족도 영향력 등에 있어서도 상반된 차이가 있음을 알 수 있다.

표 11-17 내집단과 외집단의 차이점

구분	in – group	out – group
대우	정보공유, 급여인상, 인센티브, 경력개발, 특별보직 부여	통상적 대우
역할수향	공식 및 비공식적 역할 수행	공식적 역할(의무, 규칙, 표준절차 등)만 수행
의사결정 참여	참여	비참여
리더의 권한행사	공식 및 비공식적 방법으로 행사	공식적인 방법으로 행사
재량권	많은 재량권부여	적은 재량권 부여
리더-부하간 관계	부하가 리더와의 관계를 자연스럽고 편안하게 느낌	부하가 리더와의 관계를 부담감을 느끼고 불편하게 느낌
책임감	높 음	낮 음
직무성과	높 음	낮 음
만족도	높 음	낮 음
영향력	높 음	낮 음

나) 외집단에서 내집단으로의 진입과정

교환관계를 당사자 간의 역할의 상호관계로 파악하여 시간이 경과함에 따라 역할획득(role taking), 역할형성(role making), 역할발전(role developing)의 3단계를 거치면서 외집단에 머물던 부하가 내집단으로 진입할 수 있다.

역할획득단계에서는 부하에게 과업을 할당하고 부하가 그 과업을 어떻게 수행하는지를 탐색한다. 이때 상사와 부하와의 관계는 공식적인 틀을 넘어서지 않는 것이 일반적이다.

이렇게 역할획득단계를 지나게 되면 역할형성단계로 진입하게 되는데 이 단계에서는 상사와 부하사이 자원과 정보 등이 공유되고 양자 간 기여도에 근거한 교환행동이 나타난다. 이때 상사는 부하가 더 많은 역할과 중요한 일을 수행할 수 있는지, 부하는 상사가 역할과 권한을 위임할 의사가 있는지를 서로 검증하게 된다.

상호간의 검증이 긍정적이면 역할 발전단계로 진입하게 된다.

역할 발전단계에서는 상호간의 역할형성이 일상화된 단계로 상사와 부하간에 신뢰와 존중은 물론 의무감을 갖게 되고 광범위한 측면에서 상호영향을 주고받게 된다. 이러한 상사-부하의 교환관계의 발전에 따라 LMX의 질이 결정된다.

제1단계 검증 및 평가단계	제2단계 교환단계	제3단계 작동단계
- 리더 부하 상호간의 탐색 - 동기, 태도, 교환가능성 평가 - 상호역할기대에 대한 평가	- 구체적 교환관계 발생 - 상호신뢰 형성 - 충성심, 존경심 발현	- 내집단 구성원으로 진입 - 리더의 개인적 이익에 근거한 교환이 조직의 임무와 목표에 상호 개입하는 방향으로 변환됨.

그림 11-14 ▶ 외집단에서 내집단으로 진입과정

3) 팀 - 구성원의 교환관계

조직과 개인 간에 형성되는 교환관계는 다양하게 연구되어 왔다. Seers(1989)는 팀-구성원 교환관계(team-member exchange: TMX)에 대해 연구하였다. 이 개념은 하나의 팀으로서 동료집단에 대한 구성원의 교환관계에 대해 분석하는 것으로 특정 구성원과 그 구성원이 속한 팀 간의 상호관계로서 그 구성원의 아이디어, 피드백, 타 구성원에 대한 원조와 인정, 도움, 정보수령 등에 대해 평가한다.

TMX의 개념은 특정 구성원이 자신의 동료들에 대해 중요 집단으로 인식함과 더불어 자기 자신에 대해서는 그 집단에 없어서는 안되는 한 부분으로 분명하게 지각하도록 개별 구성원의 존재를 확인시켜주는 것이 중요하다. 팀 내에서 구성원들을 질적인 차이에 따라 내집단(in-group)과 외집단(out-group)으로 분류한다. 그러나 리더에게 내집단 구성원인 사람이 동료들에게는 외집단 구성원으로 분류될 수 있는데 이와 같은 경우 이들은 리더의 '정예요원'이라기보다는 '아첨꾼'으로 여겨질 수도 있다. 이와 반대로 동료들에게는 내집단 구성원이지만 리더에게는 외집단 구성원으로 인식되는 경우에 이 사람을 '패배자'라기 보다는 '반역자'로 낙인찍힐 수도 있다.

사례: LMX 리더십 측정 설문지

리더와 하위자들 간의 '작업상의 상호관계'의 질을 측정하는데 가장 정형화된 설문지로 Graen & Uhi-Ben(1995)이 개발한 LMX 7이 사용된다. 이 설문지는 리더-구성원 관계의 세 가지 차원(존경, 신뢰, 의무감)을 측정하기 위해 고안되었다.

LMX 7 설문지
※ 작성요령: 본 설문은 '귀하와 귀하의 리더와 관계' 혹은 '귀하와 귀하의 부하들 중 한 사람과의 관계'를 묻는 질문입니다. 각 문항마다 관계의 정도를 나타내는 숫자에 귀하의 경우를 가장 잘 나타내고 있는 숫자에 √표하여 주십시오.
1. 귀하의 리더(부하)는 귀하가 하는 일에 대해 어느 정도로 만족하고 있다고 생각하십니까? ①거의 만족하지 못함 ②때때로 만족함 ③자주 만족함 ④꽤 자주 만족함 ⑤매우 자주 만족함
2. 귀하의 리더(부하)는 귀하의 직무상의 문제점이나 직무상의 필요를 어느 정도 잘 이해하고 있습니까? ①조금도 이해 못함 ②약간 이해함 ③상당히 이해함 ④꽤 많이 이해함 ⑤아주 많이 이해함
3. 귀하의 리더(부하)는 귀하의 잠재능력을 어느 정도 잘 인식하고 있습니까? ①전혀 인식하지 못함 ②약간 인식함 ③중간 정도 인식함 ④대부분 인식함 ⑤충분히 인식함
4. 직위에 부여된 공식권한과는 상관없이 귀하의 리더(부하)는 그의 권력(영향력)을 이용하여 귀하를 도와 작업상의 문제를 해결해 줄 가능성이 어느 정도입니까? ①거의 없다 ②약간 있다 ③중간 정도이다 ④높다 ⑤매우 높다
5. 귀하의 리더(부하)가 가지고 있는 공식적 권한과는 상관없이 귀하의 리더(부하)가 자신의 희생을 무릅쓰고 귀하를 어려운 처지에서 구해내 줄 가능성은 어느 정도입니까? ①거의 없다 ②약간 있다 ③중간 정도이다 ④높다 ⑤매우 높다
6. 나는 나의 리더(부하)를 충분히 신뢰하고 있기 때문에 그의 결정을 홍호하고 정당하다고 인정할 것이다. ①절대 그렇게 하지 않음 ②그렇게 하지 않음 ③잘 모르겠다 ④그렇게 함 ⑤전적으로 그렇게 함
7. 귀하의 리더(부하)와의 작업상의 관계는 어떻다고 말할 수 있습니까? ①매우 좋지 않다 ②좋지 않다 ③보통이다 ④좋다 ⑤매우 좋다
※ 해석방법 높은 범주의 점수는 보다 강하고 보다 높은 질의 교환관계를 나타내며 내집단에 속해 있음을 설명하고, 낮은 범주의 점수는 낮은 교환관계의 질을 가지고 있는 것으로 외집단에 속해 있음을 설명한다.

LMX 7 점수	관계성노
30 ~ 35	매우 높음
25 ~ 29	높음
20 ~ 24	중간 정도
15 ~ 19	낮음
7 ~ 14	매우 낮음

〈박지성의 솔선수범 리더십〉

2002년 대한민국 축구 국가대표팀은 당당히 월드컵 4강 신화를 이루었습니다. 홈에서 치러진 경기이기도 했지만 많은 국민들의 응원과 하나된 팀이 이루어낸 역사적 사건이었습니다.

그 후 2010년 남아프리카 공화국에서 개최된 월드컵에서 2002년 막내였던 한 선수가 대한민국이 16강에 오르는데 크게 기여하게 됩니다.

축구의 본고장 유럽무대에서도 손꼽히는 팀에서 탐을 내고 당당하고 멋진 플레이로 우리나라는 물론 유럽 팬들에게도 사랑받는 선수

하지만 많은 사람들이 아는 것처럼 박지성 선수는 평발입니다. 평발인 사람은 달리기도 잘 하지 못하는 것이 일반적입니다. 그런데 그는 가장 격렬한 운동중 하나인 축구를 그것도 국제적인 선수로 활약했습니다. 아마도 그가 가진 축구에 대한 열정이 이런 제약을 이겨내게 한 것이 아닌가 생각 됩니다.

2002년 일본에서 뛰고 있던 무명의 그를 부른건 우리나라에서는 명장의 대명사인 거스 히딩크 감독이었는데 히딩크는 박지성 선수가 가지고 있는 축구에 대한 지능과 성품을 일찍 발견했던 것 같다. 팀 플레이를 누구보다도 잘 이해하고 감독의 지시를 잘 수행할 수 있는 능력을 가진 선수, 언젠가 히딩크 감독은 박지성선수를 평하면서 모든 감독이 좋아하는 선수라고 했다.

'소리없는 영웅'이라고 불릴만큼 팀을 위해서 자신을 희생하며 플레이하는 선수 많은 축국감독들과 선수들이 "박지성은 공이 없을 때의 움직임이 누구보다 뛰어나다"라고 평했다. 이런 선수 한명이 상대진영을 휘젓고 다니면 자연스럽게 공간이 만들어져 동료선수들의 플레이가 좋아질 수 밖에 없고 이것을 경기의 냉용과 결과에 엄청난 영향을 미치게 된다.

대표팀 주장을 맡아서는 조용한 리더십으로 후배들의 버팀목이 되고, 정신적인 지주로서 역할을 했을 뿐 아니라 팀이 어려움에 처했을 때는 결정적인 플레이로 팀을 이끌던 모습이 눈에 선합니다.

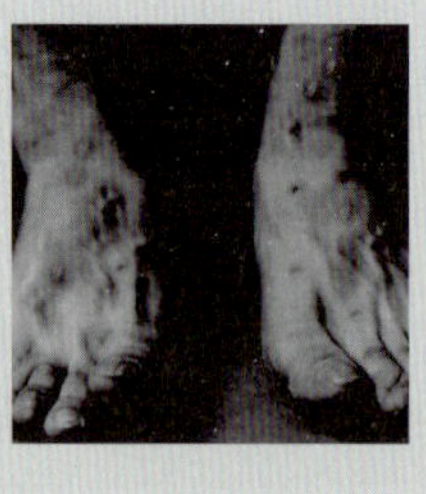

박지성선수의 리더십 유형은 자신을 희생하여 타인을 빛나게 하는 리더십으로 헌신과 희생의 리더십, 서번트 리더십의 한 유형이라고 할 수 있다. 자신을 극복한 사람, 평범하지 않는 사람들에게서 보게 되는 리더십 유형이다.

후배들에게 기회를 준다며 축구대표팀을 은퇴한 박지성선수를 많은 팬들이 아쉬워하고 있는데 2014년 월드컵에 출전하는 대한민국 축구 대표팀에서도 박지성선수와 같은 훌륭한 축구인을 볼 수 있었으면 하는 바램을 가져봅니다.

참고문헌

-김창범 · 선종욱, 새로운 리더십의 혁명 코칭의 힘, 글로리아 북스, 2006.

-리퀴드 리더십, 브래드 스졸로제 지음, 이주만 옮김, 유아이북스, 2013.

-변상우, 글로벌 리더를 위한 리더십 개발과 훈련, 도서출판 청람, 2011.

-서성교, 하버드 리더십 노트, 원앤원북스, 2003.

-안상준 · 박경록 · 서규훈 공저, 리더십 핵심이론과 실무, 동방의 빛, 2013.

-이관응, 신뢰경영과 서번트 리더십, ELTech Trust Management Institute, 2002.

-이용광 · 노주선역, 버드 해니 · 짐 서바스쿠 · 데릭 맥켄 저, 리더십 카리스마, 시그마북스, 2011.

-정혁준, 착하면서 강한 기업 유한킴벌리 이야기, 한스미디어, 2013.

-허갑수 · 변상우, 파워 리더십, 도서출판 청람, 2013.

-허갑수 · 변상우, 파워 리더십, 청람, 2013.

-G. B. Graen & M. Uhl-Bien, Relationship-Based Approach to Leadership: Development of Leader-Member Exchange Theory of Leadership Over 25 Years: Applying a Multi-Level, Melti-Domain Perspective, 1995.

-Goleman, D., "Leadership that gets results", Havard Business Review, April, 2000.

-Goleman, D.. & Boyatzis, R., McKee, A., Primal Leadership: Realizing the Power of Emotional Intelligence, Harvard Business School Press, 2002.

-John Eaton, Roy Johnson, Coaching Successfully, New York; Dorling Kindersley Publishing, 2001.

-Thomas G. Crane, 코칭의 핵심, 예토, 2006.